北京市高等教育精品教材立项项目
21世纪档案学系列教材

档案文献编纂学

主　编　胡鸿杰

中国人民大学出版社
·北京·

序 言

我们的传统教育习惯于告诉人们，历史发展是有规律可循的，历史事件有其自身的必然性。而当下的教育却时常提醒人们，历史事件有着许许多多的偶然因素，有些偶然因素甚至改变了历史的走向。其实这两种说法并不矛盾，因为在主张辩证唯物主义的哲学家眼里，必然性寓于偶然性之中，偶然性包含着必然因素。对此也可以理解为，必然性是无数偶然性相互作用的结果。

作为上述理论的最新验证，就是我以主编的身份参与到这个北京市高等教育精品教材立项项目“档案文献编纂学”的“事件”中来。其中的偶然因素可能是这个项目申报时的种种条件，而我也许恰巧被认为堪当此任。而这种“偶然性包含着的必然因素”，我个人认为至少有两个方面：一是我有着二十五六年的编辑经历，二是我在对中国档案学科进行梳理时多次将《档案文献编纂学》作为样本。因此，当且仅当，由我来做主编，应该属于“必然性寓于偶然性之中”。

自20世纪八九十年代始，档案文献编纂学出版物已经在我国有了数十年的发展历史，仅在中国人民大学就先后出现李毅、赵践、丁永奎、曹喜琛、韩宝华、刘耿生等大家。在关于档案文献编纂学的专著、教材不断出版的同时，档案文献编纂学的学科体系也在日趋成熟和完善。在这样的情况下，不论冠以什么样的名目，重新编写一部《档案文献编纂学》教材都有着相当大的难度：这部书既要保持档案文献编纂学的传统特色，又不能完全照搬以往的成果。因此，在继承和创新的矛盾之中，现实能够提供给我和我的团队的空间应该说并不广阔。从这个意义上讲，如何置之死地而后生、化腐朽为神奇，就是一年多来我们的生活常态。

令我感到庆幸的是，我们的团队吸纳的几乎都是国内目前在教学岗位上讲授“档案文献编纂学”的优秀教师，他们各以不同的方式加入到《档案文献编纂学》的重修工作之中。如果沿用一句流行的俗语，21世纪什么最宝贵？那就是人才呀！有了人，类似于“神舟”飞船这样的人间奇迹都可以创造出来，更何况《档案文献编纂学》乎？于是，在十余位有着多年教学经验的专家学者的共同努力下，我们终于将现在这部《档案文献编纂学》呈献给读者。

我个人认为，这部重修的《档案文献编纂学》的最大特点在于结构之变：通过思想史、方法论和出版物来诠释档案文献编纂学。既保留了传统档案文献编纂学中对档案文献编纂方法的介绍和描写，又强化了档案文献编纂的思想脉络；不但着重介绍档案文献的编纂过程，而且还介绍了档案文献的编纂成果。这样的改变，使档案文献编纂在虚实之间张弛有度、进出有据。当然，与上述所谓成就相比，我们的团队也遇到了一些困惑。其中最明显的是，首先，作为《档案文献编纂学》基本内容的档案文献编纂方法已经与这门学科初创时的仅限于历史档案文献的编纂有了很大的不同，档案新类型和新载体的不断涌现使“形而上”的编纂原则遇到了挑战。在这种情况下，我们不敢妄论孔夫子的编纂思想在数据库创建等方面的指导意义。再者，从团队成员的构成上讲，他们多为“档案文献编纂学”的讲授者和研究者，而“档案文献编纂学”的真正价值在于“授人以渔”。虽然“没吃过猪肉，但见过猪跑”也算一种实践体验，可是这毕竟与多年从事档案文献编纂实践之间存在相当的距离。即便有着四分之一世纪编纂经历的我，也不得不承认“编纂一本教他人编纂的书”，从来都意味着风险。

我一直以为有些成功的人士其实并不一定比常人智商高，他们的成功可能在于尚未深思熟虑之前就已开始了行动，而那看似已经深思熟虑者，在自认为的深思熟虑之后却选择了不作为——其结果就是，那些“不太聪明”的人获得了先机以至成功，而那些看似非常聪明的人此时只落得去讨论这些成功案例是否可以复制等问题。我和我的团队至少不愿意做后者。当然，这部《档案文献编纂学》也远谈不上什么成功，它的功效只能交由读者评说。

作为一篇不再“后记”的序言，必须在这里感谢我的团队一年来的艰辛努力，他们是梁继红（绪论、第一章第三节、第二章）、李珍（第一章第一节和第二节）、郑慧（第一章第四节、第五节和第六节）、黄静（第三章第一节和第二节）、高大伟（第三章第三节和第四节）、潘玉民（第四章）、丁华东（第五章）、何庄（第六章）、张芳霖（第七章）、于元元（第八章）、曹航（第九章）、谭必勇（第十章第一节和第二节之二之三、第十一章第二节和第三节、第十二章）、王海刚（第十章第二节之一、第三节和第五节）、张莹（第十章第四节、与谭必勇合编第十二章第二节）、吴赟（第十一章第一节），感谢潘玉民、梁继红、谭必勇和高大伟对书稿组织工作投入的大量心血，感谢中国人民大学出版社对档案学的一贯支持以及编辑人员为此书的出版所付出的辛勤劳动，并衷心地希望广大读者对本书提出批评和指正。

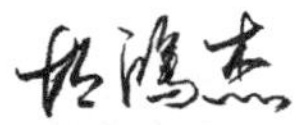

2011年12月

目　录

中编　方法论

下编　出版物

绪　论

【本章要点】

本部分首先梳理了文献、档案文献、编纂、档案文献编纂等档案文献编纂学的基本概念，介绍了关于档案文献编纂学的基本知识，包括档案文献编纂学的研究对象、研究领域、学科性质，以及档案文献编纂的基本理论，包括档案文献编纂的性质、功用、意义和原则等。

【关键词】

文献◯档案文献◯编纂◯档案文献编纂◯档案文献编纂学

一、档案文献编纂学的基本概念

（一）文献与档案文献

1.“文献”释义

“文献”一词，从古至今，其含义有一个发展变化的过程。据现有文献考察，“文献”一词，最早出现在《论语》一书中。《论语·八佾》载：“子曰：夏礼吾能言之，杞不足征也；殷礼吾能言之，宋不足征也。文献不足故也，足则吾能征之矣。”孔子所说的意思：夏代的典章制度，我能够讲得出来，但杞国不足以验证。殷代的典章制度，我能够讲得出来，但宋国不足以验证。这是因为两国的

"文献"不够用的缘故。如果够用，那么我就可以验证了。孔子所说的"文献"是指什么呢？现在我们所能找到最早的注解是东汉经学大师郑玄的训释。魏何晏《论语集解》引郑注："献，犹贤也。我能不以其礼成之者，以此二国之君文章贤才不足故也。"郑玄以"文章"释"文"，以"贤才"释"献"。南宋朱熹《论语集注》进一步解释："文，典籍也。献，贤也。"后世学者基本沿袭此说。[①]"献"释为贤才，对于今天的读者而言，比较难以理解。实际上，上古时代，"献"与"仪"同音通假，《尔雅》、《广雅》等训诂书中将"仪"释为"善也"，"贤也"。郑玄训释是有训诂根据的。因此，孔子所言"文献"，包括典籍和贤才两个方面。"贤才"就是指当时熟悉和掌握丰富历史知识的博雅之士。在孔子生活的时代，知识文化的传播是以典籍和博学之士为并列媒介的。就孔子本人而言，他本人即是"献"，聚徒讲学，又"好古，敏以求之"，搜集整理古代流传下来的文献典籍，积极传播古代思想文化。在文字尚未发明的远古时期，经验知识口耳相传，所谓十口相传则为古。但随着历史的发展，原来通过口耳相传的知识逐渐被记载在典籍中，从口耳相传转为典籍与口耳相传并重。《八佾》中"文献"一词的训释即是这种转变的印证。

此后，文化典籍逐渐增多，尤其是雕版印刷术发明和广泛使用以后，典籍数量剧增，传播速度加快。向贤者问学，虽然仍是获得知识的一条途径，但是在人们的思想认识上，口碑知识与典籍知识并重逐渐转为朝注重典籍知识一个方向发展。求知观念的变化，连带"文献"一词的含义也发生了变化，"文"义凸显，"献"义日趋衰弱。"文献"本来是由两个名词组成的联合词组，兼指"典籍"与"贤才"，逐渐变为一个偏义复合词，"献"字失去了它的本来意义，仅指"典籍"一种意义了。[②] 元代马端临《文献通考》首先取"文献"二字以命书名。他在该书的自序中对"文"与"献"作了比较详细的解释。他说：

> 凡叙事，则本之经史而参之以历代会要，以及百家传记之书，信而有证者从之，乖异传疑者不录，所谓文也。凡论事，则先取当时臣僚之奏疏，次

---

① 清人刘宝楠《论语正义》："文谓典策，献谓秉礼之贤士大夫。"将"献"进一步限定为执礼的贤士大夫。近人刘师培《文献解》："仪献古通……是文献即文仪也。书之所载谓之文，即古人所谓典册制度也；身之所习谓之仪，即古人所谓动作威仪之则也。……仪之于文，对文则异，散文则通……《论语》文献并言，则见于典册者为文，见于习行者为仪，所谓对文则异也。……孔子言夏殷文献不足，谓夏殷简册不备，而夏殷之礼又鲜有习行之人也。"（《左盦集》卷三）他补正郑玄的解释，认为"献"是人所表现出来的礼仪规范。今人吴小如《"文献"、"文献学"及其它》谓"献"（繁体作獻）与"鬳"通，"文"指文字记载，"献"指前代礼器。[参见《文献》，1992（1）]

② 参见张衍田：《四部文献学术源流述略（一）》，载《中国典籍与文化》，1994（1）。

及近代诸儒之评论，以至名流之燕谈，稗官之纪录，凡一话一言，可以订典故之得失，证史传之是非者，则采而录之，所谓献也。

马端临以“叙事”和“论事”区别“文”与“献”，其中“叙事”所涉及的自然属于典籍范围，而臣僚奏疏、诸儒评论、名流燕谈、稗官纪录等所谓“献”，似乎与人直接有关，而实际上奏疏、评论、燕谈等已落实在典籍之中。马端临对“文”、“献”二字的解释，恰恰说明了“文献”一词由兼指典籍和贤才过渡至专指典籍。他的解释并非“文献”一词的本义。不过，“献”作“人”解，后世仍然存在，如明代学者焦竑的《国朝献征录》、清代学者李桓的《国朝耆献类征》等，书中所录皆是当朝人物的传记资料。

今天，“文献”一词被广泛使用，是文献学、图书馆学、情报学、档案学等多个学科的学术术语。但不同学科领域对“文献”的时代属性、价值属性、记录符号等认识存在一定的差异。或认为，文献是指一切历史性的材料；或认为，文献是具有历史和文化价值的文字资料；或认为，文献包括文字之外的古物、遗迹、绘画、模型等。为了促进文献工作的标准化和规范化，1979 年全国文献工作标准化技术委员会开始制订我国文献工作的术语标准。1983 年公布的国家标准《文献著录总则》（GB/T 3972.1—1983）中，文献被定义为：记录有知识的一切载体。文献的记录符号可以是文字、图画、符号、声频、视频，以这些记录手段记录的知识，皆属文献范畴，包括图书、期刊、报纸，以及胶片、录音带、录像带、幻灯片、影片、唱片、磁带等各种视听资料。2009 年最新公布的国家标准《文献著录总则》（GB/T 3972.1—2009 代替 GB/T 3972.1—1983），文献一词仍然保持原有定义。《中国大百科全书·图书馆学　情报学　档案学》将“文献”定义为：记录有知识和信息的一切载体。国家标准和《中国大百科全书》文献定义，均是广义的文献定义。

广义的文献具备四个要素。这四个要素是：第一，所记录的知识和信息，即文献的内容。第二，记录知识和信息的符号，文献中的知识和信息是借助于文字、图表、声音、图像等记录下来并为人们所感知的。第三，用于记录知识和信息的物质载体，如竹简、纸张、胶卷、胶片、光盘等，它们是文献的外在形式。第四，记录的方式或手段，如铸刻、书写、印刷、复制、录音、录像、数字记录等，它们是使知识、信息与载体相联系的方式。从不同角度出发，文献分为不同类型：按照形成的历史时期，可以分为古代文献、近代文献和现代文献；按照文献的载体，可以分为甲骨文献、金文文献、石刻文献、简牍文献、纸质文献、音像文献、缩微文献、数字文献等；按照加工情况，可以分为零次文献、一次文献、二次文献、三次文献；按照编写和出版形式，可以分为图书、连续出版物、会议文献、科技报告、标准文献、产品样本、专利文献、学位论文、文书、档案等；按照文献传播和使用范围，可以分为公开发行文献与非公开发行文献。[①] 在现代技术条件下，由于文献记录和传播的多途径、多样化，广义的文献定义有利于文献工作的开展。

档案属于文献大家庭中的一员，明确文献的含义有助于从整体上认识档案在整个文献知识与信息系统中的地位，对于档案文献编纂学而言更是需要首先把握的第一个概念。孔子喟叹“文献不足”，他所说的“文”，从字义上可以训释为“典籍”，若深究之，则在孔子的时代，学在官府，官师合一，这些典籍主要是由官府档案文件纂辑而成。刘师培就将“文”释为“典册制度”（《左盦集》卷三）。马端临《文献通考》释“献”包罗虽广，但总括起来，如傅振伦所说，“近乎文书档案、案牍掌故的范畴”[②]。中国历史上第一个档案馆，即故宫博物院文献馆，并不称作档案馆，而是称作文献馆，足见命名者对“文献”与“档案”渊源关系的深刻认识。因此，从本源上讲，“文献”与档案就内容而言是大体相当的。后世，文献产生的主体，文献的形成方式、方法、加工程度，文献的载体，文献的记录方式都更加多样化，档案以及含档案内容信息的文献，仅占据文献中的一部分，这是历史发展的必然结果。

2. “档案文献”释义

“档案文献”一词在档案界广为使用，对其含义有不同的理解。主要有以下四种：一是将档案文献视作档案的同义词，使用档案文献是强调档案的文献属性；二是将档案文献视作档案原件中价值较高的一部分；三是将档案文献视作档案与一般文献的相加；四是档案汇编出版物。[③] “档案文献”是档案文献编纂学的核心术语，而且是标示学科称谓的关键词语，它是本书继“文献”一词之后需要诠释的第二个概念。

在档案界，“档案”与“文献”粘连为一个学术名词，即“档案文献”，是韩宝华于1981年最先提出的。他在此年所著《档案文献编纂学纲要》（初稿）中对“档案文献”一词作了如下界定：“档案文献这个概念与档案的概念有所不同：档案指的是档案的原件，档案文献指的是档案的复制件或出版物；档案指的是全部档案，档案文献指的是档案中有公布出版价值的部分以及其他文献中有代替、补

---

① 参见《中国大百科全书·图书馆学　情报学　档案学》，465页，北京，中国大百科全书出版社，1993。

② 傅振伦：《释“文献”》，载《文献》，1986（1）。

③ 参见韩宝华：《档案文献编纂学教程》，7页，北京，中国人民大学出版社，1999。

充档案价值的部分的总和。按照我国的实际情况，档案文献目前主要指的是历史档案以及与历史有密切联系而流传甚少的历史资料的出版物。”① “档案文献”是指“出版物”，是编纂活动的成果，而非编纂的材料对象。

“档案文献”指档案出版物，强调了将一个主题的零散档案材料集中整理出版，不仅出版物可以提供档案原文信息，而且编纂者的分类、勘正、诠释、评价，可使其附加上更为系统化的知识，进入更为广阔的文献知识与信息传播渠道，从而产生更为广泛的影响，凸显了编纂工作的价值和意义。简言之，档案文献就是散篇档案材料经过整理编纂而形成的档案出版物，即档案汇编成果，学界往往将之简称为档案或汇编。

因经过科学的整理加工，档案文献提供的档案原文内容是可靠的，而且档案文献还会提供这些档案原文内容的来源与出处，因而，除档案原件外，档案文献内容的权威和凭证性是其他文献所无法比拟的。

（二）编纂与档案文献编纂

1. “编纂”释义

“编”，东汉许慎《说文》云：“次简也”，段玉裁注：“以丝次第竹简而排列之曰编。”《史记·孔子世家》言孔子晚而喜《易》，“读《易》，韦编三绝”。编，指用丝绳编连竹简，又指编连竹简用的绳子。“纂”，《说文》云：“似组而赤”，其意为赤色丝带。此字还有汇集的意义，如《楚辞·天问》：“纂就前绪，遂成考功”。从本义上讲，这两个字有相通之处。“编纂”一词至迟出现在唐代。唐代白居易《河南元公墓志铭》：“公著文一百卷，题为《元氏长庆集》，又集古今刑政之书三百卷，号《类集》，并行于代。……观其述作、编纂之旨，岂止于文章刀笔哉?”白居易以“述作”与“编纂”并列，与前文相对照，则“述作”主要指元稹的《元氏长庆集》，而“编纂”主要是指他的《类集》。此处，“编纂”就是汇集、纂辑的意思。

古代文献形成的主要方式有三种：“作”、“述”、“论”。所谓“论”，就是指编纂。古人明确划分了三者的界限。将三者比较通观，有助于我们理解“论”（编纂）之特点。东汉王充《论衡·对作篇》：“非作也，亦非述也，论也。论者，述之次也。”这是王充自谦自己的著作既非“作”，亦非“述”，而仅属于“论”之列。那么，到底什么是“作”与“述”呢？清代焦循《雕菰集·述难篇》：“人未知而己先知，人未觉而己先觉，因以所先知先觉者教人。俾人皆知之觉之，而天下之知觉自我始，是为作。已有知之觉之者，自我而损益之。或其意久而不

① 韩宝华：《档案文献编纂学纲要（初稿）》，4页，兰州，甘肃省档案局，1981。

明，有明之者，用以教人，而作者之意复明，是之谓述。”所谓“作”就是原创性的理论和认识。“述”就是对“作”加以训释讲述，在继承前人的基础上，消化、领会、增益、订正。《礼记·乐记》：“作者之谓圣，述者之谓明。”中国传统经部文献中占绝对数量的注疏类成果皆属“述”的范畴。而“论”的含义就是编纂、纂辑，如《论语》就是一本孔子及弟子言论的汇辑。张舜徽将“作”、“述”、“论”对应称为“著作”、“编述”和“抄纂”。[①] 他说的抄纂就是编纂，即按照一定体例将零散篇章汇辑起来，而不改变原文。[②] 在中国古代，尽管“作”、“述”、“论”三者界限分明，但是都意义重大。如果没有著作类的文献，则是一片思想的荒漠；如果没有“述”类的文献，则最有价值的思想也可能因语言变迁而成为“死物”；如果没有编纂类的文献，则文献保存、传播会遇到严重的障碍。因此，三者没有高下优劣之分，各有不可或缺的文献价值。

与古代相比，今天“著作”、“编纂”等词在使用上其外延有扩大化的趋势。根据我国《著作权法》，改编、翻译、注释、整理、编辑、汇编等皆享有著作权。目前各种工具书、史志等也皆可称作“编纂”。然而，也有的学者在“编纂”一词的使用上持慎重态度。如白寿彝在《谈史书的编撰》中，不用由英文 historiography 翻译而来的“历史编纂学”，而使用“史书的编撰”[③]，显然是考虑到了“编纂”一词在中国传统文献领域的特定含义。

2.“档案文献编纂”释义

档案文献编纂就是以档案材料为基础的文献编纂。具体而言，档案文献编纂就是按照一定的题目要求，查找和挑选档案材料，将档案原文全部（或部分内容）进行科学系统的加工编排，附以编纂者对档案材料的校勘考证、注释评介等研究成果的档案文献整理出版活动。档案材料的原文编纂构成档案文献内容的主体。如果按照上文古人对“作”、“述”与“论”的界定，那么档案文献编纂就是以“论”为主，而辅以一定程度的“述”与“作”性成果。

一般而言，档案文献编纂由以下基本环节构成。

（1）确定编纂题目。

确定编纂题目是从事档案文献编纂的首要环节。只有题目确定了，才能按照题目确定档案材料搜集的范围。确定题目要从编纂者掌握的材料基础、编纂需要和编纂者主观能力等各个方面综合考量。

---

① 参见张舜徽：《中国文献学》，24～29页，武汉，华中师范大学出版社，2004。

② 参见杜泽逊：《文献学概要》，33页，北京，中华书局，2008。

③ 参见白寿彝：《谈史书的编撰》，见《中国史学史论集》，492页，北京，中华书局，1999。

（2）查找档案材料。

关于一个题目的档案材料可能分散保存在不同的文献保藏机构，即使保存在一个档案机构内，也要求编纂者进行全面调查、访求，将与题目相关的材料尽量网罗齐全，这样才能为材料选择打下坚实的基础。

（3）考订档案材料。

考订档案材料主要包括鉴别档案材料的真伪和判定档案材料的形成时间。档案材料的真伪与形成时间直接决定了档案史料价值的有无与大小。考订是档案文献编纂的必要环节。

（4）挑选档案材料。

挑选档案材料，即选材。档案材料是构成档案文献的主体。因此，选材工作直接决定档案文献编纂质量的高低。选材是档案文献编纂的关键环节。

（5）档案材料的转录加工与点校加工。

对入选汇编的档案材料作文字的释读、文字转录、标点、校勘的工作。它是帮助读者扫除障碍、顺利阅读档案文献的重要环节。

（6）拟写档案材料的标题。

入选汇编的档案材料，尤其是历史档案，多缺少标题，或标题简略，不能够准确揭示档案材料的内容信息，需要编纂者根据档案材料的具体情况，科学合理拟写标题，既要方便读者检索汇编内的文件，又能准确揭示文件要素信息。

（7）确定档案材料的编排体例。

编排体例是档案文献内材料的结构组织形式。根据档案文献所收档案材料的具体情况以及编纂目的和要求，将档案材料加以分类编排，使之成为一个有序化的有机整体。

（8）编写档案文献的辅文。

档案文献的辅文包括：评述性材料，包括注释、按语和序言；查考性材料，包括备考、插图、年表、编辑说明；检索性材料，包括目录、索引。这些辅文是档案文献的附件，是由编纂者根据档案材料和读者对象实际要求编写而成的。

（9）档案文献底稿审核与出版。

这是档案文献编纂的最后一个环节，包括档案文献底稿审核、版式封面设计和校样校对等。档案文献编纂者参与档案文献的编辑出版工作，有助于保证出版质量，达到档案文献内容与形式的完美统一。

以上所说档案文献编纂的九个环节，构成了档案文献编纂的基本工作程序。对于每个实际档案文献编纂项目而言，例如针对历史档案材料的编纂与针对现行文件材料的编纂，影印出版的档案文献与排印出版的档案文献，其编纂程序并不相同，需要具体问题具体分析。

二、档案文献编纂学的研究范围、知识体系与学科性质

（一）档案文献编纂学的研究对象与研究范围

档案文献编纂学是档案学的分支学科，是研究档案文献编纂的理论、历史、原则与方法的科学科目。它以档案文献编纂为学科的研究对象。档案文献编纂学的研究范围主要包括：档案文献编纂的基本理论、档案文献编纂的一般程序与方法、不同载体与门类档案文献的编纂方法、中外档案文献编纂思想与实践、现存档案文献的整理与研究、档案文献编纂学学科创建与发展历史等等。

（二）档案文献编纂学的知识体系

档案文献编纂学的学术研究领域极其广阔。自 20 世纪 50 年代学科创建开始，档案文献编纂学在以下领域进行深入全面探讨，形成了较为成熟的知识体系。

1. 档案文献编纂的基本理论

关于档案文献编纂基本理论，在档案文献编纂的性质、功用、意义、原则等方面已经形成了较为系统的理论认识。

2. 档案文献编纂的一般方法

档案文献编纂的一般方法，涉及档案文献编纂的基本环节，即确定编纂题目、查找档案材料、考订档案材料、挑选档案材料、档案材料的转录加工与点校加工、拟写档案材料的标题、确定档案材料的编排体例、编写档案文献的辅文、档案文献底稿审核和出版等的一般工作原则、方法、技术与要求。这是档案文献编纂学创建以来着力最多的一个领域。档案文献编纂的一般方法已经构成了档案文献编纂学的核心内容。

3. 中国档案文献编纂史

中国档案文献编纂学不仅要吸收现实档案文献编纂实践，更要从悠久的档案文献编纂历史中汲取养料。中国档案文献编纂历史实践中凝聚的档案文献编纂理论与思想是中国特色档案学的重要组成部分。因此，对中国档案文献编纂历史的纵向追溯是档案文献编纂学中必不可少的重要内容。系统梳理中国档案文献编纂历史，全面总结过去的档案文献编纂经验，有助于继承和发扬中国档案文献编纂的优良传统，深入认识中国档案文化的整体构成及其在传统文化中的地位，对于当代档案文献编纂实践和理论研究具有双重意义和价值。目前档案文献编纂学界对中国档案文献编纂内在规律和自身发展脉络，包括分期断代、历代档案文献编纂成果、实践与方法，以及档案文献编纂与不同历史时期学术政治等的影响关系

等研究，已经形成了系统的研究成果。

4. 不同载体与门类档案文献的编纂方法

不同载体与门类档案文献编纂方法有其特殊性。明清档案、民国档案、革命历史档案、科技档案、现行文件、电子档案等的编纂研究已经形成了专门的知识领域。

5. 档案文献编纂学学科创建与发展历史

学科本身的发展史研究是学科研究的基础，也是学科成熟的标志，更是推动学科发展的动力。着眼于学科发展的外部条件与学理演进的内在路径，档案文献编纂学学科发展史研究已经有了初步的构建。

6. 档案文献成果研究

指对现存中国档案文献数量、内容、价值、成果形态等的系统调查与研究。本教材第三部分“出版物”，就是此领域研究的进一步扩展与探索。

（三）档案文献编纂学的学科性质

1. 档案文献编纂学是一门实践性较强的应用学科

档案文献编纂学的研究对象——档案文献编纂，决定了档案文献编纂学的应用学科性质。档案文献编纂学理论既来源于实践，又指导实践。档案文献编纂学要善于总结中外档案文献编纂的历史实践经验，与档案文献编纂实践部门，如档案馆（室）保持密切联系，应对档案文献编纂事业发展中遇到新情况与新问题。同时，档案文献编纂活动是一项学术实践活动，档案文献编纂理论研究者可以创造条件，投入档案文献编纂实践中去，使理论研究的成果对实际工作起到切实的指导作用，避免不切实际的空谈。

2. 档案文献编纂学是一门综合性较强的边缘学科

档案文献编纂学是融入多种学科知识成果构建起来的边缘学科。自 20 世纪 50 年代学科创建始至 80 年代末，档案文献编纂学基本定位为历史科学的辅助学科。档案文献编纂学的创建人李毅在《略谈文献公布学》一文中说：“文献公布学正是研究如何大量公布档案文件，以便利史学界及其他方面利用的科学。因此我们说它是一门历史辅助科目，是为历史科学服务的，是研究历史科学的工具。”[①] 20 世纪 80 年代，吴宝康曾就档案文献编纂学的发展方向问题指出：“这门科学科目，是以研究编纂和公布档案史料为主要内容的，是档案学中与历史科学的关系（最）为密切的科目之一。为此，研究档案文献编纂学的同志，不仅要成为研究档案文献编纂的专家，而且还是一个历史科学研究工作者。他们应该具

① 李毅：《略谈文献公布学》，载《档案工作》，1958（4）。

有较为广博的历史科学以及有关历史辅助科目，如‘史料学’、‘目录学’、‘版本学’等的知识，应该密切注意并熟悉史学界科学研究的动向以及利用档案史料的要求等情况。”[①]在这一历史时期，档案文献编纂学以历史档案编纂研究为主，在学科理论构建上吸纳了档案学、文书学、历史学（特别是史料学）、文献学（如版本学、目录学、校勘学、辨伪学、注释学）、文字学等的研究成果。20世纪90年代以后，在中国社会的现代化和信息化进程的推动之下，档案文献编纂学开始转换研究视角，将档案文献编纂视作档案信息资源开发的重要组成部分，档案文献编纂学在理论构建上较多地吸纳了信息学、传播学、情报学等学科的相关理论。今后，档案文献编纂学仍将关注与档案文献编纂学密切联系的学科发展成果，合理地加以消化吸收，积极推进学科健康发展。

（四）档案文献编研学与档案文献编纂学

档案文献编纂学是以档案文献原文编纂为研究范围的。20世纪80年代开放历史档案，90年代以后，随着社会信息化进程的加快，多层次开发档案信息，提供不同形式的档案信息产品，以满足社会需要，成为时代发展的新要求。档案学研究者，主要是档案文献编纂学研究者，积极转换研究视角，扩展研究领域，探讨不同性质和不同层次档案信息加工的程序与方法，档案编研学就是在此背景下产生的。

档案文献编研学，或称为档案编研学，也有的学者称为广义的档案文献编纂学。它的研究对象是档案馆（室）档案文献编研工作。档案文献编研工作，简称“编研”。“编研”一词，是档案界特有的名词，20世纪50年代最早于档案实际工作部门中出现。1980年2月14日，中共中央、国务院批转的国家档案局关于全国档案工作会议的报告中指出：“工作基础较好的档案馆，要着手进行档案史料的编研工作，研究档案内容、汇编档案史料，参加编史修志，为历史研究服务。”此后，“编研”一词逐渐通用起来。[②] 目前档案界对“编研”一词的理解，甚至它能否作为一个档案学专业术语，“编研”与“编纂”的关系等问题，存有争议。一般来讲，“编研”包括三个方面的内容：第一是档案文献原文汇编，即本教材所讲档案文献编纂；第二是根据档案编写各种参考资料，如大事记、组织沿革、基础数字汇集、专题概要、年鉴、手册等，以及编写“书本叙述式”档案检索工具，如档案馆指南、专题指南、全宗指南、档案文摘等；第三是研究档案，撰写学术论著，参加编史修志。从学术研究范围而言，档案编研学容纳了档

---

① 吴宝康：《档案学理论与历史初探》，264页，成都，四川科学技术出版社，1986。

② 参见曹喜琛主编：《档案编研概论》，2页，北京，档案出版社，1994。

案文献编纂学的内容，是在档案文献编纂学基础上生长起来的新学科。

三、档案文献编纂的基本理论

（一）档案文献编纂的性质

1. 档案文献编纂是一项资料整理和学术研究工作

档案文献编纂不仅是将满足某一需求的零散材料围绕一定的题目汇集起来，而且还要按照一定体例，遵循科学的编辑方法，体现编纂者对档案材料的认识和研究心得。这项工作既是一项资料整理工作，又是一项学术研究工作。档案文献编纂是一项学术研究工作，主要表现在：

第一，档案文献编纂题目的确定，是对相关学科需求深入研究的结果，必须掌握相关学科学术发展前沿，及学科发展在档案资料上的整理和拓展要求。即使是备现实各项工作直接参考的题目，也需要各种学科学术支持。

第二，档案材料是档案文献编纂工作的对象。档案材料除了来源于档案馆（室）、博物馆、图书馆、社会及个人所存的档案原件外，尚有图书馆保存的大量档案文献出版物以及目前各种档案数字资源等。档案材料的搜集和挑选，必须以广阔的学术视野和识见为基础。

第三，档案材料的释读加工是专门的学术研究领域。汉字自发明和使用开始至今，字形、字义、字音发生了巨大变化，档案本身记录了文字发展演变历史。档案内容多载名物典制，有固定的程式和用语，档案载体经历甲骨、金石、简牍、纸张的变迁，或残损不全，或字迹漫漶，没有相当的学识和功力，难以对档案材料进行准确的释读加工。

第四，档案材料的辨伪与校勘是必须先掌握辨伪学、校勘学等相关学科知识后才能进行的学术实践。

第五，档案材料的有序化，即档案文献采取何种体例组织材料是一门艰深的学问。

第六，档案文献中注释、按语、序言等评述性材料的写作，体现了编纂者对档案材料史料价值以及相关学术问题的把握能力。按语和序言就是编纂者撰写的短篇和长篇学术论文。档案文献中所附查考性和检索性材料皆是编纂者学术能力的直接体现。

2. 档案文献编纂是具有明显意识形态和政治倾向性的工作

档案是人类发展各种社会形态的直接记录。每一个历史阶段遗留下来的档案，其中都蕴涵了不同阶级、阶层、集团的共同思想、认识、信仰以及价值判断，其中起到主导作用的当然是统治集团的意识形态。我国现存历史档案主要是历代封建王朝留下的官方文书，是封建社会意识形态的直接反映，同时也记载了统治集团内部各种派系、力量之间的权力斗争和利益、价值取向。档案文献是以档案材料原文为内容主体的，档案内容本身的意识形态和政治倾向性决定了档案文献编纂活动具有明显的意识形态和政治倾向性。

档案文献编纂活动本身则体现了编纂者的意识形态和政治倾向性。尤其是对于直接反映社会关系、经济关系、政治关系的档案材料而言，编纂者决定公布出版的档案文献的题目和材料选择的范围，必然体现出编纂者的意识形态和政治倾向。而且人文社会科学研究，总是在一定意识形态（隐形的或显性的）影响下进行的。编纂者通过注释、按语、序言等对档案材料研究的成果，也反映了编纂者意识形态倾向。孔子说“攻乎异端，斯害也已”，这是他从事档案文献编纂的直接指导思想。孔子推崇周代的典章制度，曾有久不梦见周公的感叹。今文《尚书》中《周书》占了一半，其内容绝大多数是关于周公的档案文件，《夏书》、《商书》等也是关于尧、舜、禹、汤等古代君王的档案文件。孔子编纂《尚书》，就是通过编纂活动来宣扬自己的政治思想与学说。南宋赵汝愚编纂《宋朝诸臣奏议》，书中收录司马光奏疏达146篇，王安石奏疏仅收录了6篇。而且赞同王安石新法的吕惠卿、曾布、章惇等人的奏疏一篇都没有收入，相反，司马光的同道门生等的奏疏则连篇累牍，难以计数。这不仅标明了赵汝愚的政治倾向性，也反映了南宋初期社会政治舆论导向。① 中国封建时代官方档案文献编纂甚至由皇帝亲自组织控制，宣扬统治思想，打击敌对力量，巩固统治地位。明太祖朱元璋的《明大诰》、对清太祖实录的不断修改、清世宗雍正皇帝的《大义觉迷录》的编纂刊行，等等，都是典型的例子。法国大革命时期，《王室档案摘录》、《查理六世文件选录》等档案史料的编纂公布，得到了雅各宾派的利用，他们通过这些公布的档案文件，揭露了路易十六的通敌活动，使其被送上了断头台。中外档案文献编纂历史表明，档案文献编纂活动存在明显的意识形态和政治倾向性。

（二）档案文献编纂的功用

1. 档案文献的公布

公布是将档案或档案的特定内容以某种形式首次公布于众。② 档案文献编纂是公布档案的主要形式，尤其是对于历史档案资料而言，档案文献编纂具有极大的优越性。近代史料四大发现当中，除了敦煌遗书主要为佛教经卷外，殷墟甲骨、汉晋简牍皆为文书档案，将其编纂整理出版，是这批史料公布于世的最重要手段。

---

① 参见邓广铭：《宋朝诸臣奏议弁言》，见赵汝愚编，北京大学中国中古史研究中心校点整理：《宋朝诸臣奏议》，上海，上海古籍出版社，1999。

② 该定义参考了《档案工作基本术语》（DA/T 1—2000 代替 DA/T 1—1992）。

仅以甲骨档案为例，自王懿荣发现甲骨文后，甲骨档案辗转于一批古董商人之手，为士人赏玩之物。1903 年，刘鹗从所藏五千余片甲骨中选拓出 1 058 片，采用西方石印的方法编纂出版，名为《铁云藏龟》，该书是关于甲骨文的第一本著录书。《铁云藏龟》的公布出版，使甲骨文由私人藏品变为学术研究材料，引起了更多学者对甲骨文研究的兴趣。新中国成立以后，历次档案史料的大发现，紧跟着的便是将这批资料系统整理出版。《中华人民共和国档案法》（以下简称《档案法》）第十九条明确规定："国家档案馆保管的档案，一般应当自形成之日起满三十年向社会开放。"第二十三条规定："各级各类档案馆应当配备研究人员，加强对档案的研究整理，有计划地组织编辑出版档案材料，在不同范围内发行。"档案文献编纂是《档案法》规定的开放、公布档案的重要形式。新中国成立以后，各级国家档案馆通过档案文献编纂，公布出版了大批档案文献，产生了良好的社会影响。

2. 档案文献的保存与流传

编纂是文献保存和流传的重要手段。以类书为例，类书是网罗众书，从中摘取篇章段落，然后分类纂辑而成的资料汇编。明代《永乐大典》是中国历史上编纂的最大的类书，现已亡佚。由于《永乐大典》网罗的图书以宋元时期著作居多，而这些宋元时期的著作至清代仅存十之一二，加之《永乐大典》收录的图书除了儒家典籍、史传百家、历代文集外，还收录了大量的小说戏曲、方舆志乘、医学方技、佛道典籍等，所以历代学者都把《永乐大典》看作辑佚之渊薮，许多逸书凭借它得以重现人世。仅乾隆时修《四库全书》，就从中辑出 385 种逸书收入《四库全书》。《永乐大典》的编纂对中国古代典籍的保存和流传起到了巨大作用。

档案文献编纂是档案文献保存与流传的重要途径和手段。从古至今流传下来的档案材料，不仅仅保存在传统经史子集四部文献之中，如考古出土的甲骨档案、金石档案、简牍档案等保存在各大博物馆和学术研究机构中，明清以来的档案则主要保存在各级各类档案馆中，社会也零散保存着部分档案。档案原件多是孤本，副本有限。著名历史学家徐中舒曾说："我们从民国十八年八月，将这批档案（指民国时期中央研究院历史语言研究所从李盛铎手中购买的清代内阁大库档案）买过来以后，立即开始整理。同时并组织一个明清史料编刊委员会，将整理出来的材料，择要刊布。因为我们的兴趣偏于历史方面，所以我们选择刊布的，也仅限于这一方面的材料。我们鉴于向来史迹保存的不易，例如冶金刻石，总算可以垂诸久远了，然而这一史迹，正跟着逝去的时代，一天一天地摧毁，犹如巨浪淘沙，着实可惊！以彼例此，只有使我们惶惑，使我们怀疑这些档案，究竟能保存几时？我们对于档案的刊布，固然是供给一般不易接近此等史料的学者，使我们的同志多增加几个。在别一方面讲，也未始不想借此流传广远，以为一种保存的方法。”① 因此，将零散档案材料按照一定题目汇聚成书，可以极大地满足人们系统集中阅读档案原文的需要。从空间维度来看，档案文献编纂可以扩大档案资料流传范围；从时间维度来看，也是长远流传档案资料的必要手段。从某种意义上说，流传也是一种保存的方法。

3. 档案文献的序化与诠释

档案文献编纂除了对公布、保存、流传档案文献起重大作用，还有一个重要的功用就是对档案文献的序化与诠释。

所谓档案文献的序化，就是根据档案材料的实际状况和编纂需求而采取科学系统的编排体例。档案文献编排体例，概括言之，主要有三个方面：按时、按事、按人（包括机构）。不同的体例，会向读者传递不同的历史侧面，体现编纂者对编纂题目所要表达意旨的深刻把握。以魏源《皇朝经世文编》为例，该书以事类为纲，采用纲举目张的双层分类体系，共设八纲，下设 65 个子目。类目设置体现了编者对经世问题的深入研究。八纲以“学术”为先，着意从学术思想和风气上引导士林学子趋于经世致用的价值趋向。次以“治体”，从总体上论证了中国传统政体，尤其是清代政体。再次按照朝廷六部，即按照吏、户、礼、兵、刑、工六政，设立六纲，以囊括具体的经世时务。这样各纲之间不仅具备内在有机联系，符合学理逻辑，而且又使体例概括而完备。《皇朝经世文编》各纲子目的设置也遵循这样的原则。例如，“吏政”纲，下设“吏论”、“铨选”、“官制”、“考察”、“大吏”、“守令”、“吏胥”、“幕友”等八目；“礼政”纲，下设“礼论”、“大典”、“学校”、“宗法”、“家教”、“昏礼”、“丧礼”、“服制”、“祭礼”、“正俗”等十目。每纲几乎皆为先设定总论原则和精神的子目，如“吏论”、“礼论”，再次之以具体实务的类目。这样的体例设计，不仅便于查阅资料，而且利于指导经世实践，表现出了编者的经世实才。

所谓档案资料的诠释，是指通过编纂者对档案材料的释读、标点、校勘，并在此基础上加以字词、文意的解释、分析和判断，向读者提供一个可读性较强的文本。档案材料是分散保存的，因此档案文献编纂满足了人们便利阅读档案原文的愿望，但档案原文阅读并非易事。文字的释读，文件产生的背景、承转过程、处理结果、涉及的人物史事等，都需要编纂者深入研究考证。因此对档案材料的诠释是档案文献编纂的一个重要的功用。以赵汝愚的《宋朝诸臣奏议》为例，他

① 徐中舒：《中央研究院历史语言研究所所藏档案的分析——再述内阁大库档案之由来及其整理》，见中国第一历史档案馆编：《明清档案论文选编》，11 页，北京，档案出版社，1985。

以严谨求实的态度，对入选奏议作了深入研究和考证，以篇前和篇后注释和附文的形式表现出来。卷八七礼乐门宗庙类王安石的《上神宗议僖祖祧迁》篇后附注："熙宁五年三月八日上，时为平章事。治平四年闰三月，敕迁僖祖庙主藏之夹室。至是，安石建此议，诏答曰：'庙祧之事，盖有典彝，所以上承先王，下法后世。朕嗣宅大统，获奉宗祀。而世次迁毁，礼或未安。讨论经常，属我哲辅，于以佐朕不逮，而仰称祖宗追孝之心，朕览之矍然，敢不祗服。宜依所请施行。'诏学士院集两制议。"此条注释，详细论及了王安石上奏的时间、时任官职、奏议文书呈递及处理情况、与奏议相关事件的记述和介绍，极便于读者阅读。

（三）档案文献编纂的意义

1. 现实意义

积极主动地提供各种专题档案文献，服务于国家各项建设事业发展。首先，为学术研究提供档案史料和奠定研究基础。近代以来，为学术研究提供第一手的研究资料一直是档案文献编纂的最直接目的。一批近代著名学者，如罗振玉、王国维、郭沫若、胡厚宣等，以及一批学术文化单位，如故宫博物院文献馆、中央研究院历史语言研究所等学术文化机构在编纂档案史料、满足学术界研究需要方面做出了重要贡献。新中国成立以后，史学界，尤其是以中国史学会为代表的学术机构策划编纂完成了影响深远的档案史料编纂重大项目。各级档案馆，尤其是一些历史档案资料储藏丰富的档案馆也编辑出版了数量诸多、质量上乘的档案文献成果。例如，2001年以来，随着国家清史编纂项目的启动，中国第一历史档案馆组织编纂了一系列专题档案史料汇编，如《清代军机处电报档》、《清代中俄关系档案汇编》、《清宫内务府造办处档案总汇》（1～55册）、《清代内务府奏案》、《清代内务府奏销档》、《清代珲春档案》、《嘉庆起居注》、《清代雍和宫档案史料》（1～12册）等，为清史研究提供大量经过系统整理的档案史料。除了服务于史学及其他学科科学研究之外，档案文献编纂还可在维护国家主权、疆域完整，宣传国家方针政策等方面发挥无可替代的重要作用。如针对台湾问题、西藏、澳门回归、香港回归等重大问题，中国第一历史档案馆独立或合作编辑了《康熙统一台湾档案史料选辑》、《郑成功档案史料选辑》、《元以来西藏地方与中央政府关系档案史料汇编》、《清初五世达赖喇嘛档案史料选编》、《元以来西藏地方与中央政府关系档案史料汇编》、《香港历史问题档案图录》、《明清时期澳门问题档案文献汇编》、《澳门历史地图精选》、《清代中琉关系档案选编》、《清代中琉关系档案六编》等。这批史料的出版公布在社会上产生了极大影响。此外，档案文献编纂还可为各项具体生产建设、经济发展提供凭证或参考资料，推动各项具体事业的发展。

档案文献编纂可以直接促进档案馆（室）档案工作水平的提高。档案整理工作包括档案实体的次序整理和档案信息的内容整理，其中档案实体的次序整理是档案信息的内容整理的基础，而档案信息的内容整理是档案发挥作用的重要步骤，也是档案工作水平提高的重要标志。① 档案信息的内容整理则主要指档案文献编纂。档案文献编纂向社会发布档案文献，不仅是档案馆档案利用工作的组成部分，而且还可扩大档案馆的社会影响力，促进档案实体管理水平的提高。如档案文献编纂在利用档案各种检索工具时，有可能发现检索工具的查全率和查准率问题；在深入研究档案内容时，有可能对某些档案价值有新认识；通过广泛查找档案，而扩大档案收集范围，有可能搜集到更多的参考资料，也可能发现某些案卷残缺不全等等。凡此，档案文献编纂工作中的每一个环节向档案实体管理提出的新要求，都能促进档案实体管理水平提高。

2. 长远意义

档案记载了人类历史发展的足迹，更重要的是，档案作为一种文字记录，记载了人类发展史中不同阶段的经验、知识和思想。这些知识、经验与思想，从静止的、零散的原件，经过档案文献编纂转化为书册式的可以广泛流传的文本，文字承载的经验、知识甚至可以超越时空阻隔化为人们实际的知识和思想，人类文明因之得以不断延续、传承与发展。中国档案文献编纂历史悠久，从《尚书》的编纂开始，档案文献编纂在中华文献典籍的积累、文化的传播中发挥了巨大作用。以古代诏令编纂为例，诏令是历代封建统治者统治政策和方针的直接记录，尤其断代诏令集的编纂，有助于一代诏令文献的利用、保存和流传，从整体上观照一代政事制度的变迁。历代诏令集的编纂是中国古代传统的编纂项目。余如历代奏议集，律令格式等法律文书汇编，唐宋以来编纂的会典、会要等政书以及日历、实录等编年体史料长编，清代编纂的方略、纪略、《筹办夷务始末》等专题史料汇编，以及官修或成于私人之手的诏令奏议集，等等，皆是中国古代传统的编纂体裁、固定的编纂项目。档案文献编纂在中华文明传承中起到非常重要的作用。

档案文献编纂的现实意义与长远意义是相对而言的，凡是对现实各项建设事业产生巨大推动作用和产生良好社会影响的，一般而言也具有长远的文化建设意义。

（四）档案文献编纂的原则

1. 科学性原则

档案文献编纂是一项学术研究工作，必然要遵循科学性原则。所谓科学性原

① 参见韩宝华：《档案文献编纂学教程》，35～38 页，北京，中国人民大学出版社，1999。

则，是指要以辩证唯物主义和历史唯物主义为指导，深入研究编纂题目和档案材料的内容，严谨求实，客观准确转达档案材料原文信息，综合运用相关学科知识，根据档案材料的特殊性要求，对档案材料加以科学释读、转录、分类编排和注释评述。

辩证唯物主义和历史唯物主义是我们认识世界的正确世界观和方法论。它们要求我们一切从实际出发，实事求是地对待档案材料，忠于档案原文，不得主观任意更改，尽量保持档案材料的本来面貌。它们还提供给我们用于分析档案材料内容的科学的认识论，用联系的、发展的、全面的观点分析档案材料记载的复杂的历史现象。因此，从事档案文献编纂要掌握辩证唯物主义和历史唯物主义的思想内核，并紧跟马克思主义哲学的新发展。

档案文献编纂要科学运用多门学科综合知识，比如校勘学、辨伪学、文字学、文书学、编辑学、注释学、版本学等。以校勘为例，校勘的目的是恢复著作的原始面貌，符合原文、原意是校勘的根本准则，并不是为作者改文章。对于档案文献编纂中的校勘而言，档案内容本身的文字错误，或观点错误，或取材错误，对其加以考证，以注释或按语等形式表现出来，已不属于校勘的范围。档案作为历史文献，与其他文献相比，其凭证价值尤为突出，所以，“存真复原”原则对于档案文献编纂中的校勘而言，其意义也尤为突出。在档案文献的校勘中，要采取比一般古籍校勘更为审慎的态度，广泛地收集不同的版本资料以及相关资料，以作为校勘依据。在档案文献编纂的校勘中，对校法、本校法、他校法、理校法四者虽然要综合运用，但从审慎的角度出发，对校法更需要强调，尤其不要轻易改字。在档案文献校勘异文的处理上，需要准确而熟练地辨析字体。如：什么是异体字？什么是通用字？什么是假借字？什么是古今字？什么是避讳字？这些问题皆需辨析清楚。在档案文献编纂的校勘中，哪些可以当做异文来处理，哪些不用当做异文来处理，还需要结合档案本身的特点，审慎地加以解决。[①]

2. 政治性原则

档案文献编纂是一个政治倾向较强的工作，要遵循政治性原则。所谓政治性原则，是指档案文献编纂要遵从国家方针政策，不得违背与编纂活动相关的法律规定。

当前档案文献编纂要在党和国家政策方针的指导之下，从国家发展的大局出发，维护国家安全和利益。档案馆公布档案文献要符合《档案法》及相关法律规定。如《档案法》第十九条规定：“国家档案馆保管的档案，一般应当自形成之

---

① 参见梁继红：《古文献学对于档案文献编纂学的借鉴意义》，载《档案学通讯》，2007（2）。

日起满30年向社会开放。经济、科学、技术、文化等类档案向社会开放的期限，可以少于30年，涉及国家安全或者重大利益以及其他到期不宜开放的档案向社会开放的期限，可以多于30年，具体期限由国家档案行政管理部门制订，报国务院批准施行。”第二十二条规定：“属于国家所有的档案，由国家授权的档案馆或者有关机关公布；未经档案馆或者有关机关同意，任何组织和个人无权公布。集体所有的和个人所有的档案，档案的所有者有权公布，但必须遵守国家有关规定，不得损害国家安全和利益，不得侵犯他人的合法权益。”《中华人民共和国档案法实施办法》第二十四条规定：“保存在档案馆的，由档案馆公布；必要时，应当征得档案形成单位同意或者报经档案形成单位的上级主管机关同意后公布”；“保存在各单位档案机构的，由各该单位公布；必要时，应当报经其上级主管机关同意后公布”；“利用属于国家所有的档案的单位和个人，未经档案馆、档案保存单位同意或者前两项所列主管机关的授权或者批准，均无权公布档案”。“属于集体所有、个人所有以及其他不属于国家所有的对国家和社会具有保存价值的档案，其所有者向社会公布时，应当遵守国家有关保密的规定，不得损害国家的、社会的、集体的和其他公民的利益。”第二十五条规定：“各级国家档案馆对寄存档案的公布和利用，应当征得档案所有者同意。”第二十六条规定：“利用、公布档案，不得违反国家有关知识产权保护的法律规定。”以上法律条文，对档案馆公布档案的范围、审批手续都作了明确规定。另外，档案文献编纂公布还要符合国家有关保密规定。

3. 文化性原则

档案文献编纂是一项资料整理出版工作，要遵循文化性原则。所谓文化性原则，是指从广义的文化含义出发，档案文献编纂不仅要直接推动当前国家各项建设事业发展，产生实际的社会效益、经济效益、管理效益，还要从保存文献的大视野出发，编纂可以传之长远的档案文献汇编，为中华文化传承作出贡献。简言之，档案文献编纂要以促进国家和社会各项事业进步为直接目的，以传承档案文化为终极旨归。

就档案文献编纂的终极旨归而言，档案文献编纂要从“全”和“精”两个方面下工夫。对中国古代留下的档案文献和档案馆、博物馆、图书馆等藏历史档案作通盘考察，从精编和全编两个方面下工夫。对于精选材料，如能加以精当注释和评述，则将促进档案文献的流传，使之化为读者脑海中鲜活的文化记忆。早在20世纪初，陈垣就从保存文献和传承文化的角度提出了编纂有清一代史料长编的宏伟计划，但这样的宏伟计划直到今天仍然没有实现。在现代古文献学界，继承断代诗文总集编纂的传统，有像《全宋诗》、《全宋文》这样有深远影响的大型图书编纂问世。那么，在档案文献编纂学领域，也可以考虑继承古代档案文献编纂的优良传统，编纂像“历代奏议汇编”、“历代诏令汇编”以及“历代人物碑传资料汇集”之类的大型档案文献汇编。这样大的编纂选题如果能够付诸实践，实际上是对古代档案文化的一次系统梳理，将有助于促进传统档案文化的继承、保存和传播，其影响和意义是不言而喻的。①

【思考题】

1. 试述“文献”一词古今含义的变迁。
2. 你如何理解档案文献编纂学之档案文献的内涵和外延？
3. 你如何理解档案文献编纂学的学科性质？
4. 试述档案文献编纂的性质。
5. 试述档案文献编纂的意义。
6. 试述档案文献编纂的功用。
7. 试述档案文献编纂的原则。

---

① 参见梁继红：《古文献学对于档案文献编纂学的借鉴意义》，载《档案学通讯》，2007 (2)。

21世纪档案学系列教材

上编

思想史

第一章 古代档案文献编纂思想

【本章要点】

古代档案文献编纂实践是档案文献编纂思想的重要来源。本章综述中国古代档案文献编纂传统，总结古代档案文献编纂特点。档案文献编纂受当时社会条件的制约，是封建统治阶级的统治工具，也是一个不断发展的渐进过程。孔子、刘向、刘歆、刘知幾、赵汝愚、章学诚等学者是中国古代档案文献编纂的重要代表人物。我们将从这些学者的编纂实践和理论著作中归纳出他们各自的思想精华。

【关键词】

档案文献编纂传统〇孔子〇刘向〇刘知幾〇赵汝愚〇章学诚〇制册章表书〇比次之书

第一节　古代档案文献编纂概说

中国古代档案文献编纂工作源远流长，从传说中上古年间的三坟五典，至春秋时代孔子编纂“六经”，其后经历代诸多学者的不懈努力，为世人留下了浩如烟海的档案文献编纂成果，同时也为后人积累了极其宝贵的档案文献编纂经验和方法。

一、中国古代档案文献编纂传统

中华文明博大精深，其档案文献编纂由来已久。据《左传·昭公十二年》记载："左史倚相趋过。王曰：'是良史也，子善视之。是能读三坟、五典、八索、九丘。'"西汉孔安国解释曰："伏牺（羲）、神农、黄帝之书谓之'三坟'，言大道也。少昊、颛顼、高辛、唐、虞之书，谓之'五典'，言常道也。""八卦之说，谓之'八索'，求其义也。九州之志，谓之'九丘'。丘，聚也。言九州所有，土地所生，风气所宜，皆聚此书也。""楚左史倚相'能读三坟、五典、八索、九丘'，即谓上世帝王遗书也。"但由于这些"上世帝王遗书"当今难觅踪迹，因此，目前对其是否属于文献汇编尚难确定。夏商周时期我国就已有文献典籍形成，特别是在西周时期，由于礼乐盛行，典章制度趋于完善，为满足人类社会生活和生产活动日渐复杂的需要，于是产生了将档案文献编纂成书进行教育和传播知识的活动。但此时档案文献为贵族垄断，尚难以得到广泛利用，因此档案文献编纂活动受到了很大限制。春秋战国时期，诸侯争霸、战乱频发，档案文献随着人口的大规模迁移而流散于世，这为广大士人利用档案文献提供了便利。如这一时期的孔子，因为身处乱世，其"仁政"思想难以推行，后转而从事教育及档案文献的整理和编纂工作，并为世人留下了珍贵的编纂成果——"六经"，这也是目前我国有史可考的第一次较大规模的私人档案文献编纂活动。

秦朝作为我国历史上第一个统一的封建王朝，社会相对稳定，因施行严刑峻法，法律文书的编纂在该时期获得了较大发展。但后来秦统治者焚书坑儒，致使档案文献及其编纂工作遭到了很大破坏。汉王朝建立以后，一改秦之暴政，广开言路，大量收集文献典籍，十分重视利用档案文献著书立说。如汉武帝刘彻时期，制订了收集典籍文献的政策法令，官府设立专门机构收集诸子各家典籍，并设立史官。当时任太史令的司马迁就专门负责国家图书档案的编辑整理工作，他在对文献史料进行充分消化和吸收的基础上写成了我国历史上第一部纪传体史书——《史记》，被鲁迅称为"史家之绝唱，无韵之离骚"。再如，汉成帝刘骜曾向天下广泛征求包括档案文献在内的图书典籍，命专人分门别类进行校对整理。《汉书·艺文志》记载："至成帝时，以书颇散亡，使谒者陈农求遗书于天下。诏光禄大夫刘向校经传诸子诗赋，步兵校尉任宏校兵书，太史令尹咸校数术，侍医李柱国校方技。每一书已，向辄条其篇目，撮其指意，录而奏之。会向卒，哀帝复使向子侍中奉车都尉歆卒父业。歆于是总群而奏其《七略》，故有《辑略》，有《六艺略》，有《诸子略》，有《诗赋略》，有《兵书略》，有《术数略》，有《方技略》。”刘向、刘歆父子对档案文献的编纂做出了巨大贡献。魏晋南北朝时期，社会的动荡不安致使档案文献大量流散于外，为世人所利用，因此该时期不仅有法律文书汇编、诏令奏议集等官方主持编纂的成果，而且还出现了诸如《齐民要术》等个人编纂的作品。总体而言，从秦汉至南北朝期间，从档案文献编纂的类型、数量及相关方法理论方面较之先秦有了很大发展。

隋唐时期，国家再次实现了大一统，社会活动更加丰富，档案文献编纂活动也较前代有了更大的进步，不仅包括传统的法律典章、诏令集、臣子奏议等内容，还出现了诸如会典、会要等新的体例及专题。如这一时期著名的档案文献编纂大家刘知幾（在有些文章中也作刘知几）等都对档案文献编纂做出了不朽贡献。时至宋代，档案文献编纂活动进一步深入和细化，全国设立了官方档案机构“架阁库”，组建了多种档案文献编纂部门专司其职，如当时的敕令所负责汇编朝廷敕令，起居院负责编修皇帝的起居，中书省编修条例司掌管编纂国家政令条例等。元代虽是游牧民族建立的封建政权，却采取了汉人的许多治国方略，也比较注重修史工作，对各种奏书、法令典籍等都详加编纂，但元统治者为维持自身统治，对档案文献的管理非常严格，许多都被视为禁密，严禁私人参阅，因此当今传世的元代档案文献编纂成果数量很少，仅有《太平金镜策》及《太平策》等少数几部奏议汇编存世。

明清两代是我国封建制度发展的顶峰，此一时期档案文献编纂的规模和数量都获得了极大进步。例如，明代自明太祖朱元璋建国至熹宗朱由校执政期间利用大量档案文献编纂皇帝实录，累计达 3 045 卷。[①] 同时，档案文献还被大量应用于地方志的编纂修订，有明一代编纂的志书达千余种。在私人纂志方面比较著名的有明末清初的顾炎武，其《天下郡国利病书》大量参考了明朝档案文献，对当时全国的政区分布、山川地势、土地赋役等进行了详细的调查和论述，其中多处直接使用了档案文献原文。时至清代，方志的编修活动蔚然成风，“许多地方长官以修志作为取悦皇帝、猎取功名的手段，纷纷网罗门客幕僚，开局编修。许多学者也乐此不疲，不但积极参与撰写，还对方志编纂的体例、方法等进行研究讨论。清朝方志在体例和内容上都有了创新和发展。在方志理论研究方面，章学诚贡献较大，他在总结前人修志经验的基础上，通过自己在修志实践中的不断探

① 参见周雪恒：《中国档案事业史》，268 页，北京，中国人民大学出版社，1994。

索，提出了一套修志理论，创立了方志的完整体例。”①

二、中国古代档案文献编纂特点

我国古代档案文献编纂是与当时社会经济、政治、文化的发展密切相关的，其最终目的是维护统治阶级的政权。同时，随着社会的不断进步，我国档案文献编纂自身也经历了由最初的萌芽、发展到不断成熟的漫长累积过程。纵观我国档案文献编纂的历史，可以初步得出如下几点认识。

（一）档案文献编纂受当时社会条件的制约

我国奴隶社会早期虽已出现文献典籍，但主要被贵族阶层所垄断。春秋战国时期，诸侯争霸兼并战争导致人口大量迁移，同时也造成大量档案文献外流，这在客观上为士人利用档案提供了可能，如孔子所进行的“六经”修订编纂工作。秦始皇统一六国后，倡导法家思想，实行严刑峻法，留存有大量的法例律令文书。汉朝吸取秦朝灭亡的教训，采用了相对和缓的治国方略，“比较重视档案文献的整理，加之造纸术的发明与改进，草书、行、楷通行，目录学、校勘学的创立和发展等等，都为这一时期档案文献编纂工作的发展创造了有利的客观条件”②。魏晋南北朝时期，由于时局动荡、政治角逐风云变幻，各朝统治者为了取得政治上的胜利，大多比较重视从前代的档案文献中吸取经验教训，同时也为彰显其文治武功而编纂朝史，因此该时期也取得了一定规模的档案文献编纂成果。

隋唐时期国家一统、社会稳定，中国封建社会进入了一个鼎盛阶段。同样，统治阶级为了汲取前朝的治世经验，对档案文献编纂及修史工作极为重视，成立史馆替代私人纂史，并派官员进行监管。同时印刷术的发明也为该时期档案文献编纂提供了较为便利的技术条件。宋朝统治者获取政权之后，崇尚士人，使得学术思想及文化得到了极大的发展，不仅在文学、史学等传统学问方面名家辈出、成绩斐然，而且创建了如金石学、程朱理学等新的学术领域，而这些都促成了宋代档案文献编纂工作的长足进展。明清时期，特别是康熙、乾隆两朝，“封建政治统治的相对稳定和统一，以及经济文化的高度发达，为档案文献编纂工作的发展创造了较好的社会条件，使延续两千多年的封建社会的档案文献编纂工作达到了前所未有的繁荣，无论从编纂成果数量的浩大，还是选题内容的丰富，以及公布形式的多样化等方面来看，都是前代所不能比拟的”③。

---

① 周雪恒：《中国档案事业史》，312页，北京，中国人民大学出版社，1994。

② 曹喜琛、韩宝华：《中国档案文献编纂史略》，18页，北京，高等教育出版社，1999。

③ 同上书，99页。

（二）档案文献编纂是封建统治阶级的统治工具

我国档案文献编纂活动历史悠久，成果蔚为大观，尽管历史上不乏私家编纂的档案文献资料，但相对来说数量有限。大多数的档案文献编纂工作是在官方授意和控制下进行的政府行为，特别是对于一些涉及国家层面的重大题材，通常都会在最高封建统治者的亲自主持或干预下展开，对其选题、推广，甚至序言的拟定都亲力亲为，即所谓的“钦定”、“御制”等。具体而言，其编纂内容多是从以下三个方面进行的：一是以皇帝为中心宣扬其文治武功和治世之道的选题居首要地位。如历朝的实录、诏书（或称祖训、宝训、圣训）、起居注等等；二是宣扬“为臣事君之道”的奏议汇集占有相当数量，其中有集某一名臣奏议的专集（如《陆宣公奏议》等），有集某朝名臣奏议的合集，也有集历朝名臣的奏议总集。三是以健全封建法制、强化封建统治为目的而编纂的法典档案文献汇编。从春秋战国时期公布的成文法到后来各朝编纂的“律”、“令”、“格”和著名的《唐六典》、宋的“敕书”、元的《典章》等，卷帙浩繁，不胜枚举。①

此外，“许多编纂成果的序言、凡例中所表述的内容也都清楚地反映出了这一点。如西汉史学家司马迁就把‘通古今之变，究天人之际’、‘原始察终，见盛观衰’、‘稽其成败兴坏之理’、‘述往事，思来者’，总结历史发展教训作为《史记》的主要目的。又如康熙皇帝所撰《太祖圣训·序》中称：‘朕惟帝王创业，垂统传之无穷，非独世德茂也，盖亦有典则之贻焉。’即表达出一方面是为其后世子孙指示统治之道，另一方面也令臣民有所遵循的编纂目的。”②由此可以看出，我国古代档案文献编纂活动与其他社会活动一样，都是为维护封建统治阶级政权服务的，它宣扬的主要内容是帝王将相等统治阶层的赫赫武功和经济治世，其所希冀的是让万民臣服、让帝王统治百代相传，因此，档案文献编纂的选题往往具有明确的政治目的，如圣训、方略等。那么，这也就决定了“凡符合统治者政治需要的档案都能得到妥善保存，并设立各种机构、制度以保证其安全；反之，凡有背于封建统治思想的档案则往往受到诋毁。如晋代出土的《汲冢竹书》，当时也曾受到学者的重视，只因其中某些记载与传统经籍不合，遂受到后来一些学者的排斥，导致原本逐渐散失，至今已不能窥其原貌。与之相反的是，今本古文《尚书》原为伪书，然自东晋以来流传不绝，还被编入《十三经注疏》中，作为士人诵习的‘正经’，直到清末，其主要是由于古文《尚书》所反映的思想符

---

① 参见樊如霞：《中国档案编纂思想形成时期的历史特点》，载《福建师范大学学报（哲学社会科学版）》，2010（3）。

② 同上文。

合统治阶级需要”[1]。

（三）档案文献编纂是一个不断发展的渐进过程

我国古代档案文献编纂经历了漫长的历史阶段，是一个不断发展的渐进过程。在此期间，诸多历史学家、文献学家等在档案文献编纂实践过程中形成了较为系统的理论和方法。例如，孔子在编订“六经”时对于不确定的文献资料往往采取“述而不作”的态度，对有多种说法的文献资料则采取“多闻阙疑”的方法，对于那些“怪、力、乱、神”等荒诞不经抑或有悖常理的事物则予以摒弃，这些做法成为后世档案文献编纂的重要原则。汉代的刘向、刘歆则“采取了‘广罗异本、仔细勘对’、‘彼此互参，去其重复’、‘校出阙简，订证伪文’、‘整理篇章、定著目次’、‘摒弃异号确定书目’、‘撰写叙录、汇成别录’等程序和方法”[2]，对档案文献进行编纂。之后，“南北朝时期，起居注和实录的出现，奠定了以后官方修史的基础链条。尽管这一时期实录的规模尚小，还处在史著而非史料书的发展初期，但它的出现为后世官方档案文献编纂确定了编纂体裁，具有突出的开创意义。萧统《文选》按文体编纂的特点对档案文献编纂产生了深远的影响。”[3]

时至隋唐，较具代表性的如刘知幾的《史通》，在这部史学著作中，他系统总结了自己的治史经验，并对他人的治史方法及编纂体例等都进行了深刻而独到的评论，对于档案文献的编纂，他倡立的“制册章表书”对后世的档案文献编纂影响巨大。宋代司马光主持了《资治通鉴》的编写，制定了长编编纂的一些原则和方法，如他极为重视长编的“从目”编制，强调信息尽量翔实，不可轻易略写等。有清一代，档案文献编纂活动达到了一个新的高峰，修史编志极为盛行，乾嘉考据学的兴起更是为世人瞩目，这些都极大丰富了档案文献编纂理论，其中章学诚的“比次之书”和“纂辑”之学尤为后世所称道。

综上所述，中国古代档案文献编纂历经了两千多年的演进历程，留下了累累硕果，其中所蕴涵的档案文献编纂思想及方法，为后世提供了可资借鉴的宝贵经验。

第二节　孔子的档案文献编纂思想

孔子，名丘，字仲尼，春秋时期鲁国人，为我国儒家学派创始人。为了实现

① 樊如霞：《中国档案编纂思想形成时期的历史特点》，载《福建师范大学学报（哲学社会科学版）》，2010（3）。

② 黄夏基：《论中国传统档案学的理论所在》，载《广西民族学院学报（哲学社会科学版）》，2002（5）。

③ 梁继红：《中国档案文献编纂史》，60页，北京，国家图书馆出版社，2009。

自己的政治理想，孔子早年热衷仕途，曾做过“委吏”、“乘田”、“中都宰”、“小司空”、“大司寇”等官职。但由于身逢乱世，孔子的仁政思想难以得到实施，所谓“天下有道则见，无道则隐”（《论语·泰伯》），故后期他广招弟子以传道授业，推广其治世理念，主要从文、行、忠、信（参见《论语·述而》）等方面来培养弟子，这里的文就是指历史文献，采用的教材即为所编纂的档案文献，其中以“六经”最为著名。对此，汉代司马迁在《史记·孔子世家》中曾言：“孔子布衣，传十余世，学者宗之。自天子王侯，中国言六艺者折中于夫子，可谓至圣矣!”至于孔子与“六经”的关系，孙钦善曰：“历史上有两种说法：经古文学家认为‘六经皆史’，孔子只不过对六经这些前代传下来的文献典籍作了校释整理而已；今文学家则认为六经是孔子本人的著述，其中处处贯穿着孔子的思想观点。以古文学家的说法为近于史实。”① 孔子编纂“六经”，不仅开启了我国第一次较大规模的私人编纂档案文献活动，而且他在编纂实践中所形成的思想与方法，许多已成为后世档案文献编纂工作的重要原则，为后人提供了大量可资借鉴的经验，在我国档案事业发展史上占有极其重要的地位。

一、主张档案文献编纂服务于编者思想学说

孔子曾言：“周监于二代，郁郁乎文哉！吾从周。”（《论语·八佾》）由于自幼生活在鲁国，孔子深受其保存的周代政治礼乐制度的影响，早年一直追求仕途发展以推行他的仁政思想，但因不能得到当时诸侯及贵族们的支持而举步维艰，正所谓：“周道衰废，孔子为鲁司寇，诸侯害之，大夫壅之。孔子知言之不用，道之不行也”（《史记·太史公自序》）。这种仕途上的坎坷使孔子产生了“我欲载之空言，不如见之于行事之深切著明也”（同上）的思想，因此他后来便退出官场转而从事档案文献的编修整理和教书育人工作。关于这一点，宋朱熹在《四书章句集注·论语序说》中曾曰：“定公元年壬辰，孔子年四十三，而季氏强僭，其臣阳虎作乱专政。故孔子不仕，而退修《诗》、《书》、《礼》、《乐》，弟子弥众。……哀公之十一年丁巳，而孔子年六十八矣。然鲁终不能用孔子，孔子亦不求仕，乃叙《书传》、《礼记》，删《诗》正《乐》，序《易·彖》、《系》、《象》、《说卦》、《文言》。弟子盖三千焉，身通六艺者七十二人。十四年庚申，鲁西狩获麟，孔子作《春秋》。”由这些记载可见，孔子虽仕途失落，但在档案文献编纂和教育弟子方面取得了突出成就，并以此寄托和宣扬他的政治思想与学说。

孔子作为儒家学派的创始人，非常注重“仁”、“礼”等思想，如《论语》曰：“颜渊问仁。子曰：‘克己复礼为仁，一日克己复礼，天下归仁焉。为仁由

① 孙钦善：《中国古文献学史》，4页，北京，中华书局，1994。

己，而由人乎哉？’颜渊曰：‘请问其目。’子曰：‘非礼勿视，非礼勿听，非礼勿言，非礼勿动。’”（《论语·颜渊》）又如：“不知礼，无以立也。”（《论语·尧曰》）同样，孔子的这种“仁”、“礼”思想在他所编纂的《诗》、《书》、《礼》、《乐》、《易》、《春秋》中也均有深刻体现。例如，对于孔子整理编纂的《诗经》，汉司马迁《史记·孔子世家》载：“古者《诗》三千余篇，及至孔子，去其重，取可施于礼义，上采契后稷，中述殷周之盛，至幽厉之缺，始于衽席，故曰‘《关雎》之乱以为《风》始，《鹿鸣》为《小雅》始，《文王》为《大雅》始，《清庙》为《颂》始’。三百五篇孔子皆弦歌之，以求合《韶》、《武》、《雅》、《颂》之音。礼乐自此可得而述，以备王道，成六艺。”由此可见，孔子编纂《诗经》时，以政治标准为选材原则，在三千余篇诗中仅选取可施于礼义的三百零五篇，正如他所谓的“《诗》三百，一言以蔽之，曰：‘思无邪’”（《论语·为政》），并认为通过学习《诗经》，“可以兴，可以观，可以群，可以怨；迩之事父，远之事君；多识于鸟兽草木之名”（《论语·阳货》）。此外，孔子在编纂《春秋》的过程中，亦对于不符合“仁”的文献资料进行了修订，例如，“鲁僖公二十八年的‘践土之盟’，被孔子改书为‘天子狩于河阳’就是例证”①，“践土之盟”原本是周王不敢得罪晋侯这种不臣行为的屈节之举，这种行为无论从君对臣子，还是臣子对君都有悖于周礼，但周王为尊，晋侯为贤，而封建礼仪中有为尊者及贤者讳的要求，因此，孔子为了维护其“仁”的理念对此进行了曲笔。由此可见，孔子编纂档案文献是与其立场观点紧密相关的，因此不可避免地带有其自身的局限性，这一点应引起当今档案文献编纂人员的注意。

二、主张深入分析档案文献，排斥荒诞的内容

《论语·述而》曰：“子不语怪、力、乱、神。”对此，朱熹在《论语集注》中解释说：“怪异、勇力、悖乱之事，非理之正，固圣人所不语。鬼神，造化之迹，虽非不正，然非穷理之至，有未易明者，故亦不轻以语人也。”孔子这种“敬鬼神而远之”（《论语·雍也》）的思想在其文献编纂中多有体现。例如，由于我国奴隶社会时期社会生产力落后，科学认知水平低下，人类对许多自然现象无法给出合理的解释，因而对大自然怀有一种敬畏的心理，图腾崇拜、神权思想严重，特别是在商代尤为盛行，人们行事往往要先进行占卜等活动以定吉凶。周取代商之后，虽然人类文明有所进步，但是迷信思想仍然十分严重，许多事件中都掺杂鬼神内容。编纂“六经”的材料主要取自于这一时期，难免含有鬼神巫术的内容，但孔子不信鬼神，故而在编纂过程中，对于那些有关鬼神

① 关宏玉：《孔子对档案文献编纂的贡献》，载《兰台世界》，2009（19）。

巫术的材料均舍而不用，因此，“六经”中很少有鬼神怪异的内容。再如，“孔子晚而喜《易》，序《彖》、《系》、《象》、《说卦》、《文言》。读《易》，韦编三绝。曰：‘假我数年，若是，我于《易》则彬彬矣。’”（《史记·孔子世家》）《易》在当时本是用于占卜用的筮书，但孔子及其弟子通过“十翼”而使之论述哲思妙理，并以天道而论人事，从而开启了《易经》理性深邃的哲学范畴，使之成为群经之首。同样，孔子在《春秋》的编纂中也很少谈及鬼神之事，着重于朝聘、会盟、征伐等人事活动的记录，即使其中有些自然灾异，他也仅作实录以记之。

孔子对于文献中一些荒诞不经的记载也往往加以修正，例如，《公羊传·庄公七年》曰：“夏，四月，辛卯，夜，恒星不见。夜中，星霣如雨。恒星者何？列星也。列星不见，则何以知夜之中？星反也。如雨者何？如雨者，非雨也。非雨，则曷为谓之如雨？‘不修春秋’曰‘雨星不及地尺而复’。君子修之曰‘星霣如雨’。”根据此一史料，有学者认为：未经孔子整理的“不修春秋”记载陨星的情况是，陨星未落地面即返回，此属于荒诞不经之说，所以，孔子修《春秋》将此改为“星霣（陨）如雨”。[①] 孔子在档案文献编纂工作中，对于传说中怪异离奇的材料进行修正或摒弃，体现了求实严谨的治学态度。但同时由于受当时历史条件所限，孔子的思想观点也难免存在一定偏颇。正如孙钦善认为：“孔子在这一方面也有局限，这就是不能正确处理属于神化传说一类的文献史料，不能由表及里，抓住合理的内核，而往往会简单地目为虚妄加以排斥或歪曲、篡改，以致造成埋没或曲解史料的后果。”[②]

三、杜绝主观武断，坚持无征不信，注重对材料的考证

周王朝自东迁以降，王室日益衰微，诸侯各自为政，社会形态的混乱致使大量档案文献遭到毁损，到孔子生活的时代，许多古籍已残缺不全。对于这种情况，孔子忧心忡忡，曾感慨道：“夏礼吾能言之，杞不足征也；殷礼吾能言之，宋不足征也。文献不足故也，足则吾能征之矣。”（《论语·八佾》）当其政治主张难以得到推行时，孔子便将主要精力用于从事教育及档案文献的编纂工作，如《史记·太史公自序》记载：“幽厉之后，王道缺，礼乐衰，孔子修旧起废，论《诗》、《书》，作《春秋》，则学者至今则之。”在档案文献编纂中，孔子对于那些没有确切把握、存有怀疑的文献资料一般不妄行校改，而是按照原样留存，坚持“毋意，毋必，毋固，毋我”（《论语·子罕》）的原则，即具有不主观臆测、不绝

① 参见梁继红：《中国档案文献编纂史》，32页，北京，国家图书馆出版社，2009。

② 孙钦善：《中国古文献学史》，21～22页，北京，中华书局，1994。

对武断、不固执教条、不唯我独尊的治学态度。如《春秋穀梁传·桓公五年》云：“《春秋》之义，信以传信，疑以传疑。”有学者亦曾对此做过如下评述：“《春秋》载：‘昭公十二年，春，齐高偃帅师纳北燕伯于阳。’这段话很费解。《公羊传》注解说：‘“伯于阳”者何？公子阳生也。子曰：“我乃知之矣。”在侧者曰：“子苟知之，何以不革？”曰：“如尔所不知何？”’何休《公羊解诂》说：‘子，谓孔子。乃，乃是岁也。时孔子年二十三，具知其事，后作《春秋》，案《史记》，知“公”误为“伯”，“子”误为“于”，“阳”在，“生”刊灭阙。如，犹奈也。犹曰：“奈汝所不知何，宁可强更之乎？”此夫子欲为后人法，不欲令人妄亿（臆）错（措）。’即是说，孔子虽知其错，而考虑到自己不知道的事情还很多，遂不妄加校改，而取‘多闻阙疑’的办法，以为后人做个示范，说明他在编纂加工文献时是严格遵守忠于原文的原则的。”①

中华文明历史悠久，其典籍文献也是浩如烟海，但由于各种主客观因素所致，许多伪误档案混杂其间，对此郭沫若曾指出：“无论作任何研究，材料的鉴别是最必要的基础阶段。材料不够固然大成问题，而材料的真伪或时代性如未规定清楚，那比缺乏材料还要更加危险。因为材料缺乏，顶多得不出结论而已，而材料不正确便会得出错误的结论。这样的结论比没有更要有害。”② 在编纂“六经”的过程中，孔子亦非常重视档案文献的真实性，对于存疑的档案，他必须要考证后方才予以选用。具体而言，孔子在考订一些可疑的文献资料时秉承“多闻阙疑，慎言其余，则寡尤；多见阙殆，慎行其余，则寡悔”（《论语·为政》）的精神。例如，对于《春秋》一书，孔子就是通过广泛搜集文献资料去伪存真后编订的。也正因此，后人对孔子及其档案文献编纂工作给予了极高评价，如司马迁在《史记·太史公自序》中曰：“上明三王之道，下辨人事之纪，别嫌疑，明是非，定犹豫，善善恶恶，贤贤贱不肖，存亡国，继绝世，补敝起废，王道之大者也。《易》著天地阴阳四时五行，故长于变；《礼》经纪人伦，故长于行；《书》记先王之事，故长于政；《诗》记山川谿谷禽兽草木牝牡雌雄，故长于风；《乐》乐所以立，故长于和；《春秋》辩（辨）是非，故长于治人。是故《礼》以节人，《乐》以发和，《书》以道事，《诗》以达意，《易》以道化，《春秋》以道义。拨乱世反之正，莫近于《春秋》。《春秋》文成数万，其指数千。万物之散聚皆在《春秋》。”杜预则评价道：“仲尼因鲁史策书成文，考其真伪，而志其典礼，上以遵周公之遗制，下以明将来之法，其教之所存，文之所害，则刊而正之，以示劝

① 曹喜琛、韩宝华：《中国档案文献编纂史略》，9页，北京，高等教育出版社，1999。

② 郭沫若：《十批判书》，见《郭沫若全集·历史编》，第2卷，3～4页，北京，人民出版社，1982。

诫，其余则皆即用旧史。史有文质，辞有详略，不必改也。故《传》曰：‘其善志。’又曰：‘非圣人孰能修之？’盖周公之志，仲尼从而明之。”（《春秋经传集解·序》）

综上所述，孔子因政治理想不能为当时权贵所接受，后来转而通过搜集、编纂古籍文献来宣扬其政治理念，并在实践中逐渐形成了较为系统的档案文献编纂思想与方法，为后人提供了宝贵的经验借鉴。

第三节　刘向、刘歆父子的档案文献编纂思想

刘向，字子政。本名更生，后改名向。沛（今江苏沛县）人。生于汉元凤四年（公元前 77 年），卒于汉建平元年（公元前 6 年）。西汉著名的经学家、文献学家、史学家及文学家。刘向是皇室宗亲，为刘邦之弟楚元王刘交的玄孙。刘向幼承庭训，深受家庭文化熏陶，精研儒家经典，兼通道家秘籍，还善于赋颂，长于辞令。河平三年（公元前 26 年），成帝诏向领校中五经秘书，官至中垒校尉。他主持校理群书，潜研典籍，在学术上有所成就。他的著作有《五经通义》、《洪范五行传论》、《说老子》、《别录》，以及在原有旧书基础上改编而成的《说苑》、《新序》和《列女传》。除《说苑》、《新序》和《列女传》外，其余著作皆亡佚。

刘歆，字子骏。哀帝建平元年（公元前 6 年），曾改名为秀，字颖叔。大约生于汉宣帝甘露元年（公元前 53 年），卒于更始元年（公元 23 年）。汉代著名的古文经学家、文献学家、天文学家和数学家。歆为向之少子。河平三年（公元前 26 年），受诏与父向领校秘书。向死后，歆继任中垒校尉。哀帝即位后，大司马王莽因刘歆有才行举为侍中太中大夫，迁都骑尉、奉车光禄大夫。继续领校五经，卒父前业。

先秦至秦汉，图书多单篇或部分别行，重新确定篇次、编纂成书，是刘向、刘歆父子校理群书的主要工作。刘向、刘歆校理群书中，凡是具备档案文献性质的图书，其校书活动实际上也具备了档案文献编纂的性质。例如，刘向所校《战国策》，便是档案文献编纂活动的典型代表。《战国策》是以记言为主的史料汇编，所记为“战国时期游士的说辞书信”[①]，记录的人则是“各国的史官和策士”[②]。其性质毫无疑问当属档案文献。“战国后期到西汉时期，游说之风盛行，游士需要一定的资料以供揣摩学习之用，于是有人集合有关资料编成为多种形式

① 王树民：《史部要籍解题》，15 页，北京，中华书局，1981。

② 张舜徽主编：《中国史学名著解题》，9 页，北京，中国青年出版社，1984。

的书策，‘或曰《国策》，或曰《国事》，或曰《短长》，或曰《事语》，或曰《长书》，或曰《修书》’。”① 刘向整理群书时，才将这些书名不同，篇章不同，但性质相同的书，去除重复，重新组织，合定为一书，并命名曰《战国策》。今传本《战国策》正是经过刘向整理的本子。刘向、刘歆在校理秘藏书的过程中，形成了有价值的档案文献编纂思想。②

一、备众本

校勘必须广收众本，才能参酌去取，这一方法创始于刘向。如《晏子书录》："所校中书晏子十一篇，臣向谨与长社尉臣参校雠太史书五篇，臣向书一篇，臣参书十三篇，凡中外书三十篇，为八百三十八章。"再如《列子书录》："所校中书列子五篇，臣向谨与长社尉臣参校雠太常书三篇，太史书四篇，臣向书六篇，臣参书二篇，内外书凡二十篇。"可见，刘向校书所用版本是相当多的，有来源于官府藏书的，也有来源于私人藏书的。清代学者章学诚十分推崇刘氏父子的校雠理论，其《校雠通义·校雠条理》谓："校书宜广储副本。刘向校雠中秘，有所谓中书，有所谓外书，有所谓太常书，有所谓太史书，有所谓臣向书、臣某书。夫中书与太常、太史，则官守之书不一本也。外书与臣向、臣某，则家藏之书不一本也。夫博求诸本，乃得雠正一书，则副本固将广储以待质也。"这是很精辟的评价。

二、订脱误

订脱误，指校勘字句中的脱字和误字。《汉书·艺文志》提到《易》类小序，"刘向以中《古文易经》校施、孟、梁丘经，或脱去'无咎'、'悔亡'"。《书》类小序："刘向以中古文校欧阳、大小夏侯三家经文，《酒诰》脱简一，《召诰》脱简二。率简二十五字者，脱亦二十五字，简二十二字者，脱亦二十二字。文字异者七百有余，脱字数十。"刘向校书，凡书有脱误者，必详加厘定。又，《战国策书录》："本字多误脱为半字，以'赵'为'肖'，以'齐'为'立'，如此字者多。"《晏子书录》："中书以'夭'为'芳'，'又'为'备'，'先'为'牛'，'章'为'长'，如此类者多，谨颇略椾"。《列子书录》："中书多，外书少，章乱布在诸篇中。或字误以'尽'为'进'，以'贤'为'形'，如此者众。及在新书有栈，校雠从中书"。所谓"略椾"、"有栈"者，顾野王《玉篇》谓"椾"为古

① 王树民：《史部要籍解题》，15页，北京，中华书局，1981。

② 以下关于刘向、刘歆父子档案文献编纂思想的论述，参考了孙德谦《刘向校雠学纂微》、余嘉锡《古书通例》、孙钦善《中国古文献学史》、徐兴无《刘向评传》等论著。本节所引刘向"书录"来自张舜徽选编的《文献学论著辑要》。

体“牋”字。“椾”与“牋”通，“牋”亦从“戋”得声。“椾”、“栈”当是同字。“牋”，《玉篇》训作“表”。意谓脱误之处皆已表出而订正之。

三、定篇章

定篇章内容之一，是将同书各本对校，删除重复。《晏子书录》：“凡中外书三十篇，为八百三十八章。除复重二十二篇，六百三十八章，定著八篇二百一十五章。外书无有三十六章，中书无有七十一章，中外皆有以相定。”《列子书录》：“内外书凡二十篇。以校除复重十二篇，定著八篇。”《孙卿书录》：“除复重二百九十篇，定著二十二篇，皆以定”。诸本之中，有相同者留其一而删其余矣。

定篇章内容之二，是不仅删除重复，而且还增加逸文。如《史记·管晏列传》中，载晏子解越石父于缧绁中事及晏子御者妻论晏子之事，太史公曰：“至其书，世多有之，是以不论，论其轶事。”既称作“轶（逸）事”，则其书本不当有。而这两件逸事在《晏子》书中却有记载。又，《晏子书录》中提到“太史公书五篇”。推论之，记载逸事的逸文必是刘向根据《史记》晏子本传而增益的。

定篇章内容之三，是将同一性质之各书，或源出于一人之各书，合而编之为一大书。《战国策书录》曰：“所校中战国策书，中书余卷，错乱相糅，莒有国别者八，篇少不足。……中书本号，或曰国策，或曰国事，或曰短长，或曰事语，或曰长书，或曰修书。”余嘉锡谓：“以国别者仅八篇，是其体例不同。以书之性质言之，则曰《国策》、《国事》、《事语》。以书之形式言之，则曰《短长》、《长书》、《修书》，是其书名不同。此不但不出一人，亦本非一书。然向以其皆战国游士之策谋，便可都为一编。况诸子之书，源出于一人，同为一家之学者乎。将以防简策之散佚，而使后人有以窥见古人学术之全，合而编之，正辨章旧闻之大者。”①

四、谨编次

刘氏父子校书，删重补缺，确定篇章后，则是条理次序。其编次谨慎，根据内容和性质的不同，确定不同的体例结构及篇次、章次。《战国策书录》：“所校中战国策书、中书余卷，错乱相糅，莒有国别者八，篇少不足。臣向因国别者，略以时次之，分别不以序者以相补。”《战国策》按照国别类归篇目，各国篇章再主要以时间的顺序排列。又，《列子书录》：“定著八篇。中书多，外书少，章乱布在诸篇中。”则其编次也包括条理篇内各章顺序。

---

① 余嘉锡：《古书通例》，见《余嘉锡说文献学》，248～249页，上海，上海古籍出版社，2001。

将一书篇目分为内外篇，也是刘向谨编次之一例。《晏子书录》："其书六篇，皆忠谏其君，文章可观，义理可法，皆合六经之义。又有复重，文辞颇异，不敢遗失，复列以为一篇；又有颇不合经术，似非晏子言，疑后世辨士所为者，故亦不敢失，复以为一篇，凡八篇。"从《晏子书录》前列篇次来看，八篇中，"义理可法"的六篇为内篇，而其余则为外篇。内外篇的分别在于，外篇内容大抵较为肤浅，或怀疑为依托之作。[①]

五、定书名

古书多单篇或部分流传，起初并无定名。如《战国策书录》曰："臣向以为战国时游士辅所用之国，为之策谋，宜为《战国策》。"《战国策》一书，书名为刘向所定，沿称至今。《史记·管晏列传》云及《晏子春秋》，而《汉书·艺文志》但称《晏子》；淮南王刘安之书，本为《鸿烈解》，而《汉志》但称《淮南》；蒯通五篇，其《本传》则号《隽永》，而《汉志》但称《蒯子》。《汉志》中此类书名，应从向所定名。

据余嘉锡研究，刘向所校书中有复重残缺、重新编次者，皆题之曰《新书》，以别于中秘旧藏及民间藏书。如《荀子书录》称"《荀卿新书》三十二篇"，《列子书录》称"《新书》有栈"，《隋书·经籍志》著录的《晁氏新书》，今传《贾子新书》，等等，皆当是刘向所题。而今传诸子书录中无"新书"之称的，疑被后人删削。[②]

六、存阙疑

刘向、刘歆父子校理群书，其态度是极其严肃谨慎的。他们对作者、篇章内容往往有所考辨，但又本着阙疑精神，不做武断处理。《晏子书录》曰："又有颇不合经术，似非晏子言，疑后世辨士所为者，故亦不敢失，复以为一篇"。这表明刘向对怀疑为伪托的篇章有所考辨。《晏子书录》又曰："又有复重，文辞颇异，不敢遗失，复列以为一篇。"这表明删除的"复重"，不仅文意全同，而且文辞也需相同。而将一书分为内外篇，外篇所含多为怀疑伪托的篇章，正是阙疑精神的体现。

第四节　刘知幾的档案文献编纂思想

刘知幾，字子玄，彭城（今江苏徐州）人。生于唐高宗龙朔元年（661年），

① 参见余嘉锡：《古书通例》，见《余嘉锡说文献学》，253页，上海，上海古籍出版社，2001。

② 参见上书，250页。

卒于唐玄宗开元九年（721年）。刘知幾出身于一个世代官宦之家，祖父辈皆能“诗礼传家”。刘知幾从小就对史书有浓厚兴趣，到17岁时，“自汉中兴已降，迄乎皇家实录”，大都“窥览略周”（《史通·自叙》）。20岁时，刘知幾考中进士。自武则天长安二年（702年）起，他历任著作佐郎、左史、著作郎、秘书少监、太子左庶子、左散骑常侍等职，兼修国史。曾参修《唐书》、《武后实录》、《氏族志》、《姓族系录》、《睿宗实录》、《则天实录》、《中宗实录》等多种史书。刘知幾有感于修史之时，史官无著述自由，美志不遂，只好“退而私撰《史通》以见其志”（同上）。8年之后的景龙四年（710年），《史通》撰成。

《史通》共20卷，包括内篇和外篇两部分，各为10卷。其中，内篇39篇，外篇13篇。属内篇的《体统》、《纰缪》、《弛张》等3篇，大约在北宋时已亡佚，今存仅49篇。另有《序录》一篇，为全书的序文。

《史通》主要有三方面内容：一是关于史学源流及史官制度。刘知幾根据唐代以前史学的体裁，对我国古代史学的源流进行总结，还论述了历代“史官建置”的沿革、史官的职责，以及唐代官修史书的弊端。二是关于历史编纂学。包括编纂体例、编纂方法、史料搜集等方面内容。三是关于历史文献学。刘知幾将唐代以前的历史文献，分为“正史”和“杂史”两大类。他还对这些历史文献进行全面而具体的评述，指出其矛盾、疏略之处。《史通》是我国古代对历史编纂经验教训进行系统总结的第一部理论著作，为当下的史书编纂提供借鉴、树立范例。

清代学者章学诚曾评价他与刘知幾的区别在于“刘言史法，吾言史意”。章氏所说的“史法”，就是史书编纂上的体裁、体例问题，这也是《史通》作为一部史学通论性著述的论述核心。《史通》的许多篇章都蕴涵着刘知幾的档案文献编纂思想。如《六家》、《二体》等篇叙述历代史书的写作情况并分析其源流、体例、类别；《载言》、《载文》等篇评论纪传与编年史的体例、内容及编纂方法；《采撰》涉及史料的搜集与选择；《补注》论及有关史书的注文；《因习》、《言语》等篇评论史书的叙述方法及写作技巧；《直书》和《曲笔》评论历史学家的品质及写作态度；《核才》、《辨职》等篇论述史官的才具、人选；《疑古》、《惑经》等篇论述某些史书的优劣。

一、勇于冲破经书光环，明确《尚书》性质

《尚书》是我国历史上流传下来的最早的档案文献汇编，在汉武帝时代被奉为至高无上的经书。经书的高度权威性所散发出的耀眼光芒，一直迷惑着人们，使人们顶礼膜拜，无法拨开迷雾，正确认识《尚书》的性质。

在《史通》中，刘知幾首先梳理了我国古代史学的源流，把《尚书》与《春秋》、《左传》、《国语》、《史记》、《汉书》放在一起评价，打破了经书与史书的界

限。《汉书·艺文志》载：“左史记言，右史记事，事为《春秋》，言为《尚书》。”《尚书》与《春秋》一同位居经书之列。而《史通·六家》中提到的《左传》编年家、《国语》国别家、《史记》通古纪传家、《汉书》断代纪传家，表明四书均为史书。刘知幾将被人为拔高了的《尚书》摆到一个与史书平等的地位进行研究，冲破了经书光环。

刘知幾从四个方面谈《尚书》：

首先，《尚书》形成于何时？刘知幾说：“《尚书》家者，其先出于太古”（《史通·六家》）。“至孔子观书于周室，得虞、夏、商、周四代之典，乃删其善者，定为《尚书》百篇。”（同上）《尚书》渊源久远，是孔子删定虞、夏、商、周四代之经典的产物。

其次，刘知幾阐述了《尚书》之名的来由和性质。他采用了孔安国、《尚书璇玑钤》和王肃的观点，虽然三说意思不同，但是“《书》之所主，本于号令，所以宣王道之正义，发话言于臣下，故其所载，皆典、谟、训、诰、誓、命之文”（同上），《尚书》的性质就是记言论和政令的档案文献汇编。“至如《尧》、《舜》二典直序人事，《禹贡》一篇唯言地理，《洪范》总述灾祥，《顾命》都陈丧礼，兹亦为例不纯者也。”（同上）《尧》、《舜》、《禹贡》、《洪范》、《顾命》等篇章不同于典、谟、训、诰、誓、命等原始文件，是后人根据其他资料整理加工而成的，这使得《尚书》的性质变得不纯。

再次，刘知幾评价了《尚书》之后的《周书》、《周礼》等著作，基本理清了《尚书》一脉的源流本末。

最后，刘知幾指出《周书》、《周礼》等著作的得失。“爰逮中叶，文籍大备，必剪截今文，摸拟古法，事非改辙，理涉守株。”（《史通·六家》）

至此，刘知幾明确了《尚书》的性质是君王言论和政令汇编，但有些篇章例外。

二、区别史籍为“当时之简”与“后来之笔”

刘知幾的《史通》对历史文献学的贡献就是将唐代以前的历史文献进行分类，他按照体裁将史书分为“六家”和“二体”，按照编纂方法将史书分为“当时之简”与“后来之笔”。

“六家”即《尚书》家为记言体、《春秋》家为记事体、《左传》家为编年体、《国语》家为国别体、《史记》家为纪传体、《汉书》家为断代纪传体；“二体”即编年体和纪传体。如此分类主要是为史部图书的分类提供依据，而“当时之简”与“后来之笔”对档案文献编纂学有重要的理论价值。

刘知幾在《史通》里说道：“夫为史之道，其流有二。何者？书事记言，出自当时之简；勒成删定，归于后来之笔。然则当时草创者，资乎博闻实录，若董狐、南史是也；后来经始者，贵乎俊识通才，若班固、陈寿是也。必论其事业，前后不同。然相须而成，其归一揆。”（《史通·史官建置》）在他看来，“当时之简”指具有档案性质的史料或史料书，“后来之笔”是经过后人编写形成的史书或历史著作。史料书和史书有本质区别，史料书是根据原始档案史料编纂而成的，史书则是在史料的基础上，融合了作者个人观点的著作。

刘知幾首次对史料与史书加以区分，对后人的治学产生了深远影响。宋代郑樵和清代章学诚等人相继将刘氏的观点加以发展，特别是章学诚将史籍区分为“著述”与“比次之书”，把刘知幾的理论向前推进了一步。张舜徽也认同道：“大别之，不外二类，一则属于历史资料，一则属于成家著述耳。”①

三、主张实录直书，重视辨伪考证

刘知幾在《史通·直书》中写道：“夫人禀五常，士兼百行，邪正有别，曲直不同。若邪曲者，人之所贱，而小人之道也；正直者，人之所贵，而君子之德也”。（《史通·直书》）可见他崇尚正直，唾弃奸邪。他对“实录”和“直书”的看法是：“苟爱而知其丑，憎而知其善，善恶必书，斯为实录。”（《史通·惑经》）“夫所谓直笔者，不掩恶，不虚美，书之有益于褒贬，不书无损于劝诫。”（《史通·杂说下》）还举例说明我国自古以来，史官记注历史，一直秉承着实录直书的优良传统。“如董狐之书法不隐，赵盾之为法受屈，彼我无忤，行之不疑，然后能成其良直，擅名今古。至若齐史之书崔弑，马迁之述汉非，韦昭仗正于吴朝，崔浩犯讳于魏国，或身膏斧钺，取笑当时；或书填坑窖，无闻后代。”（《史通·直书》）董狐、赵盾、齐国太史氏家族、司马迁等史官不畏权贵，实录直书，不惜为此丢官罢职、受刑丧命。刘知幾深感实录直书确为史官最可贵的品德，也是进行历史编纂的首要原则，于是将实录直书的传统做法上升到理论高度。

在《史通·曲笔》中，刘知幾抨击了歪曲事实、文过饰非的做法。“用舍由乎臆说，威福行乎笔端，斯乃作者之丑行，人伦所同疾也。亦有事每凭虚，词多乌有：或假人之美，藉为私惠；或诬人之恶，持报己仇……此又记言之奸贼，载笔之凶人，虽肆诸市朝，投畀豺虎可也。”他直言“盖史之为用也，记功司过，彰善瘅恶，得失一朝，荣辱千载。苟违斯法，岂曰能官”（《史通·曲笔》），把史官能否实录直书作为任职的资格，彰显历史编纂的功用。

反观历代史官的工作实践，实录直书几近难求，刘知幾不由得发出这样的感慨：“故令史臣得爱憎由己，高下在心，进不惮于公宪，退无愧于私室，欲求实

---

① 张舜徽：《史学三书平议》，104页，北京，中华书局，1983。

录，不亦难乎?”(《史通·曲笔》)他还说：“夫传闻失真，书事失实，盖事有不获已，人所不能免也。至于故为异说，以惑后来，则过之尤甚者矣!”(《史通·杂说下》)道出史书出现伪误的原因既有客观因素，也有主观因素。

客观原因主要是史家对一些逸事未加辨别，写入史书中。如“屈原《离骚》辞，称遇渔父于江渚；宋玉《高唐赋》，云梦神女于阳台。夫言并文章，句结音韵。以兹叙事，足验凭虚。而司马迁、习凿齿之徒，皆采为逸事，编诸史籍，疑误后学，不其甚邪!”(同上)要克服这些缺陷，史家必须探求这些说法和史事的源头，辨别真伪，谨慎择取。主观原因主要是避讳或为权势所迫，不得不造假。如“至如梁武之居江陵，齐宣之在晋阳，或文出荆州，假称宣德之令；或书成并部，虚云孝静之敕。凡此文诰，本不施行，必也载之起居，编之国史，岂所谓撮其机要，剪截浮辞者哉?但二萧《陈》、《隋》诸史，通多此失”(同上)。要防止这样的现象发生，史官必须严于律己，提高自己的道德修养，不“向声背时，舍真从伪，知而故为”(《史通·杂说中》)，而应忠于职守。

刘知幾提出了多种史料考证辨伪方法：

(1)考察记事是否合乎情理。刘知幾在《史通·暗惑》中说：“昔人有以发绕炙误其国君者，有置毒于胙诬其太子者。夫发经炎炭，必致焚灼，毒味经时，无复杀害。”因此，“其有道理难凭，欺诬可见”(《史通·暗惑》)。

(2)考察是否与可靠文献相悖。刘知幾以晋代出土的“汲冢书”为可靠文献，据以辨伪。在《史通·杂说上》中，刘知幾据《竹书纪年》以辨《尚书》、《春秋》记事之伪，据《汲冢琐语》以辨《左传》和《晋史》记事之得失。

(3)考察成书背景。刘知幾认为孔子和左丘明的关系密切，“(孔子)于是授《春秋》于丘明，授《孝经》于曾子。《史记》云：孔子西观周室，论史记旧闻，次《春秋》。七十子之徒口授其传旨，有刺讥褒讳之文，不可以书见也。鲁君子左丘明惧弟子人各异端，失其真意，故因孔氏史记，具论其语，成《左氏春秋》”(《史通·申左》)。说明《左传》为释《春秋》而作，而《公羊传》和《穀梁传》虽也释《春秋》，但因其作者不了解孔子意图，不熟悉春秋史实，因而不可靠。

(4)考察语言是否符合时代特点。[①] 刘知幾认为，语言因时代、地域、民族不同而有所差别，可据此判断史籍、史事的真伪。如《史通·杂说下》：“《李陵集》有《与苏武书》，词采壮丽，音句流靡。观其文体，不类西汉人，殆后来所为，假称陵作也。”

---

① 参见张小乐：《刘知几的疑古思想与辨伪实践》，载《华南师范大学学报(社会科学版)》，2008(5)。

四、正确处理史料的广征博采与善择慎取的辩证关系

在《史通·采撰》中，刘知幾对史料的广征博采与善择慎取作了专门探讨，认为历史编纂如同“珍裘以众腋成温，广厦以群材合构”。“自古探穴藏山之士，怀铅握椠之客，何尝不征求异说，采摭群言，然后能成一家，传诸不朽”。又说：“刍荛之言，明王必择；葑菲之体，诗人不弃。故学者有博闻旧事，多识其物，若不窥别录，不讨异书，专治周、孔之章句，直守迁、固之纪传，亦何能自致于此乎？”（《史通·杂述》）刘知幾按照修史的主体将史书分为“正史”和“杂史”。“正史”是指先秦经、传，唐以前的纪传史和编年史，以及唐代官修诸史，如《春秋》、《史记》、《汉书》；“杂史”则是私家所修的历史文献，分为偏纪、小录、逸事、琐言、郡书、家史、别传、杂记、地理书、都邑簿等10种。偏纪如陆贾《楚汉春秋》，小录如戴逵《竹林名士》，逸事如和峤《汲冢纪年》，琐言如刘义庆《世说》，郡书如圈称《陈留耆旧》，家史如扬雄《家谍》，别传如刘向《列女》，杂记如干宝《搜神》，地理书如常璩《华阳国志》，都邑簿如潘岳《关中》。（参见《史通·杂述》）他认为史家收集史料，不仅要收集正史，也要收集杂史。

在收集史料的过程当中，由于史料来源不同，性质各异，必须善择慎取。“苟不别加研核，何以详其是非？”（《史通·采撰》）“故作者恶道听涂说之违理，街谈巷议之损实。”（同上）失实的史料，好比“镂冰为璧，不可得而用也；画地为饼，不可得而食也。是以行之于世，则上下相蒙；传之于后，则示人不信”（《史通·载文》），“毁誉所加，远诬千载”（《史通·采撰》）。因此，对“异辞疑事，学者宜善思之”（同上）。刘知幾还说道：“且夫子有云：‘多闻，择其善者而从之。’‘知之次也。’苟如是，则书有非圣，言多不经，学者博闻，盖在择之而已。”（《史通·杂述》）对待史料必须严加鉴别、比较异同，慎思熟考，以决定取舍。对于某些对史料不加辨别、不懂得善择慎取的史家，刘知幾进行了批评：“假有学穷千载，书总五车，见良直而不觉其善，逢抵牾而不知其失，葛洪所谓藏书之箱箧，五经之主人。而夫子有云：‘虽多亦安用为？’其斯之谓也。”（《史通·杂说下》）刘知幾妥善地分辨和处理史料的广征博采与善择慎取的关系，为档案文献编纂提供了有益的借鉴。

五、于纪传体体裁中倡设记言的“书”体

古代史书最初是言、事分记，言为《尚书》，事为《春秋》。“逮左氏为书，不遵古法，言之与事，同在传中。然而言事相兼，烦省合理，故使读者寻绎不倦，览讽忘疲。”（《史通·载言》）《左传》改为言事兼记，由于记言和记事比重适宜，详略得当，所以并不妨碍阅读。到《史记》、《汉书》，言事兼记的做法传承下来，如《史记·屈原贾生列传》就收录了屈原的《怀沙赋》和贾谊的《吊屈

原赋》、《鹏鸟赋》等。这一新的变化也带来了新的问题，即于本纪、列传等叙事之中夹杂长篇宏论，不仅割断了叙事的连贯性和整体性，也易于造成文意的中断，极不便于阅读和理解。刘知幾明了言事兼记的弊病，说道："夫方述一事，得其纪纲，而隔以大篇，分其次序。遂令披阅之者，有所懵然。"（《史通·载言》）为此提出自己的建议："愚谓凡为史者，宜于表志之外，更立一书。若人主之制册、诰令，群臣之章表、移檄，收之纪传，悉入书部，题为'制册'、'章表书'。"（同上）意即从史书纪传中将制册、诰令、章表、移檄等档案文献提出，归入另立的"书"体中，以"制册章表书"为名。

刘知幾的建议不仅解决了史书言事兼记的矛盾，而且为档案文献编纂指出了一条新的途径，以后"通典"、"会要"、"诏令奏议"等书的编纂，从一定程度上说，就是受了刘知幾思想的启发和影响。①

刘知幾对史书载文有自己的标准。他总结魏晋以降，史书失于讹谬的五种情况，分别是"虚设"、"厚颜"、"假手"、"自戾"和"一概"。所谓"虚设"，是指在诸多政体并存、朝代更替频繁的历史背景下，所谓"禅书"、"让表"，并非是当时史事的真实记录，史料价值甚微。所谓"厚颜"，是指当时相互敌对的政权所发布的"诰誓"与檄文，文中多攻击、诬蔑敌方之辞，如称敌国之君则云"智昏菽麦"，称敌国建都则云"若鷦鷯之巢苇"，称敌军则云"临戎贾勇犹螳螂之拒辙"。将此类诰檄文字载入史书，只能表明这一行为的厚颜无耻。所谓"假手"，是指古代的"诏命，皆人主所为"，"凡有诏敕，皆责成群下，但使朝多文士，国富辞人，肆其笔端，何事不录 "，以致出现"观其政令，则辛、癸不如；读其诏诰，则勋、华再出"（《史通·载文》）的现象。所谓"自戾"，是指皇帝鉴识靡定，前后相违，史书并载其言的现象。所谓"一概"，是指将不顾实际的颂扬之辞载入史书。②

刘知幾批评的"五失"类禅书、让表、锡命、诰誓、檄文、诏命以及某些皇帝前后相违的褒贬之言，皆属原始档案文献，因其"以寻文义，虽事皆形似，而言必凭虚"（《史通·载文》），所以刘知幾反对将其以"载文"的形式载入史书，这对档案文献编纂理论无疑具有借鉴意义。

刘知幾的《史通》被认为是我国最早的一部史学理论著作，从档案学的角度看，作者对有关档案文献的取材、考订、注释、作序的方法和原则进行了叙述，有助于我们继承前人的档案文献编纂思想。

---

① 参见东南清：《刘知几在档案文献编纂学领域的卓越贡献》，载《档案》，2008（3）。

② 参见黄中业：《论刘知几对档案文献编纂理论的贡献》，载《烟台师范学院学报（哲学社会科学版）》，1999（2）。

第五节　赵汝愚的档案文献编纂思想

赵汝愚，字子直，饶州余干人，生于宋高宗绍兴十年（1140 年），卒于宋宁宗庆元二年（1196 年）。宋太宗长子元佐八世孙。赵汝愚少年勤学，胸怀大志，曾说："丈夫得汗青一幅纸，始不负此生。"（《宋史·赵汝愚传》）孝宗乾道二年（1166 年），考中进士第一，授秘书省正字，迁著作郎，历任信州、台州知州及江西转运判官，后入朝为吏部郎兼太子侍讲，迁秘书少监兼权给事中、吏部侍郎兼太子右庶子。淳熙九年（1182 年）至光宗绍熙二年（1191 年），外任福建路安抚使兼知福州及四川制置使兼知成都府。后调回朝中，出任吏部尚书、同知枢密院事、知枢密院事、枢密使、右丞相。死后被宁宗追谥为忠定，赠太师，追封沂国公。理宗诏配享宁宗庙廷，追封福王，其后进封周王。

赵汝愚学务实用，常以北宋名臣司马光、韩琦、富弼、范仲淹等自期，还与当时的学者汪应辰、李焘、张栻、吕祖谦、朱熹等人相师友，其中交谊最厚者为朱熹。朱熹比赵汝愚年长 10 岁，曾应赵汝愚之请撰写了其父赵善应的墓志铭。据《朱文公文集》记载，朱熹曾 15 次致书赵汝愚，主要讨论地方军政事务、朝廷礼仪及营缮、著述等事。赵汝愚曾推荐朱熹由知潭州为焕章阁待制兼侍讲。他去世后，朱熹曾撰《祭赵丞相文》，表达对挚友的深切怀念之情。

赵汝愚学识渊博，擅长文辞。李焘之子李壁（《宋史》作李璧）曾说："丞相余干赵公秉正履度，即之凛然，至形于篇章，则思致清丽逸发，虽古今能文辞者有不逮。"（《文献通考·经籍考六十八》）赵汝愚著作主要有《宋朝诸臣奏议》300 卷、《忠定集》15 卷、《太祖实录举要》若干卷、诗文 15 卷、《唐书遗录》、《幸庵见闻录》等。

《宋朝诸臣奏议》又名《皇朝名臣奏议》、《国朝名臣奏议》、《国朝诸臣奏议》，是我国古代按门类编纂的断代性质的大型奏议文书汇编。它收录了北宋 241 位官员所上的 1 630 篇奏议，共 150 卷，230 余万字。

赵汝愚编纂《宋朝诸臣奏议》，前后经历了三个阶段：第一阶段从乾道五年（1169 年）至淳熙九年（1182 年），当时他历任秘书省数职，广为收集北宋诸臣奏议，达到千余卷。第二阶段从淳熙九年（1182 年）至淳熙十二年（1185 年），他出知福州期间，因事为目，以类分次，将奏议厘定为 300 卷，百余门。第三阶段从淳熙十二年（1185 年）移知成都府起。他进一步与李壁、史容等蜀地名流讨论切磋全书体例、结构及篇幅、篇目，最后选定 1 630 篇，编为 150 卷的"名臣"奏议，进呈孝宗，并于成书后又上进《皇朝名臣奏议序》。

《宋朝诸臣奏议》从搜集材料到最后成书，前后历时近20年。赵汝愚称自己的作品“上可以知时政之得失、言路之通塞，下可以备有司之故实、史氏之阙遗”，“尤切于治道者”（《宋朝诸臣奏议》“乞进《皇朝名臣奏议》劄子”），是一部君王治国、学人治史的佳作，对于档案文献编纂学而言，其中包含的理论和思想也对后人具有积极的借鉴和参考意义。

一、档案文献编纂体现鲜明的政治倾向

《宋朝诸臣奏议》所收录群臣奏议的多寡、篇目取舍反映了赵汝愚鲜明的政治倾向。赵汝愚自己曾说常以司马光、富弼、韩琦、范仲淹自期，因此大量选用司马光、范仲淹、韩琦、富弼、欧阳修等人的奏议。其中，司马光的奏议高居首位，达146篇，占全书近十分之一，十多万字。而对推行新法的王安石，赵汝愚认为其缺点和危害是“务行新法，违众自用，而患人之莫已从”，由此在朝野造成“指老成为流俗，谓公论为浮言，屏弃忠良一时殆尽。自是而后，谄谈之风盛而朋党之祸起”的局面。这可以说是当时的政治气氛使然。因此，《宋朝诸臣奏议》仅收录王安石的奏议6篇，如卷二二君道门诏令子目的《上哲宗乞出令必使大臣协谋门下》、卷五二百官门台谏子目的《上神宗论孙觉令吏人书写章疏》、卷五六百官门给舍子目的《上仁宗论舍人不得申请除改文字》等。对王安石进行讥讽、揶揄甚至攻讦的奏议，也收录了6篇。如司马光、李常等人各自的《上神宗论王安石》、刘琦的《上神宗论王安石专权谋利及引薛向领均输非便》、吕诲的《上神宗论王安石奸诈十事》第一、二状等。对于赞同和支持王安石变法的吕惠卿、沈括等人的奏议一篇未收，鲜明地反映了赵汝愚的政治倾向和个人爱憎。

二、注重材料的广收与慎取

赵汝愚在编纂的过程中，非常注重材料的广收与慎取。

赵汝愚能够接触并收集到大量的原始档案资料，是与他“备数三馆，获观秘府四库所藏及累朝史氏所载忠臣良士便宜章奏”（《宋朝诸臣奏议》“乞进《皇朝名臣奏议》劄子”）的便利条件分不开的。他在淳熙九年前的十数年间，主要担任馆阁、侍从、奉使典州等数职，曾参与撰修神宗、哲宗、徽宗、钦宗之《四朝会要》，接触过大量在宫外无法见到的内廷档案资料。淳熙末年，他又任秘书少监兼权给事中，负责考校点检科举试卷，直接从事对北宋留存下来的奏议文书及档案的整理与编选工作。

利用如此有利的条件，赵汝愚在选材的初选阶段，以“广记备言，务存圣代之典”为原则，至淳熙九年，已“收拾编缀”诸臣奏议“殆千余卷”。选材的复选阶段，即他出京知福州期间，看到所收集的奏议数量过于庞大，“不能强记，每究寻一事首尾，则患杂出于诸家，文字纷乱，疲于检阅”。于是“与数僚友因

事为目，以类分次”，厘定为300卷，百余门。选材的定选阶段，即赵汝愚从淳熙十二年（1185年）移知成都府起，进一步与蜀地名士讨论商量全书体例、结构、篇幅及篇目，最后选定其中最能体现他编纂目的“至精至要尤切于治道者”的1 630篇，编为150卷进呈孝宗。从最初搜集千余卷至最后精选150卷，前后历近20年，体现了编者对选材工作所持的严谨认真的态度。《四库全书》评价此书取材“去取颇不苟”，确是名实相符。

三、编排体例的选择服从于编纂目的

《宋朝诸臣奏议》采用“因事为目，以类分次”的编排体例。在编选《宋朝诸臣奏议》之前，赵汝愚曾就编排体例是以人分还是以事分征求过好友朱熹的意见。朱熹建议他采用“逐人编”的方式，认为：“分门编”会拆散个人系统思想，而“不见其全意”（《朱子语类》卷一三二《中兴至今人物下》），但是赵汝愚从选编此书的宗旨为供孝宗皇帝治国参考与比较出发，经过反复思考和衡量，仍坚持自己的观点，“以门分不以人分，不用朱子之说”（《四库全书总目提要》史部六诏令奏议类二）。淳熙末他在四川任内，更广泛地征集李壁、史容等“蜀之名流”的意见，共同讨论本书的编排体例与结构，使其趋于完美。《四库全书总目提要》认为：“盖以人而分，可以综括生平，尽其人之是非得失，为论世者计也；以事而分，可以参考古今，尽其事之沿革利弊，为经世者计也。平心而论，汝愚所见者大矣。”赵汝愚采用“以门分”的编排体例，充分符合此书经世致用的编纂宗旨，因而得到孝宗皇帝“治道者尽在此矣”（《宋宰辅编年录校补》）的称赞。

《宋朝诸臣奏议》共分12大门类，114个小类，如表1—1。

表1—1　　《宋朝诸臣奏议》的类目

一级类目	二级类目
君道门	君道、帝学、政体、慈孝、恭俭、法祖宗、用人、广言路、勤政、听断、诏令、风俗
帝系门	尊号、皇太后、皇后、嫔御、皇太子、宗室、公主、郡县主、外戚
天道门	祥瑞、灾异
百官门	宰执、侍从、学士待制、经筵、台谏、给舍、六部、寺监、馆阁、史官、东宫官属、内侍、三衙、诸将、帅臣、奉使、监司、守令、官制、谨名器、省官、优礼、荐举、考课、重外任、久任、致仕、荫补、戒敕、辞免、朋党、转对、见谢辞
儒学门	学校、贡举、制科、武举、学术、释老、方技

续前表

一级类目	二级类目
礼乐门	郊祀、明堂、祖宗侑祀、宗庙、濮议、褒崇先圣、群祀、朝会、燕飨、临幸、丧礼、谥法、恤典、士庶五礼、议乐
刑赏门	赏罚、法令、禁约、恤刑、议狱、赦囿、锡赉
财赋门	理财、税赋、宽恤、勤课、营屯田、荒政、内帑、常平义仓、茶法、盐法、新法
兵门	兵议、禁卫、州郡兵、民兵、蕃兵、马政
方域门	宫禁、都城、河议、营造
边防门	辽夏、青唐、高丽、女真、交趾、蛮傜、盗贼
总议门	总议

四、标题拟制格式统一，恰当揭示主旨

从《宋朝诸臣奏议》的标题来看，所拟标题格式统一，都能恰当地揭示奏议的主旨，完整、准确地反映奏议内容，做到题文一致。

纵观《宋朝诸臣奏议》中的每一篇奏议标题，多为“上×宗论（乞、请、答）××事”。“×宗”是皇帝死后由子孙追尊的庙号，当时上奏的人不可能在奏议中拟这种标题，因此每篇奏议的标题大多是由赵汝愚在编选过程中重新撰拟的，采用“受文者+事由”的结构。如朱光庭《上哲宗乞于求言诏书内除去限百日指挥》（君道门广言路子目）、陈瓘《上徽宗论向宗良兄弟交通宾客》（帝系门外戚子目）等。通过重新拟题，赵汝愚把文章和类目有机地结合起来，比原标题更能真实地反映奏议的实质内容。例如卷一三中：蔡襄《上仁宗论用韩琦范仲淹不宜使后有谗间不尽所长》，原标题为《乞用韩琦范仲淹》（出自蔡襄《蔡忠惠公集》卷一五）；欧阳修《上仁宗乞力拒浮议终责任范仲淹等》，原标题为《论乞主张范仲淹富弼等行事劄子》（出自欧阳修《欧阳文忠公集》卷一〇一）；尹洙《上仁宗论用人太察之弊》，原标题为《论朝政宜务大体疏》（出自尹洙《河南先生文集》卷一八）。

五、考证细致，附注材料丰富

赵汝愚在选材过程中，由最初搜集千余卷至最后精选150卷，在入选奏议的研究和考证上下了很大工夫，他将研究和考证的成果以编者按和注释的方式体现在《宋朝诸臣奏议》之中。

《宋朝诸臣奏议》所收每篇奏议之前或之后都有“选编者按语”，详略不一，考证精当，体现了赵汝愚对每篇奏议所持有的认真负责态度。这种按语一般形式为“××年上时为××（官职）”，交代奏议所上时间和具奏人当时所任官职。如

范祖禹《上哲宗乞专法仁宗》（君道门法祖宗子目）的按语为："元祐七年十二月，祖禹时为翰林侍讲学士，寻采集仁宗圣政三百二十七事，编录成书，名曰《仁皇训典》。凡六卷，上之。自绍圣以后，章、蔡倡为绍述之说，而祖宗之法尽废，兹不复载，详见'新法门（子目）'。"这段按语不仅说明此奏议是因上《仁皇训典》一书而附带进呈的，而且点明了对"绍述"过程及内容在该书新法门（子目）奏议中还有充分叙述，起到提示和索引的作用。①

《宋朝诸臣奏议》的注释内容非常丰富，大致分为进呈时间与进呈者情况、相关史事与相关文件情况、文件的运行情况三方面。②

（一）进呈时间与进呈者情况

1. 进呈时间与进呈者时任官职的说明

以卷二四君道门风俗子目为例，该类所收奏议的注释内容如下。

彭汝砺《上神宗论以质厚德礼示人回天下之俗》注："熙宁九年十月上，时为监察御史里行。"

苏辙《上哲宗论帝王之治必先正风俗》注："元丰八年十月上，时初除为左司谏。"

张叔夜《上徽宗论士气不振节义不立》注："不得年月。尝为中书舍人、给事中，迁礼部侍郎。"

奏议是一种时效性和针对性很强的公文，注明呈文时间以及呈文者当时的身份，对于了解和利用这类文件意义重大。

2. 同进呈者及实际执笔者的说明

同进呈者说明，如卷一〇三韩忠彦等《上哲宗乞裁减冗费》注："同苏辙、韩宗道上。"实际执笔者（即"代作"）说明，如卷九〇彭思永《上英宗乞罢濮王称亲》注："疏实程颐代作。"

（二）相关史事与相关文件情况

《宋朝诸臣奏议》既然因"事"为目，以"事"系文，为了更充分地说明史事，赵汝愚往往用注释的方式对文件所涉及的史事及其他有关文件、言论加以介绍和补充。

1. 相关史事的介绍

"先是"、"诏"、"批"、"遂降诏曰"、"中书批"等词语，常常被用来介绍相

---

① 参见蒋卫荣：《论赵汝愚〈国朝诸臣奏议〉及其档案文献编纂思想》，载《档案学通讯》，1999（6）。

② 参见李晓菊：《南宋赵汝愚〈宋朝诸臣奏议〉辅文研究》，载《档案学通讯》，2004（4）。

关事件的起因、过程和结果，使北宋政治活动中君臣议政、奏诏互动的情形得到生动体现。例如，卷一三二范仲淹《上仁宗论夏贼未宜进讨》注："康定元年十二月上，时为陕西经略安抚副使、知延州。先是康定元年十二月，朝廷诏鄜延、泾源两路取正月上旬进兵入讨西贼，故仲淹上此奏。"又如，卷五九王岩叟《上哲宗乞依治平故事诏执政举馆职》（第二状）注："元祐元年四月上。翌日，遂降诏曰：'……执政大臣，吾之所甚重也，宜各举文学政事行谊之臣可以充馆阁之选者三人，亟以名闻，朕将考观其材器而甄升之。'"

2. 相关文件的附录与说明

（1）相关文件的附录。

首先，附录有重要参考价值的文件。如卷七六尹洙《上仁宗论公论朋党系于上意》附录欧阳修《朋党论》，卷一一五司马光《上神宗论王安石》附录孔文仲的长篇对策。

其次，附录与正文意见不同的文件。如卷一〇司马光《上英宗乞因降逐任守忠诣皇太后阁陈谢》附录傅尧俞的奏言，卷一〇九陈襄《上神宗乞罢均输》附录由王安石主持的制置三司条例司所制定的均输法的原始文献。

再者，附录难得一见的重要文件。如卷二八富弼《上仁宗论废嫡后逐谏臣》附录范仲淹《到睦州谢表》注："仲淹当日奏疏，世无传本，故附见其表。"

最后，附录与奏议相关的诏文。如卷一一六文彦博《上神宗论市易》，篇前附录熙宁五年三月二十六日发布的诏文（即《宋大诏令集》卷一八四所载《置市易务诏》）。

（2）相关文件的互相说明。

对于收录在不同类目中的相关文献，《宋朝诸臣奏议》通过注释做互相说明。如卷六六欧阳修《上仁宗论台官所言按察使不当》注："庆历四年七月上。修所旨台官即包拯也。拯议见'监司门（子目）'。"

（三）文件运行情况

《宋朝诸臣奏议》的一部分注释是关于文件本身运行情况及处理结果的说明，主要有两方面内容。

1. 文件进呈途径的说明

例如：卷四李朴《上徽宗论人君之要道三》注："赐对上殿，上此劄。"卷三六齐唐《上神宗论麒麟》注："唐附南雄州递上此奏，职未详。"卷一四八张方平《上仁宗答诏条画时务》注："退朝，会锁院草制，即条对所问，夜半与制书俱上。"

2. 文件批转情况的说明

例如：卷一司马光《上仁宗论人君之大德有三》注："有旨留中。"卷五五陈尧臣《上徽宗乞重惜宪台之权》注：“诏所陈甚当，出榜朝堂及吏部。”

赵汝愚《宋朝诸臣奏议》代表了我国古代奏议集编纂的最高水平，对后世史籍的编纂产生了一定的影响。曾参与此书编辑的李壁，又“略仿赵公凡例”，将南宋高宗一朝“诸臣所论，类而辑之”，编成《国朝中兴诸臣奏议》，“总为十八门，别而汇之，又二百门，通为四百五十卷”（真德秀，《真文忠公文集》卷四一《李公神道碑》）。明永乐年间，黄淮、杨士奇利用内阁藏书，分门编成《历代名臣奏议》350卷，上起商周，下迄宋元，搜罗宏富，其中有些材料直接来自《宋朝诸臣奏议》。①

第六节　章学诚的档案文献编纂思想

章学诚，字实斋，号少岩，会稽（今浙江绍兴）人。生于清乾隆三年（1738年），卒于嘉庆六年（1801年）。清代杰出的校雠学家、方志学家、文史理论批评家及思想家。

章学诚幼时天资愚钝，时有染病，其貌不扬。但从青年时代起，对文史尤其是明史产生浓厚兴趣，非常崇拜刘宗周和黄宗羲。章学诚屡应顺天乡试不第，26岁肄业于国子监。28岁在京师师从大学士朱筠，得以尽览其丰富的藏书，并与往来朱门的名流学者研讨学术源流及异同，学业大进。乾隆四十三年（1778年），章学诚得中进士。曾援授国子监典籍，主讲定州定武、保定莲池、归德文正等书院。后朱筠提督安徽学政，章学诚随之入幕府为幕僚，与史学家邵晋涵同事，成莫逆之交。后客游宁绍台道署冯廷丞处，遇著名学者戴震和汪中，并与之辩论史事，但意见多不合。乾隆五十二年（1787年）后，自以为“迂流”不合世用，不愿入仕，在保定、定州、归德等地书院讲学。

章学诚一生著述颇丰，代表作为《文史通义》8卷［《文史通义》生前只刻印了篇目，道光十二年（1832年）其次子首次刊印了8卷］和《校雠通义》4卷。此外，他还协助编纂《续资治通鉴》，应聘纂修过和州、永清县、亳州、常德府和荆州府等地方志，参与《湖北通志》的修订。他耗费12年刻意编辑的《史籍考》可惜未得问世。另有《方志略例》2卷，《文集》8卷，《外集》2卷，《湖北通志检存稿》4卷及《湖北通志未成稿》1卷，《外编》18卷等，后由近人刘承干搜集整理并由嘉业堂影印出版了《章氏遗书》50卷。近人马叙伦在杨见心家抄得章氏手稿《史籍考总目》和《史考释例》作为《章氏遗书补遗》刊入

---

① 参见孔繁敏：《赵汝愚〈国朝诸臣奏议〉初探（下）》，载《文献》，1989（2）。

《章氏遗书》中。1922年四川省图书馆《图书集刊》又发表《章氏遗书逸篇》5篇。1956年，古籍出版社将上述《逸篇》作为《补遗续》附入刘承干刻本，重新排印出版标点本。至此《章氏遗书》刊全。[①]

在方志编纂和史学研究实践中，章学诚提出了一系列档案文献编纂思想，为后人的档案文献编纂活动和理论提供了有益的借鉴。

章学诚一生主修、参修各类地方史志十余部，并撰写了大量的志评著作。修志的过程也是章学诚史学理论逐步成熟的过程，因其提出较为系统的方志学理论而被梁启超称为中国方志学的创始人。章学诚方志编纂思想的重心有过两次大的转变，从关注方志的艺文著录转向关注如何保存地方掌故，从企图在方志书"志"部分保存掌故转向方志"志"体与掌故分立。他创立了一套完整的修志义例，提出了方志立三书的主张。《文史通义·方志立三书议》[②] 可以说是章学诚所创立的方志学之精义所在，它的提出，标志着其方志理论的成熟、修志体例的完备和方志学的建立。

方志三书，即"志"、"掌故"、"文征"，这是章学诚为方志拟定的编纂体例。他认为："志者，识也，典雅有则，欲其可以诵而识也。"（《文史通义·为毕制府撰〈湖北通志〉序》）"志"由纪、表、图、考、略、传等部分组成，立志以"备史裁"，志是一部方志的主体。"掌故"、"文征"是志的两翼，掌故用以"昭典例"，保存典要掌故，文征用以"俟采风"（同上），载录诗赋艺文。方志三书的编纂体例既可使志简明得体，又不失保存史料和与志互证的作用。在三书之外，章氏又别立"丛谈"一门，以收录修志取材所余，即"拦入则不伦，弃之则可惜"（《文史通义·方志立三书议》）的资料，使方志体例更加完备。

方志立三书，是章学诚在方志编纂中的创新，以为"凡欲经纪一方之文献，必立三家之学，而始可以通古人之遗意也。……三书相辅而行，阙一不可；合而为一，尤不可也"（同上）。梁启超称此体例之志，"可以肃括闳深，文极简而不虞遗阙"，掌故、文征之设，"而文献散亡之患可以免。此诚保存史料之根本办法，未经人道者也"[③]。然而考察章学诚所主修的四部方志，仅《湖北通志》具备三书，《和州志》无掌故，《永清志》掌故内容以六书入志，不单列一门，《亳州志》虽列掌故但缺文征。在其预修诸志中，仅《麻城县志》三书皆备，《常德

---

① 参见宋艳华、任丽杰：《章学诚及〈章氏遗书〉简介》，载《图书馆学研究》，1995（2）。

② 本节所引章学诚《文史通义》，参见章学诚著，仓修良编注：《文史通义新编新注》，杭州，浙江古籍出版社，2005。

③ 梁启超：《中国近三百年学术史》，333页，上海，东方出版社，1996。

府志》、《荆州府志》有文征而无掌故。而受章学诚影响的天门、大名、石首、广济等志，则仅有志一门。可见，当时以“三书”体例修志者甚少。

《文史通义》和《校雠通义》汇集了章学诚有关史料编纂的思想，这些思想主要包括以下五点。

一、明确“六经”的性质

“六经皆史”并非章学诚的新创，明人王世贞对此就有详细论述，他在《艺苑卮言》中提出：“天地间无非史而已。三皇之世，若泯若没；五帝之世，若存若亡。噫！史其可以已耶？六经，史之言理者也。”此外，王通、陆龟蒙、刘恕、王阳明、李贽、胡应麟、顾炎武、袁枚等学者都曾有过类似观点。

清代章学诚在《文史通义·易教上》也提出：“六经皆史也”，这是在乾嘉时代考据学成为唯一显学的特殊学术背景下，章学诚对前人提出的“经皆史”或“五经皆史”之类的观点作出的一种新解释，也是一种重要的理论突破。

章学诚指出：“六经”原来也都是先王治国平天下的道理，况且古代并无经史之分，把儒家六部著作推上神圣经书宝座，那是汉武帝独尊儒术以后之事，从此“六经”就成为封建统治者统治人民的思想基础。他认为：“六经皆史也。古人不著书；古人未尝离事而言理，六经皆先王之政典也。”（《文史通义·易教上》）意即“六经”乃夏、商、周典章政教的历史记录，属于档案文献，对“六经”的性质做出了清晰的阐释。他进一步指出：“后世文字，必溯源于六艺。六艺非孔氏之书，乃《周官》之旧典也。《易》掌太卜，《书》掌外史，《礼》在宗伯，《乐》隶司乐，《诗》领于太师，《春秋》存乎国史。”（《校雠通义·原道》）“或问‘仲尼焉学’，子贡以为……‘述而不作’，周公之旧典也；‘好古敏求’，周公之遗籍也。”（《文史通义·原道上》）“先王典、诰，衰周犹有存者，而夫子删之。”（《文史通义·书教中》）“古无私门之著述，六经皆史也。”（《文史通义·方志立三书议》）孔子编订“六经”的过程实际上是对保存至周朝的“先王政典”的整理。

二、区分史籍为“著述”与“比次之书”

唐人刘知幾曾把史籍区分为“当时之简”与“后来之笔”，即史料与史书。章学诚在前人理论的基础上提出：“史家又有著作之史，与纂辑之史”（《文史通义·报广济黄大尹论修志书》），“然古人一事必具数家之学，著述与比类两家，其大要也。班氏撰《汉书》，为一家著述矣，刘歆、贾护之《汉记》，其比类也；司马撰《通鉴》，为一家著述矣，二刘、范氏之《长编》，其比类也；两家本自相因而不相妨害”（《文史通义·报黄大俞先生》）。这里的“著作之史”、“著述”，是指历史著作；“纂辑之史”、“比类”，是指档案史料汇编。章学诚认为，“天下有比次之书，有独断之学，有考索之功”（《文史通义·答客问中》），前者属于档案文献汇编，后两者属于历史著作。并且指出：“但为比类之业者，必知著述之意，而所次比之材，可使著述者出，得所凭藉……盖著述譬之韩信用兵，而比类譬之萧何转饷，二者固缺一而不可。”（《文史通义·报黄大俞先生》）道出“比次之书”是“独断之学”、“考索之功”所必须依据的史料，档案史料汇编与历史著作的关系密不可分。

三、阐明“比次之书”的作用和价值

章学诚对“比次之书”的作用和价值进行了深入研究，并总结出以下三大要点。

（一）编史修志

编史修志是中华民族的优良传统，虽历经几千年而不辍。章学诚非常重视档案史料在历朝历代编史修志中的作用。在《文史通义》中，他阐述了自己眼中的档案史料：“史之为道也，文士雅言，与胥吏簿牍，皆不可用。然舍是二者，则无所以为史矣。”（《文史通义·方志立三书议》）“文士雅言”即当时的奏议、记传、碑铭以及时人的论著和诗赋等文稿；“胥吏簿牍”就是州县的档案文件。他还指出古代史书的编写无一不以文书档案为材料和基础，否则就是空谈。“抑今古史书，岂有外于文书档案而为凿空之文者欤?”（《文史通义·史学例议下》）他还举例说明我国历史上的许多史籍均取材于档案，如“后世文字，必溯源于六艺。六艺非孔氏之书，乃《周官》之旧典也”（《校雠通义·原道》），“六经皆史也。古人不著书；古人未尝离事而言理，六经皆先王之政典也”（《文史通义·易教上》）。“六艺”、“六经”都是经过整理的档案史料。“或问‘仲尼焉学’，子贡以为……‘述而不作’，周公之旧典也；‘好古敏求’，周公之遗籍也”（《文史通义·原道上》）。左丘明在写作《春秋左传》时，“不能不取百司之掌故与夫百国之宝书，以备其事之始末”（《文史通义·书教上》）。章学诚还指出档案是最可靠的史料，可以作为史志的凭证。“古物苟存于今，虽户版之籍，市井泉货之簿，未始不可备考证也。如欲皆存而无裁制，则岱岳不足供藏书，沧海不足为墨沈也。故为史学计其长策，纪表志传，率由旧章；再推周典遗意，就其官司簿籍，删取名物器数，略有条贯，以存一时掌故，与史相辅而不相侵，虽为百世不易之规可也。”（《文史通义·〈亳州志·掌故〉例议中》）“至五史所掌，不过如后世之科钞、档案、揭帖、文书”（《文史通义·史学例议下》），“无三代之官守典籍，即无三代之文章；苟无三代之文章，虽有三代之事功，不能昭揭如日月也”（《文史通义·州县请立志科议》），全面揭示了档案史料对于史书修撰的重要作用。

（二）学术研究

档案史料为当时官私学术研究服务，可以说是其最终的目标。“典籍文章，为学术源流之所自出。”（《文史通义·〈和州志·艺文书〉序例》）章学诚认为，档案史料为学术研究提供了必要的资料源泉。他指出：“诸子百家，不衷大道，其所以持之有故而言之成理者，则以本原所出，皆不外于《周官》之典守”（《文史通义·易教下》），“孔子言礼，必访柱下之藏是也”（《文史通义·〈和州志·艺文书〉序例》），“（孔子）‘入太庙，每事问’……岂非学于掌故者哉”（《文史通义·史释》）。因此，他提倡“故无志于学则已，君子苟有志于学，则必求当代典章以切于人伦日用，必求官司掌故而通于经术精微，则学为实事而文非空言，所谓有体必有用也”，严厉批判那些“昧今而博古，荒掌故而通经术”（同上）的学者。

（三）处理政务

档案史料具有鉴古知今的特点，反映在政治上就是为一国一朝治理政务服务。章学诚指出：“朝廷六部尚书之所治，则合天下州县六科吏典之掌故以立政也”，“六部必合天下掌故而政存，史官必合天下纪载而籍备也”（《文史通义·州县请立志科议》）。反映出档案史料在封建统治者进行统治中的重要作用。“令史案牍，文学之儒，不屑道也。而经纶政教，未有舍是而别出者也”，“令史案牍，则大臣讨论国政之所资”，“令史案牍，政事之凭藉也”（同上）。以上论述均揭示了档案史料同政治的密切关系以及对封建统治者处理政务的重要作用。

四、提出“比次之书”的编纂原则

章学诚提出“比次之书欲其愚”作为“比次之书”的编纂原则，即编纂要保持档案史料的本来面目，不要随意增删、改动、加工润色。他说：“然而独断之学，非是不为取裁；考索之功，非是不为按据，如旨酒之不离乎糟粕，嘉禾之不离乎粪土。是以职官故事、案牍图牒之书，不可轻议也。然独断之学，考索之功欲其智，而比次之书欲其愚。亦犹酒可实尊彝而糟粕不可实尊彝，禾可登簠簋而粪土不可登簠簋，理至明也。”（《文史通义·答客问中》）以酒、禾比喻独断之学、考索之功，以糟粕、粪土比喻比次之书，形象贴切地说明了“比次之书欲其愚”的必要性。章学诚还提出：“不名家学，不立识解，以之整齐故事，而待后人之裁定，是则比次欲愚之效也。”（同上）明确了比次之书编纂原则应达到的功效。

在“比次之书欲其愚”的总原则下，章学诚还分不同层次列出了三条“比次之道”。

（1）“有及时撰集以待后人之论定者，若刘歆、扬雄之《史记》，班固、陈宗之《汉记》是也。”此时可“详略去取，精于条理”（《文史通义·答客问下》）。

(2)“有有志著述，先猎群书以聚薪櫎者，若王氏《玉海》，司马《长编》之类是也。”此时可“辨同考异，慎于覈核”（同上）。

(3)“有陶冶专家，勒成鸿业者，若迁录仓公技术，固裁刘向《五行》之类是也。”此时可“钩玄提要，达于大体”（同上）。

五、总结“比次之书”的编纂要求

章学诚在《文史通义·答客问下》中，比较集中、系统地论述了档案史料编撰的 7 个要求。

(1)“夫村书俗学，既无良材，则比次之业难于凭藉者一矣。”道出人才对于档案史料编纂的重要性。章学诚《报黄大俞先生》说：“但为比类之业者，必知著述之意，而所次比之材，可使著述者出，得所凭藉。”档案史料编撰者要了解著述的意图，具备相关的专业知识，才能使编纂的材料符合研究者的需要。

(2)“所征故实，多非本文，而好易字句，漓其本质，以致学者宁习原书，怠窥新录，则比次之业难于凭藉者二矣。”章学诚认为，编纂工作要忠于原文，如果任意篡改原文，丢弃了原文的本义，学习的人则更愿意研读原书，而不去看后人的作品，这样后人的劳动就会付诸东流，毫无意义。

(3)“比类相从，本非著作，而汇收故籍，不著所出何书，一似己所独得，使人无从征信，则比次之业难于凭藉者三矣。”章学诚指出，档案史料编纂中，对于所使用的档案史料，一定要编写注释与备考，以备读者查找和采信。

(4)“传闻异辞，记载别出，不能兼收并录以待作者之决择，而私作聪明，自定去取，则比次之业难于凭藉者四矣。”章学诚强调，如果一件史事有不同说法或不同记载，档案史料编纂者在选材时应兼收并录，如实地提供给读者，以备抉择。

(5)“图绘之学，不入史裁，金石之文，但征目录，后人考核，征信无从，则比次之业难于凭藉者五矣。”章学诚认为，对于图表和金石文字档案史料，如果仅仅收录其目录，后人无从征信，也会影响档案史料汇编的价值。

(6)“专门之书，已成巨编，不为采录，大凡预防亡逸，而听其孤行，渐致湮没，则比次之业难于凭藉者六矣。”章学诚指出，对于鸿篇巨制，应对其内容加以简单概括，制作简本，否则原书一旦亡佚，后人就无从了解其内容，非常可惜。

(7)“拘牵类例，取足成书，不于法律之外，多方购备，以俟作者之辨裁，一目之罗，得鸟无日，则比次之业难于凭藉者七矣。”章学诚主张档案史料编纂要全面广泛地收集档案史料，宁多勿漏。在收集与选材的关系上，他强调博收与约取。“学贵博而能约，未有不博而能约者也。”（《文史通义·博约中》）

【思考题】

1. 论述中国古代档案文献编纂传统。
2. 论述中国古代档案文献编纂特点。
3. 论述孔子的档案文献编纂思想。
4. 如何理解孔子的“述而不作”?
5. 论述刘向、刘歆的档案文献编纂思想。
6. 论述刘知幾的档案文献编纂思想。
7. 论述赵汝愚的档案文献编纂思想。
8. 论述章学诚的档案文献编纂思想。

第二章 近代档案文献编纂思想

【本章要点】

近代档案文献编纂实践是档案文献编纂思想的重要来源。近代在甲骨档案、金石档案、简牍档案、明清档案、民国档案等编纂方面取得了巨大成就。近代档案文献编纂虽继承中国古代编纂传统，但其中心已由政治转为学术，从而呈现出不同的面貌。近代学术界承担起档案文献编纂的主要职责。以学者个人力量积极从事档案文献编纂的有罗振玉、郭沫若等，近代从事档案文献编纂最有作为的学术文化机构是故宫博物院文献馆和中央研究院历史语言研究所。罗振玉、郭沫若，以及代表故宫博物院文献馆的陈垣和代表中央研究院历史语言研究所的傅斯年等从选题、史料编纂性质与意义、编纂体例等各个方面都提出了具有现实指导意义的编纂思想。

【关键词】

甲骨档案○金石档案○简牍档案○明清档案○罗振玉○郭沫若○陈垣○傅斯年

第一节　近代档案文献编纂概说

一、近代档案文献编纂成绩

近代是古今交替、新旧变革的关键时期。近代档案文献编纂，既继承传统档案文献编纂之精华，又开创新局，在学术繁荣和社会政治局势的助推之下，出现了一番新气象。近代学术繁荣的主要因素之一是四大史料大发现，即殷墟甲骨、汉晋简牍、敦煌遗书、清代内阁大库明清档案等。对这批材料的搜集整理和编纂出版，构成了近代档案文献编纂的主要内容。本节从档案载体的角度，将近代档案文献编纂成绩分为甲骨档案编纂成果、金石档案编纂成果、简牍档案编纂成果以及纸质档案编纂成果四个类目，其中纸质档案编纂成果，又分为明清档案编纂成果、太平天国档案以及民国档案史料编纂成果。下面将每类的主要编纂成果介绍如下。

（一）甲骨档案编纂成果

甲骨档案的第一本著录成果是刘鹗的《铁云藏龟》。王懿荣之子将家藏千余片甲骨悉数卖给刘鹗。刘鹗后又收集四千余片甲骨，合计五千余片。1903年，刘鹗从中选拓1 058片，编为《铁云藏龟》。在刘鹗之后，罗振玉是为甲骨档案编纂出版做出巨大贡献的学者。他编印的甲骨档案著录书目主要有：《殷虚书契考释》，收录甲骨2 229片；《殷虚书契菁华》，收录甲骨68片；《铁云藏龟之余》，收录甲骨40片；《殷虚书契后编》，收录甲骨1 104片；《殷虚古器物图录》，收录甲骨4片；《殷虚书契续编》，收录甲骨2 016片。郭沫若20世纪30年代在日本编纂完成《卜辞通纂》与《殷契粹编》。中央研究院历史语言研究所考古挖掘所得甲骨文，由董作宾选择重要部分编成《小屯·殷墟文字甲编》和《小屯·殷墟文字乙编》。董书著录方法科学，对每一拓片的出土情况皆有详细准确的介绍。此外，重要的甲骨文著录成书还有：王襄的《簠室殷契征文》，叶玉森的《铁云藏龟拾遗》，董作宾的《新获卜辞写本》，商承祚的《殷契佚存》与《福氏所藏甲骨文》，容庚的《殷契卜辞》，孙海波的《甲骨文录》与《诚斋殷墟文字》，唐兰的《天壤阁甲骨文存并考释》，于省吾的《双剑誃古器物图录》，胡厚宣的《厦门大学所藏甲骨文字》、《甲骨六录》、《战后殷墟出土的新大龟七版》，等等。

（二）金石档案编纂成果

近代金石档案编纂成果丰富。罗振玉编纂成果有：《雪堂金石文字跋尾》四卷、《秦金石刻辞》二卷、《蒿里遗珍》一卷《考释》一卷、《唐三家碑录》三卷、

《芒洛冢墓遗文》、《西陲石刻录》一卷《后录》一卷、《恒农冢墓遗文》、《海外贞珉录》、《殷文存》二卷、《古镜图录》三卷、《历代符牌图录》二卷、《古器物范图录》二卷、《金泥石屑》、《萝鄗草堂吉金图》三卷《续编》一卷、《贞松堂集古遗文》十六卷《补遗》三卷《续补》一卷、《六朝墓志》初编和二编、《三代吉金文存》二十卷等。[①] 此外，尚有郭沫若的《两周金文辞大系》（包括《两周金文辞大系图录》和《两周金文辞大系考释》），容庚的《秦汉金文录》七卷、《善斋彝器图录》三册，刘体智的《善斋吉金录》二十八册、《小校经阁金文拓本》十八卷，等等。

（三）简牍档案编纂成果

近代简牍档案的编纂成果始自罗振玉和王国维。1913 年，法国学者沙畹将斯坦因所得的汉晋简牍加以著录考释，编为《斯坦因所获中国简牍考释》，共收简牍 991 枚。后罗振玉写信给沙畹，求得手校本，与王国维在日本进行考订研究。他们将这些简牍按照内容分为三类：一是小学数术方技书；二是简牍遗文，三是屯戍丛残。罗振玉整理前两者，王国维整理后者，各为考释，最后编成《流沙坠简》三卷和《流沙坠简补遗》一卷。1931 年，张凤编纂出版《汉晋西垂木简汇编》。黄文弼的《罗布淖尔考古记》和劳榦的《居延汉简考释》是 1927 年至 1933 年中国学术团体协会与瑞典探险家斯文·赫定合作组织西北科学考察团的汉简整理考释成果。劳榦的《居延汉简考释》是 1930 年西北科学考察团成员瑞典学者贝格曼在额济纳河流域调查居延烽燧遗址时所获居延汉简的整理考释成果。另外，1944 年，夏鼐作为中国国内学术机构组织的西北科学考察团的领队之一在甘肃汉长城遗址发现汉简 49 枚。1948 年，夏鼐将简牍照片和释文发表在《历史语言研究所集刊》第 19 本上，名为《新获之敦煌汉简》。

（四）纸质档案编纂成果

1. 明清档案编纂成果

近代明清档案编纂规模最大的机构是故宫博物院文献馆（后为中国第一历史档案馆）。1925 年 10 月，故宫博物院成立，其下设立文献部。1927 年 6 月，文献部改为掌故部。1929 年 3 月正式成立文献馆，负责明清档案的整理、展览、编纂出版工作。文献馆所藏档案主要包括宫中各处档案、军机处档案、内阁档案、内务府档案、宗人府档案、清史馆档案及端方档案等七类。文献馆作为第一个近代意义的档案馆，在近代档案文献编纂事业中做出了巨大贡献。其下聘请学

---

① 参见张岂之：《中国近代史学学术史》，436～437 页，北京，中国社会科学出版社，1996；张舜徽：《中国文献学》，247～248 页，武汉，华中师范大学出版社，2004。

界知名学者成立专门委员会以指导明清档案史料编辑出版工作，陈垣、朱希祖、徐炳昶、吴承仕、朱师辙、许宝蘅、陈寅恪、傅斯年、罗家伦、周明泰、齐宗康、马廉、刘复、翁文灏、赵万里等皆曾担任文献馆专门委员。而文献馆具体的编辑工作则由馆内工作人员组成的编辑会负责。

近代除了文献馆之外，其他学术机构和学者个人也参与明清档案编纂出版工作。中央研究院历史语言研究所编纂有《明清史料》甲、乙、丙三编。北京大学研究所国学门清代内阁大库档案整理委员会（后改为明清史料整理会）编辑出版《整理清代内阁档案报告》（要件）、《整理清代内阁档案报告》（题本）、《整理明清史料要件报告》、《清九朝京省报销册目录》、《顺治元年内外官署奏疏》、《洪承畴章奏文册汇辑》等档案史料。① 私人编纂成果主要有：罗振玉的《史料丛刊初编》、《大库史料目录》（甲、乙、丙、丁、戊、己六编）、《明季史料零拾》、《国朝史料零拾》、《清初史料丛编》、《清太祖实录稿》等。另外，还有许地山的《达衷集》，王彦威、王亮父子的《清季外交史料》等。

2. 太平天国档案史料编纂成果

太平天国历史是近代史学研究的重要领域。太平天国档案史料的编纂出版是近代重要的专题档案史料编纂项目。如故宫博物院文献馆就馆藏太平天国文书，编纂有《太平天国》。一批学者将在海外收集的太平天国档案史料，积极编纂出版，主要有刘复的《太平天国有趣文件十六种》，程寅生的《太平天国史料》第一辑，萧一山的《太平天国丛书》第一辑、《太平天国诏谕》、《太平天国书翰》，王重民的《太平天国官书补编》等。②

3. 民国档案史料编纂成果

近代民国档案史料汇编数量庞大。从内容性质来看，包括政治、经济、法律、政策等各个方面。这些有的出自个人之手，但大部分是当时政府机关或经济组织为了行政参考、存史备查而编纂的时政档案材料汇编。这是中国档案文献编纂官方修史传统的近代延续。据韩宝华的研究，中华民国档案史料编纂成果主要有：综合性的大型档案史料汇编，如孙曜的《中华民国史料》、上海经世文社编译部的《民国经世文编》等；关于政治、法律、经济类的史料汇编，如郭卫的《中华民国宪法史料》、中国联合准备银行调查室的《中国内外债详编》等；各种政策法规文件汇编，如《法令大全》、《审计法规汇编》等综合性和专门法规汇编；有关外交方面的档案史料汇编，如黄月波等编纂的《中外条约汇编》等。此

① 参见郑天挺：《清史探微》，156页，北京，北京大学出版社，1999。

② 参见曹喜琛、韩宝华：《中国档案文献编纂史略》，154～155页，北京，高等教育出版社，1999。

外，还有关于重要会议档案文件汇编、政要人物档案文件汇编等。[1]

二、近代档案文献编纂特点

（一）继承封建时代官方修史传统

由官方成立专门修史机构，编纂时政史料，备修国史，这是自唐宋以来封建时代官方档案文献编纂的传统。从南京临时政府、北洋政府到南京国民政府，以国史馆为代表的官方修史机构一再被列入政府议题。

早在辛亥革命时期，湖北军政府就成立实录馆，以收集和保管辛亥革命史料。1912 年 3 月，南京临时政府成立伊始，胡汉民、黄兴等 97 人即呈文请设国史院。3 月 17 日，获临时大总统孙中山批准。10 月 28 日，北洋政府曾公布国史馆官制条例，确定国史馆直属大总统，以储藏史料和编辑民国史、历代通史为其职责。1914 年 5 月 25 日，北洋政府国史馆始成立。1917 年 6 月，国史馆改称国史编纂处，并入北京大学。1919 年 9 月，又将国史编纂处改隶国务院。北洋政府时期从国史馆到国史编纂处皆形同虚设，并无作为。

1927 年，蒋介石在新军阀混战中取得胜利，以蒋介石为首的南京国民政府成立。1928 年，南京国民政府统一全国。1931 年 8 月，国民党内政、教育两部呈准行政院，设立国史馆筹备处，结果不了了之。至 1934 年 1 月，邵元冲、居正、方觉慧等向国民党第 4 届中央执行委员会第 4 次全体会议提请重设国史馆。提案被决议通过。国民政府遂命令行政院转饬内政、财政、教育三部拟定国史馆设立办法。三部虽合订出国史馆组织法草案及经费概算书，却另附建议，称国史馆并非当时之急务，不如成立一个国立档案库，保存文献，以为成立国史馆做准备。1934 年 11 月，行政院决定为成立国立档案库作先期准备，先在行政院设立档案整理处。1935 年 2 月，行政院及所属各部会档案整理处正式成立。到此，国史馆设立计划再次落空。

1939 年 1 月，在国民党第 5 届中央执行委员会第 5 次全体会议上，张继、吴敬恒、邹鲁等 13 人提议建立档案总库、筹设国史馆。这是国民政府第 3 次议及设立国史馆。同年 11 月，国民党第 5 届中央执行委员会第 6 次全体会议召开，决议先设立国史馆筹备处，国立档案库的设置问题从此不复被提及。12 月，国民政府临时会议决议设立国史馆筹备委员会，以张继、邹鲁等 7 人为委员，任张继为主任委员。1940 年 2 月，国史馆筹备委员会在重庆李子坝成立。国史馆筹备委员会成立后，抗战期间采访搜集大量史料，编辑出版了《中华民国史史料长

[1] 参见曹喜琛、韩宝华：《中国档案文献编纂史略》，156～164 页，北京，高等教育出版社，1999。

编》、《中华民国大事日历稿》、《金石志稿》、《史籍提要》及《史蠡》会刊等。[①]抗战胜利后，国史馆筹备委员会迁至南京。1946 年 10 月，张继等向国防最高委员会提议改国史馆筹备委员会为国史馆，并呈附《国史馆组织条例草案》。随之国防最高委员会第 208 次会议决议原则通过，送立法院审议。11 月，国民政府公布《国史馆组织条例》。1947 年 1 月，国史馆正式成立，张继任国史馆馆长，但焘为副馆长。国史馆成立后，多次召集会议讨论国史编纂体例，包括纪传体、编年体、纪事本末体、学案体等传统史书体裁，以及日历、实录、会要等传统档案文献编纂项目。从编修人员的构成，以及编修体例和编纂项目的讨论来看，国史馆直接继承了封建时代史馆修史的传统。

民国时期从事时政史料的收集和编纂的机构，除了国史馆外，还有中国国民党中央党史史料编纂委员会等。新中国成立之前，国民党党史编纂委员会编纂了《总理全书》、《党史史料丛刊》、《革命先烈遗著汇编》、《革命人物传记》、《国民党年鉴》、《国民党现行党务法规辑要》等国民党党史史料书刊。

民国时期一些中央机关在内部也附设有史料收集、编纂机构。北洋政府统治时期，一些中央机关如外交部等沿袭了清代编档的做法，将新旧档案皆编成专档，以备编纂专书或留存备查。1946 年，国防部下设史政局，以负责整理国防部的文书档案、图书，将已失时效性或无存留必要者造具目录清册，转交国史馆、中国国民党中央党史史料编纂委员会等处保管；并编纂战史、军事史和国防史，以备业务参考和国史采择。另外，国防部下还设有战史编纂委员会。国防部战史编纂委员会前身为军委会委员长南昌行营第一厅的“剿匪战史编纂处”，1935 年改隶参谋本部第二厅，1938 年并入军令部，1939 年扩建为军令部战史编纂委员会，1946 年改隶国防部，接受史政局的指导。国防部战史编纂委员会主要负责编纂中日战史，并完成国民革命史。[②]

民国时期国史馆、国民党中央党史史料编纂委员会以及北洋政府外交部、南京国民政府国防部史政局和战史编纂委员会等政府修史和史料编纂机构的设立，正是封建时代官方修史传统的继续，这些机构为修史而收集、整理和编纂史料，也正是封建官方档案文献编纂传统的继续。

（二）近代档案文献编纂工作中心由政治转入学术

在漫长的封建社会历史中，最高统治者及各级衙署形成的官府档案，如诏

---

① 参见张继：《国史馆成立经过及工作概况》，见中国第二历史档案馆编：《民国时期文书工作和档案工作资料选编》，635 页，北京，档案出版社，1987。

② 参见李祚明：《民国时期收集典藏党务和军事档案的几个机构》，载《档案学研究》，1992 (4)。

令、诰命、律条、奏章、咨移、函件、电文等，多是在处理行政、法律事务过程中形成的，其内容往往带有较强的政治性。历朝统治者都将档案文献编纂工作牢牢掌握在自己手中，将档案文献出版物作为维护其统治的重要工具，以宣扬自己的统治思想，甚至为打击异己势力提供历史依据。因此，档案文献编纂的政治功能表现得最为明显、突出。[①] 那些直接服务于现实政治需要的档案文献编纂，如历史法律文书、典章制度汇编，自不必说，即使是为了存史的目的而开展的档案文献编纂，其间接目的也是为政治统治提供借鉴。历代官方档案文献编纂如此，而私人从事档案文献编纂中的政治倾向性从孔子开始便已确立，大多以资政为目的。对中国古代档案文献编纂作纵向贯通考察，我们不难发现，围绕政治需要是档案文献编纂的中心工作。

19 世纪末 20 世纪初，近代史料的大发现以及西方学术思维和方法的传入，促使近代档案文献编纂工作中心发生转移，首先，参与近代档案文献编纂的主体出现多元化，政府当局、近代化的学术机构和私人都积极参与到档案文献编纂中来。但在诸种力量中，官方的档案文献编纂多继承资政和存史的传统，着力于法律制度和时政资料等的编纂，表现为较强的短期实用性。来自学术界的近代学术机构、组织和私人为了学术研究和保护、传承传统档案文化，围绕史料的新发现开展了大规模的编纂活动，以各种形式出版了大量的档案文献编纂成果。随着甲骨学、简牍学等成为世界显学，近代档案文献编纂成果产生了世界性学术影响力。虽然近代的法律文书、法规制度的汇编，有的学者以“多极了”[②] 来形容，但是其影响力远远不及学术界的成果，更何况有些大型汇编如南京国民政府国史馆编纂的日历等传统体裁的档案文献汇编并未能够出版。因此，近代档案文献编纂以根本不同于传统的面貌出现，档案文献编纂由以政治为中心转变为以学术为中心。

近代档案文献编纂以学术为中心主要表现为两个方面。一是档案文献编纂主要由学术界承担，主要为学术研究服务。二是档案文献编纂本身的学术化。所谓档案文献编纂本身的学术化，是指近代学术界将档案文献编纂视作一项基础的学术实践，以实事求是的学术眼光，探索档案文献编纂本身的规律，并在档案文献编纂实践中表达自己的学术主张。

1. 档案文献编纂方法各适其宜

近代档案文献编纂的对象主要为甲骨档案、金石档案、简牍档案以及纸质档

---

① 参见韩宝华：《档案文献编纂学教程》，50～52 页，北京，中国人民大学出版社，1999。

② 蒋廷黻：《我的行政经验与感想》，载《行政研究》，1936 (1)。

案。这四类档案除了载体形态不同外，在数量上、字体上以及编纂难易上也各具特点。近代学术界针对档案文献编纂的不同特点而选择不同的编纂理念，采用各适其宜的编纂方法。对甲骨档案、金石档案、简牍档案而言，其数量虽少，但文字释读难度较大，除了金石档案编纂有传统编纂方法可以继承外，其他如甲骨档案和简牍档案的编纂方法并无先例可循，而且甲骨文字更是周代以后古人所未见的最古汉字。对于明清档案而言，其内容释读虽不是问题，但由于档案实体灰垢蒙身，在辗转迁移中残损较重，加之数量庞大，导致档案实体整理制约了对档案内容编纂整理出版的进程。

具体而言，从出版物的内容结构来看，甲骨档案编纂出版，一般以拓片、照片或摹写的方法著录甲骨文图像，然后或合以甲骨文释文成果，或合以甲骨文文字、内容考证。金石档案汇编，一般包括摹绘器形（或采用照相技术记录器形）、铭文拓片，或合以铭文释文成果，或合以文字、内容考证成果。简牍档案的编纂出版，一般会以照相技术制作图版，或合以简牍文字释文成果，或合以简牍文字、内容考证成果。而对于明清档案而言，由于数量庞大，其编纂出版方式不能如上述三种档案那样，以“手拿绣花针”式对其中字字句句作精细考释，而只能以公布档案原文为主，其中虽也有学术含量很高的考证成果，但编者通过汇编体现出来的研究性要远远低于在前三种档案文献编纂中的比例。此外，由于甲骨档案、金石档案文物价值很高，某些古董商人制造伪品假冒谋利，因此，辨别伪刻、伪品、伪器是甲骨档案、金石档案文献编纂中的一个基本问题。对于甲骨档案而言，编纂中还涉及校重和缀合的问题。因此，不同载体的档案文献采取了各适所宜的编纂方法。

2. 档案文献编纂方法渐趋科学缜密

近代档案文献编纂随着编纂实践的逐步深入，编纂方法渐趋科学缜密。以甲骨档案编纂出版为例，甲骨档案不同于其他载体档案，对于近代学人而言，完全是全新的材料，甲骨档案编纂方法的不断更新是近代档案文献编纂方法渐趋缜密的最好说明。罗振玉是继刘鹗之后对甲骨材料公布做出最大贡献的学者。但仅就著录方法而言，存在很大缺陷。如董作宾所说：“罗雪堂之拓印甲骨，仅足供吾人文字上研究之材料，以求文例，则殊为不易。盖为影印成书之美观与经济，其计亦良得。一则经编者剪裁，凡已拓而无字之部分皆去之，使之整齐；一则无文字处皆舍而不拓，即拓亦不及于边缘及接缝之处，以省篇幅也。”① 罗振玉甲骨著录书的缺陷不仅在于剪裁不当，而且在于材料组织也很粗糙。甲骨档案编纂材

① 董作宾：《董作宾学术论著》，65页，台北，世界书局，1979。

料的有序化始自王襄的《簠室殷契征文》，该书始依据甲骨文内容分类编排材料，分为天象、地望、帝系、人名、岁时、干支、贞类、典礼、征伐、游田、杂事、文字等12类。此后，郭沫若的《卜辞通纂》等皆采用分类编纂的方法，并且更为精进。董作宾的《小屯·殷墟文字甲编》与《小屯·殷墟文字乙编》则开创性地运用了考古学方法来著录甲骨。由此甲骨著录编排方法渐趋科学缜密。抗战以后，胡厚宣积极搜集南北甲骨文材料，于新中国成立后出版了《战后宁沪新获甲骨集》等甲骨文著录书多种。这些著录书采用了先分时代再按内容分类的"先分期再分类"的编排方法。1977年以后陆续出版的由胡厚宣担任总编辑的《甲骨文合集》继续采用这样的编排方法。先分期后分类的编排方法是目前甲骨档案编纂最为科学的方法。这一科学方法是近代以来随着甲骨档案编纂经验的逐步积累总结而来的。

第二节　罗振玉的档案文献编纂思想

罗振玉，字叔蕴，又字叔言，号雪堂，浙江上虞人。近代史料四大发现——殷墟甲骨、汉晋简牍、敦煌遗书、清代内阁大库明清档案，罗振玉最早参与了这批史料的搜集、保管、研究、刊布。他是近代以个人力量从事档案史料编纂贡献最大的学者。正如郭沫若所说："罗振玉的功劳即在为我们提供出了无数的真实的史料。他的殷代甲骨的搜集、保藏、流传、考释，实是中国近三十年来文化史上所应该大书特书的一项事件。还有他关于金石器物、古籍佚书之搜罗颁布，其内容之丰富，甄别之谨严，成绩之浩瀚，方法之崭新，在他的智力之外，我想怕也要有莫大的财力才能办到的。"① 辛亥革命以后，罗振玉追随溥仪，政治上的封建保守，曾直接影响了学界对他学术贡献的正面评价。正如郭沫若所说，他在中国近代史料整理公布上的业绩是应该大书特书的。近代史料四大发现中，除了敦煌遗书主要为佛教经典外，其余从内容性质上看，均属古代文书档案的范畴。从罗振玉近代史料编纂整理实践中，可主要归纳出他的档案文献编纂思想的三个方面。

一、视整理刊布档案史料为个人学术责任

在《雪堂校刊群书叙录序》一文中，王国维曾积极评价罗振玉刊布史料的贡献。他认为，罗振玉在国势衰微的环境下，努力从事史料刊布，不是因好事与笃

① 郭沫若：《中国古代社会研究自序》，见《郭沫若全集·历史编》，第1卷，8页，北京，人民出版社，1982。

古，与逐利更是没有丝毫关系，其深层原因是，他视近代史料为国家学术文化延续之命脉，因而将整理、刊布、流传也看做是自己的个人学术职责所在。王国维说："近世学术之盛，不得不归诸刊书者之功。刊书之家，约分三等：逐利一也，好事二也，笃古三也。……若夫生无妄之世，小雅尽废之后，而以学术之存亡为已责，搜集之，考订之，流通之，举天下之物不足以易其尚，极天下之至艰，而卒有以达其志，此于古之刊书者未之前闻。……至于神物之出，不与世相应。天既出之，固不能听其存亡，而如先生之奇节宏略，乃出于其间，亦以学术存亡之所系，等于人纪之存亡，故天不惜生一二人者以维之也。先生校刊之书，多至数百种。……案先生之书，其有功于学术最大者，曰《殷虚书契前后编》，曰《流沙坠简》，曰《鸣沙石室古佚书》及《鸣沙石室古籍丛残》。此三者之一，已足敌孔壁汲冢之所出。其余所集之古器古籍，皆间世之神物，而大都出于先生之世。顾其初出，举世莫之知，知亦莫之重也。其或重之者，搜集一二，以供秘玩斯已耳。其欲保存之流传之者，鉴于事之艰巨，辄中道而废，即有其愿与力矣，而非有博识毅力如先生者，其书未必能成，成亦必不能多且速，而此间世而出之神物，固将有时而毁且佚，或永锢于海外之书库中，虽出犹不出也。先生独以学术为性命，以此古器古籍为性命所寄之躯体，视所以寿其躯体者，与常人之视养其口腹无以异。辛亥以后，流寓海外，鬻长物以自给，而殷虚甲骨与敦煌古简佚书先后印行。国家与群力之所不能为者，竟以一流人之力成之。"① 对罗振玉在近代史料刊布上做出的贡献，王国维虽有着意褒奖推举之嫌，但以上长段引文所述确是实情。史料大发现所处的时代，即19世纪末20世纪初，正是国家内忧外患的时代。罗振玉确是凭借个人力量和学识在甲骨档案、简牍档案、敦煌遗书、清代内阁大库明清档案史料的发现、整理和编纂刊布等方面率先做出了开创性贡献。

第一，殷墟甲骨。1899年，王懿荣发现甲骨文。此后，他开始收集甲骨，前后共收集了约1 450片。1900年，八国联军入侵北京，王懿荣殉难。其子王翰甫将家藏甲骨中大部分千余片转售刘鹗。刘鹗通过其他途径收集到甲骨共计五千余片。在罗振玉的支持鼓励之下，1903年，刘鹗从所藏五千余片甲骨中选拓出1 058片，采用西方石印的方法出版，名为《铁云藏龟》。罗振玉在《殷虚书契前编序》中说："始于丹徒刘君许见墨本，作而叹曰，此刻辞中文字，与传世古文或异，固汉以来小学家若张、杜、杨、许诸儒所不得见者也。今幸山川效灵，三

① 王国维：《雪堂校刊群书叙录序》，见罗振玉：《罗振玉校刊群书叙录》，1～4页，扬州，江苏广陵古籍刻印社，1998。

千年而一洩其秘，且适当我之生，则所以谋流传而攸远之者，其我之责也夫。于是尽墨刘氏所藏千余为编印之，而未遑考索其文字。”罗振玉促成了甲骨学上第一本著录书的出版。此后，罗振玉开始自己多方搜集甲骨，并出版了一系列甲骨文著录著作。他编印的甲骨档案著录书目主要有：《殷虚书契考释》，收录甲骨2 229片；《殷虚书契菁华》，收录甲骨68片；《铁云藏龟之余》，收录甲骨40片；《殷虚书契后编》，收录甲骨1 104片；《殷虚古器物图录》，收录甲骨4片；《殷虚书契续编》，收录甲骨2 016片。

第二，汉晋简牍。近代发现的汉晋简牍主要出土在敦煌塞上和古代西域各地，其内容主要为汉晋西北边塞屯戍文书。近代汉晋简牍的发现缘于西方列强对我国西北新疆、甘肃等地探险式“考古”活动。1901年，瑞典人斯文·赫定在古楼兰遗址获得汉晋简牍百余枚。1901年，英籍匈牙利人斯坦因在和阗尼雅河下流遗址获得魏晋木简数十枚。1906年至1908年，斯坦因先后在罗布淖尔（即罗布泊）东北故城获得晋人木简百余枚，在敦煌汉长城遗址获得汉人木简数百枚。1913年至1915年，斯坦因又在敦煌、酒泉获得汉简百余枚。1913年，法国学者沙畹将斯坦因所得的汉晋简牍加以著录考释，编为《斯坦因所获中国简牍考释》，共收简牍991枚。后罗振玉写信给沙畹，求得手校本，与王国维在日本进行考订研究，编成《流沙坠简》三卷、《流沙坠简补遗》一卷。1930年，中国学者和瑞典学者组成的西北科学考察团在甘肃、内蒙古额济纳河汉代张掖郡居延获得汉代简牍一万余枚，此后马衡、劳榦、贺昌群、向达、余逊等更多学者才开始研究整理。

第三，敦煌遗书。1900年，当时千佛洞的主持道士王圆箓发现了藏经洞。但王圆箓发现藏经洞后，并不懂得这些文献的价值，而是取出一些当做古董送人。1907年，斯坦因到敦煌，得知藏经洞后，便来到莫高窟，以欺骗的手段从王圆箓手中掠走经卷二十箱，绘画等艺术品五箱。此后，法国人伯希和、日本人橘瑞超、俄国人鄂登堡等以各种名义和手段又劫走大量文献和艺术珍品。1909年，伯希和在北京将随身携带的敦煌写本展示给罗振玉等学者，至此，中国学界才真正得知敦煌遗书的价值。罗振玉积极促使清政府采取措施保护敦煌莫高窟文物。1910年，清政府学部始将藏经洞劫余遗书运至北京。

第四，清代内阁大库明清档案。宣统元年（1909年），内阁大库年久圮坏，因之将大库档案移至文华殿两庑暂存。此时，内阁大库档案曾因“旧档无用”，阁议以焚毁。幸而时任学部参事的罗振玉上书张之洞奏请罢毁，才免于火劫。大库档案得以移出，归学部管理。1913年，北洋政府教育部设立历史博物馆筹备处，将内阁大库档案划归其管理。历史博物馆将大库档案移存在故宫午门、端门门洞之内。后历史博物馆将整齐档案检出，迁至午门雁翅楼，剩下档案仍存原处。1921年，历史博物馆因经费困难，将剩下档案计约八千麻袋以四千元的价格售予北京同懋增纸庄，以做还魂纸的原料。1922年，罗振玉个人斥资，以三倍的价格从纸商手中购下，再一次保全了档案，使之免于水劫。此即历史上有名的政府出卖档案的“八千麻袋事件”。此后，罗振玉以个人之力，编纂整理出版了如《史料丛刊初编》、《大库史料目录》（甲、乙、丙、丁、戊、己六编）、《明季史料零拾》、《国朝史料零拾》、《清初史料丛编》、《清太祖实录稿》等。

此外，罗振玉在金石档案文献的编纂上也做出了重要贡献。《雪堂金石文字跋尾》四卷、《秦金石刻辞》二卷、《蒿里遗珍》一卷《考释》一卷、《唐三家碑录》三卷、《芒洛冢墓遗文》、《西陲石刻录》一卷《后录》一卷、《恒农冢墓遗文》、《海外贞珉录》、《殷文存》二卷、《古镜图录》三卷、《历代符牌图录》二卷、《古器物范图录》二卷、《金泥石屑》、《萝鄗草堂吉金图》三卷《续编》一卷、《贞松堂集古遗文》十六卷《补遗》三卷《续补》一卷、《六朝墓志》初编和二编、《三代吉金文存》二十卷等，皆是罗振玉重要的金石档案编纂成果。①

二、档案文献附以精审的考释研究成果

甲骨档案、简牍档案都是学界的新史料。对其进行文字释读、内容考释皆是前人未曾触及的工作。罗振玉不仅最早从事新史料的公布，而且在史料的考释上也做出了开创性的贡献。史料的公布和考释紧密相接，或同一书而史料与考释通载，或分作两书出版。

就甲骨档案考释而言，罗振玉在帮助刘鹗编印《铁云藏龟》时，就已经想到甲骨文释文与考释问题。1909年，罗振玉看到了日本人林泰辅的《清国河南省汤阴县发现之龟甲兽骨》，认为其中错误不少，于是写成《殷商贞卜文字考》，以辨其违失。此后，他计划编纂《殷虚书契前编》和《殷虚书契后编》，其中《前编》为材料，《后编》为考释。当时仅编纂出版《殷虚书契前编》，续又出版《殷虚书契菁华》等等。1914年，罗振玉出版甲骨文考释研究成果——《殷虚书契考释》。全书分为都邑、帝王、人名、地名、文字、卜辞、礼制、卜法等八章。考释出单字近500个。书中将卜辞内容分为卜祭、卜告、卜禾、卜出入、卜田渔、卜征伐、卜风雨等类目，大体上弄清了卜辞的基本内容。“这种筚路蓝缕的功绩，是不可埋没的。”②

在简牍档案的考释方面，罗振玉和王国维合作编纂的《流沙坠简》，是近代

---

① 参见张岂之：《中国近代史学学术史》，436～437页，北京，中国社会科学出版社，1996；张舜徽：《中国文献学》，247～248页，武汉，华中师范大学出版社，2004。

② 张舜徽：《中国文献学》，247页，武汉，华中师范大学出版社，2004。

简牍档案编纂考释研究的开创性成果。鲁迅曾说："中国有一部《流沙坠简》，印了将有十年了。要谈国学，那才可以算一种研究国学的书。"[①]《流沙坠简》分作三个部分：小学术数方技书、屯戍丛残和简牍遗文。罗振玉整理编辑小学术数方技书和简牍遗文，而王国维整理屯戍丛残，并各作考释。该书前有王国维长篇序文，对这批简牍的出土之地的古代情状进行考证：一为敦煌迤北之长城，二为罗布淖尔北之古城，三为和阗东北之尼雅城及马咱托拉、拔拉滑史德三地。敦煌所出，都是两汉遗物；出于罗布淖尔北的，大抵上自魏末，下讫前凉；出于和阗旁三地的，不过二十余简，无年代可考。其最远为后汉，近亦隋唐。不过，就考释研究的成绩而言，王国维的成绩更为突出。

三、档案文献结构体例上的开创性探索

罗振玉对不同类别档案文献的结构体例都有不同程度的探索，其中最具开创性，并给后人以导引的当推《流沙坠简》在简牍材料分类上的贡献。

《流沙坠简》按照简牍性质和内容分为三大类：第一类是小学术数方技类，涉及《仓颉》、《急就》、《力牧》、《历谱》、《算术》、《阴阳》、《占术》、《相马经》、《兽医方》等多种典籍。第二类是屯戍丛残，其下又按内容分为簿书、烽燧、戍役、廪给、器物、杂事等六项。第三类是简牍遗文，汇辑各式书信。[②]

在罗振玉和王国维之后，对出土简牍作系统分类的是劳榦的《居延汉简考释》。劳榦在材料的编排上基本沿袭罗振玉、王国维《流沙坠简》的做法，即按照汉简的内容性质进行分类。劳榦在《居延汉简考释自序》中评价了罗振玉、王国维《流沙坠简》的分类方法，并提出自己进一步的分类主张，他说："本书的释文是按照简牍的'种类'来分类的。计分'文书'、'簿籍'、'信札'、'经籍'、'杂类'五篇。在这五篇中按照'种类'中的'性质'再分出若干小类，即文书中按'性质'析出'书檄'、'封检'等小类，簿籍中分出'钱谷'、'烽燧'等小类。这个设计是变通王国维设计的《流沙坠简》分类而成。《坠简》的分类是：（一）小学术数方技书，（二）屯戍丛残，（三）简牍遗文。只在屯戍丛残下再分为簿书、烽燧、戍役、禀给、器物及杂事各类。照这个分类法，屯戍丛残一类包括太广了。并且在屯戍丛残一目之下，簿书是按简牍的'种类'分，烽燧以下的四类，又按着'性质'分。所以在排比上不免有无所适从之处。所以现在将屯戍丛残所包括的，分为文书和簿籍，改小学术数方技书为经籍，改简牍遗文为信札，改杂事为杂类，使得以上的五篇完全依简牍的'种类'分，然后再按'性

---

① 《鲁迅全集》，1版，第1卷，398页，北京，人民文学出版社，1981。

② 参见李均明：《秦汉简牍文书分类辑解》，4页，北京，文物出版社，2009。

质’每篇分为几个小类。”[①]《居延汉简考释》的类目为：（1）文书，下又复分为书檄、封检（附邮驿记载）、符券、爰书；（2）簿籍，下又复分为钱谷、烽燧、戍役、疾病死亡、名籍、资绩、器物、车马、酒食、计簿、杂簿、簿检；（3）信札；（4）经籍，下又复分为历谱、小学、六艺诸子、医方、术数；（5）杂类，下又复分为有年号者和无年号者。《居延汉简考释》的内容分类体系较《流沙坠简》确是更清楚明晰了，但这一分类体系是在《流沙坠简》的基础上后出转精的结果。

此外，罗振玉在刊印史料时，用纸和装订等方面，均极讲究。如王国维所说："自编次校写选工监役，下至装潢之款式、纸墨之料量，诸凌杂烦辱之事，为古学人所不屑为者，而先生亲之。"[②]

罗振玉虽然在政治上是"封建"、"倒退"的，但在学术研究上却是"科学"、"先进"的。[③] 他在档案文献编纂方面也给我们提供了不少有益的思想和经验。

第三节　郭沫若的档案文献编纂思想

郭沫若，又名鼎堂，四川乐山人。现代著名文学家、历史学家、古文字学家和考古学家。

近代档案文献编纂事业中，郭沫若是继罗振玉、王国维之后以私人力量在档案文献编纂领域有突出贡献的学者。他与罗振玉（号雪堂）、王国维（号观堂）、董作宾（字彦堂）被学术界称为研究甲骨文的"四堂"。从 1928 年起至 1937 年近十年时间，郭沫若旅居日本，为了研究中国古代社会，他开始研究殷商甲骨卜辞和两周青铜彝器。《卜辞通纂》、《殷契粹编》、《两周金文辞大系》（《两周金文辞大系图录》、《两周金文辞大系考释》）等是他在甲骨和金文著录方面的代表成果，在甲骨档案编纂、金文档案编纂体例和研究考释方法上都做出了开拓性的贡献，取得了划时代的成就。

一、精选甲骨卜辞，构建认识甲骨的"系统"

《卜辞通纂》1933 年 5 月日本东京文求堂石印出版。郭沫若自序："本书之目的，在选辑传世卜辞之菁粹者，依余所怀抱之系统而排比之，并一一加以考

---

① 劳榦：《居延汉简考释・释文之部》，见劳榦等：《汉简研究文献四种》上册，2 页，北京，北京图书馆出版社，2007。

② 王国维：《雪堂校刊群书叙录序》，见罗振玉：《罗振玉校刊群书叙录》，4 页，扬州，江苏广陵古籍刻印社，1998。

③ 参见张舜徽：《中国文献学》，247 页，武汉，华中师范大学出版社，2004。

释，以便观览。”该书选择材料的范围包括刘鹗《铁云藏龟》，罗振玉《殷虚书契前编》、《殷虚书契后编》、《殷虚书契菁华》、《铁云藏龟菁华》、《铁云藏龟之余》，王国维《戬寿堂所藏殷虚文字考释》，林泰辅《龟甲兽骨文字》等已出版的甲骨文著录书，以及郭沫若在日本努力访求所得的公私藏品拓墨或照片，从中选优择异而加以著录。书中正编后附以“别录之一”，著录“中央研究院藏大龟四版拓片”、“同《新获卜辞》拓片二十二片”、“何遂氏藏甲骨拓片十六片”；“别录之二”为“日本所藏甲骨择尤”，共十二家。全书含索引，共四册，著录甲骨929片。书中所选基本上是甲骨卜辞中最精华的部分。

在材料的组织上，郭沫若依据自己新创之“系统”。书中将精选甲骨，按照干支、数字、世系、天象、食货、征伐、畋游、杂纂八类前后次序排列。在述例中，郭沫若作如下解释：每条卜辞均有日辰，干支是判读卜辞的关键，所以首列干支。纪卜之数几乎每卜皆有，其中有特异之文字和十以上之数的固有表达法，也是判读卜辞的基础知识，所以数字次之。世系定夺卜辞之年代与历史性，世系之排比即由文丁以至于夔，倒溯而上以入于神祇之域，所以以天象附于世系之后。天时之风雨晦冥与牧畜种植有关，故天象之后次以食货。食货为人类社会之基础，殷代社会之真相俱在此中。殷时已驱使奴隶从事生产事业，奴隶得自俘虏，因以征伐次之。征伐与畋游每相因，卜辞中尤多不别，以畋游次之征伐。杂纂为零辞散简，放在最后，内容多属于抽象事项。这样的编排体例，构建出了甲骨卜辞之间的内在逻辑以及与历史发展之间的关系。

从结构上看，《卜辞通纂》前部为图版，后部为考释。每一片下，均注出处，写出释文，或加以说明考证。《卜辞通纂》在考释上做出了巨大贡献，如订正商王世系，以戋甲为河亶甲，以羌甲为沃甲，以象甲为阳甲等，见解独到，发前人所未发。对商代利用甲骨占卜记事的史实以及甲骨卜辞的刻写、甲骨文例皆有开创性的揭示。

《卜辞通纂》在干支、数字、世系、天象、食货五类之末各作小结，归纳通例，梳理出甲骨文中关于此类的一般性认识，如在“干支”类末云：“盖古人初以十干纪日，自甲至癸为一旬，旬者遍也，周则复始。然十之周期过短，日份易混淆，故复以十二支与十干相配，而成复式之干支纪日法。多见三旬式者，盖初历月无大小，仅逮三旬已足，入后始补足为六十甲子者也。以干支纪日，则干支之用至繁，故有此多数之干支表存在。此等表式与卜无关，然欲读卜辞者必自此入手。”第六、第七类因征伐与畋游密不可分故合在一起作一小结。《卜辞通纂》从材料的精选、类目设置，以及前后衔接的卜辞考释与类目小结，向甲骨文学习者和研究者提供了关于甲骨卜辞的“系统”化认识。

《殷契粹编》1937年5月日本东京文求堂石印出版。与考释合五册，附索引。《殷契粹编》的材料源自刘体智藏甲骨的全部拓片。郭沫若在日本完成《卜辞通纂》的撰写后，金祖同携带刘体智藏甲骨拓片至日本，请郭沫若选编刊印。郭沫若剔除伪片和没有价值的甲骨碎片，共选出了1 595片，编为是书。该书的编纂体例与《卜辞通纂》基本相同。

《卜辞通纂》和《殷契粹编》基本包括了甲骨文科学发掘之前出土的甲骨文的精华，对于商史、甲骨文考释及甲骨文规律等方面的研究都做出了新的贡献。尤其是《卜辞通纂》，自出版后，不断被翻印、再版，是甲骨学研究者的必备参考书。

二、开创“标准器”断代法，条理两周彝器的历史系统和地理顺序

《两周金文辞大系》1931年日本东京文求堂书店影印出版。该书从《周金文存》、《殷文存》等此前出土的35种金文著录中精选出251器，分为上下两编。上编为西周器，收137器，按照西周列王为次，始于武王，终于幽王；下编为东周器，收114器，按照列国为次，列国顺序是“沿长江流域溯流而上，于江河之间顺流而下，更沿黄河流域溯河而上，故始于吴而终于秦”。初版注释简略，并收有伪器。郭沫若在初版的基础上加以增订，1934年11月完成《两周金文辞大系图录》，第二年完成《两周金文辞大系考释》，亦由文求堂书店影印出版。增订本所收增至511器，其中西周时250器，东周列国261器，亦分为上下编。

郭沫若《两周金文辞大系》之前的金文著录成果，在材料编排上按照形式区分，基本上是以器为类聚，如钟铭与钟铭、鼎铭与鼎铭各自归类。每类之中再以铭文字数多少排列，如鼎类先排一字铭，继之二字铭、三字铭、四字铭等，以此类推。这种按照形式特征编排材料的方式，淆乱了各器之间时间、地理等的联系，不利于对器物铭文作历史纵向考察。《两周金文辞大系》在铜器铭文的著录上的最大贡献是，开创性地提出了以“标准器”断代法判断彝器时代，打破两周彝器不分时代的混沌状态，条理出两周彝器的历史系统和地理顺序。郭沫若在《古代研究的自我批判》中说：“周代的铜器很多，在前依然只是一片混沌，即使偶有年代划分也是漫无标准。……我自己费了五六年的研究，得到一个比较明晰的系统，便是我所著录的《两周金文辞大系》的《图录》和《考释》。我是先寻到了一些自身表明了年代的标准器，把它们作为连络站，再就人名、事迹、文辞的格调、字体的结构、器物的花纹形式等以为参验，便寻出了一个至少比较近是的条贯。凡有国度表明了的，也在国别中再求出时代的先后。就这样我一共整理出了三百二十三个器皿，都是铭文比较长而史料价值比较高的东西，两周八百年

的混沌似乎约略被我凿穿了。”[①]《两周金文辞大系》在材料编排上和铜器分期断代上突破前人，取得了开创性的研究成果。

郭沫若以“标准器”判别彝器时代的方法，受到了西方考古学思想影响。1929年，郭沫若翻译了米海里斯的《美术考古学发现史》。这本书的启示作用在于，在文献记载中缺乏证据的器物，可以用比较研究的方法与既知既定的器物进行类比，以确定其年代和属性；在辨识古器物年代的具体方法上注意各种器物的形式和装饰纹样上的发展。郭沫若正是沿着这条思路，寻找出一条通过确立“标准器”来推定彝器年代的方法。[②] 所谓“标准器”断代法就是将有铭文的铜器进行系统整理，从中选出可以知其确定年代的铜器，再以这些铜器的文字、铭文内容、花纹、形制等作为标准，通过比较，推断未知年代的铜器时代。郭沫若的“标准器”断代法仍是今天从事青铜器研究者的研究方法，它还具有一定的普适性，对于鉴定一般文献的产生年代也具有方法论上的指导意义。

三、以马克思主义唯物史观为理论指导，揭示甲骨、金文档案文献的史料价值

在文辞、文字考释方面，《卜辞通纂》、《两周金文辞大系》在继承罗振玉、王国维的基础上做出了突破性的贡献。甲骨卜辞和铜器铭文是从事上古史研究最重要的史料。郭沫若对甲骨文、金文的考释研究绝不是仅仅为了考释而考释，而是通过考释打通甲骨文和金文资料的阅读障碍，寻找上古史的史料，以马克思主义唯物史观研究中国上古社会的社会性质。

1929年，郭沫若在他的《中国古代社会研究》一书中，明确说该书是恩格斯《家庭、私有制和国家的起源》的续篇，研究方法也是以恩格斯为向导的。这是郭沫若后来一贯的研究宗旨。《卜辞通纂》中对第474片甲骨的考证，就明确指出了当时奴隶主“驱使奴隶以从事于此等生产事项”这一历史事实。《卜辞通纂》一书，以马克思主义的历史观研究商代社会，不仅考释了很多疑难文字，而且还解释了很多重大历史事件背后的成因和渊源，并提出了殷商时代在文化、社会和宗教上的诸多新问题，尤其是把古代神话和历史事实有机地统一起来，通过对甲骨史料的考证，确立了古代神话和古代史实的可行性。[③] 同样，在《两周金文辞大系》中，他也秉持这样的研究路径，寻找到许多周代社会的社会史料。正如他自己所说：“从周代金文的研究中，除文辞与文字的考释之外，在史实上我

---

① 郭沫若：《古代研究的自我批判》，见《郭沫若全集·历史编》，第2卷，10页，北京，人民出版社，1982。

② 参见谢保成：《郭沫若评传》，53～54页，南昌，百花洲文艺出版社，1995。

③ 参见刘正：《会当凌绝顶——重读郭老的〈卜辞通纂〉》，载《南方文物》，2010（2）。

是得到了一些重要的认识的。其首要者如西周及春秋时代颇有关于奴隶制的资料，为旧有文献所缺失，足以定历史阶段，而旧有文献的真伪与时代性，在此也找到了一个可靠的尺度。”[①] 如《大盂鼎》铭文考释出，“鬲”、“人鬲”和“庶人”应属生产奴隶，“邦司”和“夷司王臣”属管家奴隶。《曶鼎》铭文考释出奴隶的价格，五名奴隶仅抵得上“匹马束丝”，进而可判定西周的奴隶制社会性质。

以上三点是从大的方面着眼探讨郭沫若甲骨、金文档案文献的编纂思想。就甲骨档案编纂而言，郭沫若在甲骨断片缀合、残辞互足以及校对去重等方面，也做出了巨大贡献。所谓断片缀合，是将零散、残破的甲骨片经过缀合而基本恢复原貌，再现完整卜辞。所谓残辞互足，是因商代甲骨占卜，一事从多个角度占卜，这样记录同一事的卜辞即使残损严重，也可以通过比对，互相补足，成为完整的卜辞。例如，《卜辞通纂》第113片为刘体智藏两个断片与燕京大学藏片之缀合，这不仅为王国维上甲、报乙、报丙、报丁、示任、示癸的顺序提供了新的证据，而且解决了上甲至大庚的周祭顺序。

甲骨与金文档案文献编纂是专门精深的学问，是甲骨学、金石学的基础部分。从对这两种古代载体的档案文献编纂上，尤其通过对郭沫若《卜辞通纂》编纂思想的总结，我们还可以归纳出具有一般指导意义的档案文献编纂模式。即精选档案材料，通过组织、注释和归纳总结，揭示档案材料之间的内在逻辑联系，构建关于档案及其所记载内容的系统化知识，这是我们今天档案文献编纂工作需要借鉴的历史经验。

第四节　陈垣的档案文献编纂思想

陈垣，字援庵，广东新会人，20世纪著名的历史学家和教育家，在宗教史、元史、历史文献学等诸多领域成就斐然。主要著述有：《元西域人华化考》、《元典章校补释例》（又名《校勘学释例》）、《史讳举例》、《旧五代史辑本发覆》、《吴渔山先生年谱》、《释氏疑年录》、《清初僧诤记》、《中国佛教史籍概论》、《明季滇黔佛教考》、《通鉴胡注表微》、《二十史朔闰表》、《中西回史日历》、《元也里可温考》、《开封一赐乐业教考》、《火祆教入中国考》、《摩尼教入中国考》等。

辛亥革命结束了清朝统治，溥仪逊位，却未迁出皇宫。1924年，冯玉祥发动北京政变，将溥仪驱逐出宫，并让当时社会名流学者组成的“办理清室善后委

---

① 郭沫若：《重印弁言》，见《金文丛考》，北京，人民出版社，1954。

员会”处理溥仪出宫事宜，陈垣即受聘委员之一。从1925年故宫博物院成立，到1928年南京国民政府接管故宫博物院，陈垣一直任故宫博物院理事。故宫博物院成立之初，设古物和图书两馆，图书馆下设图书和文献两部，陈垣任图书馆馆长，故宫明清档案工作多是在陈垣的主持和指导下进行的。

陈垣为明清档案的保护、整理和编纂出版工作做出了卓越的历史贡献。故宫博物院成立之初，为了保证故宫文物、图书和明清档案的安全，阻止北洋军阀政府及清朝遗老破坏，陈垣曾身陷囹圄。① 1929年，陈垣在燕京大学做了题为“中国史料急待整理”的演讲，总结出了整理档案的八种方法，这八种方法对于新中国成立后明清档案的整理工作仍然具有重要的借鉴意义。② 故宫博物院文献馆成立专门委员会后，陈垣受聘为专门委员，负责指导明清档案的编辑出版工作。据粗略统计，20世纪20至40年代故宫博物院出版明清史料近50种，约千余万字，反映了清代政治、经济、文化等多个方面的史实，这批史料在今天的清史和近代史研究中仍发挥着不可替代的作用。陈垣在指导文献馆明清档案史料编辑出版工作中形成了具有近代意义的档案文献编纂思想。

一、深入研究档案内容与形式特征是档案文献编纂的基础

档案文献编纂活动是一项学术实践。从陈垣指导和亲自参与的明清档案文献编纂实践中可以归纳出，他将深入研究档案内容与形式特征视作档案文献编纂的基础，并在档案内容和外在形式特征的研究考证上做出了示范性的贡献。

故宫明清档案史料出版物的辅文，如按语和序言，或为陈垣亲笔写定，或经过他的修改。③ 这些辅文，往往探赜索隐，条理明辨，内容涵盖了有关档案名词考释、档案所涉及的史实考证、与他书记载详略互异情况及其补证价值、档案原件的载体形态和档案的来源，以及相关文书制度，等等。就引证材料而言，在这些考证文章中，有实录、起居注、圣训，有臣僚学士的文集、日记，还有碑刻等，所用材料是极其丰富的。

陈垣长于考据，他不仅用一般文献考据学方法研究明清档案，还注意利用档案本身存储特点来考证明清档案。

---

① 参见单士元：《回忆陈援庵师》，见《故宫札记》，158～159页，北京，紫禁城出版社，1990。

② 参见刘乃和：《陈垣年谱》（附《陈垣评传》），74～75页、308页，北京，北京师范大学出版社，2002。该讲演由翁独健记录成稿，后经陈垣修改增补，以《中国史料的整理》为名，发表在燕京大学《史学年报》第1期上，主要内容包括“史料的整理”和“档案的整理”。其中“档案的整理”部分，于1962年在《档案工作》上以《整理档案八法》为题转载。

③ 参见曾庆瑛：《陈垣与明清档案》，载《历史档案》，1982（2）。该文谈到《文献丛编》第二辑中的《王鸿绪密缮小折》的按语即经过了陈垣的仔细修改。

档案原有保管状态和顺序，往往反映了相近档案之间的历史联系。陈垣善于利用档案原来的保存基础，以考证档案的形成时间和受文者等释读档案的关键要素，他的《两封无名字无年月的信》、《钱竹汀手简十五函考释》及《〈康熙与罗马使节关系文书影印本〉叙录》等皆是利用这一方法的重要考证成果。《两封无名字无年月的信》谓汤金钊藏各家尺牍中有两札，其上既无上下款，亦无年月，与阮元、姚文田等书札同裱一册。他根据书札内容，并利用《十朝圣训》和《东华录》等所载谕旨以及笔迹，考证出了此二札下款当为王杰，写作日期一为“嘉庆七年五月二十日”，一为“嘉庆七年七月初三日”。至于此二札上款，他说：“此二札虽无上下款及年月，但下款及年月，均可由‘谕旨’考出。惟上款如果不是汤金钊将此札和其他尺牍保存在一起，则不易知为汤金钊。”[①] 这是陈垣利用原有保存基础考证档案上款一例。陈垣还注意利用原有保管基础来考订档案的形成时间，如《钱竹汀手简十五函考释》谓：“第十四、第十五函皆与可庐。二札无月日，共裱一开，笺墨相同，盖同一年作。”[②] 又如《〈康熙与罗马使节关系文书影印本〉叙录》断第九件“康熙谕新来西洋人，探问艾若瑟去信消息”为康熙五十六年，谓：“何以定此为康熙五十六年？一因此件与前件同装一匣，且纸式字体及传旨之人大概相同，前件既在五十六年，此件亦当相隔不远。”[③] 除了王杰予汤金钊的书信，因与其他书札同裱一册，可确判这些书信上款皆为汤金钊外，陈垣在利用档案原有的保存基础为考证依据时，是非常谨慎的，论证时，往往辅以其他文献资料以为佐证。如《〈康熙与罗马使节关系文书影印本〉叙录》对第九件康熙谕旨时间的判定，除以此件与第八件同装一匣为据外，还以康熙四十九年九月两广总督奏报和《异域录》、《龙沙纪略》等其他文献为佐证，因此，所得结论确凿无疑，令人信服。

陈垣强调档案文献编纂必须以档案内容和形式特征的深入研究为基础，并以此指导故宫的明清档案史料编纂出版工作，在一定程度上保证了档案文献编纂的质量。故宫所编明清档案史料中各篇序言和按语是这一时期档案文献编纂质量的集中体现。例如，1932 年，故宫博物院以影印方式再版《康熙与罗马使节关系文书》，其前冠以陈垣所作的序言，即前文提到的《〈康熙与罗马使节关系文书影印本〉叙录》。该序言材料丰富，论据充分，分析透辟，言简意赅，准确考证了康熙与罗马使节关系的各篇文书的形成时间。

---

① 陈垣著，陈智超、曾庆瑛编：《陈垣学术文化随笔》，440 页，北京，中国青年出版社，2000。

② 陈垣著，陈乐素、陈智超编校：《陈垣史学论著选》，582 页，上海，上海人民出版社，1981。

③ 陈垣：《〈康熙与罗马使节关系文书影印本〉叙录》，北平，北平故宫博物院，1932。

二、为学术研究服务是档案文献编纂的直接目的

在近代学术界，学术研究注重寻求证据，考辨材料，蔚成风气。故宫所藏明清档案作为明清史研究的第一手原始材料和新鲜史料，受到了学术界的普遍重视。陈垣主张快速编纂出版明清档案史料，及时快速满足学术研究的需要。服务于学术研究的需要是档案文献编纂的直接目的。为达到此目的，陈垣提出了相应的编辑方法和措施。

陈垣是以考据方法治学并在多个领域取得巨大成就的学者。他继承了清代考据学传统，进一步扩充材料的利用范围，对材料的分析和综合也更加缜密科学，不仅开辟了新的史学研究领域，而且在校勘学、避讳学等领域能够进一步归纳通例，建立科学的理论体系。陈垣擅长考据，他的许多重要史学著作皆是考据学成果。因此，他非常重视材料，重视材料的整理工作。① 作为一个考据学者，材料对于学术研究的意义，他有切身体会。陈垣指导故宫博物院文献馆史料编纂工作，主张快速公布史料，以及时满足学术研究的迫切需要。他说："学术界需要故宫博物院加速公布资料，故宫的工作人员近水楼台利用资料写出有价值的文章，当然会受到社会上的欢迎，但更迫切需要的是前者。"② 他没有鼓励故宫工作人员"近水楼台"利用明清档案先写出文章，而是主张先公布明清史料，满足学界更广泛的需要。

为了快速编纂出版明清档案史料，故宫博物院文献馆的编纂工作与整理工作同时进行。这打破了档案文献编纂工作在档案系统整理基础上展开的常规程序。为此，故宫博物院文献馆首先以期刊形式，灵活地刊布随时发现的重要史料。故宫最先编辑出版的期刊是《掌故丛编》，其后随着档案整理范围的扩大，发现的重要史料越来越多，《掌故丛编》因受篇幅所限，难以容纳更多的史料，于是于1929年底改为《文献丛编》，缩小字号，增加材料，扩大了篇幅。为了刊布一些零星文件，1930年又加印了《史料旬刊》。然后，随着档案整理工作的逐步深入，在期刊编辑出版的基础上，以书籍的形式出版某一专题较为系统的档案文献汇编。像《清代文字狱档》、《清三藩史料》、《清道光朝外交史料》、《清嘉庆朝外交史料》、《清光绪朝中日交涉史料》、《清光绪朝中法交涉史料》、《清宣统朝中日交涉史料》、《故宫俄文史料》、《清季教案史料》、《苏州织造李煦奏折》，等等，这些皆是故宫博物院编纂出版的较为系统的档案文献汇编。

---

① 参见刘乃和：《陈垣年谱》(附《陈垣评传》)，306～308页，北京，北京师范大学出版社，2002。

② 朱家溍：《回忆陈垣、沈兼士两位先生》，见《故宫退食录》，731～732页，北京，北京出版社，1999。

在期刊的编辑上，陈垣主张采用一种特殊的编辑方法，即不必等有关某一专题的史料全部搜罗殆尽，而是随时发现随时刊布，而后又发现的同一专题的材料依次接续前刊。他认为，“公布档案史料不必耽搁时间，搜寻某一历史事件的全部档案，根据档案原来次序发排，十天出版一册，如果原来档案不缺的话，将来总会出齐的”①。以《文献丛编》为例，每一辑各个专题档案史料各编页码，无全辑统一页码，下一辑有该专题档案再接此页码编排。如某专题材料，在第一辑是从第 1 页到第 4 页，那么下一辑就从第 5 页开始编排。这样，同一专题的史料随时发现，随时编入相应的辑里。如在《文献丛编》（第 1 到第 36 辑）中，“苏州织造李煦奏折”专题的材料就分散在从第 29 辑到第 36 辑的 8 辑中；“雍正朝关税史料”专题的材料则分散在第 10、11、17、18、19 辑等 5 辑中；“太平天国史料”专题的材料分散在第 1、2、5、20 辑等 4 辑中，等等，不胜枚举。

关于期刊的装帧形式，陈垣主张采用线装。② 一方面，读者可以把属于同一专题却分散在不同辑中的档案材料集中在一起，重新装订；另一方面，采用线装，每页皆一面有页码，可以把另一面留给读者重新编写自己的新页码。所以，对于像《史料旬刊》这样更加零碎的文件汇集来说，不同读者可以根据不同需要，拆散重装，或根据自己的需要重新组配专题，并且编上新页码，以便查阅。《史料旬刊》在创刊之初，就已经考虑到读者重新装订的需要，所以“发刊前记”云：“每案自成段落，使阅者以后可以汇订成编。每页后方各列号码以备引用之稽考，至于前面特空页数，以备阅者将各案汇订时，自己填写。”对于《掌故丛编》、《文献丛编》、《史料旬刊》来说，如不拆装，同一专题史料分散多处，且每辑前仅有总目，而目下却无页码，检阅起来是很不方便的。1990 年，中华书局影印再版《掌故丛编》，把各个专题汇集起来，使各专题各有自己的页码顺序，然后再重新编定统一的页码和总目录，检阅起来就很便利了。

三、保存史料、传承文化是档案文献编纂的最终目的

面对学术研究急需的大宗新鲜史料，陈垣以史家的眼光不仅看到了档案文献编纂的现实需要，而且还看到了档案文献编纂继承和流传传统文化的历史需要，认为保存史料、传承文化是档案文献编纂的最终目的。

从历史和长远观点来看，零散档案难以传世久远；将档案材料编纂成专门史

---

① 朱家溍：《回忆陈垣、沈兼士两位先生》，见《故宫退食录》，731 页，北京，北京出版社，1999。

② 朱家溍在《回忆陈垣、沈兼士两位先生》中说：“援庵先生认为……采用线装，可以给不同读者根据不同需要拆散重装。”

料书籍，才能长久流传档案实体所含内容。对于故宫所藏大宗明清档案，陈垣指出要继承中国史籍编纂传统，编纂有清一代史料长编，功垂久远。1926年，他在《致国务院函》中说：

> 文献部所藏，悉为有清一代史料。除实录、起居注等已纂有成书，尚堪检阅外，余如朱批谕旨、留中奏折等，皆散帙零编，搜讨不便。加以年代久远，尘封积寸，狼藉异常，非予清厘，恐终废弃。曩者内阁大库旧档，当局曾以贱值出售纸商，麻袋八千，易钞半数，不俟秦火，已沦劫灰。兹幸本院成立，关于有清一代史料，保存编纂，职有专责。拟利用此等史料，编纂《清通鉴长编》及《清通鉴纪事本末》，以与清史相辅而行，永垂不朽。……考历代官私书目，史料传者，大抵编勒成书，方能流布。其以散帙传者，未之前闻。……倘清代史料，得藉此编制成巨帙，传示将来，岂惟本院之幸，实国家之盛业也。[①]

这封公函是陈垣为将已移出故宫的军机处档案收回故宫，而写给时任北洋政府总理许世英的。[②] 陈垣申说了将军机处档案收回故宫的两条理由，一是为保存档案实体，二是为编纂"永垂不朽"的《清通鉴长编》及《清通鉴纪事本末》。档案实体不可能永远地保存下去，终有一天档案的物理实体会随时间流逝而湮灭无存。通过编纂成书，不断翻刻传印，才可以长远留住蕴藏于档案实体之中的历史信息。但不是所有编纂成书的皆可传之久远，因此，陈垣提出了编纂有清一代史料长编的宏伟计划。

北宋司马光《资治通鉴》开创了修史先作长编的史书编撰程序，南宋李焘的《续资治通鉴长编》使长编发展为史料编纂的传统体例。陈垣基于故宫明清档案史料，欲编纂出一部《清通鉴长编》，以史料书的面目独立传世，然后或以长编为基础，修撰清编年体或纪事本末体史书，这正是对历史传统的直接继承，有助于长久流传文化。然而由于抗战、内战等诸多历史原因，陈垣编纂有清一代史料长编的宏愿最终未能实现，明清档案编纂基本在为学术研究服务。

以上三点是陈垣档案文献编纂学的主要思想。陈垣以近代史学家的眼光确定了档案文献编纂基本特点以及现实和长远目标，既继承了中国档案文献编纂的优

---

① 陈垣著，陈智超、曾庆瑛编：《陈垣学术文化随笔》，443～444页，北京，中国青年出版社，2000。

② 参见单士元：《故宫札记》，159～160页，北京，紫禁城出版社，1990。该公函当为陈垣亲手起草。

良传统，又开启了近代档案文献编纂事业发展的基本方向。

第五节　傅斯年的档案文献编纂思想

傅斯年，字孟真，山东聊城人。1919 年毕业于北京大学文科。五四运动著名的学生领袖。1920 年至 1926 年，留学英德，攻读生理学、心理学、哲学，兼习历史学、数学、物理、化学、语言学、人类学、考古学等多门学科。傅斯年在历史学、考古学、语言学、教育学领域均有建树，学识渊博，是公认的学术通才。代表学术著作有：《性命古训辨证》、《夷夏东西说》、《周东封与殷遗民》、《历史语言研究所工作之旨趣》、《论孔子学说所以适应于秦汉以来的社会的缘故》、《评秦汉统一之由来和战国人对于世界之想象》、《史料论略及其他 》等。

近代西学东渐，不仅吸纳了西方的学术思维和方法，而且也引入了西方的学术运行机制。所谓西方学术运行机制，是以职业学者、学术研究机构、学术奖励和评价制度、期刊等学术交流介质等多个要素构成的学术运行模式。[①] 1928 年，南京国民政府成立国家最高学术研究机构——中央研究院。中央研究院下设研究所，延聘研究人员从事于高深科学研究。在傅斯年的积极努力之下，中央研究院历史语言研究所在广州成立，傅斯年任所长。1929 年，历史语言研究所迁往北平，其下设数个研究组。其中第一组为史学，文籍考订等属之；第二组语言学，民间文艺等属之；第三组考古学，人类学等属之。[②] 陈寅恪担任第一组主任，赵元任担任第二组主任，李济担任第三组主任。傅斯年及其领导下的中央研究院历史语言研究所开创了影响中国史坛达半个多世纪之久的史料学派，提倡史学即是史料学，重视史料的搜集、整理公布出版。本节仅从档案文献编纂的视角出发，总结傅斯年的编纂思想。

一、在史学即是史料学的观念下，重视史料尤其是第一手史料的搜集整理

1928 年 5 月，傅斯年作《历史语言研究所工作之旨趣》，对外宣告历史语言研究所治学之宗旨，说："历史学不是著史：著史每多多少少带点古世中世的意味，且每取伦理家的手段，作文章家的本事。近代的历史学只是史料学，利用自

① 参见左玉河：《中国近代学术体制之创建》，成都，四川人民出版社，2008。

② 参见杜正胜：《史语所的过去、现在与未来》，见"中央研究院"历史语言研究所七十周年研讨会论文集编辑委员会：《学术史与方法学的省思》，4 页，台北，"中央研究院"历史语言研究所，2000。

然科学供给我们的一切工具，整理一切可逢着的史料。”[①] 很明显，傅斯年领导下的历史语言研究所是在“历史学只是史料学”史学思想指导下将史料整理视作历史研究的全部。以史料学为全部内容的“历史学”进步的标准有三个方面：（1）“凡能直接研究材料，便进步，凡间接的研究前人所研究或前人所创造之系统，而不繁丰细密的参照所包含的事实，便退步。”（2）“凡一种学问能扩张他所研究的材料便进步，不能的便退步。”（3）“凡一种学问能扩充他作研究时应用的工具的，则进步，不能的，则退步。”[②] 为此，历史语言研究所治学上也要达到三个方面的宗旨：第一条是“保持亭林、百诗的遗训”；第二条是“扩张研究的材料”；第三条是“扩张研究的工具”。傅斯年有留学德国的经历，他的史学思想深深地打上了兰克客观主义史学的烙印，强调史料本身的客观实证，“反对疏通”。从历史语言研究所第一条宗旨标榜保持顾炎武、阎若璩的遗训来看，以清代考据史学为代表的传统史学对傅斯年也有相当的影响力。傅斯年认为，顾炎武与阎若璩已经在使用“最近代的手段”以研究历史了。在傅斯年的思想观念中，科学主义史学精神也并非西方专利。中国传统考据史学与西方科学主义史学在精神上是有相通之处的。细绎之，傅斯年所定历史语言研究所工作纲领可以归纳为利用新工具研究新材料。所谓“工具”，不仅仅指方法，还包括搜集和考订新材料所需要利用的各种“技术手段”。[③] 如傅斯年在《历史语言研究所工作之旨趣》中说：“现代的历史学研究已经成了一个各种科学的方法之汇集。地质、地理、考古、生物、气象、天文等学，无一不供给研究历史问题者之工具。”[④] 所谓“材料”，除了书本上得之外，尤强调要搜集书本之外的材料，包括风俗、物品、歌谣等。“最有趣的一些材料，如神祇崇拜，歌谣，民俗，各地各时雕刻文式之差别，中国人把他们忽略了千百年，还是欧洲人开头为有规模的注意。零星注意中国向来有的。西洋人作学问不是去读书，是动手动脚到处寻找新材料，随时扩大旧范围，所以这学问才有四方的发展，向上的增高。”[⑤] 因此，他说：“我们不

① 傅斯年：《历史语言研究所工作之旨趣》，见欧阳哲生主编：《傅斯年全集》，第3卷，3页，长沙，湖南教育出版社，2003。

② 同上书，5～7页。

③ 参见欧阳哲生：《傅斯年学术思想与史语所初期研究工作》，载《文史哲》，2005（3）。

④ 傅斯年：《历史语言研究所工作之旨趣》，见欧阳哲生主编：《傅斯年全集》，第3卷，7页，长沙，湖南教育出版社，2003。

⑤ 同上书，6页。

是读书的人，我们只是上穷碧落下黄泉，动手动脚找东西!”而从来源来看，通过考古挖掘而得的古器物、古遗址、古文书档案，以及通过调查得出的第一手调查材料，这些直接材料在诸种材料中处于最重要的位置。陈寅恪在给傅斯年的信中说：“盖历史语言之研究，第一步工作在搜求材料，而第一等之原料为最要。”又如，“史料来源，当然不限于档案，而档案却是一切史料当中最重要的史料。”① 看重以档案为核心的直接材料对于学术研究的价值，这是历史语言研究所治学理念的共同起点。

历史语言研究所亟亟于史料的搜集和整理，除了受重视史料学术观念的直接影响外，还有两个不可忽视的因素，一是与西方汉学争胜的民族主义情绪，二是鉴于史料保存流传之不易。傅斯年在《历史语言研究所工作之旨趣》一文的最后高唱“我们要科学的东方学之正统在中国”，其中强烈的民族主义精神跃然纸上。在当时的国际学术界，汉学研究中心在法国，日本也是当时汉学研究的重镇。他在给陈垣的一封信中将此种民族情绪表达得更为显白，他说：“斯年留旅欧洲之时，睹异国之典型，惭中土之摇落，并汉地之历史言语材料亦为西方旅行者窃之夺之，而汉学正统有在巴黎之势，是若可忍，孰不可忍。”② 傅斯年组织成立历史语言研究所，谋求在国际汉学界后来居上，争得正统地位，“这一号召是具有高度的鼓舞性的”③。在材料的搜集上，他说：“在中国境内语言学和历史学的材料是最多的，欧洲人求之尚难得，我们却坐看他毁坏亡失。我们着实不满这个状态，着实不服气，就是物质的原料以外，即便学问的原料，也被欧洲人搬了去乃至偷了去。”④ “这些最可宝贵的材料怕要渐渐以开化和交通的缘故而消灭，我们想赶紧着手采集。”⑤

---

① 历史语言研究所档案《公文档》元字第四号卷。转引自王汎森：《什么可以成为历史证据——近代中国新旧史料观点的冲突》，见《中国近代思想与学术的系谱》，357～358页，石家庄，河北教育出版社，2001。

② 历史语言研究所档案元字一〇九号之一。转引自杜正胜：《无中生有的志业——傅斯年的史学革命与史语所的创立》，见杜正胜、王汎森等：《新学术之路》，27页，台北，“中央研究院”中国文哲研究所，2005。

③ 李济：《傅孟真先生领导的历史语言研究所》，见《感旧录》，72页，台北，传记文学出版社，1967。

④ 傅斯年：《历史语言研究所工作之旨趣》，见欧阳哲生主编：《傅斯年全集》，第3卷，8页，长沙，湖南教育出版社，2003。

⑤ 同上书，11页。

二、科学组织和规划档案史料的公布出版

历史语言研究所完全是按照现代学术研究机构模式建立起来的。其内部不仅有严密的组织机构，而且延聘的学人也以共同学术趋向为标准，以集团研究的方式，搜集材料，考订历史。傅斯年在《历史语言研究工作之旨趣》中说："历史学和语言学发展到现在，已经不容易由个人作孤立的研究了，他既靠图书馆或学会供给他材料，靠团体为他寻材料，并且须得在一个研究的环境中，才能大家互相补其所不能，互相引会，互相订正，于是乎孤立的制作渐渐的难，渐渐的无意谓，集众的工作渐渐的成一切工作的样式了。这集众的工作中有的不过是几个人就一题目之合作，有的可就是有规模的系统研究。"在材料的搜集上，傅斯年制定了实现这种"集众的工作"的规划，他说："我们最要注意的是求新材料，第一步想沿京汉路，安阳至易州，安阳殷墟以前盗出之物并非彻底发掘，易州、邯郸又是燕赵故都，这一带又是卫邶故域。这些地方我们既颇知其富有，又容易达到的，现在已着手调查及布置，河南军事少静止，便结队前去。第二步是洛阳一带，将来一步一步的西去，到中央亚细亚各地，就脱了纯中国材料之范围了。为这一些工作及随时搜集之方便，我们想在洛阳或西安、敦煌或吐鲁番、疏勒，设几十工作站，'有志者事竟成'！"① 这样的规划蓝图是相当宏伟的。从规划落到实践来看，傅斯年在很短的时间内就为"第一组找到了内阁大库的档案，指定了汉简与敦煌材料的范围；为第三组划定了安阳和洛阳的调查"②。

以清代内阁大库明清档案为例。1922 年，罗振玉以 12 000 元价格将北洋政府教育部卖给西单同懋增纸庄的八千麻袋内阁档案买下。他从这批档案中检存一小部分后，又将其余大宗档案转卖于李盛铎。1928 年 9 月，傅斯年在闻知李盛铎要再转手卖掉这批档案时，决定为历史语言研究所购买这批档案。1928 年底历史语言研究所顺利买下李盛铎所存明清档案。内阁明清档案购买后，历史语言研究所尚在广州。1929 年 5 月历史语言研究所迁入北平以后，才将这批档案接收过来，由第一组历史学组负责整理。在历史语言研究所开始整理明清档案实体的同时，明清史料的编刊工作也在进行。历史语言研究所第一组成立明清内阁档案编刊会，由傅斯年、陈寅恪、徐中舒三位专任研究员和陈垣、朱希祖两位特约研究员为委员，负责审定史料编印事务。傅斯年在《明清史料》之《发刊例言》

---

① 傅斯年：《历史语言研究所工作之旨趣》，见欧阳哲生主编：《傅斯年全集》，第 3 卷，10～11 页，长沙，湖南教育出版社，2003。

② 李济：《傅孟真先生领导的历史语言研究所》，见《感旧录》，73 页，台北，传记文学出版社，1967。

中说："档案整理未完，此所刊布，皆整理中随时检出，以为值得流通世间者。最完美之办法为俟整理完事，再将一切认为可以刊印之篇，详加别择，以类相从，附以考定而刊行之。如此可为一个整个之制作。然似此事业，完工不可期之于十年之内。国内学人近年已甚注意档案一类之直接史料，不早刊布，无以答同祈求者之望。且校订考证之业，参加者多，成功益美，若先将'生材料'按月刊布之，则据以工作者不限吾等，凭作参考者不分地域。于是不待整理完功，先分期刊行之。非敢草率将事，正以求其友声云尔。"历史语言研究所是一纯粹的学术研究机构，它购买这批档案后并不急于自我表现，而是先将史料公布。与故宫文献馆相同，实体整理与档案编刊同时进行，如傅斯年所顾虑的难免会有"草率"之嫌，势必会给编刊工作带来不利的影响。历史语言研究所急于将明清档案编辑出版还与傅斯年、陈寅恪等人的学术出身有着直接的关系。因他们深受德国兰克史学的影响，"当他们在德国时，编辑档案史料出版的工作始终大量进行着，尤其是德国中古史的相关档案。傅斯年本人的藏书中便有这一类的书籍"[①]。

1930 年 9 月，当明清档案开始整理之时，明清内阁档案编刊会拟定计划如下：(1) 刊行《明清史料》(全称为《国立中央研究院历史语言研究所编刊明清内阁大库残余档案》)。"此刊每本正文百叶，全数应在数十册或百册以上。"[②] 全部完竣，再编成分类和人名索引。(2) 别编明清两代《公文程式》一书，影印成之。(3) 编印《史料丛书》，如影印《清太宗实录稿》、《世祖实录稿》等。而从计划落到实践来看，唯《明清史料》和《史料丛书》印行，可惜明清《公文程式》未能成书。从其计划来看，该书是选择内阁所藏典型公文程式以影印方式出版的。如果该计划付诸实现，则对于明清两代官文书的研究将起不小作用。

《明清史料》的编纂始于 1930 年，至 1931 年出版 10 本，每本 100 页。其中第一本前冠以蔡元培为《明史史料》发刊所作之序言，又有徐中舒《内阁档案之由来及其整理》、傅斯年的《〈明清史料〉发刊例言》和《明隆庆元年至清乾隆三十年年表》。1931 年，受"九一八"事变的影响，经费未能照例拨下，档案重又"迁移闭置箱中"，《明清史料》的编刊因此中断。至 1935 年春天始复刊，以前十本为甲编，以后以十本为一编，按照乙丙丁之顺序编排。其中乙编第一本前冠以傅斯年的《〈明清史料〉复刊志》以及李光涛的《补例》。至 1948 年，《明清史

① 王汎森：《什么可以成为历史证据——近代中国新旧史料观点的冲突》，见《中国近代思想与学术的系谱》，357 页，石家庄，河北教育出版社，2001。

② 傅斯年：《〈明清史料〉发刊例言》，见欧阳哲生主编：《傅斯年全集》，第 3 卷，86 页，长沙，湖南教育出版社，2003。

料》丁编编纂完成，稿交上海商务印书馆未及付印，历史语言研究所便迁往台湾，后由中国科学院编辑出版。总计之，历史语言研究所在新中国成立前共编印出《明清史料》甲、乙、丙三编，共三十册，由商务印书馆出版发行，丁编十册未及出版。《史料丛书》也编辑了《清代官书记台湾郑氏亡事》（原名《平定海寇方略》）、《内阁大库书档旧目》、《内阁大库书档旧目补编》、《清代汉文黄册联合目录》（与文献馆、北大文科研究所合作）等数种史料目录书籍。

三、档案文献编纂是学术研究之一部分

在历史语言研究所对直接材料的搜集、保存、整理和研究等工作中，由于傅斯年的提倡，编纂公布出版处在一个非常重要的位置，被视为学术研究之一部分。具体负责明清内阁档案编刊工作的李光涛回忆说："前傅故所长曾经特别注意，平时并主张以多多刊布原料为第一，而研究次之，如其言有云：'历史语言之研究，第一步工作应搜集材料。而第一等之原料为最要，将来有所发表，即无大发明亦不致闹笑话。因此种材料他人所未见，我能整理发表，即是对于学术之贡献，决不致贻误他人。'"① 在史学即史料学的观念下，历史语言研究所将搜集史料、整理史料视作史学研究的全部。将编纂整理视作学术研究之部分，这是在史学即史料学观念下，傅斯年对档案史料编纂性质的根本认识。

历史语言研究所成立后不久，不仅积极购买、整理编纂内阁大库档案，还积极计划利用现代考古学的方法科学挖掘殷墟，加入中国学术团体协会与瑞典人斯文·赫定联合成立的西北科学考察团，对内蒙古、甘肃、新疆等中国西北地区进行大规模的考古调查。1942 年，在傅斯年和李济等的积极策划下，中央研究院历史语言研究所、北京大学文科研究所、中央博物院筹备处、中国地理研究所组织成立的西北史地考察团对西北地区的甘肃、新疆等地开展了独立的科学考察活动。董作宾的《小屯·殷墟文字甲编》、《小屯·殷墟文字乙编》，劳榦的《居延汉简考释·释文之部》和《居延汉简考释·考证之部》，以及夏鼐的《新获之敦煌汉简》等，皆是历史语言研究所对以上科学考古所得甲骨档案、简牍档案等的整理编纂成果。

董作宾的《小屯·殷墟文字甲编》与《小屯·殷墟文字乙编》按照甲骨的质料和出土顺序编次。所谓甲骨的质料是指龟甲和骨，出土顺序指发掘次数、原骨出土号。这种编次方法完全是用考古学方法来著录甲骨，与以往的传世甲骨的编纂体例完全不同，是"甲骨学史上的创举"。"它不仅体现了近代田野考古学方法

---

① 李光涛：《记内阁大库残余档案》，见《明清档案论文集》，第 1 册，162 页，台北，联经出版事业公司，1986。

引入甲骨学研究领域取得了辉煌成果，也为以后著录科学发掘所得的甲骨文提供了范例”，“是甲骨学从形成时期向全面继续发展时期前进的里程碑”[①]。劳榦的《居延汉简考释·释文之部》在《流沙坠简》的分类体系上进一步细化，《考释之部》利用汉简材料以研究汉代历史，在汉代边塞烽燧制度、屯田制度以及其他汉代典制方面取得了巨大成就。夏鼐的《新获之敦煌汉简》，从内容结构上看，释文、考证以及简牍图版三个部分合一，体例完整，不仅是汉简整理出版的档案文献汇编成果，而且由于其中考释研究成果，更是使夏鼐“蜚声史坛”[②] 的重要历史论著。历史语言研究所在档案文献编纂整理上取得的学术成就，检验了傅斯年史学即是史料学的史学观念。

傅斯年是近代学术的卓越领导人。近代史料四大发现，即殷墟甲骨、汉晋简牍、敦煌遗书以及清代内阁大库明清档案的研究无不因历史语言研究所的加入而向更深入的领域开拓，其在殷墟甲骨文、清代内阁大库残余档案、汉代简牍等的发掘和整理编纂上更是取得了举世瞩目的成就，留下关于档案文献编纂的珍贵思想资料。

【思考题】

1. 试述中国近代档案文献编纂的主要成绩。
2. 试述中国近代档案文献编纂的特点。
3. 试述罗振玉的档案文献编纂思想。
4. 试述郭沫若的档案文献编纂思想。
5. 试述陈垣的档案文献编纂思想。
6. 试述傅斯年的档案文献编纂思想。

---

① 王宇信、杨升南：《甲骨学一百年》，70～71 页，北京，社会科学出版社，1999。

② 石兴邦：《夏鼐先生行传》，见杜正胜、王汎森等：《新学术之路》，717 页，台北，“中央研究院”中国文哲研究所，2005。

第三章 当代档案文献编纂学的创建与发展

【本章要点】

档案文献编纂工作的发展是中国档案文献编纂学建立和发展的实践源泉。新中国成立以后，中国档案文献编纂首先在史学界展开，20 世纪 80 年代，随着国家开放历史档案政策的制订执行，档案部门掀起编纂公布历史档案的高潮。进入 90 年代，随着信息技术的进步，社会信息化进程加快，社会向档案文献编纂工作提出了新的要求。1952 年，苏联档案学专家谢列兹聂夫来华讲学，讲授苏联的文献公布学。20 世纪 50 到 60 年代，是中国档案学研究者在学习苏联文献公布学的基础上创建中国档案文献编纂学，并取得初步发展的时期。80 年代以后，中国档案文献编纂学进入全面发展时期，尤其在学科基础理论研究领域取得了丰硕的研究成果。在新的时代条件下，档案文献编纂学的未来发展趋势已初见端倪。

【关键词】

文献公布学○谢列兹聂夫○文献编纂学○应用理论○基础理论○社会记忆

我国的档案文献编纂工作历史悠久，源远流长，成果丰硕，诸多历史学家对编纂工作进行了深入的研究和细致的探讨，但由于种种因素的制约，到中华人民共和国成立之前并未形成有独立体系的档案文献编纂学。中华人民共和国成立后，在马克思主义的指导下，科学的、有组织的整理历史资料的工作才得以展开。在其后的档案文献编纂工作实践中，经过史学界、档案学界的共同努力，我国的档案文献编纂学得以创建，并不断发展。

第一节 当代档案文献编纂概说

我国的档案文献编纂工作源远流长，20 世纪 50 年代中后期是我国档案文献编纂工作承前启后的阶段，70 年代末至 80 年代得到了发展和充实，进入 90 年代以后，随着我国各项事业的发展和现代信息技术步伐的加快，档案文献编纂工作得到了飞速的发展，其编纂成果之丰富、编纂手段之先进、编纂形式之多样，是前所未有的。

一、1949 年以来档案文献编纂成绩

新中国成立后，为了适应和满足社会主义政治、经济、科学文化等各项建设事业发展的需要，在档案学界、史学界等的共同努力下，我国的档案文献编纂工作取得了相当大的成绩，编纂成果众多，编纂形式多样，社会影响巨大，这一时期编纂出版的仅有关近代史方面的档案汇编就达 200 种以上，约 100 亿字。

（一）20 世纪 50、60 年代的档案文献编纂成绩

新中国成立之初，我国的各项建设事业百废待兴，急需大量的文献资料以"资治"，以"治学"，然而由于战争的影响，我国的材料基础还十分薄弱，缺乏系统的资料建设。正如范文澜所说的那样："理论联系实际是马克思主义的定理。理论与材料二者缺一不可"，但"现在对历史资料确有望洋兴叹之感，资料太多太散太乱，搜集、整理和考证资料，实在是一件十分重大迫切的事情"[①]。因此，对档案文献和历史资料进行编纂，成了一项十分重要的工作。特别在 20 世纪 50 年代到 60 年代中期，中国的档案文献编纂工作取得了很大的成绩，除了历史上许多已编纂的汇编、档册、长编经过整理得到出版、重印外，一大批有重要价值的、编纂水平较高的新的档案史料出版物相继问世，许多档案史料编纂的空缺项目得到填补。据估计，这一时期共编纂公布近代史料达 200 多种，约 100 亿字，其中规模和影响较大的几部大型史料丛编如下。

中国史学会主持编纂，翦伯赞发起的《中国近代史资料丛刊》（约 2 000 万字）包括《鸦片战争》、《太平天国》、《捻军》、《回民起义》、《洋务运动》、《中法

---

① 范文澜：《历史研究中的几个问题》，载《北京大学学报》，1957（2）。

战争》、《中日战争》、《戊戌变法》、《义和团》和《辛亥革命》等。这是新中国成立后史学界编纂的第一部大型资料书。它的出版受到国内外史学界的高度重视，对推进中国近代史的研究起了并将继续起着重要的作用。

中国科学院经济研究所编辑的《中国近代经济史参考资料丛刊》，包括《中国近代经济史统计资料选辑》、《中国近代工业史资料》、《中国近代农业史资料》、《中国近代手工业史资料》、《中国近代对外贸易史资料》、《中国近代外债史统计资料》、《中国近代铁路史资料》。

中国史学会与中国经济学会共同组成《中国近代经济史资料丛刊》编辑委员会，该会 1952—1963 年共编辑出版了《帝国主义与开滦煤矿》、《旧中国公债史料》和《帝国主义与中国海关丛书》等多种档案史料汇编。

其他编纂成果有《太平天国史料》、《义和团史料》、《辛亥革命史料》，以及《上海钱庄史料》、《南洋兄弟烟草公司史料》、《启新洋灰公司史料》、《汉冶萍公司史料》等一些企业档案史料汇编。

新中国成立之初，档案部门的工作任务以整理大量的历史档案史料为重，编纂工作虽已开展，但当时历史档案尚未正式开放，汇编成果多以馆藏本的形式存馆备查或供利用者在馆内借阅。据了解只有中央档案馆明清部公开出版了《戊戌变法档案史料》、《义和团档案史料》等少数汇编。

(二) 改革开放以来的档案文献编纂成绩

1978 年召开的党的十一届三中全会，重新确立了解放思想、实事求是的思想路线，确立了以经济建设为中心，坚持四项基本原则，坚持改革开放的基本路线。改革开放后，我国确定了开放历史档案的方针，这是我国档案事业发展的具有重要战略意义的转变，同时也为档案文献编纂的发展奠定了基础。1980 年，国家档案局在北京召开了全国省以上档案馆工作会议，曾三在会上做了《加速档案馆工作的恢复和整顿，积极开放历史档案，为社会主义现代化建设服务》的重要讲话。他明确指出："档案馆要进行历史研究，即要研究、汇编档案史料；对已出版的历史著作进行史实的印证工作；研究一定的历史问题；参加编史修志。"①

在党的十一届三中全会路线和党的开放历史档案方针的指引下，我国档案编纂工作获得了史无前例的发展。省、市档案部门开始普遍设立编研机构，基层档案馆（室）配备了专职或兼职档案编研人员。从中央到地方各级档案馆和各部门的档案室掀起了开展编纂的热潮。据统计，1980—1990 年 10 年间，各级各类档

① 国家档案局：《曾三档案工作文集》，327、330 页，北京，档案出版社，1990。

案馆公开编纂出版的文献出版物达 1 871 种，约 98 685 万字。① 同 20 世纪 80 年代相比，90 年代以后的编纂成果更呈直线上升。1981 年的出版物约 1 339 万字；1990 年达约 27 861 万字；到 1995 年，约 37 942 万字。1993 年出版的《中国大百科全书·图书馆学　情报学　档案学》中有档案文献编纂学、档案文献编纂条目及中国档案汇编条目 56 个，1994 年出版的《档案学辞典》中有档案文献编纂条目 178 个，编纂汇集条目 106 个。1994 年专门出版了《中国档案文献辞典》，对先秦以来直至 1990 年 2 000 多年间纂辑刊印出版的档案文献典籍以及登载于各种刊物或夹载于各种书籍的档案史料专题或单件一一加以搜集，共得3 985种，分别著录编目，以内容提要形式加以介绍。

1. 从编纂部门的角度来看

中央档案馆公开出版的文献出版物约有 2.2 亿字。其中大部头的如：《中共中央；文件选集》（1921—1949 年）公开本计 18 册，约 800 万字；中央档案馆与 20 多个省、市、自治区档案馆合编《地方革命历史文件汇集》，共约 300 余卷，近5 000万字；与吉林社会科学院、中国第二历史档案馆合编《日本帝国主义侵华档案史料选编》，已出 13 卷，计 680 余万字；与中国社科院经济研究所合编的《中华人民共和国经济档案资料选编》，近 2 000 万字；与中央组织部、中央党史研究室合编的《中国共产党组织史资料》（中央卷），中央档案馆负责编辑了 3 卷 4 册，共 350 万字。除了纸质铅排的文献出版物以外，还编辑出版了一批领袖人物手迹选集，如《毛泽东手书选集》（10 卷）、《周恩来手迹选》（6 卷）和《刘少奇手迹选》、《朱德手迹选》、《老一辈革命家手迹选》等等，以及一批原样影印的书刊——《中国共产党党报》、《青年实话》、《共和国五十年珍贵档案》。此外，还出版了一批照片图片档案文献汇集，如《中国共产党七十年画册》、《南京大屠杀图证》、《历史的回眸——日军侵华罪行与审判战犯》（图片集），还利用声像档案编辑出版了《巨人之声》等光盘、录音带系列制品，共收入毛泽东、周恩来、邓小平新中国成立以来的讲话 32 篇，共 508 分钟。②

中国第一历史档案馆编纂出版的明清档案各种专题史料约 4.6 亿字，其中大部头的如：《清政府镇压太平天国史料汇编》20 卷，约 1 000 万字；《明清时期澳门问题档案文件汇编》，380 万字。新中国成立后，该馆相继编纂了《义和团档案史料》（1959 年）、《戊戌变法档案史料》（1958 年）、《李煦奏折》（1976 年）、

---

① 参见中国国家档案局 1990 年度档案统计年报。

② 参见谢莹：《继往开来　走向新征程——中央档案馆编研工作回顾与展望》，载《档案学研究》，2000 (1)。

《康熙统一台湾档案史料选辑》(1983年)、《康熙起居注》(1984年)、《康熙朝汉文朱批奏折汇编》(1984—1985年)、《郑成功满文档案史料选译》(1987年)、《鸦片战争档案史料》(1～7册)(1992年)。此外，该馆先后与中国藏学研究中心联合编纂了《六世班禅朝觐档案选编》(1996年)，与宁波社会科学界联合编纂了《浙江鸦片战争史料》(1997年)，与福建师范大学历史系联合编纂了《清末教案》(1996—1998年)，与东亚法律文化课题组联合编纂了《清代“服制”命案》(1999年)，与中国社会科学院边疆史地研究中心、中国人民大学清史所联合编纂了《清代边疆满文档案目录》(1999年)，与澳门基金会、暨南大学古籍研究所联合编纂了《明清时期澳门问题档案文献汇编》(1999年)，与中国藏学研究中心联合编纂了《中国第一历史档案馆所存西藏与藏事档案目录》(1999—2000年)和《清初五世达赖喇嘛档案史料选编》(2000年)，与北京大学联合编纂了《京师大学堂档案选编》(2001年)和《清代外务部中奥关系档案精选》(2001年)，与鄂伦春民族研究会联合编纂了《清代鄂伦春族满汉文档案汇编》(2001年)，与广州市荔湾区人民政府联合编纂了《清宫广州十三行档案精选》(2002年)，与承德市文物局联合编纂了《清宫热河档案》(2003年)，与承德市普宁寺管理处联合编纂了《清宫普宁寺档案》(2003年)，与湄州妈祖祖庙董事会等联合编纂了《清代妈祖档案史料汇编》(2003年)等。

中国第二历史档案馆编辑出版的民国时期各种专题史料汇编约2亿字。其中大部头的如：《中华民国史档案资料汇编》共90册，5 000万字；《抗日战争正面战场》(上、下)，134万字；《抗日战争时期国民党军机密作战日记》(上、中、下)，160万字。此外，影印《中华民国史史料长编稿》70本，约2.6亿字；《民国法规集成》100本，3.5亿字。

省、市档案馆编辑出版档案史料数量亦相当可观，仅以辽宁档案馆为例，党的十一届三中全会以来至今出版编研成果8 000万字，其中大部头的如：《奉系军阀档案史料汇编》12册，800万字；《满铁与侵华日军》21册，1 487余万字；《侵华日军罪证档案新辑》15册，1 368万字；《张学良与中原大战》3册，200万字；《皇姑屯事件始末》2册，150万字等。

县(区)基层档案馆、部门档案室近20年来编研成果数量庞大。其成果除文献汇编外，主要属于编述类型，即按一定目的对档案信息内容进行提炼、浓缩、组合形成的文献资料。据不完全统计，各级机关档案馆、企事业单位档案室编纂的成果，几乎与同期各级国家档案馆公开出版的档案文献数量相当。

2. 从编纂内容上看

明清史方面的编纂成果有：《光绪宣统两朝上谕档》(1996年)、《康熙朝满文朱批奏折全译》（1996年）、《清代中朝关系档案史料汇编》（1996年）、《中国第一历史档案馆馆藏清代官员履历全编》（1997年）、《纂修四库全书档案》（1997年）、《清代琉球国王表奏文书选录》（1997年）、《十七世纪蒙古文文书档案（1600—1650）》（1997年）、《咸丰同治两朝上谕档》（1998年）、《乾隆朝上谕档》（1998年再版）、《清代中国与东南亚各国关系档案史料汇编（一）》（1998年）、《雍正朝满文朱批奏折全译》（1998年）、《清代中朝关系档案史料续编》（1998年）、《雍正朝汉文谕旨汇编》（1999年）、《明清时期澳门问题档案文献汇编》（1999年）、《明清澳门问题皇宫珍档》（1999年）、《澳门问题明清珍档荟萃》（2000年）、《中葡关系档案史料汇编》（2000年）、《乾隆朝军机处随手登记档》（2000年）、《清代皇帝御批彝事珍档》（2000年）、《嘉庆道光两朝上谕档》（2000年）、《清政府镇压太平天国档案史料》（1～26册）（1992—2001年）、《中国明朝档案总汇》（2001年）、《清宫御档》（2001年）、《清代外务部中奥关系档案精选》（2001年）、《清宫珍藏历世达赖喇嘛档案荟萃》（2002年）、《乾隆帝起居注》（2002年）、《清宫粤港澳商贸档案全集》（2002年）、《清代中琉关系档案选编》（1～5编）（1993—2002年）、《雍正朝内阁六科史书·吏科》（2002年）、《庚子事变清宫档案汇编》（2003—2005年）、《清中前期西洋天主教在华活动档案史料》（2003年）等等。

民国史方面的编纂成果有：《中华民国史档案资料汇编（一辑）》（1979年）、《中山陵史迹图集》（1996年）、《中华民国邮政图集》（1996年）、《中华民国大事记》（1997年）、《民国时期北平市工商税收》（1998年）、《北平历届市政府市政会议决议录》（1998年）、《民国治藏行政法规》（1999年）、《华北事变》（2000年）、《中华民国历史图片档案》（2002年）、《中国考试史文献集成·民国卷》（2003年）、《民国开发西北》（2003年）、《民国黄河大事记》（2004年）等等。

中国共产党党史、革命史方面的编纂成果有：《北平的新生（摄影集）》（1999年）、《中国共产党八十年珍贵档案》（2001年）、《毋忘国耻——济南“五三”惨案档案文献选辑》（2003年）、《南京当代人物大典·英烈卷》（2003年）、《邓小平在北京》（2004年）、《情满西湖——老一辈革命家与杭州》（2004年）、《苏皖边区政府档案史料选编》（2005年）等等。

现当代史方面的编纂成果有：《北京市人民代表大会文献资料汇编（1949—1993）》（1996年）、《北京辉煌的五十年（摄影集）》（1999年）、《青岛数字全书——青岛经济社会发展备忘录》（2003年）、《上海石化年鉴》（1999—2010年）、《中国石油吉林油田年鉴》（2004—2010年）、《北京市人民代表大会文献资料汇编（1993—2003）》（2006年）等等。

专题史方面的编纂成果有：中国第二历史档案馆编纂的《中国抗日战争时期物价史料汇编》（1998年）、《康藏纠纷档案选编》（2000年）、《中国奥运之路》（2002年），上海市城市建设档案馆编纂的《上海传统民居》（2005年），北京市档案馆编纂的《北京寺庙历史资料》（1997年）、《北京会馆档案史料》（1997年）、《北京地坛史料》（1998年）、《日本掠夺华北强制劳工档案史料集》（2003年），四川省档案馆编写的《巴蜀灾情实录》（2005年）等等。这些专题档案文献的编纂为专门研究提供了非常宝贵的资料。

二、1949年以来档案文献编纂特点

（一）编纂质量有所提高

新中国成立后，整理纷繁浩瀚的档案史料是我国档案部门的首要任务，在整理档案的基础上，档案工作人员对档案文献进行了一定程度的加工，随着编纂实践的累积和编纂经验的丰富，我国的档案编纂成果的质量有了显著的提高。

首先，我国档案文献编纂的覆盖面很广。从纵向来看，从殷商至新中国成立前的重大历史课题，都有相应的档案文献出版。从横向来看，除综合性编纂题目外，编纂内容涉及政治、军事、经济、文化、教育、民族、宗教、技术、自然等各个方面。其次，我国档案文献编纂的加工程度较深。除了注重选题意义、选材价值外，还借鉴了古籍整理、史料考据的经验，在文本选择、文字校雠、正文标点、内容注释、真伪考证等方面做了大量复杂的深层次加工工作。除传统的一次档案文献外，二次、三次档案文献的编纂比例不断提高，同时对编纂加工的各个环节也都做了深入细致的研究。

在高质量的编纂成果的基础上，档案工作者同时开展了历史学研究，形成了一些颇有水准的成果。1979—1989年中央档案馆的同志在省以上刊物发表有关史料和史学方面的文章100余篇，1988—1999年在《党的文献》上发表的有关党史研究、档案文献编纂理论研究及档案史料考证的文章100余篇，均引起较大的反响。中央档案馆还经常参加一些重要党史著述的审读工作，根据掌握的大量史料，核对书中的史实、观点，提出修订意见。[①] 例如：中国第一历史档案馆李鹏年、刘子扬、陈锵仪等编著《清代六部成语词典》，秦国经著《中华明清珍档指南》以及该馆出版的《明清档案与历史研究论文集》等；中国第二历史档案馆编撰的《中国国民党大事典》，以及该馆陈兴唐著《爱国将军冯玉祥》、孔庆泰著《国民党政府政治制度史》等；黑龙江省档案馆的《黑龙江部分市、县建制时间

---

① 参见谢莹：《继往开来 走向新征程——中央档案馆编研工作回顾与展望》，载《档案学研究》，2000（1）。

考》、黑龙江省宁安县的《宁古塔考》。此外，全国许多档案馆撰著了一大批有关明清史、近代史、现代史和党史的著作，特别是地方史领域的“档史”结合论著，受到社会和史学界的重视，至于编史、修志等方面的成果更是大量的、普遍的。这类档案编纂成果的问世，说明了编纂成果质量和档案学者学术水平的提高。

（二）编纂手段的现代化

20世纪80年代以来，现代科技发展日新月异。特别是90年代中期以后，计算机技术和互联网在中国的普及和应用，给中国的档案事业带来了深远的影响，档案和档案工作，从内容到方式都发生了前所未有的变化，这对档案编纂工作也造成了相当大的冲击。

首先，在档案载体形式方面，突破了传统的纸质介质，以缩微胶卷、缩微胶片、计算机磁带、光盘等为代表的新型载体形式逐步得到推广应用，档案载体形式不断丰富，照片档案、录音档案、录像档案日益增多，档案保存、传播的形式多样化、有效化。如中央档案馆、中国第一历史档案馆、中国第二历史档案馆和北京超星公司合作编制了《档案文献光盘库》，将已刊印出版的重要档案文献按内容汇编成一个大容量的系列档案文献光盘库，分为《中国明清史档案文献光盘库》、《中华民国史档案文献光盘库》、《中国革命史档案文献光盘库》三个分库，堪称浓缩中国历史的一套最完整、最权威的电子文献。第一期计120张光盘，存有150余万页文献，可方便检索和打印复制，为保存和利用提供了方便。

其次，在编纂加工程序和方法上，档案工作人员借助计算机高效率的信息处理方式和先进的存储、检索、传输技术，使信息采集更加方便，加工更加快捷。如编纂人员只要在网上键入要查找信息的关键词或者特定的分类号，就可以方便快捷地检索到分散在各地信息中心、各全宗、各案卷中的某一专题的档案信息。传统编纂的转录加工主要依靠手工转录加工抄写，效率低，误差多，劳动强度大。而运用计算机进行文字编辑处理，可一次录入，随意复制，随意编排版面，从而大大提高了编纂工作效率。

最后，在编纂成果的形式和传播方式上，现代信息技术得到了广泛的应用。随着现代信息技术的发展，电子计算机技术、现代通信与网络技术、光学记录技术及声像技术等在档案文献的加工制作、信息传输等方面得到了广泛的应用，使之在成果形式和公布途径、传播效果上发生了巨大的变革。档案部门除了采用传统的排印、影印、发行缩微品等手段编纂公布档案资料外，开始运用广播、电视、录音等视听形式编纂公布档案，在编纂成果的形式方面有突破性的进展。其突出表现就是近年来影视文献纪录片的大量涌现，电影《周恩来外交风云》、《挥师三江》，电视文献纪录片《毛泽东》、《邓小平》、《共和国脚步》等等，对档案文献（包括纸质档案、照片档案、声像档案、口述档案）进行直接的综合、组织与运用，给人以心灵的震撼，这是以往任何编纂形式所无法达到的。目前，除传统的文字排印型的纸质档案文献外，原迹影印、图片、照片、声像的编纂物比例正在逐步提高，缩微品、电子出版物、光盘库、多媒体数据库、网络出版等新型文献传播形式也已经出现。可以预见，未来的档案文献编纂方法和成果形式将更为丰富多彩。

（三）编纂参与力量的社会化

新中国成立初期，档案部门是我国编纂公布档案文献的主要力量，编纂力量比较单一。改革开放以来，当代档案编纂工作的主体向多元化发展。档案编纂工作是社会性工作，包括各类型单位对各种档案的公布、汇编和研究工作，参与档案编纂的部门也不局限于档案部门，可以是军事、科技、文化、经济等部门。目前，各单位或部门与档案部门合作已经很常见。如中国第一历史档案馆先后与中国藏学研究中心、东亚法律文化课题组、中国社会科学院边疆史地研究中心、中国人民大学清史所等联合编纂了一批具有重大价值的编纂成果。联合不同单位部门开展编纂工作，档案部门可以借助合作单位的人才、资金、社会影响力等各方面资源，实现优势互补，提高编纂成果质量，加快编纂工作进度，弥补档案部门在经费等方面的欠缺。成功的联合编纂经验，可以推动档案部门与不同单位的合作，形成内容不同的编纂成果，丰富人们的精神文化生活。在参与编纂工作的人员结构上，除了档案工作者，还有史学工作者、科技工作者等社会各界人士，这样有利于拓展工作思路，丰富编研成果的内容和实用性。总而言之，档案部门联合社会力量编纂，不仅充实了编纂队伍，也充分利用了档案文献编纂的社会资源，扩大了编纂成果的社会影响。

第二节　档案文献编纂学的创建和初步发展

我国档案编纂活动历史悠久，源远流长，历史学家们对于档案编纂进行了许多有意义的研究和探讨，但由于种种主客观原因，始终没有发展成为一门独立的学科，直到新中国成立后才得以建立并发展起来。在借鉴苏联文献公布学，总结我国档案编纂历史与现实经验的基础上，在我国档案工作者的不懈努力下，我国在20世纪50、60年代开始建立起具有中国特色的档案文献编纂学。同时，新中国成立以后，国家各项事业百废待兴，为了满足国家建设的各项需要，档案文献编纂工作被提上日程。在一定的理论基础、良好的实践基础以及一定的政策之下，我国档案文献编纂工作取得了一定成绩，档案文献编纂学也得到了初步的发展。

一、档案文献编纂学的创建

(一) 我国档案文献编纂学理论的萌芽——苏联文献公布学的影响

1952—1955年间，苏联文献公布学专家谢列兹聂夫应邀来中国讲学，在中国人民大学系统讲授苏联文献公布学，其讲义于1955年由中国人民大学出版社出版。苏联文献公布学在中国的传播，对于我国档案文献编纂学的产生具有重大的影响。

谢列兹聂夫，1916年出生于莫斯科，1997年病逝，苏联著名档案学家、文献编纂学家。1941年，他毕业于莫斯科大学历史系。1950年，考入莫斯科大学历史档案学院研究生部，获副博士学位，毕业后留校任教。1952—1955年，谢列兹聂夫被派遣到中国，在中国人民大学档案教研室讲授档案课程。在谢列兹聂夫的辛勤耕耘下，新中国培养了第一批档案工作者和学者，他们成了中国档案事业的骨干。1957年，谢列兹聂夫在莫斯科大学历史档案学院创建文献编纂教研室并任主任，随后长期担任该院副院长。

谢列兹聂夫《苏联文献公布学》的理论体系分为档案编纂基本理论和档案编纂方法论两大层次。教材结构也相应分为两大部分：第一部分是档案编纂的基本理论，即文献公布学的对象与历史沿革。第二部分是档案编纂方法论，即公布文件的原则与方法。内容包括：文件出版物的形式、文件出版物的题目、应出版文件的查找和挑选、文件正文的选择、文件正文的转达、文件的标题、文件的考证材料、文件的注释、应公布文件的系统化、文件出版物的出版说明和历史序言、文件出版物中的索引及其他附录、文件出版物的编排格式。

谢列兹聂夫在《苏联文献公布学》中提出：文献公布学"除了阐述公布文件的一般原则和方法外，还应有说明公布专门文件（技术文件、计划文件、统计文件及其他）特点的章节。这些章节之所以必要，是由专门文件的来源、编写、编排格式、内容和作用等方面的特点决定的。采用同一种方法来公布作家的书信和技术文件（蓝图、计算书、图表等）是不对的。它们之间一定会有一些区别"①。这种完善档案编纂学理论体系的设想，对苏联文献编纂学研究有着重要意义。据有的学者研究，20世纪70年代以前苏联文献编纂学又产生出了历史文献编纂学、科技档案编纂学、文献编纂学史等分支学科。

1974年，谢列兹聂夫在其《苏联文献公布学》的基础上，总结了多年从事

① ［苏］谢列兹聂夫：《苏联文献公布学》，北京，中国人民大学出版社，1955。

苏联文献编纂学研究和教学经验，在莫斯科出版了《苏联文献编纂学的理论与方法》一书。这是苏联第一部论述文献编纂理论与技术的著作，苏联档案界曾给予高度评价。全书分九章论述了苏联档案文献编纂的定义、对象、方法和任务，选题、题目概念和编研计划，文献出版物的分类，编纂中问题的提出和史料研究，编纂档案史料的查找和史料研究，原文鉴定学（版本考订学）的原则、方法及其在文献编纂中的作用，文献的编辑加工，文献出版物索引的编制，原稿的校勘、印刷装帧和校对等。① 该书作为莫斯科大学历史档案学院的教材，获得了广泛好评。

谢列兹聂夫的著作被译为中文后，对中国的文献编纂学、档案史料编纂学、档案文献编纂学产生了重要而长远的影响。中国的学者在苏联文献公布学、苏联文献编纂学的影响下，开始总结史学界和档案学界的史料整理以及档案公布的经验，逐渐改造成中国化的档案文献编纂学体系。回顾中国档案学科创立和发展的历史，必须提及谢列兹聂夫所做的贡献。他讲授的课程对中国档案学科体系的确立，起着十分重要的作用。我国档案学教育早期课程的设置，与他在首届档案专修班上讲授的苏联档案工作理论与实践、苏联档案史、苏联文献公布学、技术档案管理等有着非常密切的联系。时至今日，这种由教学体系转化而来的学科体系依然是我国档案学的基本框架。②

（二）我国档案文献编纂学理论的创立

苏联文献编纂学的理论体系是总结苏联档案编纂实践活动的成果，它系统论述了苏联文献编纂理论与方法。这种理论体系对我国档案编纂学科学理论体系的确立产生了重大影响。1952 年，出于培养档案专门人才的需要，国家决定在中国人民大学专修科设立档案班，由于缺乏教师，周恩来总理亲自给苏联方面打电话，聘请档案专家来我国讲学。同年，谢列兹聂夫来到中国，在中国人民大学先后开设了“苏联档案工作理论与实践”、“苏联档案史”、“苏联档案文书处理工作”和“苏联文献公布学”课程。③

1953 年，中国人民大学档案专修班扩大为档案专修科，1954 年档案专修科便开始着手建立文献公布学的中国教师队伍。1955 年历史档案系建立，标志着我国档案学高等教育的正式确立。档案学专业建立之初，建立了专门的教研机构——文献公布学与历史辅助科目教研室，这是当时设立的四个档案专业教研室

---

① 参见吴宝康、冯子直主编：《档案学词典》，上海，上海辞书出版社，1994。

② 参见胡鸿杰：《论档案学人》，载《档案学通讯》，2002（2）。

③ 参见韩玉梅：《忆恩师——写在档案学院建院 50 周年之际》，载《档案学通讯》，2002（5）。

之一。

在借鉴苏联文献公布学的基础上，结合我国的实际情况和历史特点，1956年，中国人民大学历史档案系文献公布学与历史辅助科目教研室编写刊印出中国第一部《文献公布学》油印教材，全书约10万字。这部教材的体系基本上是按照苏联文献公布学的模式设立编、章、节的。从内容看，在总结新中国成立以来的历史遗产方面做了一定的努力和初步的探讨。这是一部比较系统的阐述中国文献编纂的历史和原则方法，并且兼顾了科技档案文件的公布内容的教材，凝聚了我国档案学工作者的心血。

李毅在1958年《档案工作》第4期发表了《略谈文献公布学》一文，概述了档案编纂学的理论体系。该文提出，文献公布学正是研究如何大量公布档案文件，以便利史学界及其他方面利用的科学。这门科目研究公布文献的方法和出版文献出版物的一系列工作：如文件出版物的对象和形式，出版物题目的选择，文献标题的编写及文件考证材料的提供，文件注释的编写，序言及各种科学参考工具的编制，文件出版物的编排格式等等。文献公布学不仅“要深刻地、科学地揭示出公布文件的各个原则和方法的实质和意义。同时，还要不断地整理和总结实际工作中的一切有价值的先进内容，并提高到理论上，以便从理论上指导公布文件的实际工作。只有这些还是不够的，我们还必须研究我国历史上的各种方法和经验，扬弃那些有缺点和错误的部分，接受合理的优良的传统方法”①。李毅的上述主张是我国20世纪50年代档案编纂学理论体系的代表观点，是我国最早吸收苏联经验所取得的成果，为我国档案文献编纂学理论体系的雏形。

50年代以来，中国人民大学历史档案系的教员在借鉴苏联经验、创建具有中国特色的文献公布学方面取得了一定的成果。课程内容方面，以借鉴中国历史上的文献编纂经验为基础，注重对当代史学界史料编纂经验的汲取；编纂的原则与方法方面，侧重于联系实际经验，通过作业、实验课、陈列室、实习等途径引导学员切实掌握文献编纂的基本技能；在以上研究的基础上出版了几种油印教材，等等。50年代的档案文献编纂学研究是初创时期，虽略显粗糙和稚嫩，但为60年代档案文献编纂学的确立和以后的发展打下了良好的基础。

（三）我国档案文献编纂学理论的确立

随着档案编纂学研究同我国档案编纂实践结合的深入，文献公布学已经不能准确地反映我国档案部门的档案整理汇编出版实践。所谓公布，其意为政府机关

---

① 李毅：《略谈文献公布学》，载《档案工作》，1958（4）。

的法律、命令、文告或团体的通知事项公开发布。档案部门将档案按一定选题组织起来，经过一系列工作使其达到发表出版的程度，这一过程实质上是编纂过程，而非公布过程。所谓编纂，汉语意义多指编辑资料较多及篇幅较大的著作。有鉴于此，档案界将“公布”改为“编纂”，出现了表述更为清楚的文献编纂学名称。

1956年，在《文献公布学》出版发行后，中国人民大学历史档案系抓紧收集资料调查研究，采取“走出去”请教专家和“请进来”邀专家讲学，并派青年教师直接到研究部门参加编纂实践等方式，在认真总结吸收新中国成立以来文献编纂实践经验的基础上，从1960年到1964年五年间，连续编写四轮讲义（油印），重点放在对档案文献编纂理论与方法的研究上。1963年中国人民大学历史档案系编印的《文献编纂学》教材已经形成了比较完整的理论体系，其结构分为六章：绪论，形式与选题，文件史料的选定，文件史料的加工编排，汇编内参考材料和参考工具，汇编的序言和编辑说明。1964年对《文献编纂学》的教材进行了修改，其结构为八章：文献编纂工作概述，形式、读者和选题，编纂档案史料的准备工作，档案史料的查找和选定，档案史料的加工和编排，汇编内参考材料查找工具的编制，汇编的序言和编辑说明，汇编的校对、审校与技术设计。

以上教材的理论体系从总的方面考察都是以档案编纂工作业务环节为主体来设计的，但具体来说还有区别。1963年的教材第一章绪论中概述了档案编纂学的对象、任务、性质和要求；而1964年的教材修改为文献编纂工作概述，论述文献编纂工作的意义、性质和原则。此外，修改后的教材增设了汇编的校对、审校与技术设计，将编纂的准备工作另设一章。可见修改后的教材进一步完善了档案编纂学以档案编纂工作业务环节为主体的理论体系。该体系为后来《档案史料编纂学概要》及《档案文献编纂学》奠定了基础条件。

60年代，随着档案文献编纂学讲义和教材的一再改版，我国档案文献编纂学的理论体系结构趋于完整、清晰、固定，这标志着档案文献编纂学理论的初步确立。由于“文化大革命”的影响，从1966年到1978年，档案教育被批判、被停办甚至被取消。档案文献编纂学在教学与研究领域也停滞不前，直到十一届三中全会后才得到恢复和发展。

二、档案文献编纂学的初步发展时期：20世纪50至60年代

（一）学科名称的发展

受苏联文献公布学影响，“文献公布学”名称主要使用于20世纪50年代。“公布”原意为政府机关的法律、命令、文告或团体的通知事项公开发布，而档

案部门将档案按一定选题组织起来，经过一系列加工程序将其出版，实际上是编纂过程，而编纂概念的外延要大于公布。因此后来档案学界将“公布”改为“编纂”。“文献编纂学”这个称谓主要使用于20世纪60年代至80年代初。虽然文献编纂学相比文献公布学确切，但也不十分准确，主要问题在于文献与档案的含义不同。在我国，“文献”是个古老词语，宋朝的朱熹说：“文，典籍也。献，贤也。”（《四书章句集注·论语》）也就是说，文献最初包括“典籍和贤者”两层意义。后来随着科学文化的进步，文献的含义仅指“典籍”。现代文献的含义则范围更加广泛，被认为“是记录有知识的一切载体”，包含了典籍的含义。因此，现代文献的含义决定了它既包括以文字记录手段为主的图书、资料和档案，同时也包括以音频和视频为主要记录手段而形成的录音带、录像带和计算机磁带等特种文献。以此看来，文献编纂就应包括对上述全部文献的编纂整理，而档案部门进行编纂工作的对象主要是档案。档案编纂既有一般文献编纂的共性，同时也有其自身的特性，所以文献编纂学的名称也不能准确地概括反映档案部门编纂档案的特点，揭示档案编纂的本质。不过，这也为以后确立“档案文献编纂学”的学科名称打下了研究基础。

（二）研究对象的确立

早在20世纪50年代，李毅在《略谈文献公布学》中就把“研究公布文献的方法和出版文献出版物的一系列工作”，作为文献公布学的研究对象。因此，把档案文献编纂方法作为档案文献编纂学的研究对象，是受到了苏联文献公布学的影响。《苏联文献公布学》认为研究和制定公布史料的原则与方法并准备文献的出版①，是苏联文献公布学的研究对象。这种观点没有全面揭示档案文献编纂学研究对象的本质，档案文献编纂方法只是档案文献编纂学的一部分内容，如果把档案文献编纂学研究对象仅仅局限在编纂活动中的具体技术方法上，势必导致档案文献编纂学研究范围的窄化，不利于把档案文献编纂活动作为一种社会性的实践活动加以考察，也不利于学科建设。因此，到了20世纪60年代，档案文献编纂学研究对象的概念得到拓展，不仅仅包括档案文献编纂的具体方法，还包括对档案文献内容本身的研究以及对编纂理论、原则的研究。

（三）学科体系的建立

20世纪50、60年代的档案文献编纂学理论体系的架构，主要体现在60年代中国人民大学出版的教材《文献编纂学》中。该教材将文献编纂学的结构分为八章。主要特点有：(1) 在认真吸取新中国成立以来我国学术界和档案部门编纂档案史料的实践经验和研究成果方面下了一定的工夫，使其内容在中国化的道路

---

① 参见［苏］谢列兹聂夫：《苏联文献公布学》，北京，中国人民大学出版社，1955。

上前进了一步。名称也由文献公布学改为文献编纂学。（2）加强了学科的理论性，新辟了文献编纂工作概述部分，力求运用马克思主义的辩证唯物主义和历史唯物主义观点揭示学科的对象、任务和文献编纂工作的意义、性质和原则，并在有关章节中注意加深理论分析，提高科学性。（3）在学科体系结构方面，经过多次反复斟酌、调整，力求在章节设置上保持其较为合理的内在联系和逻辑关系。这部教材的出版，表明我国档案文献编纂学理论体系的初步完善，档案文献编纂学的学科体系开始确立。

（四）编纂理论的发展

50、60年代档案史料编纂实践的迅猛发展，有力地推动了档案文献编纂理论与方法的研究和探讨。许多著名史学家和著名学者在这一领域做出了贡献。范文澜十分重视档案史料的整理、编纂工作，专门著文阐述史料编纂对学术研究的重要意义；翦伯赞则亲自主持《中国近代史料丛刊》的编纂工作，亲自参与《戊戌变法》和《义和团史料》的编纂，并发表了《关于史与论的结合问题》；其他如严中平、荣孟源、罗尔纲、彭泽益、史惠康、洪葭管等等，都在长期从事档案文献编纂实践的基础上，分别发表了一系列重要文章。如严中平的《编辑中国近代经济史参考资料工作的初步总结》[①]、荣孟源的《文献编纂学诸问题》从史料编纂工作的意义、基本原则、选题、选材、材料的考订与加工、辅文序言、按语、编辑说明、注释的写作等方面，全面系统总结了编纂工作的经验。1961年罗尔纲发表《太平天国资料的发掘、编纂和出版》[②] 一文，总结了太平天国史料编纂委员会的编纂经验，涉及史料的挖掘、选择、版本、编排、“丛编”与“简编”的关系诸方面问题。彭泽益的《关于中国近代经济史资料整理方法问题》[③]、史惠康的《关于企业史料的若干问题》、洪葭管的《整理金融史料的初步体会》[④]等，以马克思主义的辩证唯物主义和历史唯物主义为指导，结合各种专题汇编的实践，总结了深刻且有创造性的档案史料编纂学的重要理论观点和切合实际的操作方法以及编纂工作各个环节的实际体会。史学界的成果为档案界开展档案文献编纂工作提供了宝贵的、可直接借鉴的经验，为档案文献编纂学的建立和发展做出了重要贡献。

除了史学家和著名学者之外，档案部门也开始注意总结这方面经验。由中国

---

① 参见严中平：《编辑中国近代经济史参考资料工作的初步总结》，载《经济研究》，1956（4）。

② 参见罗尔纲：《太平天国资料的发掘、编纂和出版》，载《人民日报》，1961-08-20。

③ 参见彭泽益：《关于中国近代经济史资料整理方法问题》，载《教学与研究》，1963（5）。

④ 参见洪葭管：《整理金融史料的初步体会》，载《学术月刊》，1963（7）。

科学院经济研究所中国近代经济史工作小组完成的《编辑中国近代经济史参考资料工作的初步总结》，长达25 000字，从编纂工作的思想准备、工作提纲、收集材料、鉴别资料、整理编辑、理论联系实际诸多方面对档案编纂中的基本理论问题及各程序中的重要问题都做了深入全面的论述，是我国总结编纂工作实践经验的首篇重要论文。在此后的一段时间内，众多史学大家们从历史研究的角度出发，全面论述了包括档案在内的史料编纂工作的重要性。1959年，张德泽的《明清档案编辑出版工作方法之商榷》一文，是我国档案馆界首篇有关档案文献编纂的学术论文，该文从选题、挑选与集中文件、校对标点、文件标题、审查删节与考证注释、分类编排、编制参考工具、序言与凡例等方面具体探讨了档案文献编纂中带有规律性的问题，使人们对档案文献编纂工作的内涵有了更加明确的认识。这些专门研究档案文献编纂的理论与方法的著述，为档案文献编纂学作为一门独立学科的创立提供了丰富的思想资料并奠定了坚实的基础。

1966年"文化大革命"爆发，档案文献编纂学的研究也被迫停顿。然而初创者在学科建设上的奠基之功是不会泯灭的，它为"文革"后档案文献编纂学的发展和繁荣奠定了基础。

第三节　档案文献编纂学的全面发展时期：20世纪80年代至20世纪末

进入20世纪80年代以来，我国档案文献编纂学研究从"十年浩劫"的停顿中逐渐恢复，并迎来了全面发展的历史时期。在档案文献编纂事业迅猛发展的实践助推和档案学研究繁荣壮大的学术滋养下，档案文献编纂学的学科内容不断拓展和充实，研究方法更加科学和规范，学科体系日趋成熟和系统，学科地位逐渐巩固和提升。梳理学科建设所取得的丰硕学术成果，在突出的理论进展中总结学科发展的经验教训，无异于铺设着未来档案文献编纂学前进的基轨。

一、档案文献编纂学全面发展的促进因素

考察分析这一时期档案文献编纂学全面发展的促进因素，除了上一时期档案文献编纂学研究所提供的必要而充分的知识准备外，还包括以下两个方面。

（一）档案文献编纂事业迅猛发展的实践助推

理论源于实践，对于档案文献编纂学这门实践性、应用性很强的学科而言，迅猛发展的档案文献编纂实践活动为其开拓了宽广的研究空间，提供了充足的经验材料，构筑了理论飞跃的起点。

在党的十一届三中全会正确路线的指引下，党和国家就档案工作做出了一系

列新的决策和指示，我国档案工作实现了历史性的伟大转折，档案事业进入了恢复和全面发展的新时期。至20世纪90年代，一个依法管理，以机关、团体、企事业单位档案工作为基础，以各级各类档案馆工作为主体，以档案科技工作、档案教育工作、档案宣传出版工作、档案外事工作为支持，对全国各种载体、类型的档案及有关资料进行管理和多种形式的开发利用，有效地为社会主义各项事业服务，具有中国特色的社会主义档案事业体系已逐步建立起来。① 其中，专门的编研部门（职能）在各类档案机构内的普遍设置，具备一定素质的档案编纂队伍的培养壮大，相关法律法规及业务规范性文件的相继出台，为档案文献编纂工作奠定了良好的发展格局。这一格局的形成与完善，不仅有利于为档案文献编纂学研究提供源源不断的经验材料和理论联系实践的广阔领域，还吸纳了一大批档案文献编纂实际工作者进入学术研究的队伍，增强了研究力量，优化了研究主体的结构。

档案文献编纂事业的发展始终与包括政策、法律、技术、观念等在内的社会信息环境的变化息息相关，这种紧密关系对档案文献编纂学的发展有着重要的催化作用。在1980年5月中共中央书记处做出开放历史档案的决定及1982年11月中共中央办公厅和国务院办公厅转发了国家档案局《关于开放历史档案问题的报告》后，我国档案工作彻底告别了历史上长期存在的封闭状态，拉开了档案向社会开放的序幕，档案馆缩短了同社会的距离，成了传播科学文化及各种信息的阵地和桥梁。1984年9月邓小平“开发信息资源，服务四化建设”的题词，给档案文献编纂工作的深化改革以极大的鼓舞和推动。编纂工作的范围和地位也逐渐被法律法规明确认定，如1987年9月颁布的《档案法》设专章规定了档案的利用和公布问题——第十九条规定：“国家档案馆保管的档案，一般应当自形成之日起满三十年向社会开放。经济、科学、技术、文化等类档案向社会开放的期限，可以少于三十年。”第二十三条规定：“各级各类档案馆应当配备研究人员，加强对档案的研究整理，有计划地组织编辑出版档案材料，在不同范围内发行。”在更广阔的社会背景下，信息技术的飞速发展，社会信息观念、文化意识与档案意识的普及提高，社会档案信息需求的不断变化，使得档案服务工作接连取得一系列突破，档案文献编纂活动也迎来了历史高潮。主要表现在：(1) 档案文献编纂事业被纳入到我国档案事业的发展规划之中，步入了健康、稳定的发展道路。(2) 编纂力量更具社会化和网络化特征，一大批专业档案馆、基层机关档案馆和企事业单位档案室普遍开展档案文献编纂工作，各级各类档案机构之间，档案机

① 参见杨冬权：《发展　提高　创新——新中国档案事业60年》，载《中国档案》，2009 (10)。

构与图书馆、博物馆、学术研究机构等部门之间的集体攻关、合作编纂日益增多。(3) 编纂成果的种类除编纂汇编、选编等一次档案文献外，还延伸到了档案文摘、开放档案目录、全宗介绍、大事记、专题概要、专题述评、手册、年鉴等二次、三次、混合性档案文献。(4) 编纂手段越来越多，编纂形式日益活跃，档案部门除了继续采用排印、影印、发行缩微品等手段编纂公布档案资料外，还开始运用广播、电视等形式编纂公布档案，新型载体的编纂成果层出不穷。(5) 编纂成果的数量空前，仅在1980年至1990年的10年间，全国各级各类档案馆公开编纂出版的成果就达1 871种，约98 685万字①。(6) 编纂成果的总体质量很高，出现了一批广受社会各界好评的优秀成果，诸如《康熙起居注》、《康熙朝汉文朱批奏折汇编》、《中共中央文件选集》、《山东革命历史档案资料选编》、《陕甘宁边区政府文件选编》等等。(7) 编纂成果的效益综合化，历史价值与现实价值兼顾、社会效益和经济效益兼顾的编纂成果不断涌现。档案文献编纂事业在社会信息化环境刺激下的迅猛发展，向学术研究提出了从宏观到微观的一系列新问题。这些问题蕴涵了档案文献编纂学的发展契机，客观上拓展了档案文献编纂学的研究范围，深化了研究内容，加速了学科建设的步伐。

(二) 档案学研究繁荣壮大的学术滋养

档案文献编纂学是档案学的分支学科之一，只有依托于档案学这一学科母体的繁荣壮大，档案文献编纂学才能获得足够的理论支持，并结出累累硕果。

20世纪80年代以来，我国档案学建设步入了完善与繁荣发展的阶段。档案学摆脱了历史学辅助学科的地位，成长为一门独立的科学，并逐渐获得了社会的认同。这一点对科学认识档案文献编纂学的性质与归属、价值与地位等生存和发展问题具有极其重要的意义。对档案学与马克思主义哲学、横断科学、管理科学、图书馆学、情报学等相关学科关系认识的加深，有利于为档案文献编纂学建设营造良好的外部条件。

这一时期除了档案管理理论与技术的研究继续得到加强外，档案学学科体系的其他分支学科或逐步建立或走向成熟，档案学研究在广度和深度上都呈现出蓬勃发展的局面。以对档案信息的内容性整理为主要研究对象的档案文献编纂学，与档案管理学、科技档案管理学、档案鉴辨学、档案法规学等档案学分支学科有着千丝万缕的理论联系，它们共同构成了一张系统、完备的“理论地图”。这张“理论地图”中其他领域所取得的成就，对促进档案文献编纂学研究能起到很大的积极作用。

---

① 参见中国国家档案局1990年度档案统计年报。

档案学基础理论、档案事业史研究不断深入，出现了《档案学理论与历史初探》、《档案学概论》、《档案学论衡》、《中国档案事业史》等著作，以及更多的专门研究这些领域的学术论文。学界对于档案的定义、性质、源流、价值与作用等基础性问题逐渐形成了较为科学和稳定的认识，为档案文献编纂学研究增加了充足可靠的理论储备。中国档案事业史的探索也为研究各个历史时期档案文献编纂工作与思想提供了丰富的知识养料。尤其是 20 世纪 80 年代中后期档案学界日益加强对档案学研究方法、理论体系、学科史等档案学自身问题的关注和反思，更有利于促进学者对档案文献编纂学研究的历史总结和理性审思。

与档案学研究息息相关的其他因素也对档案文献编纂学建设产生了积极影响。档案学宽松的学术环境、开放活跃的学术研究氛围，使得学术争论健康切实，极大地激发了研究者的积极性和创造性，这一时期档案文献编纂学的研究成果呈现出十分明显的开创性。档案专业期刊的发展，为档案文献编纂学研究的深入进行，提供了学术园地。档案高等专业教育的恢复和发展以及档案专业课程建设的加强，对档案文献编纂学的繁荣提供了必要的智力条件。1981 年成立的中国档案学会及 1986 年成立的中国档案学会档案文献编纂学术委员会，在促进档案文献编纂理论研究和学术交流方面也发挥了重要作用。

二、20 世纪 80 年代至 20 世纪末档案文献编纂学的主要成绩

这一时期我国档案文献编纂学的建设，取得了令世人瞩目的学术成就。主要表现在以下两个方面。

（一）丰硕的学术成果

一大批专著与教材的问世是档案文献编纂学走向成熟的重要标志之一。据不完全统计，继 1980 年中国人民大学档案系文献编纂学教研室编写的《文献编纂学》（初稿）作为校内用书印行后，这一时期属于档案文献编纂学学科领域的已出版著作、教材逾 30 种。[①] 由丁永奎、曹喜琛编著的《档案史料编纂学概要》（1982 年）是我国第一本公开出版的档案史料编纂学著作，在促进开放历史档案方针的贯彻，普及学科基本知识方面发挥了积极作用。而在此之前由韩宝华编著的《档案文献编纂学纲要（初稿）》（1981 年）首次将学科名称改为“档案文献编纂学”，并对档案文献、编纂等基本概念做了初步阐释。不久，由赵践主编的《档案文献编纂学讲义》（1983 年）便作为校内用书出版。几年后，由曹喜琛、刘耿生编著的中央广播电大大专教材《档案文献编纂学》（1987 年）出版，它是第一本公开出版的以“档案文献编纂学”命名的教材。1990 年 4 月，由曹喜琛

① 参见韩宝华：《档案文献编纂学教程》，33 页，北京，中国人民大学出版社，1999。

主编的《档案文献编纂学》作为高校文科教材正式出版。1999年10月，作为“21世纪档案学系列教材”之一出版的，由韩宝华著的《档案文献编纂学教程》更是一部承前启后、富于创新的跨世纪佳作。地方综合性大学编写的教材也相继出版，如上海大学梁毓阶主编的《档案史料编纂学》（1990年）、湘潭大学黄子林编著的《档案史料编纂学》（1991年）、辽宁大学潘玉民主编的《档案编纂学》（1997年）。除此之外，在档案文献编研、科技档案编研领域更是异军突起，如高永祥编著的《档案文献编研学概论》（1990年）、葛荷英编著的《档案编研的理论与方法》（1993年）、曹喜琛主编的《档案编研概论》（1994年）、张关雄主编的《编研工作概论》（1994年）、温学志和潘齐靖编著的《科技档案编研学基础》（1988年）、徐绍敏编著的《科技档案编纂工作》（1991年）等。

在档案文献编纂学学科领域的论文方面，已有几十家档案专业刊物每年都发表数量可观的论文。据《中国期刊全文数据库》的不完全统计，20世纪80年代至20世纪末属于档案文献编纂学学科领域的论文已有1 100多篇。同时还出版有《文献编纂学参考资料》（1981年）、《档案文献编纂学参考资料》（1987年）、《建国以来档案文献编纂工作得失研讨论文集》（1988年）、《档案编纂新论》（1992年）、《中国档案管理精览》（1997年）等多部论文集。在工具书方面，《中国大百科全书·档案学》（1993年）、《档案学词典》（1994年）中有关档案文献编纂学的部分，以及系统梳理了自先秦至1990年2 000多年档案编纂成果的《中国档案文献辞典》（1994年），都是档案文献编纂学学科建设中具有里程碑意义的重要成果。

总之，档案文献编纂学研究在20年间取得如此丰硕的成果，堪为学科研究蓬勃发展的见证。

（二）突出的理论进展

1. 应用理论研究的不断丰富

应用理论研究一直是档案文献编纂学研究的主要内容，在整个档案文献编纂学研究中占据重要地位。这一时期的学术研究植根于我国档案文献编纂实践活动，应用理论研究与时俱进，关注新的现实问题的解决，从而获得了长足的发展，档案文献编纂学最核心的理论输出得以优化和提升。

档案文献编纂程序与方法研究的成就显著。学界对档案文献编纂工作有了更贴近本质、更具时代特色的新认知，如对档案文献编纂工作原则的认识，走出了过分强调政治性的误区，出现了从信息服务与传播、档案真实原始性维护等角度重新设定的新思路。编纂选题、加工和出版等方面的研究在沿袭传统路径之外，视野更加开阔，不断深入创新，对实践中的利弊得失进行了很好的总结。尤其是在20世纪90年代后，现代信息技术开始向档案文献编纂活动的各个环节渗透，编纂的加工手段和公布形式发生了很大变化，从开发与利用档案信息资源的角度，探索档案文献编纂工作新形式、新渠道和新方法的研究渐成主流，档案文献编纂工作的现代化俨然成为学术研究的重要课题。档案文献编纂工作系统化、规范化研究得到加强，涉及编纂工作宏观管理的经验也得以提升，对完善整个档案文献编纂工作体制，探索更科学的实践模式有重要意义。

除此之外，各种类型编纂成果的研究成绩突出，档案文献编纂学已经由原来对一次档案文献编纂成果的研究扩大到对二次、三次档案文献编纂成果的研究。对档案文献编纂工作领域的认识，摆脱了以往偏重文书档案（主要是历史档案）的限制，对科技档案文献编纂的研究非常突出。在科技档案的编纂原则、方法和加工层次方面，形成一批较有影响和学术价值的成果。关于企业档案文献编纂的研究，也有了许多更具针对性和现实意义的成果，在更广阔的层次上满足了社会各界的理论需求。档案文献编纂工作者的观念与意识、技能与素质等问题也进入了学术研究的视域，其学术地位较之以往得到了很大提升。

2. 基础理论研究的逐步深化

这一时期档案文献编纂学研究的突出特点还表现在对学科的本质、研究对象和理论基础及体系结构等基础理论的研究。

对档案文献编纂学学科本质的认识不断深入。我国档案文献编纂学受苏联文献公布学和传统史料编纂工作的影响较大，以前的研究领域限定在文书档案（主要是历史档案）的编纂与公布领域，研究内容为一次档案文献的编纂。自从20世纪80年代以后，信息论、系统论和控制论（“三论”）风靡全球，人们日益认识到信息在未来社会中所发挥的作用。“三论”逐渐在档案学研究中获得了新的存在形式。信息理论不断对档案学和档案工作的基本概念和理论规律做出更具时代特色的重新诠释，在档案文献编纂的理论与实践中也不例外，例如档案信息的内容性整理、档案信息资源开发等新表述大量涌现。这些新的表述反映出档案文献编纂活动超出传统历史编纂范畴的深刻变化。在这一转变中，学科名称完成了从“文献公布学”到“文献编纂学”再到“档案史料编纂学”最后到“档案文献编纂学”的过渡，信息论、系统论和控制论被纳入学科的方法论体系之中，档案文献编纂被视为开发与利用档案信息资源的一种重要方式，对学科本质的认识也渐向开发与利用档案信息资源靠拢。

对档案文献编纂学研究对象的界定，从早期局限于档案文献编纂的原则和方法问题到包括档案文献编纂学在内的涉及档案文献编纂活动的方方面面，体现了对档案文献编纂学研究使命更加全面的认识。对档案文献编纂学理论基础的界定——马克思主义认识论是档案文献编纂工作的哲学理论基础，档案两步整理理论（即档案实体的次序性整理和档案信息的内容性整理）是档案文献编纂工作的档案学理论基础，以及信息共享论是档案文献编纂工作的信息学理论基础[①]，得到了学术界的广泛认可。以档案文献编纂学基本理论、档案文献编纂工作的理论与程序、档案文献编纂成果为构架的学科体系已逐渐形成，内容也日趋充实、系统。

档案文献编纂学在紧紧依托档案学发展的同时，与历史学、文献学、编辑出版学、信息资源管理学、传播学等相关学科的交叉性综合性研究日渐活跃，既促进了不同学科间的交流对话，在一定程度上丰富了档案文献编纂学的内容，也改善了学科的研究方法。关于档案文献编纂学的高等教育工作、课程体系建设等方面的研究也取得了一些新的进展，对学科建设产生了推动和支持作用。此外，档案文献编纂史的研究也得到加强，历史上的编纂活动及具体成果中的档案文献编纂思想被继续探索发掘和总结吸收，尤其是在近现代史研究方面涌现了很多创新成果（如对王国维、蔡元培、刘复、郭沫若、罗振玉、傅斯年、毛泽东、周恩来、曾三等编纂思想的研究）。

综上所述，经过20年的发展，档案文献编纂学的学科内容不断得到充实和系统化，研究方法更加科学和规范，学科体系日臻成熟和完备。

第四节　档案文献编纂学的未来发展趋势

进入21世纪以后，档案文献编纂事业转型发展的迫切需求和学术研究发展创新的理论召唤，为档案文献编纂学提供了发展新机遇。促进学科体系建设在基础理论和应用理论上的双向拓展，并在档案信息资源开发与利用的主题下，实现编纂成果传播、管理资源重组和社会记忆建构的学科价值诉求的多元融会，将是未来档案文献编纂学的发展趋势。

一、档案文献编纂学发展的新机遇

（一）编纂事业转型发展的迫切需求

跨入新世纪以来，在社会信息环境不断变化更新的背景下，档案文献编纂事业正经历着历史性的巨大转变。这一转变既向档案文献编纂学研究提出了迫切要解决的大量难题，也为档案文献编纂学发展提供了新机遇。

随着信息技术在社会各领域中的广泛应用，档案文献编纂工作的手段正逐步实现自动化和智能化，出现了利用计算机统计和网络交互辅助选题，对编纂材料

① 参见韩宝华：《档案文献编纂学教程》，北京，中国人民大学出版社，1999。

进行远程检索和智能采集，采用数据迁移、电子编辑软件等自动化技术对编纂材料进行加工处理以及建立档案文献编纂管理信息系统对编纂工作进行流程规划和有效控制等动向。档案专题数据库和多媒体数据库的大量出现，突破了以纸张记录信息在结构、种类和数量上的局限，大有成为档案文献编纂信息主流载体的趋势。编纂成果的形式更趋数字化和多样化，同时编纂信息也开辟了新的传播渠道，依托互联网平台，定期或不定期地向网络信息用户提供信息产品和服务的网络出版日益普及，在今后的编纂信息传播中也必定充当重要的角色。①

除此之外，档案文献编纂事业在以下方面也发生着变化。

(1) 编纂工作的主体机构——各级国家档案馆的职能正发生着变化，档案工作的社会属性日渐得到重视，档案安全保管基地、爱国主义教育基地、档案利用中心、政府信息查阅中心、电子文件中心（即“五位一体”）和覆盖人民群众的档案资源体系、方便人民群众的档案利用体系（即“两个体系”）的公共档案馆的建设方向②，不仅在方针政策上得到强调，在实践活动中也得到了多种方式的明确；同时以档案资源数字化、传输网络化、资源整合与共享、资源组织标准化为特征③的数字档案馆的建设发展，悄然改变了档案馆的存在形式，这都促使编纂工作有了新的目标和任务。

(2) 编纂工作的首要关注点——社会档案信息需求的不确定性渐增，表现出灵活多样的发展态势，如编史修志、非物质文化遗产保护、重大历史事件等，档案信息服务也更加崇尚便捷性和个性化，这使得编纂工作与社会发展之间的关系更加紧密。

(3) 编纂工作的主要对象——档案资源体系的内容与结构更加庞大复杂，各种专门档案的编纂工作得到拓展和提升，而在编纂工作中纳入整合非档案类信息资源的情况越来越多，进一步强化丰富了“合作开发、优势互补”的工作形式。

(4) 编纂工作的制度规范——涉及档案、出版、著作等方面相关的法律法规及方针政策在新形势下也时有调整更新，传统的档案文献编纂工作的制度基础有所变化，新的实践模式正在不断探索形成。

(5) 编纂工作的评估标准——经济效益和社会效益的统一在实践摸索中得到了更加深刻的认识，在现代档案文献编纂工作中如何把握两者之间的关系将直接

---

① 参见刘耿生、梁继红：《档案文献编纂学》，391～417页，北京，中国人民大学出版社，2007。

② 参见国家档案局：国家档案局中央档案馆关于印发全国档案馆工作会议文件的通知（档发〔2009〕5号），转引自中国国家档案局网站 www. saac. gov. cn/zt/2009-10/30/content _ 2341. htm。

③ 参见姚乐野、蔡娜：《走向知识管理与知识服务——数字档案馆建设研究》，84～92页，成都，四川人民出版社，2010。

影响到最终结果的成败。

(6) 编纂工作的观念意识——科学发展观的发展观念、文化建设与文化引导的文化观念、档案信息资源公布和开发的资源观念、市场经济建设的市场观念得到提炼和认同[①]，为上至编纂工作的改革与发展，下至编纂工作者素养与职责都提供了更符合编纂工作规律和更具时代特色的思想指引。

凡此种种表明了档案文献编纂事业正从传统步入现代，这一巨大转变将激增的理论需求摆在了学术研究的案头，使档案文献编纂学研究有了更加明确的着力点和强劲动力。未来的档案文献编纂学必须锐意进取，开拓创新，不断解决各类难题，满足实践的迫切需求，最终在促进档案文献编纂事业的转型和发展中获得崭新的形象。

(二) 学术研究发展创新的理论召唤

档案文献编纂学既应在满足现实需求中锤炼铸就实践品格，也需要总结反思以往研究的经验教训，考察分析整个档案学的发展趋势，进而寻觅发展的逻辑，获得新的理论增长点。

在20世纪短短几十年的发展历程中，我国档案文献编纂学从无到有，从初创时期的弱小稚嫩到全面发展时期的繁荣壮大，学科建设取得了历史性的伟大成就，收获了理论联系实践、紧密结合档案学发展、与其他知识领域沟通交流等宝贵财富，缔造了学科体系的基本结构，形成了较为稳定的学科功能，这使得之后的档案文献编纂学研究有了堪以立足的眺望未来的肩膀。作为一门新兴学科，档案文献编纂学在快速发展中也难免会暴露出一些问题和不足，如应用理论研究的进展速度较慢，与编纂实践的良性互动有待提高，基础理论的探索稍显滞后，编纂史学研究不够全面和透彻，学科研究方法的多样性不足，与档案学其他分支学科的理论联系有待深入，对档案学的理论价值亟待明确和加强，档案文献编纂学学科体系的系统性尚需完善等。科学和知识的增长总是从问题开始的，具备顽强生命力和坚定学科自信的档案文献编纂学，必将在对这些问题的反思、探究和解决中实现新的发展。

进入21世纪之后，档案学研究在广度和深度上的不断拓展与深入，对档案文献编纂学的发展有着极为重要的保障和促进作用，也带来了学科发展思想上的启示。

第一，档案学基础理论研究取得重要进展。对档案、信息及相关概念的认识适应了各种新型载体档案大量出现的形势要求，为编纂学研究清除了一些重要的

---

① 参见方鸣：《档案编研开发工作的改革与发展》，载《中国档案》，2004 (8)。

概念障碍；对档案价值和作用的研究更加深入，尤其是对档案信息资源在国家经济社会发展中的综合贡献力（国家利益的捍卫力、经济发展的拉动力、社会进步的保障力、科技创新和文化繁荣的促进力）的深刻认识①，为编纂学研究带来了极大鼓舞；在公共档案馆、数字档案馆等新课题下，对档案馆功能与模式转变的持续关注，刺激了档案馆社会文化功能的增长，指明了编纂学研究的突破方向，有益于增进编纂学研究的应用价值；档案学与相关学科关系研究的深入，带动了交叉性和综合性显著的编纂学研究，日益开放的编纂学将会更加成熟；对档案学自身问题的研究切入到学科史、理论价值、学术评价和学术尊严等关键问题，启发了编纂学完善理论顶层设计的必要性，也提供了可供参照的研究对象和方法。

第二，档案学应用理论研究突飞猛进。电子文件管理理论与方法研究备受学界关注，理论成果也渐归系统，这一档案管理前端的理论发展，对编纂学的研究起点产生了重要影响；档案信息化建设的研究全面启动，数字档案馆研究不断推进，这些理论进展也激发了编纂学研究内容上的时代气息，使其理论环境发生了剧烈变化，有利于促成编纂学的理论创新；专门档案管理活动的研究更加丰富，档案收集、整理、鉴定、开放等各环节的研究更加切实，巩固完善了编纂学研究所存在的知识网络，提供了编纂学知识增长的巨大张力。

虽然无法准确预测和全面概括 21 世纪档案学发展的特点及趋势，但是仍能体味到档案文献编纂学必须也只有紧紧跟随档案学快速发展的轨迹，才能获得乐观的发展前景。更需注意的是，学科的变化发展往往在其边缘地带显露出先机，展现出趋势，档案文献编纂学也应有促进档案学在新世纪创新发展的使命感，不断完善自身，做出杰出的贡献。

二、21 世纪档案文献编纂学的发展趋向

（一）学科体系建设的充实完善

档案文献编纂学发展的历史表明，其始终肩负着两项使命。第一项使命以应用理论研究为核心，要求学术研究以编纂活动为导向，把握时代的脉搏，满足实践的需求；第二项使命以基础理论研究为主，要求档案文献编纂学应对经验材料进行抽象提升，以科学的概念、范畴和命题形式来记述各种原理和规律，并协调理论之间的关系，使学科体系更加完备和系统。未来的档案文献编纂学必须在应用理论和基础理论研究两个方向上努力践行学科发展的使命，实现学科体系建设的充实完善。

---

① 参见冯惠玲：《档案信息资源在国家经济社会发展中的综合贡献力》，载《档案学研究》，2006 (3)。

1. 应用理论研究的逐层深入

对档案文献编纂学应用理论抽丝剥茧，不难发现其包括三个层面。

第一层是档案文献编纂各个程序的技术和方法研究。日新月异的信息技术及其广泛应用，使档案文献编纂逐渐进入数字化、网络化和自动化的新阶段，传统编纂工作的各个程序正被要求在符合档案信息运动规律的前提下进行完善或重新设计，程序中蕴涵的技术和方法也将在促进和提升档案信息资源开发利用效率和效果的目标下不断创新。诸如网络环境下选题分析的方法、电子文件的真伪鉴别和认定的障碍与对策、计算机技术对编纂材料转录加工的影响、编纂成果的多样化和现代化传播等现代信息技术对档案文献编纂工作的影响研究，将成为未来档案文献编纂学研究在兼顾学科传统时必须取得突破的关键领域。

第二层是各专门领域的档案文献编纂研究。随着档案工作的不断拓展和专门档案种类的激增，专门档案文献编纂的重要性日益显现，企业、高校及其他社会组织的编纂需求强劲，科技、信用和民生等专门档案的编纂活动大量涌现。加快档案文献编纂工作理论与方法向社会各领域的输出，并在这一过程中完善自身，提高应用价值，将是未来档案文献编纂学攻关的方向之一。

第三层是档案文献编纂的组织管理研究。随着社会管理的变化，编纂工作的主体机构、目标任务、制度基础、管理模式乃至编纂人员的活动形态也都发生了改变。档案馆功能的转变对档案文献编纂工作的影响，档案文献编纂需求者与成果利用者研究，档案文献编纂成果评价，档案文献编纂法律法规研究，档案文献编纂与项目管理研究，数字档案馆建设对档案文献编纂工作的影响，以及编纂人员的素质、技能、地位和作用等方面，都是未来档案文献编纂学应予研究的重要课题。

2. 基础理论研究的重点突破

未来档案文献编纂学在基础理论研究上的发展动向，主要集中在对下列问题的跟踪研究上。

(1) 档案文献编纂学在学科归属上曾一度将自身置于历史学科的辅助位置，使学科的价值和贡献出现了方向上的失误，这在无形中降低甚至消解了学科的研究优势和学术地位，增加了与档案学研究之间的隔阂。在 20 世纪后期这一定位偏差虽已纠正，但档案文献编纂学与档案学各分支学科的理论联系仍待深入，其对档案学的贡献仍需在理论进展中给予持续不断的证明。

(2) “编纂”与“编研”的学科核心概念纠缠不清，短短几十年内学科名称的剧烈变化，表现出档案文献编纂学的稳定性还不够强，反映出对学科本质的揭示不够深刻彻底。虽然开发与利用档案信息资源已逐渐成为现代档案文献编纂学研究所围绕的中心，但学科的各个方面尚未顺利完成从传统向现代的艰难蜕变，档案文献编纂学在整个信息资源管理学中的独特地位更待理解认清。

(3) 传统档案文献编纂学偏重程序性、方法性和技术性研究，理论视野需要扩展到对编纂工作进行社会性的多维透视（如信息化社会中有关信息的基本权利问题、面对社会文化变化发展的适应与参与问题等）上；实证研究、定量研究的案例较少，研究方法需要更加丰富和规范；对编纂现象经验总结的成果居多，凝练抽象的进展较为缓慢，学科概念体系的完善和各原理关系的厘清将是以后学术研究不可避免的任务。

(4) 档案文献编纂事业史和学科史的研究力量较为薄弱，无论是对基本史实的充实梳理，还是对历史演进动力、特点等的逻辑分析都亟待加强。

(5) 档案文献编纂学与图书馆学、情报学、信息资源管理学、传播学等多学科交叉性研究的任务仍然十分艰巨，各学科实效沟通的空间有待拓展，对引入编纂学学科体系的概念和理论也应更加科学地消化吸收。

(6) 对作为学科建设重要内容的档案文献编纂学课程建设的关注不够，尤其在课程的理论性与实用性统一的问题上需要做出更大的努力。

(二) 学科价值诉求的多元融会

如果说学科体系建设的充实完善使未来档案文献编纂学的躯干更加强壮，那么学科价值诉求的多元融会便是树立一种灵魂的信仰。翻阅档案文献编纂学自初步创建到全面发展所积累形成的历史记录，纷繁的学科表象已被一条贯穿学科变化发展的基线装订为案卷，这条基线便是历史上学科多种价值诉求的竞争与确认。跨世纪钟声的余音未歇，学科的价值诉求却已有了新的多元化的发展趋势，这种多元的价值诉求在档案信息资源开发利用主题上的融会聚合，将指挥着未来档案文献编纂学前进的节奏。

1. 编纂成果的传播

档案文献编纂的成果是各个编纂程序围绕的中心，是实现档案文献与社会之间沟通交流的桥梁，直接关系到整个编纂工作和编纂学研究的价值实现。这中心、桥梁乃至价值实现，都建立在“传播”的基础之上。在以往档案文献编纂学的体系内，透过教材中“出版传播”类章节的时有时无和本学科领域内相关研究稀落的现象，不难发现编纂成果的传播研究常被视为程序和方法研究中的一种可有可无的附庸，在其内容、价值乃至是否属于档案文献编纂学研究任务的问题上，尚缺乏清晰的理论认识和足够的学科自信。加之在编纂成果传播的实践中市场意识和现代经营运作知识的缺乏，都使编纂工作通过编纂成果的传播进行自我确证和社会调节的能力受到掣肘。未来的档案文献编纂学不仅应将编纂成果的传播视为一项重要的研究内容，积极研究各种传播形式的特点、优劣及发展趋势，更应在追随学科价值诉求的高度上，促进档案文献与社会之间的沟通交流，共谋在开发利用档案信息资源的框架下共建共享档案文献信息资源及其他运作方式。

2. 管理资源的重组

在档案文献编纂学的漫漫征途中，不仅需要“埋头拉车”，钻研编纂工作的程序、方法和成果，还需要“抬头看路”，不断追问这一切研究的意义旨归。分析学科建设的现状，完全参照历史学科来打造自身理论形态的尝试已不合时宜，而紧密结合档案学的发展定位，在管理学的经纬上辗转探索，或可为其找到一种新的存在意义。管理资源的重组，指编纂工作应为其存在空间内的各种管理活动服务，将零散分布的信息碎片有目的地重组为系统的管理资源，并为这种资源创建一种便于开放利用的运行方式，从而为管理决策提供源源不断的知识支持，促进国家意志或其他管理意图的实现，确保管理活动的延续。将档案文献编纂学作为一种管理资源重组的模式[①]，按照管理学的思维重塑学科的理论形态，特征化了开发利用档案信息资源的平实概念，既有利于使编纂工作走出封闭发展的困境，提升自身的作用和地位，也可极大地改善学科功能，满足了新形势下学科价值的诉求。

3. 社会记忆的建构

跨入新世纪以来，“社会记忆”日趋成为解释档案学和档案工作本质与功能的主流话语之一。宽泛地说，社会记忆（或称集体记忆）指一个群体内全体成员的社会经验总和，涉及口碑知识、文字材料（包括档案）、绘制或摄影的图片、人们的行为模式（如礼仪仪式）及地理和社会空间等诸多内容。[②] 不同于惯常使用的“历史”概念，社会记忆更关心历史与现实的关系，关心当下的人们如何对过去进行感知、诠释和重构，以及它们如何影响人们的自我认同和行为方式，因而社会记忆是建构性的。回到档案学的思维空间中，我们也会遭遇到如下问题：档案记录的是谁的记忆？从档案中能找到过去的什么记忆？记忆是如何形成的？集体记忆或共同记忆的性质是什么？如何从档案中寻找记忆？当记忆不能恢复或记忆的真实性无法确认时档案可以帮助人们从遗忘中寻找什么？记忆与集体或个人身份的关系是什么？[③] 就档案文献编纂学而言，由于档案文献编纂工作在公布

---

① 参见胡鸿杰：《中国档案学的理念与模式》，182页，北京，中国人民大学出版社，2005。

② 参见［德］哈拉尔德·韦尔策：《社会记忆：历史、回忆、传承》，5～6页，北京，北京大学出版社，2007。

③ 参见中国城建档案代表团：《第十五届国际档案大会及其学术动向》，载《城建档案》，2004（5）。

和开发档案信息资源上的目的性和有意识性，在建构社会记忆的过程中亦扮演了重要角色，因而社会记忆的建构将是档案文献编纂学研究的新视野。[①] 在新的视野下，对浩繁、芜杂的历史记录进行内容上系统整理的档案文献编纂工作，虽然应极力遵循“述而不作”的古训，但不可能做到意义抽空，再现绝对客观、真实和完整的历史。在选题、加工和出版等工作中，编纂者的兴趣能力、编纂成果承载信息量的有限，受众的需求，经济上的顾虑乃至伦理道德、舆论环境、意识形态、国家利益、民族关系等多种复杂现实因素的强势介入，使编纂工作往往只能编写多种现实因素博弈协商后的历史，是对档案这一“潜在”记忆有选择的激活和建构，而不是复制历史的镜像。

无论是否与编纂者的意图一致，透过影响力的释放，档案文献编纂的成果也将成为永不停歇的社会记忆建构的重要材料。将建构社会记忆标举为学科的一种价值诉求，并不是概念的生硬嵌套和研究的盲目追新，更不是对学科传统研究方法和主要贡献的全面否定，而是促成某种意义的辐射传导——在对编纂过程和成果的解构中深化对档案文献编纂与社会之间关系的认知，更新调整在解释档案文献编纂历史文化等社会功能上的思维方式和话语形态，拓宽增强档案信息资源开发利用的理论视野和人文关怀，实现编纂工作者由消极的历史反映者向积极的社会记忆建构者的角色转变。

【思考题】

1. 新中国成立以来，我国的档案文献编纂工作取得了怎样的成绩？有何特点？
2. 什么是苏联文献公布学？它对我国档案文献编纂工作有何影响？
3. 我国档案文献编纂工作是如何创建的？
4. 新中国成立后我国档案文献编纂工作为什么得以发展？
5. 试述20世纪50、60年代我国档案文献编纂学取得的主要成绩。
6. 试述20世纪80年代至20世纪末档案文献编纂学的主要成绩。
7. 试述档案文献编纂学的未来发展趋势及其原因。

---

① 参见丁华东：《社会记忆建构：档案文献编纂社会功能的新阐释》，载《北京档案》，2008（4）。

中编

方法论

第四章 档案文献编纂的选题

【本章要点】

本章在阐述编纂选题意义与标准的基础上，论证了社会需求、材料基础、编辑力量等编纂选题的依据性条件，说明了编纂选题的角度与方法，包括集成性的题目、专题性的题目和单一性的题目，讨论了编纂选题的论证与决策，及其编前研究与选材大纲。

【关键词】

编纂选题○选题条件○选题角度○选题论证○编前研究○选材大纲

档案文献编纂选题（简称选题）在档案文献编纂工作中占有举足轻重的地位。档案文献编纂的目的是将存藏的静态档案资源转化为可供社会利用的动态档案信息。在这一转换过程中，选题是档案文献编纂工作的开端，也是编纂工作的首要环节。选题不仅关系到档案文献编纂工作的目标和方向，也关系到编纂成果的质量。如何提高选题质量，如何选择题目的切入角度，如何对题目进行论证与决策，如何开展选题后的研究工作等，是本章要讨论的主要问题。

第一节　编纂选题的意义与标准

一、编纂选题的意义

档案文献编纂选题，通常有两种含义：一是指档案文献编纂等部门关于编纂档案文献的题目和构想；二是指设计题目，制定选题计划的选题工作。本章所讲的选题，既指档案文献编纂的题目和构想，也指选题工作。前者体现在宏观的选题规划上，后者则是从众多显现和潜在的题目中，明确某一编纂单位的某些人员在某一段时间内所要承担的具体课题。

档案文献编纂资源的有限性与社会需求的无限性之间的矛盾决定了选题的必要性。确定编纂题目是档案文献编纂的第一个环节，它是编纂工作的基础。既体现着档案文献编纂的方向，也直接影响着档案文献编纂成果的效益，因而在档案文献编纂工作中具有重要的意义。

首先，选题在编纂活动中处于战略地位，对于社会文化具有非常明确的建构作用。编纂选题是建立在传播价值基础上的一种文化选择。表面上看，选题是编纂者对于准备编纂档案文献的选择，而实质上则是对档案文化的选择。选择了某种题目，就是选择了编纂传播某种特定的档案信息。档案信息经过社会传播，即可成为人类共同的文化资源，可以超越时代、民族、地域的界限，长期积累传承，推动社会文化的发展繁荣。正确选定编纂题目，可以不断推出精品，促进档案文献编纂事业的繁荣，为我国文献之林增添新的果实。

其次，选题是档案文献编纂流程中的起始阶段。实践证明，搞好档案文献编纂工作，选题是关键。选题合适，可以对档案文献编纂的整个流程从源头处予以控制，充分地体现编纂者对档案文献编纂工作的总体设计，其他工作程序，如查选材料、档案考订、加工编排、提供辅文、出版传播等环节都是围绕着选题展开完成的。因此，选题是档案文献编纂成败的前提条件，好的题目能使档案文献编纂步入良性循环的轨道，反之，题目不当，即使其他环节的工作做得再好，也于事无补。

再次，选题质量是影响档案文献编纂成果效益的关键因素。选题质量的高低决定着档案文献编纂成果效益的高低。改革开放以来，我国档案文献编纂工作适应社会转型，编纂出版了大量的与经济建设、社会发展和学术研究相适应的高质量的档案出版物，获得了显著的社会效益与经济效益，这正是档案文献编纂选题准确的结果。与此同时，也存在档案文献编纂选题狭窄、形式单一、档次不高、缺乏新意的现象，使档案文献编纂工作处于低层次的状态，这也与编纂选题密不可分，是因选题发生偏差或失误而造成的。由此可见，如果没有好选题，就不能形成特色产品，档案文献编纂成果就难以在社会上获得一席之地。

最后，选题可以规避档案文献编纂工作的风险。在市场经济条件下，档案文献编纂作为一种探索创新性活动也面临着风险。其风险表现在编纂选题是否有价值，其成果能否获得预期的效益，能否满足用户的需求等方面。编纂选题作为事先的筹划，目的是通过科学的预测方法，防范风险，最大限度地保证档案出版物的成功。注重优化编纂选题，形成质量高、特色强、结构合理的选题，对于降低或避免风险可以收到事半功倍的效果。

二、编纂选题的标准

编纂选题的标准是编纂选题工作中所依据的准则，也是编纂者确定选题时必须掌握的指导思想和基本要求，它是成功进行编纂选题的保障。编纂选题包括诸多标准，如创新性标准、前瞻性标准、效益性标准、特色性标准、可行性标准等，这些标准从不同维度揭示了编纂选题应达到的要求，都是编纂选题不可或缺的标准。我们把编纂选题的标准概括为两个方面：一是方向性标准，二是品牌性标准。

（一）方向性标准

方向性标准包括两层含义：一是指确定选题要考虑档案文献编纂的目的，必须具有明确的方向和目标；二是指选题方向要与社会经济发展和文化建设总目标相一致，要与党和国家的方针、政策及法律法规相一致。档案文献编纂工作是档案事业的重要组成部分，在策划选题时，必须为社会经济、政治、民生和生态建设的发展服务，为繁荣社会主义的科学文化事业服务。

档案文献编纂发展的历史表明，档案文献编纂总是在一定时代政治和经济背景下的活动，为特定国家权力控制的行动，编纂选题具有显著的时代特征和政治倾向。不同时代，档案文献编纂的目的不同，需要着重阐明和研究的问题也不同，从而表现出不同的选题方向。

在我国封建社会，编纂公布档案的权力由封建统治者控制，重要的题目均是皇帝御准钦定的，多是宣扬帝王将相的文治武功和治世之道，编纂公布档案的目的主要是“上彰祖德，下启孙谋”[①]，积累传承封建统治经验，以维护封建统治。如历朝历代不断编纂的法典、圣训、方略、奏议等，莫不如此。封建社会档案编纂受阶级和时代的局限，使得编纂题目带有狭窄和僵化的特点。

1840 年鸦片战争以后中国社会性质的变化，给档案文献编纂活动带来了明

---

① 《四库全书总目》，第 55 卷，492 页，北京，中华书局，1965。

显的影响。殷墟甲骨、敦煌遗书、汉晋简牍、清代内阁大库明清档案等新档案史料的陆续发现，为档案文献编纂提供了客观基础条件。近代科学技术的发展，近代意义档案馆的建立，使得档案汇编在更广泛的范围内传播。学术机构和学者个人直接参与档案文献编纂，使档案文献编纂与学术研究的联系日趋紧密。具有近代意义的编纂选题与古代相比，具有以下三点变化。一是编纂选题范围不再局限于皇家，向较全面方向发展，社会性明显增强；二是编纂选题多元化，既有明清档案，也有甲骨、金石、简牍等档案，更有近代文件的公布；三是编纂选题在为政务活动服务的基础上，以为学术研究服务，保存史料为宗旨日趋成为方向。正如王国维所说："近世学术之盛，不得不归诸刊书者之功。"① 中华人民共和国的建立为档案文献编纂实践创造了广阔的发展空间，编纂选题具有社会主义时代的特征和性质。20 世纪 50 至 60 年代中叶，为适应我国大规模经济、文化建设需要而编纂的《中法战争》、《辛亥革命》、《义和团档案史料》、《戊戌变法档案史料》、《中国现代政治史资料汇编》等作品，在近现代史研究中起了积极作用。但是，由于"左"的思潮影响，档案文献编纂题目侧重于反映历史上的阶级斗争和政治事件，其他方面的题目为数甚少，不能完全满足社会各方面对档案文献的需要。

1978 年党的十一届三中全会，开辟了党和国家历史的新篇章。全会重新确立的实事求是的思想路线、以经济建设为中心和实行改革开放的伟大抉择，使我国实现了全局性的具有深远意义的伟大转折。改革开放以来，促进社会主义物质文明、政治文明、精神文明、生态文明和社会建设协调发展，成为新时期档案文献编纂选题的总方向。在这一框架下，编纂选题朝着多元化方向发展，反映社会政治、经济、科学、文化、外交等方面的题目无所不有，反映历史人物、事件、专题等方面的题目无所不包。

编纂选题遵循方向性标准，首先要有较强的政策法规观念，提高政治敏锐性和思想性；其次正确把握社会效益与经济效益的关系，将社会效益放在首位，实现社会效益与经济效益的双赢；再次增强时代责任感，坚持与时俱进，与时代同步，并保持选题方向的相对稳定性。在当前来说，就是要围绕坚持以人为本，实践科学发展观的需要来选题，树立全面、协调、可持续的发展观，促进经济社会和人的全面发展。面对新时期社会需求的多元化趋势，始终将编纂选题的重点放在构建社会主义和谐社会上，及时编纂社会发展各方面所需求的档案文献。

---

① 《王国维遗书》，影印赵万里本，第 4 册，20 页，上海，上海古籍书店，1983。

（二）品牌性标准

编纂题目是否具有品牌性是衡量选题优劣的重要标准。所谓档案文献编纂品牌性，是指按照既定的理念，将编纂成果的定位加以规范和转达，使之在社会中享有较高的知名度和认同感，并将这种理念贯穿于档案文献编纂的整体过程中，从而建立突出的总体形象。它是外观与内容的统一，内容表现在编纂成果题目、汇集的档案信息上，外观则表现为档案信息内容的处理方式。对于书籍式的编纂成果而言，外观体现在封面设计、版式设计、开本尺寸、纸张以及印制工艺等方面。对于音像型编纂成果而言，外观体现在影像、画面、声音等方面。编纂选题的品牌性标准，是在准确的整体定位的基础上，以编纂选题为轴心，通过有目的的整体设计，把档案文献编纂成果创建成在社会上具有广泛影响的知名品牌，利用这一品牌所创造的影响，不断推进档案编纂活动的深化发展。

自 20 世纪 80 年代起，我国档案界为落实开放历史档案的方针，积极开展档案的编纂出版工作。综观我国档案编纂走过的这 30 余年历程，大体上可以划分三个阶段：第一阶段为探索时期，重点是探索档案文献编纂成果的数量和形式；第二阶段为发展时期，重点是探索档案文献编纂适应经济建设改革的运作模式；第三阶段是快速发展时期，重点是探索档案文献编纂与社会发展紧密结合，为社会提供更广泛的、多品种的编纂成果。随着和谐社会的构建，我国档案文献编纂向全面为经济建设、学术研究、社会民生服务转型，这充分表明我国档案编纂已经实现了历史性的跨越与突破。

时至今日，我国档案文献编纂工作为经济建设和文化发展做出了显著的贡献，但制约档案文献编纂工作深层次发展的矛盾依然突出。档案文献编纂的管理体制和运行机制还影响着编纂活动的生机和活力，各馆各自为战的“割据式”编纂仍占主导地位，没有实现资源的科学整合。评价机制的缺位，以及对编纂成果疏于管理和指导，使编纂成果的效益没有得到充分发挥，有些成果处于闲置和浪费状态。档案文献编纂的内容结构不尽合理，一般性部分偏大，特色性部分偏小，网络平台传播档案编纂成果相对滞后于档案信息化基础设施建设。为此，贯彻实施编纂选题的品牌性标准，对于推进编纂选题的不断深化具有十分重要的意义。

编纂选题确立品牌理念，通过品牌的导向效应，可以加快推进档案编纂与信息社会的适应性，提升档案文献编纂在社会的整体知名度和影响力，为档案文献编纂实现新的增长点提供良好的环境和保障。品牌性标准强调将编纂选题的意识和行为由质量层次提升到品牌的层面。增强品牌意识，才能与时俱进，才能跟上信息时代的步伐。品牌认同面越大，档案文献编纂发展的空间也就越大。编纂选题的品牌代表着科学性和权威性，代表着质量和信任。因此，提高编纂选题的整体水平，需要坚持品牌性标准。这既是档案文献编纂保持旺盛生命力的关键所在，也是保持档案文献编纂持续发展的必然选择。

品牌与精品有一定的联系，但与精品又不完全等同。一般来说，档案文献编纂成果只有出精品才能创品牌。精品是品牌的基础，只有在精品的基础上品牌才会产生。出精品是创品牌的第一步，只有每一次编纂选题都出精品，才能使档案文献编纂部门建立起明确而有特色的定位和形象，才能使社会对档案文献编纂部门从一无所知到逐渐知晓，档案文献编纂成果也才会赢得用户的普遍关注，才会逐渐拥有一定的用户群。编纂选题也只有不断生产精品，才能最终创出特有的品牌。

品牌强调的是特色。特色是品牌的标志，也是打造品牌的核心。在当下编纂选题日趋多元化的时代，每项编纂选题都需要从某种特色入手，最终把这种特色发展形成品牌。实际上，不论何种层次的编纂选题都必须强调类型的多元化，因为档案信息用户群的需要是多元的，社会实践也需要多元的编纂成果。只有培育真正以特色取胜的选题品牌，才能够满足社会对档案信息的多元化需求。编纂选题的特色越突出，其整体水平越高，被社会认同的程度就越大，利用价值也就越大。从我国档案编纂的实践来看，举凡成功的编纂选题无不各具特色，有特色才会有生命力。编纂成果特色主要是通过选题来体现的，选题代表了档案文献编纂的方向，是形成特色品牌的关键，发挥着越来越重要的作用。如果编纂选题不准确，其成果就很难发挥作用。这样，不但造成了资源和成本的浪费，也很难体现出自身特色。搞好选题，对形成特色形象至关重要。①

科学把握编纂选题品牌性标准，需要从理论上深刻认识编纂选题的品牌现象。品牌的核心表现为价值，编纂选题也应当遵循这一规律，将价值观放在编纂选题的首位。品牌是编纂选题理念、定位、特色和整体形象的高度抽象和概括，是一笔宝贵的无形资产。坚持品牌性标准，选择定位准确和特色鲜明的题目，编纂的成果就能产生巨大的社会影响。编纂选题的品牌性标准内涵丰富，表现不是单一的，而是一个多层次的统一体。既包括编纂题目的影响力，也包括编纂成果的影响力，还包括档案文献编纂部门形象的影响力。编纂选题不能离开某种形式的载体而存在，无论是何种类型的题目，都要通过一定的成果来实现。只有编纂题目引起用户关注，唤起用户共鸣，才能得到用户的广泛认同。档案馆或档案室持续编纂出有影响力的选题，其核心竞争力必然日益提升。

---

① 参见潘玉民：《档案信息资源开发应实施品牌战略》，载《北京档案》，2005（6）。

第二节 编纂选题的条件

选题是明确编纂对象、目标和方向的过程或程序。具体选择题目，必须具备一定的条件，通常包括社会需求、材料基础和编辑力量三个方面的资源。社会需求是编纂题目的客观要素，关系到编纂题目价值的实现；编辑力量是题目的主体要素，制约着题目完成的质量；材料基础是编纂题目的对象，为题目发挥价值的根本。三者的有机结合，共同构成编纂选题的条件。

一、社会需求

社会需求是指社会用户对档案文献的利用需要。社会需求表现为多层次、多元化状态。从社会用户方面看，其类型多样，包括个人和团体。从人们的社会实践领域方面看，包括经济建设、科学研究、技术创新、生产建设、行政管理等各种活动。从时空方面看，既有明显的现实需要，又有潜在的长远需要。在诸多社会需求中，如何分清轻重缓急，考虑最迫切、最根本的需要，有必要注意题目的现实性、针对性、战略性和预见性。

（一）注意题目的现实性

题目的现实性，是指编纂选题在社会实践活动中的现实意义。从现实需要出发选择编纂题目，是编纂选题成功的经验，对于市县级档案馆和基层档案室更是如此。一般说来，与党和国家中心工作、社会热点、科学研究进展直接相关的题目，都具有较强的现实意义。这些题目与当前社会实践活动关系相对直接，是编纂选题首先要予以考虑的。

围绕着经济建设、社会民生等当前党和国家的中心工作，各类编纂主体的选题会有所侧重。对于省级以上档案馆，多围绕着社会重大问题和热点问题选择编纂题目，及时地为服务大局提供档案文献。例如，上海市档案馆编纂出版的《旧上海的证券交易所》，为认识历史上的证券交易市场，管理今天的证券交易提供了借鉴。中国第二历史档案馆与中国藏学研究中心合作编辑出版的《民国时期西藏及藏区经济开发建设档案选编》，收录西藏及其他省份藏区财政金融、交通建设、邮政电信、商业贸易、藏区经济调查与开发规划等档案史料，揭示了民国时期西藏及藏区经济发展的概况，通过昔日的落后与现在的巨大变化相对比，进一步揭示了西藏与祖国内地不可分割的经济联系。

对于市县级地方档案馆和基层单位的档案室，可结合本地方、本系统、本单位的实际情况选择编纂题目，编纂一些有地方意义或“短、平、快”的成果，突出本地区人文历史与文化特色，为地域性文化建设和实际工作提供服务。例如，上海市卢湾区档案局（馆）编辑出版的《淮海路百年写真》，以一条路为切入点，博采市政、建筑、政治、经济、文化、历史人物、社会生活、社区功能诸方面的图像资料，深刻展现淮海路百年轨迹和历史特点。再如，广州市档案局馆编辑的《广州美术家档案》，收录了广州地区836位美术家的个人艺术经历、生活照片和代表画作，从一个侧面展现改革开放三十年来，广州文化艺术事业的发展历程和成就。机关、企业、事业单位经常编纂的重要文件、规章制度、会议文献、设备资料、产品样本、标准规范等汇编，为本单位的行政管理、生产销售、技术创新提供了可靠的档案材料。

注重选题的现实需要，与注重选题的长远需要之间并不矛盾。真正具有现实意义的选题，往往能产生深远的历史影响。例如，十一届三中全会以来，党的历次代表大会文件汇集，无论是指导当前工作，还是研究党史和当代史都是不可或缺的材料。再如，浙江省遂昌县档案局（馆）汇编整理的《遂昌县中草药标本汇编》，将馆藏的一套药用动、植物标本整理印制成册传播。就现实来说，既延长了中草药标本这一珍贵档案的馆藏寿命，为查阅利用中草药标本提供了便利，从长远来看，又能在研究遂昌县乃至整个丽水地区的中草药文化，以及弘扬中医药文化传统方面发挥重要的作用。

（二）注意题目的针对性

题目的针对性，是指编纂选题根据社会实践活动对档案文献的多元化需求要有明确的指向。社会实践丰富多彩、包罗万象，对档案文献的需求也是多方面的，某次编纂活动的选题只能满足某一方面的需要，不可能同时满足所有的需求。因此，编纂选题需要有针对性地分析和判断题目的指向和价值。确定题目，既要考虑用户的普遍需求，又要满足某些用户的特殊需求。

一般说来，为配合重大活动而选择的题目具有很强的针对性。社会举办的重大活动种类多样。举其要者有：重大历史事件，如中国共产党诞生、中华人民共和国成立、改革开放、抗日战争胜利、辛亥革命爆发等周年纪念活动；重要历史人物，如毛泽东、邓小平等诞辰或逝世周年纪念活动。凡涉及重大活动的编纂选题，党和国家高度重视，社会普遍关注。如能针对这类题目预先准备，在活动举办期间推出编纂成果，就会获得广泛的反响。

目前，我国各级各类档案编纂部门十分重视关于重大活动的选题，它是档案编纂实践总结出的行之有效的方法。例如，中央档案馆2009年为配合新中国成立六十周年编纂公布的《共和国脚步——1949年档案》，受到社会的极大关注，在网络上引起了转载和评论的热潮。中央人民政府网、人民网、新华网、央视国际、新浪网、搜狐网、凤凰网、腾讯网、中国网、中华网、中国新闻网等大型门户网站纷纷设立专题栏目，并多次在网站首页特别推荐。截至 2009 年 9 月底，该视频点击量超过 1.6 亿人次。[①] 又如，中央档案馆 2004 年为纪念小平同志诞辰百年，从半个多世纪以来邓小平起草的大量文件、电报、文稿，批阅的无数公文，写下的许多书信、题词中，精选出珍贵手迹 296 件，汇编成《邓小平手迹选》，内容涉及政治、军事、经济、民族、统战、科技、文化、教育、体育等各个方面，生动地反映了邓小平同志一生不同时期、不同方面的主要活动。被国家新闻出版总署列为纪念邓小平同志诞辰 100 周年重点图书，并荣获第十四届中国图书奖特别奖。

地方重大活动有其地域性的特点，范围广泛，包括重大政治、经济、科技、文化、体育、旅游、节庆等活动。如有的地方档案馆为配合建城周年纪念活动选择题目，有的为配合地方举办大型活动选择题目，有的为配合当地名人纪念活动选择题目。近年来，许多高校档案馆为配合校庆活动或校园文化建设进行编纂选题，针对性强，效果很好。例如，复旦大学档案馆编辑出版的《百年复旦(1905—2005)》、《复旦大学档案馆馆藏名人手札选》，武汉大学档案馆编辑出版的《武汉大学早期建筑》，上海交通大学档案馆编辑出版的《上海交通大学校友院士风采录》等，都是从高校建设实际出发有针对性的选题。

（三）注意题目的战略性

战略一词最早源于军事学，是指关系到战争全局的总体性谋划和指导。现代战略这一概念被广泛应用于各个领域，编纂选题也涉及战略性问题。题目的战略性，是指在编纂选题中，在总结经验、调查现状、预测未来的基础上，为寻求编纂选题发挥长远价值而做出的系统性的谋划。

面对我国文化建设质量提升的新环境，档案文献的公共服务正处于深刻的变革之中，档案文献编纂不仅要传播档案文献，还要为社会积累档案文献，各个时代的档案文献汇编成果都具备这种功能。在选题时，要从文化建设的长远需要出发，注意发挥汇编成果的传播、积累档案文献的功能。在提倡题目现实性的基础上，也要重视题目的历史意义，要具有战略思维，选择一些具有重大文化价值、学术价值和长远生命力的题目，为传承中华文化、保存社会记忆做出应有的贡献。

具有基本史料建设性质的题目能全景式地完整反映历史上或现实中出现的一些重要事件及基本情况，契合社会长远需要，在编纂选题中占有重要地位。选择

---

① 参见段立琳：《“1949 年档案”系列视频网络点击过亿次》，载《中国档案报》，2009-10-08。

编纂这类题目，受惠者不仅仅是当代人，更多的是后代人。如中央档案馆编纂的《中共中央文件选集》、中国第一历史档案馆编纂的《清政府镇压太平天国档案史料》、中国第二历史档案馆编纂的《中华民国史档案资料汇编》、辽宁省档案馆编纂的《奉系军阀档案史料汇编》等，都是在考虑现实需要的基础上，侧重于具有长远利用价值的题目。

编纂选题也是系统工程，有一个持续积累的过程。各类选题相互联系，协调配合。有些看似为满足现实需要而选择的题目，实际上却是在积累一些基本的档案史料。如连续出版的《中华人民共和国法律法规汇编》，收录了全国人民代表大会或者全国人民代表大会常务委员会制定的法律和有关法律的决定、国务院制定的行政法规和部分法规性文件、国务院各部委制定的部门规章。既为当前查找和使用法规资料提供了方便，也为研究法制建设提供了可靠依据。

从战略维度进行编纂选题，要统筹兼顾，妥善处理选题中纵向和横向之间的关系。既要从纵向考虑历史与现实的选题，也要从横向考虑政治、经济、文化、民生等方面的选题，使持续的选题形成一个整体，从而搭建起合理的选题架构。通过系列化的选题，形成突出的战略性定位格局，实现编纂选题的全面发展。

（四）注意题目的预见性

题目的预见性，是指根据充分掌握的社会需求、档案状况等信息，依照科学的方法进行分析，对即将实施编纂题目的价值，满足用户需求的程度，题目完成后会产生什么样的社会效益和经济效益等前景，进行事先的估计、推测和判断。

“凡事预则立，不预则废。”科学预测对编纂选题至关重要，它可以更好地把握编纂选题在社会上产生的效果，提高对编纂题目价值的控制能力。一个编纂题目从选定到完成，需经过若干环节，要花费一定的运作时间。少则数月，多则一两年，甚至更长的时间。如果选题缺乏预见性或预见不准，就会增加成本，浪费资源，错过为社会提供档案文献的最佳时机。

特别是与重大纪念活动对接的选题，更要增强预见性。重大纪念活动时效性强，此类选题一定要把握编纂题目的时机，理清什么样的活动需要哪类档案文献，编纂的题目需要多少时间，采用什么样的编纂方式等问题。编纂选题要早谋划、早启动，尽量预留好提前量，题目启动后集中力量，全力以赴，做到届时推出编纂成果。只有在最适宜的时机推出编纂成果，才能最大限度地发挥编纂成果的社会效益和经济效益。

当然，对于配合学术研究热点的选题，既有配合的一面，也有通过编纂题目去影响学术研究的一面，绝不能仅仅被动地配合。因为随着学术研究的深入发展，其动向不断转换，对档案文献的需要也会产生变化。如果单纯从配合学术研究动向出发来确定选题，由于不易掌握学术研究趋势，编纂的速度跟不上学术研究转换的速度。其结果实际上是配而不合，反而会给编纂工作带来极大的被动，甚至往往是半途而废或劳而无功。在这方面，中国第一历史档案总结了经验和教训。20世纪60年代初期，国内外学术界曾一度掀起对清代秘密结社问题的探讨高潮，出版部门为了配合这一动向，约请中国第一历史档案馆编纂这方面的档案史料，该馆就立刻组织力量开始编辑《天地会》、《哥老会》等史料汇编。但没过不久，学术界的研究动向已往他处转移，编纂人员的热情也就受到影响，最后终于半途而止。正确的选题思路，如史学界人士所指出的："明清档案史料的出版选题规划，不要随着学术研究动向跑，应按档案情况，围绕清史研究和近代史研究的需要，进行基本建设性的史料整理。"①

围绕社会经济发展、城市建设、应对突发事件等方面而进行的编纂选题，虽然没有配合重大活动的选题时效性要求强，但也要根据这类选题的规律，考虑题目的预见性，在最需要的时限内推出编纂成果。如浙江省绍兴市城市建设档案馆基于绍兴是历史文化名城，人文景观丰富，文物古迹众多，考虑到市政府正在启动各项历史文化保护工程的背景，适时编纂了《绍兴老屋》。该书对绍兴老屋进行忠实记录，图文并茂，填补了绍兴作为历史文化名城的一项空白。该书出版后受到了有关设计单位、施工单位的认可，成为历史文化修复工程的参考用书。为预防重大突发自然灾害，不少档案馆都选择编纂了这方面的题目。例如，1998年长江流域发生了百年未遇的洪灾。为了配合抗洪抢险工作，湖北省档案馆及时编纂了《湖北省一九五四年防汛抗洪档案选编》(内部发行)，收录了反映湖北省有关市、县1954年防汛工作概况、技术总结、水位统计、灾情、赈灾、移民等方面的档案资料，供湖北省委、省政府等各级领导及有关单位的技术人员参考，在抗洪抢险中发挥了重要作用。

二、材料基础

材料基础是指编纂选题所依据的档案价值、数量和构成。选题，应当具备一定的档案做基础，它是保证题目顺利进行并最终完成的基本条件。档案文献编纂成果主要是用档案原文来阐明其题目，档案是编纂题目的对象，也是一部汇编作品的主体。有什么样的档案，就能编出什么样的汇编作品。档案价值越大，汇编作品就越有意义。反之，意义再大的选题，没有或缺乏充足的相关档案，题目也就成了无源之水，无本之木，无法成为现实。

---

① 朱金甫：《对档案史料编纂工作若干问题的探讨》，见中国第一历史档案馆编：《明清档案论文选编》，档案出版社，1985。

由于我国各级各类档案馆（室）所藏档案范围、内容和种类的区别，编纂选题也各有侧重。比如，中国第一历史档案馆馆藏特色是明清历史档案，其选题多侧重于明清史或近代史方面。中国第二历史档案馆馆藏特色是民国档案，其选题多侧重于民国史或近现代史方面。中央档案馆馆藏特色是革命历史档案和现行中央国家机关的档案，其选题多侧重于党史或革命史及党和国家当前的中心工作方面。地方档案馆馆藏特色是区域性档案，其选题多侧重于本地方的历史与现实方面。基层单位的档案室主要收藏本单位的档案，其选题侧重于服务本单位管理和生产方面。凡此种种，无不针对各自所藏档案的优势和特色来进行编纂选题，形成了一种自然定位的格局。

从宏观上来说，编纂选题要从馆藏档案出发，充分发挥和突出馆藏档案的特色和优势。从微观上来看，在具体选定题目时要实际分析档案的价值是否能支撑题目。档案的价值包括以下三个方面。

首先，档案内容与社会需要的契合程度。它取决于档案内容所反映的问题，以及反映问题的深度和广度。一般来说，反映社会经济、政治、军事、外交、科学、文化等方面重要问题的档案，反映自然、社会、思维发展变化历程等方面的重要史实并具有实质性内容的档案，反映社会记忆、文化遗产传承等方面的档案，反映社会普遍关注的重要问题的档案，反映重要历史人物或社会贤达、知名人士思想和活动的档案，都具有较高的实用价值和信息价值。编纂选题以这类档案材料为基础，自然与实际工作和科学研究发生密切的联系。

当然，分析档案的价值还需注意它的相对性。有些档案的内容，在全国范围或一个较大的地区范围内显不出重要性，但在一个较小的地方上，或在某一个单位里可能非常重要。如某一地方社会名流的档案，与其他地区或全国范围的社会名流档案材料相比，可能没有编纂选题的价值，但这些档案材料在当地很有价值，仍可作为选题的对象。总体上说，档案的价值，就是指它能否发挥社会所需要的作用，凡是社会所需要，可以被利用的档案，都是有价值的档案，都可以作为编纂选题的材料基础。

其次，档案内容提供新信息量的程度。它取决于档案内容与社会已有文献内容差别的大小。档案是第一手材料，它所记载的内幕实情是社会一般文献无法比拟的。有些史实其他文献或是记载不详细，或是记载不确切，而档案却能提供埋没已久的实况记录，披露鲜为人知的内情史实，涉及向来无人能入的禁区。由于我国档案长期未曾开放，档案中多有秘而不宣的内容，一旦编纂公布，便会立即为世人所关注。

考量档案内容为世人所知的程度，并非指编纂题目的新旧，或档案形成时间的远近，而是指其内容的披露与否。从档案与题目的关系上看，有时题目和档案都是全新的；有时题目虽不新颖，但档案却未曾公布过；有时题目虽曾编纂，现又发现更完整的或更有价值的档案；有时题目和档案虽曾公布，但时间久远，世间流传版本少，需要再版。以上这些选题都是必要的。

最后，档案内容的完整程度。它取决于一个题目相关档案保存的数量和构成。档案的数量和构成，是编纂选题规模的决定性因素。若档案丰富且涉及面完整，就可以形成规模较大的编纂选题；若档案数量少，涉及面也有限，就要对编纂选题加以必要的限定。

编纂选题以档案为基础，注意发挥档案馆、档案室藏的优势，是档案文献编纂区别于其他文献编纂的显著标志。具体考量一个编纂选题所依据的材料，有的可仅以档案为基础选题，有的可以档案与历史资料为基础选题，还有的则仅以历史资料为基础选题。如中国第二历史档案馆编纂的《南京临时政府公报》，是以公报为基础的选题。上海市虹口区档案馆编纂的《东京审判——庭审旧闻》，是以《申报》、《中央日报》为基础的选题。

在强调编纂选题重视馆藏档案的同时，也要开阔视野，注意对馆藏以外及社会档案资源的使用。选题依据的材料可以是馆内的，也可以是馆外的，还可以是馆内与馆外相结合的。有的选题，仅考虑一个档案馆或档案室的收藏，可能会存在一定的局限性，而有的选题则完全可以社会档案资源作为基础选题。如沈阳市档案局（馆）编纂出版《老毕业证书》、《老结婚证书》、《老书信》、《老契约》、《老照片》等，都是以社会档案资源为基础的选题。再如，上海市徐汇区档案馆编纂的《百年影像历史回眸——中西交融的徐家汇》，材料除本馆所藏外，还涉及中国第二历史档案馆、上海市档案馆、上海市城市建设档案馆、上海市图书馆与徐家汇藏书楼、上海气象档案馆与上海天文台、中国福利会与上海宋庆龄故居、上海交通大学档案馆、上海梅林食品有限公司等十几家单位，以及个人研究者和收藏家。依托馆藏，又不局限于馆藏，才能拓展编纂选题的路径，使档案文献更及时有效地广泛传播，最大限度地实现档案资源的共享。

三、编辑力量

编辑力量是指完成编纂选题的组织或团队。选题除了要考虑社会需要、材料基础等客观条件，还要考虑编辑力量这一主体条件。编纂题目的完成，是一项高智力投入的活动。成果质量如何，在一定程度上取决于编辑力量的水平。因此，编纂者的数量、知识素质和结构，是使具有可行性题目变为现实成果的决定性因素。

编辑力量的组织形式，包括自编、合编和委托编纂等。自编是由档案馆或档案室的自身编辑力量独立完成编纂选题，合编是由档案馆或档案室与社会相关部门的编辑力量联合完成编纂选题，委托编纂是将编纂选题托付给某一专业机构完成。不论何种组织形式，编辑力量无外乎本馆力量和社会力量两个方面。

本馆力量，是指档案馆或档案室现有编纂人员承担编纂选题的能力。根据《档案法》第二十三条规定："各级各类档案馆应当配备研究人员，加强对档案的研究整理，有计划地组织编辑出版档案材料，在不同范围内发行。"我国档案馆目前在内部机构设置上，基本都设置有编研部门，配备研究人员，专门从事档案编纂工作。档案室一般也配有从事编研工作的专业人员。档案馆只有建设一支由领军人物和业务骨干相结合的编纂力量，充分发挥其熟悉档案工作的法律法规，了解档案内容及整理情况的优势，才能高质量地完成档案文献编纂繁重、长期的任务。在进行具体编纂组织安排时，应考虑让对编纂题目内容研究基础深厚的人员担任主编，主持题目的编纂。

社会力量，是指社会上相关部门的智力资源。有的选题涉及其他档案馆或社会其他部门所藏的档案，有的选题档案馆自身编纂力量不足，为了向社会提供某一专题完整的档案，使档案资源得到共享，可优势互补，联合选题，实施合作编纂，共同推动档案文献编纂工作的发展繁荣。

开展联合选题路径多样，可以是档案馆之间的联合，也可以是档案馆与社会其他研究部门的联合。例如，基于明清档案分藏于中国第一历史档案馆和辽宁省档案馆的现状，两馆联合选择了《中国明朝档案总汇》题目，全书101册，其中中国第一历史档案馆编纂馆藏明档88册，辽宁省档案馆编纂馆藏明档13册，是现世所存有明一代巨量珍档的总集，基本上囊括了中国大陆所有的明朝档案。再如，中国第二历史档案馆和中国藏学研究中心合作完成了《中国第二历史档案馆所存西藏和藏事档案汇编》、《元以来西藏地方与中央政府关系档案史料汇编》、《十三世达赖圆寂致祭和十四世达赖转世坐床档案选编》、《九世班禅圆寂致祭和十世班禅转世坐床档案选编》等多部作品，以及大型档案史料工具书《中国第二历史档案馆所存西藏和藏事档案目录》，具有重要的学术价值和现实政治意义。

联合进行编纂选题，还可以是国内档案馆与国外档案馆之间的联合。例如，北京市档案局馆与莫斯科市档案管理总局合作编纂的《北京与莫斯科的传统友谊——档案中的记忆》、《莫斯科与北京的传统友谊——档案中的记忆》，图文并茂，见证了两国人民在20世纪50年代友好交往的历史片断。再如，中国外交部档案馆、俄罗斯联邦外交部历史文献局联合编纂的《中国与苏联关系文献汇编(1949年10月—1951年12月)》，中方档案文献主要由中国外交部档案馆、中央档案馆提供，俄方文献分别来自俄联邦对外政策档案馆、俄联邦总统档案馆、俄罗斯国家社会政治史档案馆。该书收录了从新中国与苏联建交到1951年底具有代表性的一百多份档案文献和相关图片，这些珍贵的档案史料再现了两国关系发展过程中的历史性时刻和重大事件。2009年10月在荷兰海牙第十届外交文献编辑者国际会议期间，这部汇编作品作为中国外交部档案馆开展外交档案文献编辑出版和外交档案领域国际交流与合作的主要成果之一向会议进行了展示，受到与会各国代表的关注和欢迎。

第三节　编纂选题的角度与方法

就编纂选题而言，从何种切入点选择题目组织档案文献，涉及选题的角度问题。社会对档案文献需求的广泛性，使得选题面临着多样化形态。不同的选题角度，有不同的定位，因而对档案文献也有不同的要求。确定什么样的选题角度，决定了汇编向社会提供什么样的档案文献，也体现出汇编独具一格的特点。就编纂者而言，确定编纂选题角度，是一个创新性的思维过程，也是一项刻苦研究的结果。它既体现了编纂者的理念、意识和组织策划能力，也反映出编纂者对社会需求的认知和智慧。

一、集成性的题目

“集成”，在《现代汉语词典》中解释为“同类著作汇集在一起”[①]。从一般意义上理解为聚合而成之意。所谓集成性的题目，是指将大量的、不同类型的档案文献通过某一选题集中在一起，使之构成一个有机的整体。它属于基本史料建设性质的题目，其编纂是一项十分艰巨的文献整理工程，历时少者几年，多者十余年，甚至更长时间。需统筹安排，合理规划，做好相互间的衔接。

集成性的题目通过汇编集中向社会提供系统的档案文献，用户在一部汇编中可集中获得某一方面的全部档案。它最具权威性和影响力，题目越大，容纳范围越广，就越能够引起社会的普遍关注。集成性题目的编纂，代表档案馆的学术成果和学术研究的水平。每个选题的完成，都将成为完整准确的档案文献库，为社会文化的研究和建设构筑一个基础平台，是档案馆对社会记忆的传播和积淀、文化的大发展大繁荣贡献的力量。近年来，随着国家对重点文化工程支持力度的加大，馆藏丰富的档案馆都更注重档案文献编纂的系统性和完整性，以抓重大集成性题目为突破口，加强了对集成性题目的编纂，不断推出各种鸿篇巨制。这些基本史料建设性质的汇编，具有重要的长远利用价值，利于当代、功在千秋，不仅

---

① 《现代汉语词典》，5版，639页，北京，商务印书馆，2005。

对继承文化遗产、弘扬民族精神具有重要意义，也持续丰富了中华文化宝库。

集成性的编纂题目类型如下。

（一）汇编式的选题

汇编作为编纂选题的类型，是将特定题目的有关档案文献齐备汇总的选题。凡与题目有关的档案材料均无遗漏地辑入，为社会提供全面、完整、系统的档案文献。如中国第一历史档案馆编辑的《康熙朝汉文朱批奏折汇编》，共 8 册，约 300 万字，收辑清代康熙朝内外文武大臣及内务府臣仆 137 人的奏折 3 119 件。《雍正朝汉文朱批奏折汇编》，共 40 册，约 2 800 万字，收辑雍正朝满汉官员 1 200余人的奏折 33 000 余件。《光绪朝朱批奏折》，共 120 册，6 000 余万字，收辑光绪朝满汉官员的奏折近 10 万件。大部头的清代历朝奏折的系列汇编，将现存于世的奏折悉数辑录，卷帙浩繁，数量庞大，为社会提供了系统全面的基本史料，受到了多方面的肯定。再如，被列为国家“十一五”重点出版规划项目，由海峡两岸出版交流中心、中国第一历史档案馆、中国第二历史档案馆、福建省相关部门共同实施的“台湾文献史料出版工程”选题，收集档案史料自明代至 1949 年，总体规划为 630 册。包括《馆藏民国台湾档案汇编》300 册、《明清宫藏台湾档案汇编》230 册、《民间遗存台湾文献选编》25 册、《海外遗存台湾文献选编》50 册。该选题信息量大，内容丰富、全面，史料生动、翔实，是新中国成立以来最大规模的台湾文献整理成果之一，具有很高的学术价值和文献价值。

（二）全集式的选题

全集是集合一个作者，有时是两个或几个有关的作者全部有价值文献的选题。对于在历史发展中产生过重要影响，在历史长河中留下足迹，对历史起推动作用的人物，可将其全部活动中形成的文献，如著作、论文、演讲、公文、信函、电报、日记、诗文、笔记、提纲、草稿、批注等集为一书，以便读者全面系统地研究评价作者的生平、思想和事业。例如，近代著名改革家、思想家康有为的著述，以往的出版物，或为单行本，或为综合选集，都很不完备。长期缺少一部汇总各类著述的康氏全集，这与康氏的历史地位和作用颇不相称，也不利于中国近代思想文化史研究的深入展开。复旦大学姜义华、张荣华两位教授经过 20 多年的研究、整理、搜集、编校，终成 850 余万字的《康有为全集》，收录了迄今发现的康氏已刊和未刊的所有专著、书信、奏折、游记、诗作等。被纳入“国家清史编纂委员会·文献丛刊”。中国人民大学出版社组织编辑力量，成立专门的工作小组，经四年多的努力，终于将这部十二卷本的巨著一次推出。与以往的整理工作相比，《康有为全集》除了收录完备以外，还首次刊布了一批从未整理出版的珍贵康氏手稿，为研究者全面了解康氏生平思想和功绩提供了完备的原始文献。再如，著名版本目录学家顾廷龙、清史专家戴逸主编，30 多位知名学者参加，历经 15 年新编的《李鸿章全集》，囊括了中国第一历史档案馆、上海图书馆、复旦大学图书馆、中国社会科学院近代史所图书馆、安徽省图书馆、辽宁省图书馆等国内著名图书馆、档案馆收藏的李氏文稿，其中近三分之二为首次公开披露的原始史料，是迄今为止最为完备的李鸿章著述汇编。《全集》共 39 卷，2 800万字，全面收录了包括奏折、附片、咨札、批牍、问答节略、题本、电报、信函、家书、诗文等李氏文献史料。以全面翔实的资料，为研究李鸿章，进而为研究晚清史，提供了更加宽广坚实的基础。

(三) 丛编式的选题

丛编又称丛刊、丛书，是集合汇总各种档案文献汇编成果的选题。它以一个总的题目为基本单位，依据一定的原则和体例，之下分设各种独立成册的汇编成果，并题以总名，形成一种集合体的大型汇编。如黑龙江省档案馆编的《黑龙江革命历史档案史料丛编》，《丛编》下分别编纂《剿匪斗争》、《土地改革运动》、《建立政权》、《建党》、《支援前线》、《大生产运动》等 6 种专题汇编。收录 1923 年至 1949 年新中国成立前在黑龙江境内建立的“满洲”省委、吉东省委、“北满”省委、东北抗日联军及各特委等在革命斗争中所形成的文件，解放战争时期黑龙江、松江、合江、嫩江、牡丹江、绥宁、黑嫩等省及各地县委所形成的文件，以及已发表的有关重要文章、报刊资料和回忆录。再如，中国第二历史档案馆编的《中华民国史档案资料丛刊》，根据馆藏历史档案，按照重要的历史事件、历史问题、历史人物及企事业机构，分专题编辑成书，已出版《五四爱国运动档案资料》、《直皖战争》、《北洋军阀统治时期的兵变》、《中国无政府主义和中国社会党》、《善后会议》、《五卅运动和省港罢工》等专题。丛编式的选题，可以辑录已经出版的汇编，也可以是准备编的汇编。对于前者，将已有的汇编按丛编要求加以选择和编排即可。而后者则要统一规划，陆续编成出版。

(四) 目录汇总式的选题

目录指的是档案文献目录，是揭示与记录一批相关档案文献的工具。它著录档案文献的基本特征，并按一定的顺序编排而成。目录汇总是指一个档案馆馆藏，或一类档案文献若干档案馆及其他收藏单位的目录数据库。它记录和反映一个档案馆或某类档案文献的收藏情况，能为用户系统了解档案文献存藏情况提供信息。

目录汇总虽然不属于原文编纂，但是反映了档案文献的主要信息，是档案文献编纂不可忽略的重要方面。特别是大型文献目录的编纂，同样是档案文献编纂需要关注的方面。如台湾“故宫博物院”编纂出版的《国立故宫博物院清代文献档案总目》，登录所藏清代汉文档案的名称、类别、数量，按官书、史馆档、军机处档、杂档、奏折 5 大类编排，主要以件、册为编目单位，少数按包登录，公开发行，供检索该院所藏清代档案使用。再如，满铁资料编辑出版委员会编辑的《中国馆藏满铁资料联合目录》，由国家教委、文化部、国家档案局、铁道部、中央编译局等部门联合组织，全国 50 余家收藏单位提供收藏数据，参与编纂的专家学者超过 400 人。全套目录共 30 卷，3 000 余万字，内容包括 30 多万种文献资料的目录及索引。又如，上海图书馆牵头、总汇和总校的《中国家谱总目》，全书共 10 册，1 200 万字，收录了中国家谱 52 401 种，计 608 个姓氏。不仅著录了家谱的谱名、责任者、版本年代、册数等，而且还撰写了该家族的始祖、始迁祖、迁徙路线、历代名人等项内容，以及该谱的特色、谱中有价值的资料等。它是迄今为止收录中国家谱最多、著录内容最丰富的一部专题性联合目录，较完整地揭示了海内外各地区收藏的中国 56 个民族姓氏家谱的基本情况和存世的中国家谱姓氏状况。

二、专题性的题目

所谓专题性的题目，是以人物、事件或问题等为主集中档案文献的选题。一般分为从特定反映者和特定反映内容两个维度选题。

（一）从特定反映者的维度选题

围绕特定的反映者，如著名人物、重要政权、政党、机构或企事业单位等，是选题时经常考虑的维度。以这些特定的反映者为题目编纂其所形成的档案，既能反映它们自身发展变化的情况，也能满足用户研究的需求。

1. 以人物为主的选题

涉及人物方面的选题比较广泛，如著名的政治家、思想家、社会活动家、科学家，地方上的知名人士，以及其他有特定历史地位的人物，都可以作为题目的内容范围。如《邓小平选集》、《李大钊文集》、《郑成功档案史料选辑》、《关于江宁织造曹家档案史料》、《民国名人手迹》、《近代外国探险家新疆考古档案史料》、《湖北省劳动模范档案资料选编》等。

2. 以政权、政党为主的选题

可以围绕某一政权或政党，将其形成的文件进行编纂。如《太平天国文书汇编》、《南京临时政府》、《中国民主社会党》、《国民党统治时期的小党派》、《中共中央文件选集》、《苏皖边区政府档案史料选编》、《北京市重要文献选编》等。

3. 以机关、团体、企事业单位为主的选题

各机关、团体、企事业单位档案室可根据现实工作需要，编辑本单位的重要文件汇编、规章制度汇编。档案馆往往以历史上某一影响较大、具有典型意义的

机关、团体、企事业单位为主进行选题。如《珲春副都统衙门档案选编》、《上海工会联合会》、《大生集团档案资料选编》、《京师大学堂档案选编》、《清宫广州十三行档案精选》、《中国海关密档》、《汉冶萍公司档案史料选编》、《北京会馆档案史料》等。

（二）从特定反映内容的维度选题

任何一种档案文献都形成于特定的历史背景之下，反映特定的内容。不同的档案反映着不同的特定内容，而特定的内容则需要不同的档案反映。选择某一特定反映内容的题目，实际上就是选择了以一定的内容为中心来组织档案文献的方式。

1. 以历史事件为主的选题

历史事件包括历史上的战争、起义、事变、运动、改革等。重大的历史事件对社会发展会产生深远的影响，是人们经常关注的问题。选择以历史事件为主的题目，不但包括事件发生、进展、结束和当事人的材料，而且还包括事件产生影响的材料，也可以包括事件之后形成的相关材料。历史事件为主的选题，可以是事件的全部，也可以是事件的某一局部或侧面。如《浙江鸦片战争史料》、《武昌起义档案史料》、《上海工人三次武装起义》、《台湾光复档案》、《九一八事变》、《南京大屠杀》、《西安事变档案资料选编》、《江苏农民运动档案史料选编》、《经济体制改革文件汇编》等。

2. 以会议为主的选题

召开各种会议是社会政治生活中发生的经常性活动。历史与现实中的重要会议，反映了制定政策、布置任务、行动决议等关键性的信息，是编纂选题的常见形式。如《善后会议》、《中国国民党第一、二次全国代表大会会议史料》、《北平历届市政府市政会议决议录》、《八七会议》等。

3. 以特定问题为主的选题

特定问题是指经济、政治、军事、外交、文化、教育等方面的某一具体问题或限定的领域。从特定问题切入点选择题目，符合人们分门别类地研究问题的思维规律。作为特定问题的题目，宽窄皆宜。如《乾隆朝惩办贪污档案选编》、《旧中国的股份制（1868—1949年）》、《黑龙江省少数民族档案史料选编》、《云南近代金融档案史料选编》、《抗战时期西北开发档案史料选编》、《盛京皇宫和关外三陵档案》、《中葡关系档案史料汇编》、《西藏地震史料汇编》等。

三、单一性的题目

所谓单一性题目，是指汇编收录的档案文献种类单一，并非指汇编的内容简单。它主要包括单行本和单一种类的汇编两类。

（一）单行本

单行本是对有重要价值的一篇档案文献单独编纂的题目。如《忠王李秀成自述》、方志敏的《我从事革命斗争的略述》等。现行的重要政策性文件及中央领导人的重要讲话多发行单行本，供广大人民群众学习使用。如“十七大”报告《高举中国特色社会主义伟大旗帜　为夺取全面建设小康社会新胜利而奋斗》单行本，2010 年《中共中央国务院关于加大统筹城乡发展力度　进一步夯实农业农村发展基础的若干意见》单行本等。

（二）单一种类的汇编

与收录各种档案文献的综合性汇编相比，单一种类的汇编收录的档案文献仅包括一个种类，如上谕、奏折、日记、手稿、电稿、书信等。它常与一定的主体相组合，说明档案文献的形成者或形成时期。如《康熙起居注》、《雍正朝汉文朱批奏折汇编》、《乾隆朝上谕档》、《徐树铮电稿》、《日本侵华战犯笔供》、《奉系军阀密信》、《林伯渠日记》等。

第四节　编纂选题的论证与决策

编纂选题经过论证和决策，才能列入选题计划实施具体的操作。对选题进行论证与决策是十分重要和必要的。档案文献编纂是一项系统的文化工程，一部汇编成果从启动到形成，要消耗诸多的时间、人力、物力和财力。若盲目上马，选题失误，既造成资源浪费，汇编成果的质量又得不到保证。

一、编纂选题的提出和论证

（一）编纂选题的提出

选题的提出是档案文献编纂的逻辑起点。实际工作中，根据不同的提出方式，编纂选题一般分为主动提出和被动提出两种类型。

主动提出的选题，是指由编纂者自己提出的选题。对于编纂者来说，提出选题的过程实际就是掌握情况、发现问题的过程。选题的提出是编纂者将档案内容和社会需要联系起来观察、研究的思维结果。一般来说，编纂者都比较熟悉馆藏情况，加之所具有的编纂意识，在进行业务研习、文献调查、查阅档案、整理编目等活动中，往往会提出有编纂价值的选题。尽管有些选题可能考虑得不够全面，有些选题在一定时期内编纂条件尚不成熟，但是从编纂工作总体来说，随时记录和积累对选题的构想，对整体选题有一定的参考价值。

被动提出的选题，是指由上级领导机构，或其他科研机构、业务机构，根据需要向档案部门下达或与之联系的编纂题目，也包括本单位根据需要指定的编纂题目，一些领导、学者、利用者也可能建议档案文献编纂部门编纂某些题目。被动提出的选题说明社会需求已很迫切，往往具有较大的价值。对于这些选题，编纂者在此之前基本上是没有想到的，或未曾认真考虑过的。

（二）编纂选题的论证

无论主动提出的选题，还是被动提出的选题，都带有一定的预判性。如果准备实施编纂，则需要进行科学的选题论证，切实评估其必要性和可行性。

对于主动提出的选题，应侧重论证社会需求。对于被动提出的选题，则应侧重论证材料基础。虽然两者在论证侧重点上有所不同，但是论证的内容却是相同的。主要如下：

（1）编纂出版的目的、意义，以及将产生的社会效果。

（2）已掌握的与选题有关的档案文献的特定价值及扩充材料来源的必要性、可能性。

（3）读者对象的类型及范围。

（4）选题名称、出版形式的选择及其根据。

（5）编纂者的科研水平及承担任务状况。

（6）出版社接受出版的条件及编纂者的经济承受能力或经济效益预测。

论证要在调查研究的基础上进行。调查研究要遵循客观性、科学性、系统性和务实性原则。一个选题的前期调查应根据其定位与内容范围，凡涉及题目价值、档案分布现状、学术动态、未来读者、出版条件等的信息，都应全面搜集，并进行分析判断。选题论证一般采取论证会的形式，由选题提出者或编纂者说明选题的目的和依据，及调查情况和综合分析意见，以便进行集体研究和决策。

编纂实践证明，正式启动前进行选题论证是十分必要的。例如，绍兴市城市建设档案馆编纂《绍兴古桥》、《绍兴老屋》时，均邀请专家学者对这两项编纂选题进行充分的论证。论证内容包括编纂选题是否恰当，绍兴古桥、老屋地域范围的确定，历史年代的划分，编纂题目内容的选择与布局，编纂成果将产生的意义和作用等。通过科学的选题论证，充分听取了专家的合理意见与建议，完善了题目的实施方案，为选题的合理性、科学性奠定了基础。①

二、编纂选题优化和决策

（一）编纂选题的优化标准

编纂选题的优化，是在多个选题中确定最优选题的过程。编纂者从思考选题到选题论证，以至对选题进行决策，整个过程都是在对所选题目进行优化选择，

---

① 参见屠剑虹：《档案编研要为经济建设服务》，载《浙江档案》，2003（6）。

始终在寻找一个优秀的选题。优秀的编纂选题，既能符合选题的基本条件，又能在各种条件的组配上达到最佳或较佳的状态。这样的选题，才能使编纂成果获得良好的综合效益。

综合效益是衡量编纂选题是否优化的唯一标准。选题的综合效益包括社会效益和经济效益两个方面。社会效益通过汇编对社会物质文明、政治文明、精神文明和生态文明建设的贡献力来体现。换言之，就是编纂成果能否为社会所认同，社会认同度高，其社会效益就明显。值得注意的是，有些汇编的社会效益出版后即可显现，而有些汇编的社会效益则往往要经过一段时间后才能发挥出来。经济效益是对编纂成果的预计字数、估计印数、预算成本等进行盈亏分析后获得的结果。选题决策中，应尽量使社会效益和经济效益相统一，力争多出综合效益好的“双效书”。当两者发生矛盾时，坚持把社会效益放在首位的原则，汇编的特殊知识产品属性决定了经济效益要服从社会效益。

（二）编纂选题的决策

决策指的是为使编纂选题达到综合效益的标准，采用分析、比较等科学方法，从可供选择的题目中选定最优题目并组织实施的全部过程。实际上，对选题的优化过程也就是决策的过程。编纂选题的决策是一个循环过程，它贯穿于整个编纂活动的始终。

档案文献编纂工作是一项复杂的系统工程。组织好一个国家、一个地区、一个档案馆的档案文献编纂工作，需要制定周密可行的规划和计划来进行管理、控制和协调。规划和计划的制订与审批过程，也就是对选题的决策过程。编纂规划体现着档案编纂的战略布局和长远的发展方向，编纂计划反映了选题的短期安排，是档案文献编纂部门进行工作的基础和依据。

根据档案文献编纂部门的定位，选题规划包括不同层次，有国家级、地区级、部门级、馆级等。选题规划的制定是对档案文献编纂工作进行宏观管理和控制的主要手段。列入规划的选题是综合各方面信息，对选题进行充分论证后的结果。因此，制定选题规划和计划应妥善处理以下关系：首先，选题时效性与长效性的关系。有的汇编时效性较强，如为配合社会纪念活动的选题。有的汇编体现为长效性，如基本史料建设性质的选题。两者要统筹兼顾，不可偏颇。其次，重点大部头汇编与一般汇编的关系。重点的汇编代表档案馆的水平，反映档案馆的特色，但需要利用的资源较多，应适时推出。再次，自选题目与被动选题的关系。外界急需的题目，可结合自身条件优先考虑。最后，选题规划与变化的关系。列入规划的选题应保持相对的稳定性，但随着外界因素的变化，选题也会发生一定的改变，选题规划也应随之做出调整。

国家级编纂选题规划是国家针对档案文献编纂中具有全国意义的重大项目而制定的规划。应列入国家文献整理规划或全国科学技术发展规划之中。档案文献编纂的历史经验说明，要编出代表中华文化水准的档案文献汇编，不能仅靠档案馆单打独斗，要以国家的力量进行组织、协调和支持。充分发挥两个方面的积极因素：一方面，动员各级档案馆及其他相关部门广泛开展档案文献编纂工作，以适应各种社会需要；另一方面，又要以重大汇编为抓手，整合档案、人力等资源，联合攻关，不断推出质量上乘的“拳头产品”，使寰宇瞩目，世代留传。如“台湾文献史料出版工程”、《清代起居注册》、《中国第二历史档案馆所存西藏和藏事档案汇编》、《康有为全集》、《李鸿章全集》、《中国馆藏满铁资料联合目录》、《中国家谱总目》等题目，都属列入国家级选题规划的丰碑式文化工程。

地区级编纂选题规划是某一地区针对档案文献编纂中具有地区特点的重点项目而制定的规划，一般应列入地方文献整理规划及出版选题总体规划之中。地区级编纂选题首先作用于地方档案文献的传承，有些选题对国家级编纂选题有某种补充和配合的功能，从而也具有一定的全国意义。

部门级编纂选题规划由各专业职能部门针对本部门业务工作和研究工作的需要而制定。按部门统筹安排编纂的选题，既可以使编纂选题的质量得到保证，也可避免所属机构及基层单位因各自选题叠加而造成的重复劳动。

馆级编纂选题规划是档案馆根据本馆馆藏的结构、特点和价值，基于对社会需要的预测而制定的关于题目的长期安排。馆级规划应首先保证本馆承担或参与的国家级及地区级编纂题目的落实。此外，可根据馆藏考虑系列性选题，注重选题的深度开发，形成本馆的特色和品牌，避免零敲碎打。

以上各级编纂选题规划对档案编纂起宏观指导作用。具体编纂选题的实施，则要通过制定选题计划并列入年度工作计划才能落实。编纂部门的次年工作计划一般在第四季度初制定，这时对来年的编纂选题进行审批，有的选题必要时还要送上级有关部门审批。

年度计划一般包括的内容如下。

（1）选题的名称、定位、形态、编纂缘由和社会效益。

（2）编纂的可行性：材料数量、成分、价值和密级的情况；对与选题同类出版物的调查分析；编辑力量状况，自编或合编的可能性；编纂经济效益预测和所需经费来源；与出版社联系情况及签订出版合同的条件。

（3）编纂工作组织：根据选题内容和形式确定的编纂工作环节；主编职责和参加人员的分工；如合编或委托其他单位编纂，应说明拟定的相关协议或合同的基本条款；编纂进度节点和要求；成果的传播路径、宣传和反馈的方式。

（4）提出编纂工作中可能遇到的问题及初步处理意见，并请示领导或上级机关决定。

总的来说，编纂选题的年度计划要以长远规划为依据，与规划的内容相衔接，实现规划确定的战略目标和发展方向。但是，年度计划也应留有余地，以便列入急需的临时性选题。特殊情况下，可对年度计划做适当的调整。

第五节　编前研究与选材大纲

一、编前研究

编前研究有广义和狭义之分。广义地说，包括搜集相关信息，提出和选择编纂题目，及对选题的分析、论证和决策。狭义上讲，是指编纂选题确定后，围绕着选题进行的专门研究。这里的编前研究指的是后者。

选题确定之后，之所以开展编前研究，一是为了保证档案文献编纂成果的质量，避免编纂中出现基本性的常识错误，二是为了保证编纂工作的进度，可以少走弯路。因此，在选题具体操作之前，对编纂选题进行认真细致的研究，看似花费一些时间，实则会收到事半功倍的效果。这是被编纂实践一再证明的经验。

编前研究的内容主要有以下几个方面。

（一）研究与选题有关的基本理论和方针、政策

凡涉及社会问题、历史问题、中心工作、纪念活动等方面的编纂选题，均需要用正确的理论观点和科学方法来进行阐释。因此，编纂者应自觉认真研究与选题有关的马克思列宁主义经典著作及党和国家的方针政策性文件。理论是行动的先导，作为认识工具，编纂者的理论功底将有助于对选题的深化理解和把握，其效果也会在编纂实践中予以体现。例如，编纂辛亥革命方面的选题，如果不熟悉马列主义经典作家的论述，不了解党和国家关于纪念辛亥革命的重要文件精神，就很难正确理解辛亥革命的性质，及其为中华民族实现伟大复兴而奋斗的历史意义。再如，编纂中共党史上的重大事件和重要人物方面的选题，如果不研究中共六届七中全会通过的《关于若干历史问题的决议》，中共十一届六中全会通过的《关于建国以来党的若干历史问题的决议》，就很难对党史上的重大事件和重要人物做出正确的判断，也就很难驾驭有关材料。

（二）研究与选题有关的学术动态

学术动态既指某一领域或问题的学术前沿动向，也指其研究的历史、现状与发展趋势。编纂选题要在高起点上运行，编纂者要开拓视野，目光不能仅限于档案材料，应将编纂选题与社会的研究相联系。基于此，查阅与选题相关的主要研

究成果，包括著作、论文、研究报告、调研报告等，经常参加学术会议或组织学术报告，是了解有关学术动态的佳途。凡是涉及编纂选题的专业知识，如有关的事件线索、人物任职、机构设置、重要日期等，编纂者都应注意积累。对于选题有关的研究情况，如研究到什么程度，哪些问题存在争议，争议的焦点是什么，有哪些最新的研究成果等，编纂者也应及时梳理。凡此种种，编纂者若了然于胸，则必定有益于选题的编纂。研究学术动态，主要靠编纂者的刻苦精神，也应主动接受专家的指导。编纂者应努力使自己成为编纂选题领域的专家，拥有一定的学术话语权。否则，仅在题目表面做文章，而未深入到选题内容中去，只是关门搞编纂，与社会整体研究脱节，编纂成果的质量也不能得到保证。

（三）研究与选题有关的已出版的档案文献出版物

对于以前曾经编纂过的选题，其相关的档案文献出版物，编纂者应尽量搜集齐全。通过文献检索，理清编纂的选题已出版了哪些材料，考察这些材料的出版年代、信息价值、完整程度、可靠程度、保存现状、流传范围，以及编纂技术，如档案选择的时限、内容，编排的体例、方法等。目的是总结值得借鉴的经验，探寻需要注意的问题，明确编纂的着力点和主攻方向，从而使编纂的成果能反映出当代的文化和学术水平。以康熙起居注编纂为例，1984 年，中国第一历史档案馆标点、整理出版了《康熙起居注》，全书分三册，其史料内容第一次为学界所知。由于康熙起居注分存于北京、台北两地。当时的出版物仅为康熙朝起居注的一部分，难窥康熙一代史事全貌，清史界无不为之遗憾。2009 年，中国第一历史档案馆和台湾“故宫博物院”联合编纂了《清代起居注册·康熙朝》，采取原貌影印方式刊布，不仅使分藏两岸的康熙起居注完璧面世，为清史研究提供了珍贵的新鲜史料，而且对保存文化遗产、惠及后世也做出了莫大贡献。

（四）研究与选题有关的档案材料的特点

档案材料是构成选题的客观依据。在选题时，编纂者对其涉及的档案材料已进行了初步的摸底，掌握了档案材料的数量、结构、保存场所等基本状况。此时，编纂者可结合以上三个方面的研究所得，基于选题的内容范围、编纂方法和出版形式，深层次研究馆内外档案材料的特点。比如，材料保存的杂散程度；材料涉及历史时期的长短，有无空缺时期；不同历史时期材料的差别；材料的书写、文字、用语、典制、内容等方面有何特殊性；材料已有的检索工具的种类和质量；材料是否适合复印等。对档案材料进行研究的方法，包括案卷抽样调查、资深档案管理人员访谈、全面翻阅目录等。根据材料特点，可准备必要的相关工具书，如字典、词典、年表、历表、地图等，以备编纂中随时查检。

二、选材大纲

选材大纲是编纂者在认真进行编前研究的基础上，拟定的关于选题内容轮廓的、简明而有逻辑的框架结构式文字。它由标题和内容结构组成，必要时可有少量文字说明。标题一般为选题名称加选材大纲，内容结构采用条目形式，文字说明作为附注。其中，内容结构是选材大纲的主体，直接反映了编纂者对选题内容范围取舍的思路。

选材大纲的作用表现在：首先，编纂者通过选材大纲将对选题内容范围的认识正式确定下来，并加以具体化，有利于全体编纂者思想统一、目标一致。其次，选材大纲可以使每一位编纂者随时查阅题目的整体设计，了解个人所承担的任务在整体中的定位，利于分工，便于协调。再次，以选材大纲为指导，组织材料的查选，可避免离题滥选，或忘题漏选，能够提高选材的质量，提高选材工作的效率。最后，选材大纲可为汇编的编排体例提供雏形，奠定基础。

选材大纲的编拟应根据选题性质和内容来确定。由于选题切入角度和材料辑入方式的区别，选材人纲详略程度也不尽相同。一般说来，反映历史事件的选题，其选材大纲多考虑深度和广度，按事件的发生、发展、结束和影响，纵向设置内容结构。例如：

《五四运动档案史料汇编》选材大纲

一、五四运动的历史背景

1. 中国民族资本主义的发展；中国工人阶级的成长
2. 日美帝国主义加紧对中国的侵略；北洋政府的卖国
3. 新文化运动；马列主义在中国的初步传播

二、五四运动的经过

1. 北京学生的爱国政治斗争
2. 上海的“三罢”运动
3. 全国各地的响应
4. 五四运动的初步胜利

三、五四运动的意义和影响

1. 马列主义在中国的进一步传播
2. 中国共产主义小组的成立

对于重要文件汇编、法律法规、规章制度一类的选题，选材大纲对作者范围规定较细，按涉及的作者或问题，横向设置内容结构。例如：

《中共江西省委文件汇编》选材大纲

1. 省党代表大会，代表会议，省委扩大会议，地委书记会议和各部委开的专业会议的决议、报告、总结

2. 省委的指示、决定、决议、规定、重要通知、通报及向中央的工作报告等

3. 省委、省委各部委批转的文件及带有方针政策性的请示和批复

4. 省委、省委各部委、工、青、妇机关的领导同志代表机关在会议上和报刊上发表的文章和讲话

5. 团省委、省工会、省妇联机关有关方针、政策、决议、决定、指示、规则等领导性文件

编制选材大纲的基本要求是：第一，选材大纲应符合选题内容范围和档案材料的实际。既要反映选题内容的广度和深度，选材大纲结构条目设置合理恰当，又要大体上与档案材料相符，选材大纲不设空项。第二，选材大纲既要概括，又要明确具体，每个条目应有确切指向。要防止过于简略或笼统，也要避免牵强和烦琐。第三，选材大纲的文字要精练，用语得当，逻辑严谨，层次分明。

【思考题】

1. 什么是编纂选题？
2. 编纂选题有什么意义？
3. 如何理解编纂选题的方向性标准？
4. 如何理解编纂选题的品牌性标准？
5. 编纂选题的条件是什么？
6. 集成性的编纂选题类型有哪些？
7. 从哪些维度选择专题性的题目？
8. 单一性的选题有哪些种类？
9. 什么是主动提出的选题？
10. 什么是被动提出的选题？
11. 编纂选题的优化标准是什么？
12. 编纂选题规划有哪些？
13. 编前研究的意义和内容是什么？
14. 选材大纲的作用是什么？编制选材大纲的基本要求是什么？

第五章 档案文献的查选

【本章要点】

本章主要介绍档案文献编纂工作中对档案文献的查找、选材和选本等方面的原则、要求与方法，具体包括档案文献查找的意义、原则、策略、方法与组织分工等，选材的实质、原则、要求与方法，档案文献不同文本的成因与文本选择的要求等。

【关键词】

档案查找○求书八法○编纂选材○档案选本

编纂题目的选定和编前研究的开展，确立了档案文献的主题和基本思路，编纂工作转入具体操作性阶段，即档案文献的查找和挑选阶段。一般来说，与编纂题目相关的档案文献信息是客观存在的，但因档案资源数量巨大、保存分散、内容混杂，编纂者要将某一专题的档案文献信息从中提取出来。如果说选题是解决编什么的问题，那么查找和选材就是解决编纂材料基础的问题。从信息资源开发的角度看，档案文献的查选，既是特定档案信息的发掘、发现的过程，也是对档案文献信息筛选、提炼的过程。

第一节　档案文献的查找

一、档案文献查找的意义和原则

（一）档案文献查找的含义

档案文献查找是在确定编纂题目、拟制编纂大纲之后，编纂者根据编纂题目的要求和选材大纲的范围，在比较全面、深入地掌握档案文献状况的基础上，将能反映编纂题目的相关档案文献信息查询、搜集到一起，以供进一步挑选的工作。

从表面看，档案文献的查找是比较简单的技术性工作，但在实际工作中，由于所选题目的利用者对象不同、编纂要求不同、馆（室）藏档案文献数量与质量不同、档案的文本形态与载体不同，在查找档案文献时会遇到各种各样的难题，尤其是在编纂具有一定深度和广度或档案文献来源比较复杂的选题时，更是如此。因此，需要以科学的态度认真分析并把握专题内档案文献的分布状况，并运用一定的策略和方法进行查询和提取，从而把与一部档案文献相关的档案信息挖掘出来，使编纂主题得到深刻的体现。查找工作关系到档案文献编纂选题的实现程度，也关系到对特定专题档案文献信息开发的广度和深度。

（二）档案文献查找的意义

1. 为挑选档案文献创造条件

档案文献编纂的目的，是尽量方便读者利用档案，并有利于保护档案原件。因而，编纂者要本着“量中求质”的原则，努力查找大量的档案材料，凡是与编纂题目有关的材料，编纂者一般都要逐件阅读、认真研究，尽可能将有公布价值的档案文献最大限度地集中起来。查找工作进行得如何，直接关系到下一步有无足够、全面的档案文献可供挑选，因而是影响档案文献编纂质量的关键环节。

同时，做好查找工作，可以防止与编纂题目有关的有重要信息价值的档案不会遗漏在外。如果查找工作做得不够，编纂成果问世后，又在档案部门内外发现了一些较为重要的档案文献，就很有可能需要再出版“补编”或“续编”，不仅给编纂公布工作和广大读者造成困难与不便，也造成编纂工作的重复和资源浪费。

2. 为丰富和充实汇编内容奠定基础

档案文献查找是在一部汇编（即编纂成果）中为读者提供与本专题有关的绝大部分重要材料的重要手段和保证，其目的是尽可能以较为全面、系统的档案文献说明编纂题目，读者不用到档案馆查遍档案原件，只需通过阅读汇编，就能够得到与某一专题有关的档案文献信息，以充分发挥档案文献编纂的优越性。轻视查找工作的重要性，查找不彻底，材料不富足，选材和加工工作就会感到基础很薄弱，难以选出有重要信息价值的档案文献，甚至无档可选、无档可编，其结果是编纂成果不敷读者利用，读者还得亲自调档查档，甚至到其他部门查阅，不仅档案文献编纂功能未能实现，还对档案文献编纂活动乃至档案部门产生消极影响。

3. 为利用者查阅利用档案信息创造便利

为利用者查阅利用档案信息提供服务是编纂工作的目的和宗旨，也是查找工作的目标所在。我们说档案资源数量庞大，从信息资源或社会资源的分布与占有上看，显示了档案资源的优越性。然而，其过于庞大，也造成了档案信息分布的复杂性与档案信息利用的集中有序性、档案信息相对过剩与档案“信息不虞”现象①之间的矛盾。要在浩如烟海的档案原件中系统、集中搜寻某一专题的档案文献信息，对于利用者来说绝非易事。编纂者只有潜心挖掘、广泛搜集，才能使沉睡几十年、几百年，甚至上千年的档案重见天日，才能使利用者通过汇编方便地得到他们所需要的档案信息。这是档案部门利用档案信息服务社会的途径，也是利用专业特长服务社会的重要方式。

（三）档案文献查找的原则

查找档案文献时，编纂者应该遵循在编纂题目要求的范围内“全面查找、宁多勿漏、博约得当”的重要原则。

1. 全面查找

所谓“全面查找”，指两个方面的工作内容：首先，对相关档案部门内部保存的和某个编纂题目有关的档案文献，编纂者均应遍查各个全宗或类别。其次，编纂者还有必要到档案部门以外有可能保存有关档案文献的地方，亲自去了解、查找。如到图书馆、资料室、博物馆、展览室等单位，认真查找有无可收入汇编的档案文献。

为了做到全面查找，编纂者无论是查找档案部门内有关的全宗或类别，还是查找档案部门以外有关单位保存的档案文献，都应充分运用多种检索手段，将与编纂题目有关的以及可能有关的所有全宗、类别和案卷内的档案文献一一过目，虽然可能要消耗编纂者很多精力，但是经过全面查找后，能尽量避免遗漏有较大信息价值的档案文献。

罗尔纲先生在总结编纂《太平天国资料丛编》的查找经验时曾介绍过到南京图书馆颐和路书库去查找有关太平天国的材料，这个书库藏书 70 多万册，编者按库、架、排的次序，对除经部之外的所有清朝道光二十年（1840 年）鸦片战

---

① 200 多年前，霍雷斯·瓦尔坡描述了古怪的岛国“不虞国”，那里的人想要的东西总是找不到，而不想要的东西偏偏会碰上，此现象被称为“不虞”现象。现在信息管理领域常用“信息不虞”现象来反映人们获得的信息无法满足自身的需求，而自身需要的信息却又不能有效地获得。

争后的资料，包括史部、子部、集部、丛书、杂志、报纸、函牍、档案等，一册一册地、一页一页地细细翻阅，凡看见有关太平天国的资料，就登记在簿子上，对其中特别重要的资料，还要作一简略提要。由于采取了这种较为全面、彻底的查找方法，因此发现了许多以前不为人知的有较大史料价值的材料。[①] 正因为编纂者坚持“全面查找”的原则，因而编纂出的《太平天国资料丛编》内容丰富，广受史家欢迎。

2. 宁多勿漏

所谓“宁多勿漏”，即根据编纂题目所规定的范围，编纂者查到的档案文献，宁可多一些，甚至可以比计划选入汇编的档案文献多出若干倍，尽最大努力防止遗漏某些应选入汇编的档案文献。实践证明，编纂者只有在查找阶段坚持“宁多勿漏”的原则，下大气力多收集一些有关的档案文献，争取做到与编纂题目有关的档案文献尽归己手，才能使以后的选材工作有较大的回旋余地，有利于保证汇编质量。尤其编纂数十万字甚至上百万字的大型汇编时，由于题目范围大、时间跨度长、涉及问题多，只有坚持“宁多勿漏”的查找原则，才能使汇编内容全面深入。

由于编纂者对编纂题目和档案文献状况有一个逐步深化的认识过程，所以在开始查找档案文献时，可能认为某些档案文献与编纂题目关系不大，因而未做任何记录就予以剔除。但随着查找工作的深入进行，编纂者对题目的理解逐步加深，会感到以前忽略不用的某些档案具有公布价值，应予选用，可是，再要调档重查已十分困难，尤其是编纂大型汇编时，在人力、时间有限的情况下，重新调档复查更是难以想象。因此，只有坚持“宁多勿漏”的原则，才能防止类似现象的发生，使档案文献编纂工作顺利进行。

3. 博约得当

“博”，就是指通过“全面查找”，实现“宁多勿漏”；“约”，就是收集档案文献不能离开编纂题目要求的范围，无限牵连或漫天撒网式地查找材料，容易出现查找的档案文献与编纂题目关系不大，甚至毫无关系而不能选用的现象。查找档案文献尽管要遵循“全面查找、宁多勿漏”的原则，但是绝对不能“多多益善，凡档皆收”，在查找时必须掌握好尺度。古代学者在谈治学时提倡“学贵博而能约，未有不博而能约者也”（《文史通义·博约中》），只有在“博”的基础上才可能实现“约”。“博而不得其要，则涣漫而无归。徒约而不尽乎博，则局滞而无术。”（方孝孺，《逊志斋集·读〈博物志〉》）从中可看出“博”、“约”之间的关系。在编纂活动中，博、约二者都是围绕编纂主题这一“要旨”展开的，如果违

① 参见罗尔纲：《太平天国资料的发掘、编纂与出版》，载《人民日报》，1961-08-20。

背了“博约得当”的原则，往往会造成查找的材料“大而无当”，甚至可能要重新查找。为使查找到的档案文献“博约得当”，要注意以下两点：

第一，要注意不能无限制地拉长档案文献查找的时间断限。任何一个编纂题目，无论是人物、历史事件，还是机构或问题，都有一定的时间断限，可以到这个时间范围内形成的档案文件中去查找所需要的材料。例如：编纂太平天国档案史料汇编，就可以在太平天国起义的14年内（即从1851年1月广西桂平县金田村起义到1864年6月天京陷落）所形成的档案文件中查找有关档案文献，而不应超出这个时间断限。过多地查找与太平天国没有多大关系的档案，或在枝节问题上，任由编纂者兴之所至、舍本求末，其实是违背了“博约得当”的原则。

第二，要注意不能牵强附会地将一些与编纂题目无甚关系的人物、事物及事件的档案文献收集起来。这些档案文献常与和编纂题目有关的档案文献掺杂在一起，在查找时要善于将二者区别开。中国第一历史档案馆的前身——中央档案馆明清档案部1959年编纂出版的《宋景诗档案史料》，就较好地处理了这一问题。宋景诗起义爆发于1861年，那拉氏（慈禧太后）、兵部侍郎胜保及科尔沁亲王僧格林沁是镇压这次农民起义的主要统治者，胜保、僧格林沁在山东、河南等地与宋景诗部队作战时，与那拉氏奏谕往来，显然，这些朱批奏折反映了宋景诗起义部队的活动情况，是查找的重点。但此期间，同时发生了那拉氏从肃顺等“顾命八大臣”手中夺取最高权力的“辛酉政变”，胜保与僧格林沁都或多或少地介入了此事，在朱批奏折中亦有涉及，但宋景诗起义和辛酉政变毫无关系，查找档案时，编纂者注意将二者区别开来，只选有关宋景诗起义的档案，分寸掌握得较好。[①]

二、档案文献查找的策略

（一）明确档案文献查找的材料范围

编前研究中，编纂者在调查了解的基础上编拟出选材大纲，为编纂选题的内容范围和查选材料提供了指南，选材大纲是档案文献查找的基本取材范围，但不能局限于此。在具体的查找工作中，还要详细分析档案文献的特点、分布状况和文本形态，从多角度思考并合理规划档案文献查询、搜集的材料范围，以此形成档案文献汇编的材料特色和优势。考虑档案文献查找的材料范围的具体角度有材料的文献类型、保存单位、保存地点、载体种类、作者、语种、密级、形成时间等。如材料的文献类型是指限定仅搜集档案中的信息，还是以搜集档案文献为主，亦可搜集一些其他文献，如图书、报刊、资料等信息；再如材料的保存单位是指限定仅搜集本档案馆、室保存的档案文献，还是亦可搜集其他档案馆、室、

---

① 参见曹喜琛主编：《档案文献编纂学》，129～200页，北京，中国人民大学出版社，1990。

图书馆、博物馆、资料室乃至个人手中保存的档案文献，等等。

有了明确的档案文献查找材料范围，才便于按照具体要求进行档案文献的搜寻。材料范围的限定应在编辑说明中或以其他方式向读者交代。

（二）合理规划档案文献查找的轻重缓急

根据英国文献学家布拉德福（B. C. Bradford）对文献分散规律①的研究，核心区信息密度高，而外围区信息密度逐渐降低。重点全宗、类别，藏有较大量的、较集中的与题目关系直接、密切的档案文献信息，首先查阅重点全宗、类别，可以在较短的时间内掌握一大批题目需要的档案信息，大体支撑起题目内容的框架，初步建立起题目各部分之间的有机联系，也便于编纂者加深对题目的认识，扩充材料，并增强按计划完成编纂任务的信心。至于一般全宗、类别中与题目有关的档案文献信息，更加分散、零碎，不少是很隐蔽、很偶然地夹杂在其他记叙之中，所以，从一般全宗、类别中搜集档案信息，需要编纂者更有耐心、更有识别档案信息与编纂题目相关度的高度敏感性，否则，不少很有价值的珍贵信息就会从眼下溜过而不能被挖掘出来。那种认为反正要全面搜集，先从哪里搜集后从哪里搜集都无所谓的看法是不正确的。

（三）充分利用各种检索工具

第一，到档案馆查找档案文献，要熟悉和利用档案馆介绍、全宗介绍、案卷目录、各种专题目录、档案存放地点索引、人名索引和专题索引等检索工具。根据各种目录、索引和介绍，查找时心中有底，不致盲目进行。

第二，查找其他资料，如回忆录、报刊、杂志等，则要掌握和利用图书目录、报刊索引、期刊介绍等查找和参考工具。由于我国各图书馆的目录较全，各种期刊介绍、报刊索引也齐备，利用起来较为方便。

第三，查找古代文献，还要熟悉古籍的分类、源流和各种大型丛书、类书的编纂原则和体例，应具备一定的古籍目录学知识。

早在汉代，我国就产生了世界上最早的综合性分类目录。即刘歆继承其父刘向遗业编成的《七略》，也就是见于《汉书·艺文志》的分类，即《辑略》、《六艺略》、《诸子略》、《诗赋略》、《兵书略》、《术数略》、《方技略》。可惜《七略》这部书已在北宋时亡佚。现在我们能看到的最早的目录学专书，只有东汉时班固所作的《汉书·艺文志》。

---

① 即“布拉德福定律”，其文字表述为：如果将科技期刊按其刊载某学科专业论文的数量多少，以递减顺序排列，那么可以把期刊分为专门面对这个学科的核心区、相关区和非相关区。各个区的文章数量相等，此时核心区、相关区、非相关区期刊数量成 $1:n:n^2$ 的关系。它与洛特卡定律、齐普夫定律一起被称为文献计量学的三大定律。

继《汉书·艺文志》以后，随着科学技术的发展，纸张和印刷术的发明及推广，书籍得以大量印刷，出现了许多不同种类的目录书，图书分类也屡有改革。据《隋书·经籍志》介绍，梁武帝普通年间（520—526 年），有处士阮孝绪著《七录》。"《七录》一曰《经典录》，纪六艺；二曰《记传录》，纪史传；三曰《子兵录》，纪子书、兵书；四曰《文集录》，纪诗赋；五曰《技术录》，纪数术；六曰《佛录》；七曰《道录》。"（《隋书·经籍志》）《七录》比之于《七略》，有所合并、分出和扩充。

我国古代的书籍，《汉书·艺文志》依《七略》分类，称七分法，《隋书·经籍志》以后，依四部分类，称四分法。"四部"之名，起于西晋荀勖所著《中经新簿》，荀勖把各种书籍总括为甲、乙、丙、丁四部，也就是经、子、史、集四部。到东晋李充作《四部书目》时，更换子部、史部的次序，改乙部为史，丙部为子。到唐朝修《隋书·经籍志》时，才正式确定经、史、子、集的名称和顺序，以后一直沿用到清朝，目录书基本上都是用四部分类法。不知道四部分类法，就不容易查找古代书籍。作为一个档案工作者，应掌握古籍文献目录学，尤其要掌握四部分类法。①

---

① 四部分类法具体分为：

经部：包括儒家经典和语言文字学方面的书，如《易经》、《书经》、《周礼》、《春秋》、《诗经》、《乐经》、《论语》、《孟子》、《尔雅》等，分为易类、书类、诗类等小类。同属某一小类的书，再按成书的年代先后排列。

史部：收录的是各种体裁的历史著作和地理书。《隋书·经籍志》分为正史、古史等 13 类，清代《四库全书》分为正史、编年、纪事本末等 15 类。所谓"二十四史"、"二十五史"，后人都把它列在史部。"二十四史"指的是《史记》、《汉书》、《后汉书》、《三国志》、《晋书》、《宋书》、《南齐书》、《梁书》、《陈书》、《魏书》、《齐书》、《周书》、《隋书》、《南史》、《北史》、《旧唐书》、《新唐书》、《旧五代史》、《新五代史》、《宋史》、《辽史》、《金史》、《元史》、《明史》。加上《新元史》则为"二十五史"。中国封建社会把这些称为正史。地理书有《太平寰宇记》、《水经注》等。

子部：收录的是先秦以来诸子百家的著作。《隋书·经籍志》分为儒家、道家、法家、名家、墨家、纵横家、农家、小说家、兵家、天文、历数、五行、医方等 13 类，《四库全书》分为儒家、兵家、法家、农家、医家、天文算法、术数、艺术、谱录、杂家、类书、小说家、释家、道家等 14 类。《商君书》、《韩非子》等均在子部。

集部：收录的是历代作家一人或多人的文章、诗、词、散曲等集子和文学评论、戏曲等著作。《隋书·经籍志》分为楚辞、别集、总集三类，《四库全书》分为楚辞、别集、总集、诗文评、词曲五类。如李白、杜甫、白居易的诗集，王安石的文集《临川集》、刘勰的《文心雕龙》等，皆列入集部。

四部分类法是以儒家著作为首，统率诸家，纲目分明，查找方便，但体现了封建思想统治的特点，极大地束缚了各门学科的发展，其本身当然也不科学，如同一类目中包括不同学科的书籍，经部有哲学（《易经》）、政治（《周礼》）、历史（《春秋》）、文学（《诗经》）、音乐（《乐经》）等学科的书；子部也有哲学（诸子）、政治（《商君书》）等学科的书；史部不仅仅有史书，还有地理、政治、法律等方面的书。因此，四部分类法分类混乱，已经过时，只能作查找古籍之参考。

第四，充分掌握并运用现代信息检索技术。20 世纪 90 年代以来，随着信息技术的飞速发展及其广泛渗透，催生并加速了档案馆的信息化进程。在广泛应用计算机等现代信息设备的基础上，档案馆运用智能管理技术、数据库技术、多媒体技术、现代通信与网络技术等，积极推进档案信息管理和档案资源开发。档案目录（案卷级和文件级）数据库、传统档案数字化、电子文件管理和数字档案馆建设、档案信息网站建设等在各级各类档案馆都有不同程度的开展。利用现代信息检索技术，不仅可以较便捷地查阅本馆内与编纂题目相关的专题档案文献，而且能够查阅本馆范围以外的各类档案馆，乃至其他信息机构的相关档案文献。掌握并运用现代信息技术（包括信息检索技术），是现代档案文献编纂者的基本素质要求。

（四）科学借鉴并运用郑樵的“求书八法”思想

我国的史家、文献学家在治史修志和文献整理的实践中，提出了许多富有创建性的文献查找思想，其中以宋代学者郑樵最著。郑樵在《校雠略》中总结了前人查找文献资料的经验，提出了较为科学、实用的查找档案文献的“求书八法”。

“求书八法”的内容为：一曰即类以求，二曰旁类以求，三曰因地以求，四曰因家以求，五曰求之公，六曰求之私，七曰因人以求，八曰因代以求。

“即类以求”指按各种文献所属类别查找。

“旁类以求”指从与所需文献相关联的其他类别去查找材料。

“因地以求”指根据文献与地区的各种关系去查找材料。

“因家以求”原指对于古籍文献，可以根据它所属的学派去查找。例如，要查找《商君书》和《韩非子》，就可以去查“子部”中的“法家类”；对于近现代文献，则可以引申为根据它所属的专业领域、学术派别去查找。

“求之公”原指到官家图书馆查找材料，现在指到公共图书馆、档案馆及组织机构资料室查找资料。

“求之私”指从私人处查找所需材料。广泛从私人手中征集文献即可被称为“求之私”。

“因人以求”指根据文献的作者或文献内容所反映的人物去查找有关材料。

“因代以求”指文献中反映的人物、事物总是存在于一定的历史时期，可以从该时期的文献中查找所需要的材料。

郑樵的“求书八法”思想对于我们今天在编纂档案文献汇编时查找各种档案文献，仍具有参考借鉴价值，实际上现在的一些档案文献查找方法，也正是从“求书八法”发展演变而来的。

三、档案文献查找的方法

编纂不同题目的档案文献汇编往往有不同的查找方法。总的来讲，查找的方法要根据档案文献的状况、编纂题目的要求和编纂者对档案文献内容的了解程度而定，因而，查找档案文献的方法是多种多样、不拘一格的。其主要方法有以下几种。

（一）档案部门内保存档案文献的查找

我国各级档案馆内所保存的档案，一般都数量巨大、内容繁杂，与某一个编纂题目有关的档案，即使都在一个档案馆内，也不可能集中保存在一起，往往分散在不同的全宗、类别和案卷之中，它们之间的联系，有的比较明显，有的则难以识别，还有的甚至几乎没有什么联系。面对种种复杂情况，要求编纂者必须运用科学的查找方法，下工夫在档案馆内广泛查找，搜寻与编纂题目有关的档案文献，将它们集中起来。

例如，中国人民大学档案系与中国第一历史档案馆合作编纂《清初漕赋资料》时，曾在中国第一历史档案馆保存的清代内阁全宗中下了很大工夫查找有关漕赋问题的题本。题本是清朝高级官员向皇帝报告政务的文书之一，分属吏、户、礼、兵、刑、工六科。漕粮在清代属于重要的赋税之一，归户部管理。因此在户科题本中专门设有“漕粮类”，此类集中了有关漕粮征收、运输、仓储、调拨等各方面情况的档案，与编纂题目有最直接的关系。因此编纂者首先查找户科题本中的“漕粮类”，使之构成本专题的主要组成部分。

但是，查找工作仅仅到此还是不够的。例如，清初战事紧急，经常把征收到的漕粮就地运到附近战场“以济军需”，还要派兵“护漕”，以防有人“劫漕”。为了反映这方面的情况，就必须查找兵科题本。在征收漕粮的过程中，官吏贪污舞弊时有发生，吏部查处了大批贪污漕粮的官吏，为了了解这方面的情况，就要查找吏科题本。在押运漕粮的过程中，不少运丁盗卖漕粮，这些案件归刑部处理，因此还必须查找刑科题本。上述这些档案分别属于各科题本中的不同类别，因而，编纂者必须要“全面查找”各全宗和类别。

围绕一个专题在某一个档案部门内保存有丰富、复杂、分散的档案，这种状况十分普遍，编纂者为使汇编内容比较全面、系统、深刻地反映编纂题目，就必须运用正确的、合乎实际的方法，在档案馆内广泛地、高效率地查找档案文献。在某个档案馆内围绕一个编纂题目查找档案文献的主要方法如下。

1. 查找直接档案全宗（或类别）

所谓直接档案全宗（或类别），指在档案馆内所保存的档案，其内容信息和某一个编纂题目有直接的、密切的关系，而该编纂题目也是以这些档案所属的全宗（或类别）为基础的，则这些全宗（或类别）对于某些编纂题目来讲，就成为直接档案全宗（或类别）。在查找档案文献时，编纂者应首先从直接档案全宗（或类别）入手，然后再查找其他的全宗（或类别）予以补充。

查找时首先查找直接全宗，其意义在于：第一，可以保证汇编内档案文献的有机联系，避免所查找的档案文献过于零碎。第二，可以避免在查找档案文献工作顺序上，因本末倒置而造成的重复劳动，提高查找效率。第三，与编纂题目关系最直接的全宗，往往保存了该专题档案文献的原稿或正本，首先查找到档案原件，可保证选入汇编材料的真实性，避免选入和档案原件内容有出入的抄件，从而使所选材料能够准确反映作者的意图。

编纂《西安事变资料》① 时，在查找档案文献阶段，就体现了首先查找直接档案全宗（或类别）的精神。事变的主要当事者是张学良、杨虎城两位将军，必须首先查找他们二人在这一历史时期内形成的档案，这就首先获得了反映西安事变的历史背景、起因、经过、结局、影响及历史意义等的主要档案，也就有了此编纂的主体部分。再查找西安事变中另一些人物的档案，如蒋介石、宋子文、何应钦及宋美龄的态度及活动，亦构成本汇编的主体部分。因西安事变震惊朝野，各界人士皆有反响，故还要查找刘湘、李宗仁、白崇禧、李济深、宋哲元、韩复榘、阎锡山和冯玉祥等人的档案予以补充，这当然要放到最后查找。首先查找直接全宗是档案文献编纂的通行做法。

2. 查找间接档案全宗（或类别）

某个汇编的题目所包含的历史事实或人物，往往是由不同的作者、不同的立档单位、不同的时间形成的档案文献，从各自的角度和不同的程度上共同来反映的。这些档案文献一般分藏于各个全宗或某一个全宗的不同类别之中，比较分散，表面看去，这些全宗（或类别）与某个编纂题目似乎没有什么关系，但经过认真分析，便会发现它们包含着这个专题所需要的材料，我们就称这类全宗（或类别）为间接档案全宗（或类别）。由于间接档案全宗（或类别）中的某些档案文献可以说明编纂题目，其重要程度甚至不亚于直接档案全宗（或类别），因而间接档案全宗（或类别）亦是查找时不可忽视的对象，在首先查找了与编纂题目有关的直接档案全宗（或类别）后，还应该重视对间接档案全宗（或类别）的查找。在查找档案全宗（或类别）时，通常应注意以下两种情况。

一是要注意查找收文单位的档案全宗（或类别）。与编纂题目有直接关系的

---

① 参见中国社会科学院现代史研究室编：《中国现代革命史资料丛刊·西安事变资料》，北京，人民出版社，1980。

档案文件的作者，在其活动中要与其他机构或个人进行联系，有着公文信件往来，这些机构或个人作为收文单位，往往保存了发文单位有关作者的档案文件，即保存于收文单位的档案全宗（或类别）。这些收文单位的档案全宗（或类别），往往从表面上看似乎与编纂题目没什么关系，但编纂者只要经过深入分析，就会发现收文单位档案全宗（或类别）的内容，不仅和档案作者密不可分，而且和编纂题目关系十分密切，所以应到这些收文单位的档案全宗中去查找材料。

二是要注意查找偶然或片断的记载。有的全宗中的档案文献，无论是从作者、收文者，还是从档案的主要内容来看，几乎都与某一编纂题目没有丝毫关系，似乎不在查找之列。但仔细阅读这些档案之后，会发现有的档案文件的作者有时无意识地、偶然地或片断地记述了一些史实，而这些史实正是编纂题目所需要的，这些画龙点睛之句，往往信息价值极高，因此需要编纂者以敏锐的目光查找出类似的档案文献。

例如，史学界长期以来很重视查找我国封建社会晚期有关资本主义萌芽的档案材料，很多编纂题目皆与此有关。然而，很难找到一份直接而明显地反映我国农村人身依附关系开始解体、雇佣劳动出现、劳动力市场形成和劳动力开始具有商品属性等问题的档案材料。有一份乾隆年间的刑科题本，记载着苏州地方上两个人打架，他们都是纺织丝绸的机匠。官府审问时，一个机匠说：我每天清晨都在苏州广化寺桥头固定地点“立桥”，等候“叫找”，今日他抢占了我的位置，我们“二人争吵不下，前来见官”。整份档案文件讲的都是审理此案的经过，完全属于司法范围，但机匠讲的“立桥”、“叫找”，却反映了这样一个事实：清代乾隆年间，我国的苏州已经出现了大批没有固定工作的丝织工人，他们每天早上来到桥头，即招雇临时劳动力的市场，等候有纺织机的“机户”来“叫找”。这说明当时已出现能自由出卖个人劳动力的雇佣劳动者，也产生了掌握生产资料，占有工场、机器和原料，剥削雇佣工人的工场作坊主，这正是资本主义萌芽的表现形式。这份刑科题本，在不经意间反映出我国“资本主义萌芽”早期真实的社会形态，十分珍贵。对于清代司法方面的专题来说，它属于直接档案全宗（或类别）；但对于清代“资本主义萌芽”的专题来说，则属于间接档案全宗（或类别）。

查找间接档案全宗（或类别）的难度比较大，查找时要善于发现哪些属于间接档案全宗（或类别），以及它们与编纂题目的关系如何，兼收并蓄，综合利用，互相补充，可以共同说明编纂主题，丰富汇编内容。

（二）档案部门外档案文献的查找

1. 对图书馆、博物馆等单位所存档案文献的查找

有的人物、事物或事件在其活动、成长和发展过程中，牵涉许多方面，其影

响甚至波及全国各地，随之而形成的档案文献也散见于各地，造成同一人物、事物或事件的档案文献不仅分别保存于各地的档案馆内，而且还有可能分别存放在图书馆、博物馆、纪念馆或资料室内。为解决读者在研究一个汇编题目时查询资料的困难，还应在图书馆、博物馆等档案馆以外的单位进行查找，将有关的档案文献全部汇集于汇编中，方便读者利用。

在图书馆、博物馆等单位对档案文献进行具体查找时，要充分认识到：任何一部汇编所反映的历史事件或人物的活动，总有一定的区域性，在这些区域内往往形成、流传并保存了与本汇编有关的档案文献。

例如，1951 年南京市太平天国起义百年纪念史料编纂委员会在从事太平天国档案文献编纂工作时，原定档案文献查找的范围以南京市太平天国起义百年纪念展览会陈列的文献和资料为限，但后来在全国各地陆续发现了大批珍贵的有关档案文献，遂决定向全国各地广泛征集太平天国文献。编纂者们除了到南京市太平天国历史博物馆查找外，还重点到太平军的主要活动区域江苏、浙江和安徽三省收集有关资料。

2. 对散落在社会上的档案文献的查找

由于历史的原因，我国不少珍贵的档案文献被劫掠、隐匿、偷盗以至销毁，很多原来保存得十分正规的档案文献，被糟蹋得支离破碎，甚至下落不明。这给科学研究工作造成了很大的困难，也给档案文献编纂工作增加了难度。为了力求做到汇编内的档案文献完整、系统、准确，就要利用查找档案文献的机会，尽最大努力将失散多年、散落难觅的档案文献收集起来，这样既可以为汇编准备坚实的材料基础，又可以丰富馆藏，此举具有为中华民族积累精神财富的重要意义。

例如，有关晚清大买办官僚盛宣怀的档案史料，种类繁多，有奏稿、电稿、函稿、条约、合同、信札、日记、账册、说帖及照片、地图等等，是他 40 多年官场生活和洋务活动的产物。1916 年盛宣怀死后，他的档案文献就一直保存在其后代的手中。1939 年，曾经从中挑选出部分奏稿和电稿，编印了盛宣怀档案史料选集《愚斋存稿初刊》100 卷及补遗 12 卷。后来在这个基础上进行了较大的补选和其他编纂工作，编纂公布了大型汇编《盛宣怀档案史料选辑》。

在查选散落档案时，还应注意这样的现象，即自鸦片战争以后，各国列强长期侵略、掠夺我国，使我国的珍贵档案大量流散国外。从 20 世纪六七十年代以来，一些欧美国家和日本将这些档案文献中的一部分陆续编纂公布，其中有些汇编已流传至我国，未经编纂公布的一些档案文献，也可以在这些国家的图书馆、博物馆等机构内借阅。这些档案文献是研究我国一些重大历史问题的第一手材料，我们应认真将流散国外的档案文献副本收集起来，编入汇编。

3. 注重对民间形成的档案文献的查找与选用

与散落在社会的官方档案文献不同，民间形成的档案文献是国家体制之外的，由地方基层社会组织、家族、个人形成的档案文献。这些档案大多原藏于民间家族或个人手中。20 世纪 50 年代以后，特别是 80 年代以来，随着国家档案事业和文化事业的发展，各级各类档案馆、图书馆、科研机构等通过各种手段征集民间档案，相当一部分已被收集到各类机构中，得到妥善保管，但仍有大量历史档案留存于民间。

民间形成的档案是基层社会状况的反映，也是“从下往上”看待历史事件和历史进程的原始材料。随着社会学、人类学、民俗学、社会史等人文科学研究的发展，民间档案的价值受到学术界的重视，吸引了大量的学者对其进行专门的搜集和研究。如徽州历史档案，从 20 世纪 80 年代以来，在对其研究的基础上已形成我国世界级的三大地方学之一“徽学”。编纂公布徽州历史档案是促进徽学研究、推动徽学发展的重要手段，现已编纂出版的有《徽州千年契约文书》、《徽州历史档案总目提要》、《徽州文书》、《中国徽州文书》、《徽州文书类目》、《明清徽州社会经济资料丛编》、《明清徽州社会经济资料丛编》等多部重量级档案文献编纂成果，充分体现了民间档案的独特价值。

（三）把握材料线索，按图索骥

无论是在档案馆（室）还是在外单位查找档案文献，都应注意把握要查找材料的各种线索，根据这些线索进行查找。

1. 根据编纂题目的时间断限查找档案文献

任何编纂题目的内容都有固定的时间断限，编纂者一般在这个时间范围内查找档案文献即可。但是，也应该注意考虑到汇编的篇幅和档案文献的状况，对于与编纂题目有关、史料价值高但超过了查找的时间断限的，应放宽；而对于可查档案文献的时间断限较长，但有的时期的档案文献史料价值不大的，亦可以适当缩短。原故宫博物院明清档案部编纂《李煦奏折》时，编纂者确定查找李煦奏折的时间断限为：自康熙三十二年（1693 年）李煦出任苏州织造起，至康熙六十一年（1722 年）康熙皇帝病死止。尽管李煦出任苏州织造之前，还曾任过内阁中书、韶州知府、宁波知府和畅春园总管等职，但是，只有他担任苏州织造时上的奏折才最重要，实际上他是康熙皇帝派驻在江南的耳目，担负着康熙皇帝交给的特殊使命，可专折奏事，因此他在苏州织造任上的奏折才具有史料价值，查找的时间断限自应从此开始。李煦在雍正五年（1727 年）以后才死去，但康熙皇帝一死，雍正皇帝即惩治李煦，李煦也就失去了鹰犬作用，他的奏折已没有研究价值，查找的时间断限可到康熙皇帝死为止。

2. 根据编纂题目涉及的人物查找档案文献

无论是编纂某一人物的专题，还是某一时间段、某个机构或某个问题的专题，在查找档案文献时，一般都要涉及一些人物。这些人物，有的是当时某一事件或事物的策划者、发动者或参与者，有的是知情者或受影响者，他们形成的档案文件与编纂题目有着密切的关系，而且他们之间往往也关系密切或关系微妙。为此必须全面查找档案馆内外所藏的有关人物的档案文献。从一些历史人物与档案文献的关系上看，他们有的是文件作者，有的是受文者，有的是文件保存者，也可以根据这个线索，查找这些人物的全宗或案卷，搜集与编纂题目有关的档案文献。如编纂第一次鸦片战争的专题，可查找林则徐、邓廷桢、道光皇帝、琦善等人的档案；编纂太平天国专题，可查找洪秀全、曾国藩、李鸿章等人的档案等。

3. 查找不同种类的档案文献

各级档案馆（室）都保存着种类繁多的档案文献，这些不同种类的档案文献，在其形成和流转过程中发挥的作用不同，其史料价值也就不同。编纂者要注意查找不同种类的档案文献，通过不同的方面和层次，共同说明编纂题目。

例如，在编纂《清初漕赋资料》时，编纂者就比较重视广泛查找中国第一历史档案馆所藏的顺治朝内阁档案全宗中不同种类的档案，如题本、黄册、奏本、诏书、敕谕、表、笺、启本、咨、移、片、行、手本等，从不同的角度反映清初征收、运输和支配漕粮的情况。

近代以来，档案文献的记录方式发生了重大变化，照片、录音、影像资料以及今天的多媒体电子文件与日俱增，档案的形成方式呈“记录”、“刻录”、“摄录”并存态势，查找、搜集新型记录形态的档案文献成为当今的需要和趋势，特别是编纂电视专题片或文献纪录片时，尤应注意。

4. 从新、旧著述中查找所需档案文献

我国有编纂档案文献的悠久历史和光荣传统，自古以来就盛行后朝编纂前朝的档案文献、后人编纂前人的档案文献等做法，为我们积累了浩如烟海的档案文献资料。在档案馆外，尤其在图书馆、资料室查找档案文献时，要注意吸收前人的成果，从新、旧著述中收集汇编所需要的档案材料以保证汇编内档案文献的全面性。

如清代非常重视方略的编纂，在历次平定叛乱、削除边远省份的割据势力、统一或巩固边疆以及镇压农民起义等大规模军事活动取得胜利后，清政府都要下诏设馆，将本次用兵过程中的有关谕旨、奏折等文件，选其重要者编成《方略》，以供统治阶级参考借鉴。清代官修的《方略》有20余种，约2 255卷。现在编纂关于清代边界问题、民族问题及农民起义等问题的汇编，在查找档案原件之余，可多查《方略》，以丰富汇编内容。

5. 对口述档案的查寻和采集

有些专题的档案文献，或本来就不完整，或后来缺损散失，仅仅依靠档案来说明编纂题目已很困难，因此，要借助其他文献资料予以补充，口述档案资料便是其中一种。口述档案资料（包括人们通过采集口述档案进行系统加工而成的回忆录）所记述的多为作者或叙述者的亲身经历，是根据作者或叙述者的回忆或所存有关资料录制、撰写而成的，提供的许多细节可以大大补充档案文献的不足。口述档案被称为“活资料”，可以对档案文献记述的事实进行订正，是科学研究的重要参考材料。

四、档案文献查找的组织分工

围绕大型的编纂题目查找档案文献，往往需要多人参加。为了保证查找工作的顺利进行，必须有科学合理的分工，使每个人明确自己应查找的范围，以免漏查或重复。确定查找时的分工，根据选材大纲的要求，应参照以下两种情况来进行。

第一，根据编纂题目内所需档案文献的分布特点，即按档案文献所在的不同地区、机构、全宗、类别，或按档案、方志、回忆录、专著、报刊等不同的文献种类，组织力量分头查找。

例如，编纂《苏州丝绸档案汇编》时，由于有关苏州丝绸的档案分别保存在吴县县商会、清末的苏州商务总会、民国时期的苏州总商会以及一些生产销售丝绸的公所（如云锦公所、霞章公所）等机构的全宗中，在分工查找时，便采取每人负责一个机构全宗的办法，按照选材大纲，把有关苏州丝绸的原料生产、缫丝、织绸、销售、管理、运输、外贸、工人斗争等方面的问题，在各全宗中普查一遍。这种分工方法，要求编纂者对汇编的内容有全面的了解，在查找中要经常互通情况，紧密配合。最后把各自查找到的材料汇总到一起，结果不仅全面地反映了有关苏州丝绸各方面的情况，而且无冗无遗。

辽宁省档案馆在编纂《奉系军阀档案史料汇编》时，也是把人员分成几个组，对奉天省长公署、军都部堂、交涉员署、张作霖专题档案等几个全宗同时进行查找，避免重复查找或因分类不细致造成漏查的情况。[①]

第二，按编纂题目反映的内容，把涉及时间较长、问题较多的题目，分成几个较短的时期或几个问题，分组查找。

---

① 参见潘玉民主编：《档案编纂学》，146～167页，沈阳，辽宁大学出版社，1997。

例如，编纂《北京自来水公司档案史料》（1908—1949 年）时，由于题目跨越时间较长，每个时期都包含众多问题，因此，决定划分为清代末期（1908—1911 年）、北洋政府时期（1912—1927 年）、国民党政府时期（1928—1937 年）、日伪统治时期（1937—1945 年）、国民党统治时期（1945—1949 年）等五个阶段来查找，各阶段又包括自来水产销各种问题，查找后汇集起来，全面而不重复。

第二节　选材的意义和原则

一、选材工作的实质

“选材”，即档案文献的挑选，是指根据编纂题目及选材大纲的要求，编纂者按照一定的原则，在科学、深入分析档案文献信息价值的基础上，从已查找到的档案文献中，进一步细致精选出符合题目要求的档案信息，确定档案文献汇编的内容构成，使汇编主题得到正确的阐明。

从浩如烟海的档案文献中筛选出阐明某一特定题目所需要的档案文献，是整个档案文献编纂工作的基础。如果说档案文献的查找、搜集，是初步将与题目无关的档案信息排除掉，将与题目有关的档案信息筛选出来并初步集中的话，那么，选材则是在此基础上，进一步将不需要在档案文献出版物中采用的信息排除掉，确定以哪些档案文献为原料来阐明编纂题目的重要工作。查选时，受工作进程和条件的限制，通常只能将阅读到的单份文件与题目的内容范围、选材范围的特定要求相对照，考虑其是否与题目有关，进而将与题目有关的档案文献尽可能“悉数无遗”地搜集起来。而在挑选阶段，与题目有关的材料已得到汇集，并初步得到归类、排列，材料之间的联系初步建立起来，甚至同一档案的不同文本也得到集中，为此，选材主要是研究某一档案文献的信息内容与其他档案文献相比较具有何种差异、具有何种优越性和突出价值，并确定对它们的取舍。

因此，选材是对档案文献信息做进一步挑选的工作，其实质是在对档案文献进行“去粗取精、去伪存真”的分析与研究的基础上，按照科学的原则和方法选择有较大公布价值的档案信息，作为正确阐明档案文献编纂题目的基本素材，解决与题目有关的档案信息浩繁芜杂同档案文献出版物质量要求和篇幅限制之间的矛盾。

二、选材的意义

（一）去除芜杂的材料，使汇编内信息更加精练

编纂者在查找阶段本着“全面查找、宁多勿漏”原则搜集起来的有关某一专

题的档案文献往往很多，存在着数量庞大、种类繁多、版本各异等问题。尤其从内容上看，有真实的，也有伪造的或经过篡改的；有正面的，也有反面的；有带有普遍性的，也有具有特殊性的；有具体的，也有抽象的；有典型的，也有非典型的；有主流的，也有非主流的；有精辟的，也有粗糙的；有记述真切的，也有记载失实的；有完整的，也有残缺不全的……因此有必要对搜集的档案文献进行选择，剔除其中伪造或篡改的、粗糙的、记载失实的、残缺不全的材料，使收入汇编的档案文献更加精练。为此，有的学者曾提出选材应坚持“宁精勿滥”的原则。

（二）分析档案文献的价值，丰富和凝练编纂的信息内涵

档案文献汇编是档案文献（件）的汇集，要通过一份一份的档案文件材料来说明汇编的主题，因此，只有把有重要价值的档案文献挑选出来，确保每份档案文献的质量和信息量，才能使整个汇编的信息内涵得到丰富和凝聚，也才能使汇编的主题得到说明和彰显。而在搜集的众多材料中，哪份材料最能反映作者的意图、思想？哪份材料是真实的、真切的记录？哪份材料具有代表性和典型性？哪份材料又能够反映事件和人物的本质？如此等等，都需要编纂者去分析、去判断。因此，通过选材工作，编纂者根据一定的原则，对档案文献进行分析研究，正确判断其内容实质和信息价值，在保证入选材料的客观性、真实性的基础上，力求以最具价值的档案信息，保证并提升档案文献汇编的质量，深刻展现和揭示历史的真实状况和规律。

（三）审查材料的政治性，确保汇编思想性和合法性

档案文献编纂工作是一项具有较强政治思想性的工作，这已为历史所证实。即使今天我们从信息资源开发的角度看待档案文献编纂工作，也不能忽视其政治性。因为信息科学虽然更多地从“资源”的视角看待信息、信息管理和信息利用，但无论信息管理还是一般管理，都具有政治性。2010年，“维基解密”网站公布美国驻阿富汗军队的9万多份秘密档案①，就是一项重要的政治事件，已经构成了对美国国家安全的侵害②。档案文献编纂的政治性不仅涉及编纂的政治立场、政治目的、政治影响，还关涉国家政策，如有的档案属于《档案法》、《保密法》规定不准公布的范围。对编纂公布的档案采取“（政治）价值无涉”的立场是不负责任的行为，其危害不只是引发政治问题，更重要的是危害到国家安全、国家利益和国家主权。编纂者必须掌握一定的政策界限，对材料进行审查，防止

① 参见羽广：《驻阿美军9万多份机密文档遭泄露》，载《第一财经日报》，2010-07-27。

② 参见张旭敏编译：《驻阿美军秘密档案遭泄露》，载《中国文化报》，2010-07-31。

入选的档案文献产生不良政治影响，确保汇编的思想性和合法性。

总之，选材是编纂的关键性环节之一，编纂者对材料价值的判定与弃取起决定作用，对档案信息能否正式进入科学交流过程起着“把关”作用。

三、选材的原则

分析和评判档案文献的实质与价值是选材工作的核心和关键。选材工作必须以科学的原则为指导，才能公正、客观地分析、判断档案文献的价值，从而把有重要价值的档案文献选入汇编，保证汇编的质量。在分析档案文献实质和价值中，应遵循以下原则。

（一）遵循历史唯物主义

档案文献是一定历史条件下的产物，只有把档案文献放到产生它的特定历史环境下去考察，才能正确判定它的价值和意义。列宁曾指出：“在分析任何一个社会问题时，马克思主义理论的绝对要求，就是要把问题提到**一定的**历史范围之内。”[①] 毛泽东也说：“今天的中国是历史的中国的一个发展；我们是马克思主义的历史主义者，我们不应当割断历史。从孔夫子到孙中山，我们应当给以总结，承继这一份珍贵的遗产。”[②] 因此，在分析、挑选档案文献时，必须坚持和运用历史唯物主义观点，既要承认历史发展的阶段性，把档案文献放到一定的历史范围内去考察；同时承认历史的连续性，不能割断历史。以历史唯物主义为选材的指导原则，辩证地考察档案文献，对其进行科学分析，是正确决定材料取舍的前提。运用历史唯物主义观点选材，要注意以下几点。

第一，要用实事求是的观点考察历史发展的客观过程，尊重历史事实的客观性，保持档案文献的完整。既要克服不顾历史事实，苛求前人的历史虚无主义态度，又要克服肆意肢解、割裂档案文献，断章取义的实用主义手法，防止对汇编的简单拼凑。

第二，认识到社会历史现象的复杂性，要用全面的观点，掌握全面、丰富、准确的材料，以反映出某一历史事实的全貌，不应以偏概全，更不能因人废言。对于重要历史时期和重要事件，更要全面、充分地占有材料，力争全景式、多层次、多向度地反映其客观过程，不能浅尝辄止。

第三，对于历史人物产生的档案文献，要具体分析档案文献产生的历史环境，避免超越历史条件的历史唯心主义。不能搞“六经注我”，根据先入为主的结论来取舍材料；更不能不顾历史事实，片面否定或夸大某些历史人物的作用。

---

① 《列宁全集》，中文 2 版，第 25 卷，229 页，北京，人民出版社，1988。

② 《毛泽东选集》，2 版，第 2 卷，534 页，北京，人民出版社，1991。

总之，遵循历史唯物主义的选材原则，就是要坚持马克思主义历史的观点、全面的观点和辩证的观点，正确分析、评判档案文献的实质和价值，是选材中的根本性指导原则。

（二）深入分析档案文献的信息价值

档案文献是社会活动的记录，凝结了人们社会活动的过程、经验和知识，包含了丰富的历史信息。自 20 世纪 80 年代以来，档案文献作为一种重要的信息资源逐步被社会所认知。档案文献编纂工作是档案文献信息资源开发的一种有效方式和途径，其目的就是要把某一专题的有价值的档案文献信息从档案文献资源库中发掘、提取出来，并整合起来，为社会提供集中、科学、系统的档案文献信息，满足社会的最大需求。深入分析档案文献的信息价值是发掘、发现高质量档案文献的必要手段，也是做好选材工作的必由之路。

档案文献编纂学研究中，无论是档案文献编纂工作者还是学术研究者，对于分析、把握档案文献价值都十分重视，并提出了多种档案文献价值选择的标准。如潘玉民等认为"我们应本着'全'而'新'的原则，真正发挥档案资料印证史实和纠谬补缺的作用"[①]；韩宝华认为"在挑选档案信息过程中要牢牢把握的基本点是，有传播价值的档案信息应是重要的信息、客观的信息、准确的信息、系统的信息"[②]；刘耿生等强调档案的史料价值是"既逝性和启迪性的统一体"[③]；李荣忠则提出"档案的价值必须具备真实、重要、有新意这三个要素"[④] 等等。不同的看法反映出学者对选材的不同价值取向，但都体现出在选材工作中，需要深入分析档案文献价值的基本要求。

在深入分析和把握档案文献价值的过程中，需要注意以下几点。

第一，转变对档案文献的价值观念。在以往的编纂学和编纂工作中，多从编纂公布历史档案，为历史研究服务的角度，提出分析档案的史料价值。随着档案属性从史料向信息的转变、档案文献编纂从史料编纂公布向信息资源开发的转变，对档案文献价值的分析和关注点需要从史料价值向信息价值转变，以适应编纂工作的发展。

第二，注意档案文献信息价值的多元性。档案文献的价值是其记载的信息属性与人们需求的耦合，这种耦合根据主体需求的方向和信息属性可能会有不同的

---

① 潘玉民主编：《档案编纂学》，155 页，沈阳，辽宁大学出版社，1997。

② 韩宝华：《档案文献编纂学教程》，168 页，北京，中国人民大学出版社，1999。

③ 刘耿生主编：《档案文献编纂学》，90 页，北京，中国人民大学出版社，2007。

④ 李荣忠：《试论历史档案编纂的选材标准》，载《图书情报知识》，1985（3）。

方面，体现出多元性。如史料价值、社会管理价值、政治斗争价值、科学研究价值、经济资源价值、思想文化价值等，不同的取向会影响到我们对档案文献的取舍。

值得一提的是，随着现代电视、网络等媒体的发展，档案文献的价值不仅限于其记载的内容，而且它们在新的传播方式中作为记录形式，本身也具有价值。如在文献纪录片中，“文献片除了提炼、引用档案材料的史料内容来佐证影片的主题观点外，更重要的是它要全息地表现档案材料客观存在这样一个事实，包括对材料文本的展示。对档案形成过程的探讨及对档案材料上某些特征（如字迹、印鉴等）的强调与特写等等”①。通过展示档案文献，起到视觉效果和感染力。

第三，在历史联系中把握档案文献的信息价值。把对单份材料的分析与对一些相关材料，乃至整个事件的发展过程综合研究相结合。有时一份材料孤立地看似乎并不重要，而与其他相关材料结合起来综合考察，则可能是十分重要甚至不可或缺的，是由档案文献联结起来的历史之链中的一个环节。因此，在对单份材料深入分析的基础上，还要进行综合研究，准确决定材料的取舍。

第四，紧紧围绕编纂题目。档案文献的价值具有多方面，具体要选择哪一方面的价值，需要根据编纂题目的需要，强调其价值的确定性和相对最大化。有些档案文献非常重要，但与编纂题目关系不大，不在汇编选材范围内，也只能弃置不用，或通过其他方式公布，不能录入汇编。朱金甫在谈到选材的原则时曾指出：经过复选的档案信息“必须与题目本身密切有关，或阐明题目的本义，或体现题目的要求，或拓展题目的范围，或充实题目的内容，使题目由抽象而具体，并通过保持众多档案文件之间的联系和逻辑关系，成为一体”②。

（三）掌握有关法规政策界限

编纂工作是对档案文献信息的公布行为，选材工作既是对档案文献价值的分析和判定，也是对材料的政治性审查。选材时要坚持实事求是，但并非意味着采取纯粹客观主义态度，有什么就公布什么，也不能一味地求新、求奇，片面追求所谓“轰动”效应，而应当在政策和法律的框架下，做好材料的取舍。具体来说，要注意做好以下几点。

第一，在法律、政策允许的范围内公布档案文献。我国的《档案法》、《档案法实施办法》、《保密法》、《各级国家档案馆开放档案办法》、《开发利用科学技术

① 陶永祥：《文献纪录片拍摄中的档案与档案工作》，载《档案》，2002（1）。

② 朱金甫：《明清档案编辑实践丛谈》，见朱金甫主编，中国档案学会档案文献编纂学术委员会编：《档案编纂新论》，25页，北京，档案出版社，1992。

档案信息资源的暂行办法》等法律法规中，对档案文献的公布权、公布范围、公布要求等都有严格的规定。如《开发利用科学技术档案信息资源暂行办法》就规定："国家经济、技术、军事科学研究发展的基本情况资料、数据、观、探、监测记录，各类普查统计记录及分析研究报告，凡涉及国家安全和战略决策、布局、尖端技术、攻关项目等重大科技机密的，要报经主管部门批准后，方能开发利用。"选择公布的档案文献必须在法律、政策的范围内，不能超越法律法规和政策对编纂公布档案文献的规定，随意公布档案文献。

第二，维护国家利益和国家安全。维护国家利益，是任何一个国家档案工作的基本任务和责任之一。档案是国家的核心信息资源，也是一种特殊的战斗力，面对涉及国家主权和国际争端的重大事件，面对维护国家安全、建设"信息边疆"的重任，档案文献编纂活动要自觉承担起维护国家利益和安全的责任。中国第一历史档案馆的鞠德源先生，在查阅数以吨计的历史文献基础上，出版了《日本国窃土流源　钓鱼列屿主权辨》，以大量翔实的史实证明，自14世纪起钓鱼列岛就是中国的领土。2008年，面对西藏分裂势力的嚣张，国家档案局从白元代以来浩如烟海的档案中，列出15条历史铁证，向世人说明中国中央政府有效管辖西藏700多年这一改变不了的事实，并将这些档案制成视频文件，在官方网站予以公布，以捍卫国家主权。这些都是公布档案信息，维护国家主权和国家安全的典范。在选题工作中，编纂者要有国家利益和安全意识，防止档案信息的非法、无原则的"滥用"。凡不利于民族团结，有损国家利益和国际友好关系，尤其涉及边界、矿产、国防等国家机密的档案，不能选入汇编。

第三，维护公民的信息权利。信息社会中，公民的信息权利保护意识逐步提高，维护公民的信息权利，既是《档案法》的规定（《档案法》规定档案公布"不得侵犯他人的合法权益"），也是信息社会的行为规则和信息道德的要求。档案中包含了大量私密性信息如个人隐私、企业的商业秘密等，以及知识产权信息如著作权、非专利技术的材料，如果不细致分析而任意公布，便会对公民和组织的隐私权、知识产权造成侵害。因此，要通过选材把关，防止侵权行为的发生。

第四，克服教条主义，尊重历史史实。在把握政策界限时，除相关政策明确规定不能公布出版的档案文献范围外，对现行政策要认真领会和运用，不能因现行某项具体政策的需要而掩盖、否定或歪曲历史事实。有一个案例对我们有普遍启示意义。1982年8月30日，廖仲恺、何香凝纪念馆落成揭幕，馆内展出了400件图片、资料和实物，但关于廖仲恺被国民党右派杀害的那部分材料却有意回避，没有展出。而我国台湾的某些人士竟写文章说廖仲恺是鲍罗廷和中国共产党人杀害的。廖承志同志在揭幕仪式的讲话中驳斥了这种诬蔑之词，提出要把这部分展出来。他说：把这部分展出来，“是不是同我们的三次国共合作、和平统一的事业相违背呢？我看没有。这是两个事情。第一个是历史问题，第二个是政策问题。目前，首先重要的问题，是推进国共第三次合作，促进这个和谈。但是这么一个历史问题，就不能像台湾那一些人那样颠倒黑白，混淆是非。这个问题不说清楚，对于后代的教育，也没有什么好处”。对于类似的历史问题，我们要本着牢记历史、面向未来的原则，求历史之真，而不是因政策需要，回避历史。

在把握选材的政策界限时还应注意，编纂者对一些有关政策界限的档案，要正确区分将其在专供科学研究或属于内部发行的汇编中公布，还是在供宣传教育或教学参考等公开发行的汇编中公布，不能将两者混淆，不能将本应控制公布范围的档案选入拟公开发行的汇编中。①

第三节　选材的基本要求

在遵循选材原则、逐件逐份评判审查档案文献的基础上，编纂者可以根据编纂题目的要求、编纂与公布档案文献的目的，按照选材大纲规定的选材范围以及档案文献的不同特点，具体考虑以下要求，以提高汇编选材的整体质量。

一、去伪存真，选择真实可靠的材料

力求选择真实可靠的材料是选材工作的一项基本要求。因为，材料缺乏，最多得不出结论，而材料虚伪，则会导致错误结论。材料的真实可靠性是保证汇编质量的生命线，也是档案文献汇编与其他文献相比所具有的信息优势之一。档案文献的真实可靠性包括两个方面：一是指档案文献本身是真品；二是指档案文献所记述的内容是符合实际、真实可靠的。

对档案文献真实可靠性的判定是我国传统文献学考据和校勘的重要内容，也是档案文献编纂工作的专门性工作，我们将在第六章“档案文献的考订”中具体介绍。在选材工作中，围绕选择真实可靠的材料，编纂者需要做到以下几点。

（一）选材时要特别注意档案文献内容的可靠性

档案本身虽是历史上形成的真品，但是还必须判断其所记载的内容是否存在，是否真实，尤其要注意其内容是否经过旁人删改而有悖原意。如果内容不实，必须向读者交代清楚。如清末祝大椿的“源昌机器五金厂”是中国近代民族工业规模最大、资本最巨、历史最早的机器厂。许多历史学家都以这条材料为

---

① 参见刘耿生主编：《档案文献编纂学》，68～102页，北京，中国人民大学出版社，2007。

例，来阐明中国近代工业的萌芽。这条材料确有档案可查，但档案中记载的事实却是祝大椿为了骗取朝廷的爵赏而虚构的。清政府在1895年中日甲午战争后鼓励民间设厂，祝大椿为了骗取奖励，把自己的一些加工厂（如碾米厂、缫丝厂等）合资凑成资本200万元，把“源昌五金号”改为“源昌机器五金厂”上报，按规定得了一个二品顶戴的爵位。在今天的社会管理中，经常有有关档案文件内容造假的报道，以今推古，我们可以想象诸如此类档案原件真实而内容虚构的档案文献并不少见，需要我们特别注意。

（二）伪造、篡改的档案文献，除专为证实或揭露作伪、篡改等特殊目的以外，一概不能选用

选材时对这类档案首先应当进行认真的考订，尤其是对出于某种目的而有意虚构或伪造事实的档案以及经过篡改而违背作者原意的档案，必须在经过核定证实后予以剔除，否则将会产生不良的后果。对于一些在某种复杂的历史背景下产生的伪品或内容经过篡改的真品，在汇编中适当选入时必须加以必要的说明，以反映伪造者或篡改者的本质及其活动，证实或揭露作伪等，以供研究者参考，除此，一概不能选用。如1864年天京攻破，忠王李秀成被俘，他将自己的身世、经历以及太平天国失败的原因等，写成近5万字的《自述》。但自述交给曾国藩后，曾国藩为了欺骗朝廷，夸大自己的战功，对《自述》大肆进行篡改、删削，并将经他篡改的《李秀成供》抄录呈送朝廷。对于这样的篡改件，一般不能选用，即使选用，也要指明曾国藩篡改之处及其目的，让读者明了。

（三）尽可能选择档案原件

档案原件有三方面内涵：一是相对于已编纂公布过的档案文献而言，属于未公布过的档案文献，或公布过的档案文献底本。二是相对于档案文献的复制件而言，属于底稿，而非转抄的副本。这里复制件只是转抄的副本，不能视为与原件不同的版本。三是相对于其他资料而言，属于档案文献，而非典籍或撰著的文献。

对于前两方面较容易理解，就第三方面来说，档案文献编纂的选材主要是档案文献，但并不是绝对舍弃某些撰著的文献，如报刊、文集中的重要文章等，必要时可根据需要选用部分有重要价值的撰著文献[①]，以保持内容的完整性和连续性，但总的要求是应尽量选用档案原件。选用原件，可以最大限度地保证汇编内容的新颖性，防止重复编纂公布；同时可以订正许多已经编纂公布档案文件或转抄件的伪误，保证汇编内容的真实可靠性。

---

① 编纂学中曾经就“档案文献编纂”一词有过讨论，是“档案”文献的编纂，还是“档案”+“文献”的编纂，抑或是以“档案”为主，亦可部分选入其他“文献”。争论的结果以后者为主导观点。

二、透过现象看到本质，选择能说明问题本质的材料

档案文献是前人为了当时现实工作的需要而形成的历史记载，对于它们记载的史实或现象说明了什么本质问题，有什么理论价值和意义，前人是不曾想到和难以预料的。然而，对于今天我们从事的档案文献编纂工作来说，必须运用历史唯物主义的观点进行科学分析，以求抓住材料说明的本质问题，这是决定材料取舍的重要依据。在选取本质性材料时，编纂者应做到以下几点。

（一）透过现象，看到问题本质

任何一份材料都是本质与现象的对立统一，没有离开本质的现象，也没有脱离现象的本质。选材时，不能脱离现象凭空去挑选直接反映本质问题的档案文献，也不能仅仅停留在认识现象的水平上，漏掉反映重大本质问题的档案文献，而要透过档案文献记载的现象去发现它所说明的本质问题。

如在编纂《清初漕赋资料》时，选择了大量清内阁题本，这些题本反映的主要是以下内容：清初顺治朝因忙于镇压各地反清力量，急需漕粮“以济军需”，因此，不仅命南方运粮船“星夜北上”，而且要求在北京卸下漕粮后“火速南下”，继续运粮，若出现运粮迟误，则治以重罪。题本中记述的这些现象所反映的本质是漕运这种赋税形式，是封建王朝为满足官俸、军饷和宫廷靡费的庞大需要，将每年征收的田赋——漕粮转运到京城以实现再分配的一种方式。漕运成为封建社会中中央集权的上层建筑赖以生存的生命线。只有透过现象，才能抓住本质，材料的价值也才能显现出来。

（二）把握矛盾主要方面，抓住问题本质

所谓选择能够反映问题本质的材料，就是选择能反映事物的根本性质，表现事物矛盾主要方面，对说明有关历史事实的实质具有决定性作用的材料。如中央档案馆、中国第二历史档案馆、吉林省社会科学院共同编纂的我国第一部反映日本帝国主义侵华罪行的大型档案汇编《日本帝国主义侵华档案资料选编》，编纂者首先查阅了我国政府审判日本战犯、伪满汉奸的档案及其他有关历史档案，在把握全局的基础上，确定日本帝国主义的“侵华”为矛盾主要方面，从反映其罪行的大量材料中，选出能反映日本帝国主义侵华的政治、军事、经济、文化等基本政策性和基本策略性的材料，来反映历史本来面目，而不是将眼光仅仅局限于日本帝国主义烧杀抢掠等方面的罪行。其次，对所涉及的问题，尽可能进行深入的科学分析，从资料对比中，捕捉到说明本质问题的材料。《选编》的《九一八事变》卷中，选用了日本战犯柏叶勇一的一段供词，在供词中，他供认了他任山海关伪国境警察队副队长时，受驻山海关日本守备队队长落合甚九郎命令，阴谋制造中国军队进攻日本守备队的假象，结果日军以此为借口全面夺取山海关，并

进攻热河和华北。为山海关事件做了重要补充。[1]

（三）注意揭露假象，揭示问题本质

档案文献的内容反映的现象是复杂多样的，其中有许多是假象（也是一种现象，它是本质的扭曲反映）。记载的假象加强了现象与本质的对立，在选材时应深入研究，不要被某些材料的假象所迷惑，应透过假象揭示本质。如，在五四运动中，直系军阀吴佩孚发表了许多攻击皖系军阀段祺瑞卖国，表示“同情”学生运动的通电，其言辞之激烈甚至超过了学生发表的宣言。这些通电的内容就是一种假象，其目的是为了“倒段”，进而扩大自己的势力。吴佩孚支持学生是假，扩大势力是真，这些材料的实质是反映了五四运动中军阀之间的矛盾。

（四）通过私人档案，发现本质问题

私人信函、日记、私下谈话记录等档案是透过现象看本质的重要途径。一些至亲好友，视同莫逆，无话不谈，他们交往而形成的档案，往往记录有不少隐私，道出许多重大历史事件的内幕或机密，这些反映事物真正本质的档案，是选择的重点之一。

选材中透过现象看到本质的过程，往往是一个对本质的认识逐渐深化的过程，编纂者需要对档案中的现象反复研究，随着认识水平的逐步提高，对事物本质的理解也不断加深，从而正确掌握档案的信息价值。

三、注意材料的代表性，选择与编纂题目有关的典型材料

所谓典型材料，即具有某一方面代表性的材料，它来源于一般，又能集中体现和代表一般。典型材料具有较高的价值，材料的典型性越强，所包含的信息量越大，反映事物的本质越深刻，就越能用少量的材料说明相对较多、较深的问题，达到“博收约取”的目的。如《中国的红色政权为什么能够存在?》、《星星之火，可以燎原》和《井冈山的斗争》等著作，就是毛泽东在第二次国内革命战争时期关于红色政权理论的典型作品，取用这些材料可以突出反映中国共产党建立的红色政权的理论、路线、方针和政策。再如，要反映20世纪70年代末80年代初的改革开放与农村联产承包责任制的推行，安徽小岗村村民的“大包干红手印”，或称“包干合同书”[2]，是不可或缺的材料。

典型材料有各种不同的表现，如列宁曾经指出的那样，要详细地占有材料，把握事实的总和，从事实的联系中去掌握事实。在选材时要注意以下几点。

---

① 参见刘美玲：《档案资料编纂工作中的选材问题——就〈日本帝国主义侵华档案资料选编〉编辑工作谈几点看法》，载《档案学研究》，1990（4）。

② 现藏国家博物馆，馆藏编号为GB54563。

（一）根据编纂题目的需要，注意典型材料的多样性

涉及范围较广的编纂题目，需要诸多方面的档案文献，从不同的角度共同说明编纂题目，因此各方面都会有典型材料。由于各方面典型材料侧重点不同，选材时应注意典型材料的多样性，以之构成整部汇编的精华。如《张闻天选集》，1931年至1935年遵义会议前的四年期间，张闻天同志曾犯过“左”倾错误，但在此期间，他也曾写过一些观点基本正确和一些反对“左”倾的政策的文章，因此在编纂时，既选录了他错误的文章，也选录了他对错误的反省材料，还选入了他受到批评时坚持正确观点的材料，但全书的主要内容则是他对毛泽东思想发展和形成做出重要贡献的文献，从而全面地反映作者思想的变化，从本质上体现出作者的贡献。

（二）根据编纂题目的具体特点，注意典型材料的相对性

同一人物、同一事物，在不同的历史时期会有不同的典型材料。有的档案对于某人来说，只是反映他此时情况的典型材料，彼时则不能成为他的典型材料，而被另外的典型材料所代替。可见，典型材料对于编纂题目来说是具有相对性的，不能简单、片面、静止地选择典型材料，应充分考虑到历史人物及事件的发展情况，在特定的环境和背景下来选择典型材料。

例如，反映洪秀全思想的典型材料，在太平天国革命前和革命胜利初期的《原道救世歌》、《原道醒世训》、《原道觉世训》等，体现了其“天下一家”、“普天之下皆兄弟”等农民朴素的平等意识以及反对压迫的渴望。但在定都天京以后，其思想逐步向封建地主阶级蜕化，《建天京于金陵论》、《贬妖穴为罪隶论》、《诏书盖玺颁行论》等成为宣传其“真命天子”、“君临天下”的典型材料，与早期的思想形成了根本的对立。

（三）根据编纂题目的内容，注意典型材料的连续性

历史人物、事物、事件的发展变化过程，往往是一个由量变到质变的过程，在量变阶段形成的档案，孤立地看某一材料，可能构不成典型材料，但由于事物的发展过程，没有量变的积聚就不会发生质变，将一些孤立的非典型档案材料联系起来研究、分析，这一组有紧密联系的档案材料往往就共同构成了典型材料，反映事物质变所必经的重要历程。这就要求编纂者在选材时要有整体观，善于发现单份档案之间的内在联系及其代表性意义。

（四）注意防止把偶然的个别事例误作典型

典型表现为个别，但不是任何个别材料都具有典型性。列宁曾指出：“在社会现象领域，没有哪种方法比胡乱抽出**一些个别**事实和玩弄实例更普遍、更站不住脚的了。……如果不是从整体上、不是从联系中去掌握事实，如果事实是零碎的和随意挑出来的，那么它们就只能是一种儿戏，或者连儿戏也不如”①。在选材中，要特别注意防止把偶然的个别事例误认为典型。以偶然的个别事例作为典型，势必以偏概全，一叶障目，歪曲事物的本质。

四、结合材料的特点，选择不同类型的材料

档案文献反映的内容是多种多样的，即使围绕一个历史人物或事件所形成的材料，在反映的角度、范围、观点等方面也会不尽相同。有的甚至内容观点完全对立。选材时应考察材料的特点以及各种档案文献之间的内在联系，对与编纂题目有关的不同种类的材料结合选用。选材时具体做到以下几个方面。

（一）点、面材料的结合

不同的材料总是记述了不同范围内发生的情况。有的反映了局部的情况，即为点上的材料；有的反映了全局的情况，即为面上的材料。选材时，要注意“点面结合”，互为补充，以反映出事物的广度和深度，满足读者从各方面对汇编内档案文献的需求。如编纂某省土地改革运动资料，其中省委关于开展土地改革运动的指示、规定和总结等，即属于面上的材料，而省委有关土改运动的某一方面的材料和一些地、县、区、乡的材料则均属于点上的材料。

（二）虚、实材料的结合

所谓“虚”的材料，一般指方针政策性文件，如规章、制度、法规、条例以及论证性文章等，其内容比较抽象、概括；“实”的材料是指记述具体历史事实的档案文献，如调查报告、工作总结、情况报道、典型案例等。选材时做到虚实结合，可使汇编内容既概括全面又生动具体。如《北京电车公司档案史料（1921—1949年）》，其中旧中国电车公司工人受迫害一节的选材，就有处罚工人的章则、形形色色的事例、员工受处罚的统计数字等，体现了虚实材料的结合。

（三）正面、反面材料的结合

正面材料主要指革命人民以及进步势力形成的档案文献，正面材料一般能如实地反映历史的真实面貌；反面材料主要是指反动阶级与反动势力形成的档案文献。选材时，正反面材料结合选用，互相参佐，在真实反映历史本来面目的同时，可提升汇编内容说明问题的力度。如汇编《五四爱国运动档案资料》，一方面选择学生联合会等革命团体发表的宣言和通电，另一方面也选用徐世昌发布的关于镇压学生运动的命令。两方面结合，突出了斗争的尖锐性和五四运动的时代进步性。

---

① 《列宁全集》，中文2版，第28卷，364页，北京，人民出版社，1990。

（四）对立或不同观点材料的结合

人们对于某一事物或问题的认识，由于阶级立场、认识问题的视角以及所获得的信息量不同，往往不一致，因而形成了对立的或不同观点的材料。选材时应对对立或不同观点的材料采取兼收并蓄的方针，不能以编纂者个人好恶或自身的学术观点作为取舍的依据。对立或不同观点材料的结合选用，可以让读者获得多方面信息，从而更全面地看待历史问题；至于对学术研究，更是嘉惠学林。如第一次鸦片战争时期，在如何对待英国侵略和英人输入鸦片问题上，不仅在统治阶级与人民之间存在着对立的政治态度，而且统治阶级内部也存在抵抗派、妥协派、投降派的不同主张。编纂这样的专题，就应选用各派、各方面的典型材料，以便读者研究利用。

（五）注意不同种类材料的结合选用

说明一个编纂题目的材料的种类很多，要根据题目的不同特点，注意对不同种类材料的结合选用，如档案材料与著述、方志、报刊等其他材料的相互补充，官方记载与私家著述、民间档案的相互配合，中外资料的相互印证，不同文种、不同载体形态材料的相互融合等，共同体现和突出编纂主题。这也是在查找阶段应强调的。

五、把握材料之间的联系，选择内容具有完整性的材料

一部高质量的档案文献汇编，不只是有关材料的简单汇总，而是在把握材料之间有机联系基础上对历史问题、历史事件、特定人物、特定事物的整体、全面、系统、本质的反映。材料内容的完整性包含两个方面：一是以系统的档案材料，把所研究问题“全部的事实总和”呈现出来，如历史事件的时代背景、发生原因、发展经过、最终结局和时代影响，特定人物的成长历程、主要事迹、思想内涵、社会影响和社会评价等；二是材料记述问题的完整性以及材料之间的联系。汇编材料的完整性与其真实性、本质性、典型性，以及不同特点的材料之间密切关联，从不同方面体现出对选材的要求。在选材时，注意材料之间的联系和内容的完整性，具体要做到以下几点。

（一）围绕汇编主题，注意材料的系统性

系统的档案文献一是指档案信息要有一定的量，较为丰富、充实；二是指档案文献信息内容和结构之间存在内在的有机关联，共同架构起汇编所要阐明的问题，对汇编主题能够全面、完整地表达出来。

对于大的历史事件、历史过程和综合性较强的社会活动，需要编纂者在整体梳理汇编内容的前提下，如分成几个分专题、分阶段等，通过系统、真实、本质、典型的档案文献展示其全貌。

（二）注意材料之间的关联

文件是沟通联系的办事工具，工作的联系，使文件之间也在内容上产生了相互的关联。在选材中，在深入研究档案内容的基础上，注意选择那些有往有复、有始有终、有疑有答的档案，给读者提供完整的材料。

在科技档案文献编研工作中，更强调档案材料的成套性和完整性，对此可参阅贺真主编的《科技档案编研的原理与方法》、宫晓东等主编的《科技档案编研》等教材。

第四节　档案文献的选本

入选汇编的档案文献，在形成、流传和保管过程中，经常出现同一份档案文献有不同的文本或版本，其内容不尽相同，史料价值亦各有差别的情况。档案文献的选本是指编纂者认真比勘档案文献的不同文本或版本，将最能体现档案文献作者本人意图的文本或版本选入汇编，是选材工作的组成部分。

一、版本与文本

版本，古称刻本，它的最初含义比较简单，只是为了区别“写本”。版本的起源，与雕版印刷有直接的关系。虽然一般学者多认为我国印刷术的发明是在唐朝，而且从现存的实物和文献记载看，可以证明在公元 9 世纪后期我国就已有了印刷术，但对于雕版印书的源起，著名文献学家张舜徽认为应溯源于石经。东汉熹平三年（公元 174 年），汉灵帝指派蔡邕把儒家的七种经传用隶书写好，动工上石，分刻在 64 块石碑上，立于洛阳太学门外，作为标准本，以便供全国的读书人作为依据，检查传抄本的伪误。据记载，当时的士大夫及儒生纷纷前来，用捶拓的方法，揭取印本，这便是汉代石经亦称熹平石经的由来①，也是我国版本的形成之始。

随着我国印刷技术和文化事业的发展，版本的种类和名目日渐繁多，从不同角度划分便有不同的版本名称。如因制版的时代不同，版本可分为唐刻本、五代刻本、宋刻本、元刻本、明刻本、清刻本。因刻印地点的不同，可分为蜀本、闽本、浙本、徽本等。因刻印机构的不同，可分为官刻本、家刻本、坊刻本等。而官刻本中又有监本（明代南北两京的国子监刻书谓之监本，又分别称为南监本、北监本）、殿本（清武英殿刻本）、内府本（明清时期宫廷内部刊印的）、局刻本（官书局刻印的）等；家刻本如明朝常熟人汲古阁主人毛晋刻的书籍；坊刻本则

① 参见张舜徽：《中国文献学》，57～59 页，郑州，中州书画社，1982。

指书坊书堂刻的书籍。因印刷的技术方法或质量不同，版本可分为精刻本、写刻本、影刻本、百衲本（用许多不同的版本汇集而成的书籍，如百衲本《二十四史》）等。因雕版先后不同，便有祖本、原刻本、影刻本、重印本等。因字体型号、印刷颜色或装订技术不同，可分为大字本、小字本、蓝印本、红印本、朱墨本、袖珍本、精装本、平装本等。因内容含量和批点评注的不同，可分为足本、全本、增订本、节本、残本、批点本、评本、注本、白文本（对文献内容未做任何更动、说明的版本）等。因收藏和使用价值不同，可分为孤本、秘本、珍本、善本等。以上这些繁多的版本名目，一方面反映出我国古代出版文化的发达，另一方面也为我们认识档案文献的文本或版本奠定了知识基础。

古籍因历代辗转翻刻，同一文献往往有多种版本。据考《尚书》的版本早在汉代就有4种在社会上流行：文帝时齐人伏生所传的今文本29篇，景帝时孔安国传古文《尚书》16篇、成帝时张霸伪古文《尚书》102篇、东汉杜林传古文本。历史上的著名典籍都有多种版本行世，如《唐律疏议》有15种版本，《宋史》有21种版本，《史记》版本多达60种以上。据说历代编注刻印成书的杜甫的诗集多达500余种，在四川成都杜甫草堂陈列室里可以见到宋、元、明、清历代的精刻本、手抄本百余种。各种版本在内容和价值上的差异，甚至混杂了伪造假托、涂抹篡改的版本，造成对古籍阅读理解和内容真实性辨别的困难，因此，在古代的文献整理中，研究版本的源流、鉴别各版本的优劣乃至分析各种版本的时代特征，成为古代文献校勘考据的重要内容，并逐渐形成国学的重要门类“版本学”。

文本，古称缮本，即文献的手写本。在现代的文书学和档案学中，一般将一份档案文件在形成过程中的不同稿本称为文本。如草稿、誊清稿、定稿（底稿）、正本、副本、存本、修订本、翻印本等。无论是清代的诏令、谕旨、题本、奏折还是今天的机关公文，都会在撰拟、制作、使用中形成不同的文本。

档案文件原始稿本形成正文后，因公布、贯彻、学习等需要，有的需要发表或出版，在流传使用中，也会形成各种不同的文本或版本。

值得一提的是，版本和文本是相对的，从现代的版本概念来说，文本也是版本的构成部分，不同的文本也可以看作不同的版本，对它们的分开使用，只是为了突出档案文件的版本与一般文献的版本的差别，有的学者将其合称为“版本”，是为分析上的需要，并无理解上的差异。本节以下统称为“文本”。

二、档案文献不同文本的成因

造成档案文献诸多文本的原因既有客观因素，也有主观因素，难以一一考较，就其主要成因，大体可归结为以下几方面。

（一）文件在起草、撰拟、制作和使用中形成诸多的文本和稿本

它们分别是草稿、历次修改稿、定稿、正本、副本、存本等，这是一种正常状况。档案文件归档时，一般文件只保存定稿和正本（即存本）；重要的文件往往还要求保存草稿与历次修改稿。

（二）文件在使用流传过程中由于多次转抄翻印，因而形成诸多文本

以中共党史文件为例。

第一，中共历史档案文献，原件保存下来的少，早期的就更少了。革命战争时期由于当时的条件所限，中共中央在中央印发的很少，各地方为了方便工作，不得不翻印，而有时又由于时间和纸张的关系，往往只翻印与本地区有关的部分，这样，一份文件便形成诸多文本。

第二，革命战争年代中央的报刊也经常登载中央的决议、宣言、声明、通告等。如党的成立及第一次国内革命战争时期的《工人之路》，第二次国内革命战争时期的《红旗日报》、《红色中华》，抗日战争时期的《新中华报》、《解放日报》，党的机关刊物如《共产党》、《向导》、《前锋》、《布尔塞维克》、《红旗》、《红旗周刊》等，一些地方报纸如《上海报》、《新华日报》、《晋察冀日报》、《大众日报》、《晋绥日报》以及华北的《人民日报》等，都曾刊载党的文件。由于各报刊的工作人员水平、印刷条件的差异，便出现了差别较大的几个文本。

第三，中央的有些刊物曾专门登载中央的文件，如《中央政治通讯》（有时称《中央通讯》）。最初主要登载各地工作情况的报告及中央对各地工作的指示，一些领导人的报告及往来信件，“八七”会议后，《中央政治通讯》的主旨就明确为系统地公布党的决议、指令，到1928年底，进一步明确为“中共中央文件汇编”的性质。从1926年至1930年《中央政治通讯》登载了大量中共中央的决议、指示、通告。

第四，由于工作和学习的需要，有些宣言、声明、告民众书曾单份印发，有些重要决议、指示、论文（如毛泽东《论持久战》）曾印单行本，党中央也曾编纂过一些档案文献汇编。如《中国共产党第二次全国大会决议案》（1922年）、《中国共产党五年来之政治主张》（1926年）、《红色文献》（1938年）、《六大以来》（1941年）、《六大以前》（1942年）等。这些文献大量收录了党的重要会议决议、决定、指示、通告等，形成多种文件文本。

第五，档案工作人员为了保证中央文件的安全，往往尽量采取缩小档案体积的办法，将纸张较厚的文件抄在薄纸上，将大字本抄成小字本，于是又产生了新的文本。其中以保管中央文库的陈为人、陈来生最为典型。[1]

第六，档案文件经多次翻译而形成诸多文本。如中共驻共产国际代表团全宗的档案，存在着中文、俄文等文本。再如《孙中山全集》中有《支那问题真解》与《中国问题的真解决》，同是1904年8月31日的英文著作，《支那问题真解》用文言，而《中国问题的真解决》用白话文，两个文本各有不同。

（三）档案文献公布后，由于作者思想的变化，曾作过修改，因而形成不同文本

如毛泽东《中国革命和中国共产党》1939年12月在《共产党人》杂志发表后，经过第一次反共高潮，毛泽东总结其经验，又作了重要的修改，特别是对第二章，基本上是重新改写了。1940年毛泽东给肖向荣的信里说："……要将大资产阶级与民族资产阶级，亲日派大资产阶级与非亲日派（即英美派）大资产阶级，大地主与中小地主及开明绅士，加以区别。……在去年十二月写《中国革命与中国共产党》第二章时，正在第一次反共高潮的头几个月，民族资产阶级与开明绅士的态度是否与大资产阶级大地主有区别，还不能明显地看出来，到今年三月就可以看出来了……"[2] 毛泽东很重视这一修改，后收入《毛泽东选集》。

（四）档案文献形成时，由于他人改动甚至篡改，因而形成不同文本

最典型的如前面提到的李秀成《自述》，经过曾国藩篡改后的《李秀成供》与近100年后公布的《忠王李秀成自述原稿》影印件比较，文本之间的差距很大。

以上几方面为我们提供了档案文件不同文本形成的种种情形。档案文献各种文本的存在，不仅易造成文意难解、文意曲解等情况，而且也给各文本的可靠性和价值判定带来困难。因此，必须重视文本选择问题，认真分析、比勘，选择最能反映作者意图的档案文献文本编入汇编公布，这也是体现档案文献汇编思想性和科学性的重要组成部分。

三、选本的方法

古代尚未发明印刷术以前，将精良的版本统称为"善本"。对于"善本"的含义，张之洞在《輶轩语·语学》篇中说善本之义有三：一是足本（即无残缺无删削的版本），二是精本（即精校精注本），三是旧本（即旧刻、旧抄本）。[3] 档案文献的选本，除了应该借鉴历史上学者选择"善本"的标准外，还应结合档案文献编纂工作的特点，选择档案文献精良的文本。其方法主要有以下几点。

---

① 参见邢永福：《浅谈中国共产党历史文献编纂中的版本选择》，载《档案学通讯》，1988（6）。

② 《毛泽东书信选集》，1版，161～162页，北京，人民出版社，1983。

③ 参见吴枫：《中国古典文献学》，189页，济南，齐鲁书社，1982。

（一）多方查找不同文本互校

档案文献存在多种文本是一种普遍现象，如同古籍一样，一份档案文献究竟有多少文本，很难预料。以《满文老档》为例，它是清人入关前形成的满文档案，系研究入关前满族情况不可或缺的原始档案。乾隆六年（1741年）在内阁大库发现原本37册，清廷重新装订成册（1949年被运往台湾，1969年9月台湾"故宫博物院"将原本影印公布，命名《旧满洲档》）。乾隆曾命大学士舒赫德为总裁官，从国史馆拣选精通满汉文官员30余名，历时四载，将破烂、紊乱的《满文老档》原本重新抄写3套，为草写本、正写本和副本。重抄本中的正写本，将原本内难解的旧满文字词及句子，于书眉标贴黄签，用加圈点新满文进行注释；原本凡用蒙古文记述的各件，均译为新满文；原本中记有满族在关外的所谓"秽史"，如统治阶级内部你死我活的血腥争斗，在原本中曾有人涂抹或框画过，重抄时概不收录，只抄录后人增补字句；凡原本重复的章节亦均不录。由此可见，《满文老档》原本及重抄本，共有4种文本。[①] 党史文件，特别是一些重要文件，在形成、转抄、翻印和保管中，有相当一部分存在多个文本。如《共产国际执行委员会第八次全体会议关于中国问题决议案》有6个文本，《中国共产党中央执行委员会告全党党员书》（"八七"会议）找到的就有10个文本。[②]

正因为同一档案文献往往有不同文本，在编纂的查找阶段就应该有意识地关注档案文献的文本，在选材阶段要多方搜寻不同文本。只有获得不同的文本，才能比勘文本之间的文字差异，发现内容上有待校勘、校正之处，也才能从容选择精良文本作为编纂底本。

（二）认真勘对不同文本，校明差异，选择底本

对不同文本文字内容的比较、勘核既是选材工作，也融合了档案文献的校勘和考订等工作内容，是一项复杂的工作。编纂者既要核对各文本文字上的差异，同时还要通过分析、考订，确定出哪种文本的文字符合作者的原意，辨别几个文本中有无假托、伪造的文本，以保证汇编内档案文献的准确性和可靠性，并且在此基础上选择相对完整、准确的文本作为编纂加工的底本。

例如，《井冈山的斗争》这一著名历史文献的湖南本和江西本就有如下的差别：人名，江西本的朱昌谐、刘天干、朱亦岳、谭斌，湖南本误作朱昌偕、刘天千、宋亦岳、谭兵；地名，江西本的大垅、戴家铺，湖南本作大龙、戴家

---

① 参见关孝廉：《〈满文老档〉原本与重抄本比较研究》，载《历史档案》，1990（1）。

② 参见邢永福：《浅谈中国共产党历史文献编纂中的版本选择》，载《档案学通讯》，1988（6）。

埔，实际上应为大垅、戴家埠；时间，江赣边界党的第二次代表大会的开会时间，江西本为“十月四日起开会三天”，湖南本误作“十四日起开会三天”；内容，江西本中有一段对民族资产阶级—小资产阶级的民权运动的分析，湖南本则没有。

档案文献的不同文本不仅仅是文字上互有差别，还存在漏字，甚至假托的情况（假托问题后文结合考订介绍）。如1926年3月20日《中国共产党为段祺瑞屠杀人民告全国民众》一文：“帝国主义为什么援助张吴？当然因为（他们都是拥护帝国主义在华利益的卖国军阀。为什么压迫冯玉祥？因为）冯玉祥所领导的国民军是帝国主义的工具张吴两派军阀统治中国之障碍，冯玉祥之失败即是帝国主义的工具张吴之胜利，这正是此时中国民众应该对冯军表同情的缘故”。《六大以前》版中漏了括号中的文字，造成文意的难解。

选本时，一定要在勘核的基础上，比较各文本的优劣。在分析中应看到优劣的多少，也要看到优劣点的重要程度，进行全面衡量，选择错讹较少的文本做底本，不能只看到几处优劣就妄下结论。

（三）文本互异时应选择祖本公布

祖本即一文诸文本中最早形成的正式文本（如定稿、正本、原刊本等），是相对于该档案文献以后的历次修订本，特别是历次刊印本而言的。一般来说，祖本可视作原始档案文献，它反映了作者在当时历史条件下的真实思想和真实意图，而其余文本皆是祖本的派生物。为了保证档案文献信息表达的准确性，防止传抄、翻印本中出现错讹，应尽量选择祖本公布。

有些档案文献祖本不存，且文本各异，难以判定各文本优劣，则需要认真校勘诸本，确定基础较好的文本，并参校其他文本，择善从之，以校订本为公布的文本。以中共“六大”决议案为例，1928年9月由中共中央印发的“六大”决议案的油印本至今尚未发现，所用底稿也未保存下来，而此后印的决议案已查明的就有9种文本，根据几种主要文本的相互比勘，发现每一次决议案的文字均有不同程度的差异。以6 000字的《农民运动决议案》为例，“六大”珂罗版与1952年的《六大以来》版有117处335字不同，其中差异较大者达33处，从中发现这几种文本有着各自相近的三类不同文本渊源，在分析引起文本差异原因的基础上，编纂者判定了“六大”决议案部分定稿和较好的文本，尽可能地恢复了“六大”决议案的本来面貌。[①]

---

① 参见李云龙、马红：《六大决议案版本研究》，载《党的文献》，1988（4）。

（四）结合不同文本产生的历史背景与历史影响选本

档案文献是社会活动的产物，都是在特定的社会历史条件下产生的。档案文献的内容反映了特定的社会历史状况、事件的性质和人物的思想，不同的文本折射出不同的历史信息和历史影响。在选本时，不能简单地取此弃彼，或一味地以原始文本为准则，而应分析各文本产生的社会历史背景和历史影响，准确把握最能体现人物思想、事件性质和社会历史状况以及对历史产生深远影响的文本，提高档案文献对特定事件、人物和时代的说明力度，同时以适当方式，如注释、按语、序言等，说明选择此本的原因。

一般来说，对于经过作者修订过的档案文献的文本，应以作者最近或最后修订的文本为公布的文本，因为它表达了作者最近或最终的思想。如刘少奇的《论共产党员的修养》一书，抗战时期就已出版过多种文本，新中国成立以后又多次修订，1962 年 9 月由人民出版社出版了修订的第二版，是为最终文本，1980 年人民出版社再次公布时即以此为公布的文本。但如果考虑到文本产生的时代背景与历史影响，选本时就并非绝对以作者最近或最后修订的文本来公布了。最突出的事例就是王明的《为中共更加布尔什维克化而斗争》。该文在 1931 年王明到苏联前，在中国印行过 1 个本子；到苏联后又刊印过一次；抗日战争时期，他回国后，1940 年又在延安刊印过，形成 3 个文本。在 1940 年的文本中，他有意删去了 1931 年本中许多“左”的错误内容，而恰恰是这些内容给中国革命造成了严重的危害。因此，1940 年的文本不能代表王明 1931 年的思想，如果要研究王明“左”倾教条主义错误，应该选择 1931 年国内的文本汇编，才能真实反映历史。[①]

文本选择在文献编纂中是一个很重要的问题，也是一项十分严谨、细致的材料分析工作。中央档案馆邢永福在谈到党史文献编纂的经验时指出：“在版本选择的具体工作中，应该深入细致地研究每一个版本的形成过程，研究各版本的优缺点，以确定其在众多版本中的优劣地位。中国共产党革命斗争的曲折经历，决定了历史文献的特殊性，我们要结合这些特殊性，进行认真的比较分析，企图依靠几条抽象的‘条条’、‘框框’去选择版本的做法是不可取的，因为它忽视了‘文献’的特殊性。……只有这样，才能为读者提供可靠的文献资料。”[②]

---

① 参见曹雁行：《革命历史文献编纂工作中的版本问题》，见中国档案学会档案文献编纂学术委员会编：《建国以来档案文献编纂工作得失研讨论文集》，202 页，北京，档案出版社，1988。

② 邢永福：《浅谈中国共产党历史文献编纂中的版本选择》，载《档案学通讯》，1988（6）。

第五节　选材的方法与步骤

一、选材的方法

（一）查找、搜集与初步选材尽可能相结合

查找既是信息的搜集，也是一种对信息的选择。在查找过程中，一边分析本专题档案文献分布的方向和范围，一边思考档案文献的文本特点和文本状况，可以为选材工作打下坚实的基础，避免工作中的“单打一”。同时，在查找过程中，随着对档案文献的翻阅，可以加深对编纂题目的理解，从系统性、完整性和科学性上思考和分析材料的挑选重点以及扩展材料的范围，使材料的搜集和选择得到深化。

（二）集体研究，互相通报

由于在查找档案文献时，一般会根据档案文献的分布特点或按编纂题目反映的内容组织人力分头查找，因此在选材时，一般仍在各自查找到的档案文献范围内进行挑选，但全体编纂者要经常进行集体研究，互相通报各自的选材情况：一可以做到互通有无，人弃我取；二可以避免选材重复；三可以做到标准一致，使汇编内各类材料在数量上大体保持平衡，防止此多彼少。

（三）主编统一各观点，最终决定材料的弃取

围绕一部大型汇编，往往是几位编纂者共同选材，因每人情况不同，在实际工作中难免出现意见不一致的局面。有的材料，甲弃乙取或几弃几取，为防止出现这种情况，必须由主编统一各方观点，最终决定材料的弃取。主编必须对查找的档案文献全面掌握，综观全局，注意吸收编纂者的正确意见，以有说服力的见解统一大家的思想，使汇编内所选档案文献适得其中。

（四）认真登录专题选材卡

专题选材卡，或称登录卡，是档案文献查找和选材工作中为记载档案文献基本情况和选用情况而制作的专题卡片，其式样可参见表5—1。在编纂活动中，制作、使用选材卡有诸多便利。其一，可以使与专题有关的档案文献随着查找、筛选工作的进行随时得到登记，为在编纂工作中必要时重新找到档案原件提供方便，避免凭印象再去查找翻阅，以致不可复得；其二，编纂者可凭按类集中起来的选材卡很清楚地掌握与题目有关的档案文献的全部情况，通过卡片组合的变化，了解各类选材是否平衡，便于对工作的组织和监控，减少盲目性和浪费；其三，通过卡片的分类、排列，便于研究入选档案文献的编排，有

利于保护档案文献出版物底稿；其四，便于利用落选文件编制档案文献出版物中的辅文资料；其五，选材卡是整个编纂工作的记录，便于经验总结，以及档案文献再版时的修改补充。鉴于选材卡有这些作用，所以在编纂工作中，特别是进行大型档案文献的编纂工作时，必须认真登录，否则会给编纂工作带来混乱和诸多麻烦。

选材卡采取一文一卡的形式，对选出的材料，可在查找后制作的选材卡上做“已选”的标记，并根据在选材中对档案文献的深入理解，来补充或修正原内容提要栏所填内容，同时将全部已选档案文献按卡片次序集中。

表 5—1　　　　　　　　　××××专题选材卡　　　　　　　　　（正面）

<table>
<tr><td colspan="2">卡片分类</td><td></td><td colspan="3">顺序号</td><td></td></tr>
<tr><td rowspan="2">标题</td><td>（原有）</td><td></td><td rowspan="2">作者</td><td rowspan="2"></td><td rowspan="2">成文日期</td><td rowspan="2"></td></tr>
<tr><td>（拟改）</td><td></td></tr>
<tr><td colspan="2">档案藏址</td><td colspan="5">馆　全宗　类　卷　张</td></tr>
<tr><td colspan="2">文献出处</td><td colspan="5">书（刊）名　册（期）　页　版本</td></tr>
<tr><td colspan="2">内容摘要或摘录</td><td colspan="5"></td></tr>
<tr><td colspan="2">可靠程度</td><td></td><td colspan="3">完整程度</td><td></td></tr>
<tr><td colspan="2">备注</td><td colspan="5"></td></tr>
</table>

（背面）

<table>
<tr><td rowspan="2">初选</td><td>不复制</td><td></td><td>备注</td><td colspan="4"></td></tr>
<tr><td>复制</td><td></td><td>复制方法</td><td></td><td colspan="2">复制件归类</td><td></td></tr>
<tr><td rowspan="2">复选</td><td>不选</td><td></td><td>理由</td><td colspan="2"></td><td>备注</td><td></td></tr>
<tr><td>选</td><td></td><td>归类</td><td></td><td colspan="2">需要加工项目</td><td></td></tr>
<tr><td rowspan="2">定选</td><td>不选</td><td></td><td>理由</td><td colspan="2"></td><td>备注</td><td></td></tr>
<tr><td>选</td><td></td><td>归类</td><td></td><td colspan="2">选材者</td><td></td></tr>
<tr><td rowspan="5">在档案文献出版物中的录用情况</td><td colspan="2" rowspan="2">书名或篇名</td><td colspan="3" rowspan="2"></td><td>页次</td><td></td></tr>
<tr><td>日期</td><td></td></tr>
<tr><td colspan="2">公开发行</td><td colspan="3"></td><td>全文</td><td></td></tr>
<tr><td colspan="2">内部发行</td><td colspan="3"></td><td>节录</td><td></td></tr>
<tr><td colspan="2">馆藏本</td><td colspan="3"></td><td>摘录</td><td></td></tr>
</table>

二、选材的步骤

选材一般可以分为初选、复选、补选、定选四个步骤。

1. 初选

根据选材大纲的要求，对已经查找到的档案文献逐件地进行研究，剔除明显无用的材料，对一时确定不了取舍的材料要保留到复选时再做决定。这一步要求“从宽防漏”。

2. 复选

重点解决在初选阶段未解决的问题，确定有争议的材料之取舍，通盘考虑各类项之间材料的平衡，在选材中发现的问题也一并解决。这一步是选材的关键步骤，要求“从严防杂”。

3. 补选

复选之后，基本上可以看出档案文献之间的联系和有关汇编内容的完整程度，这时如果发现部分内容联系不紧密或不够完整，就要补选。一是从已查找的档案文献中补选初选时遗漏的材料；二是进行更广泛、深入的搜寻，以补充必要的档案文献，防止脱节。补选要求“从周防断”。

4. 定选

定选分两步：首先由编纂者在复选、补选的基础上，对已经准备选取的全部材料，从政治、学术、真实性以及阐明编纂题目的深度、广度等方面全面地进行审查，最后做决定；其次，各编纂者将自己所选定的材料交给主编，由主编从整个汇编的全局出发，协调各编纂者所选的材料，尽力使全书所有的档案文献成为一个有机的整体。

【思考题】

1. 查找档案文献时应遵循什么原则？
2. 查找档案文献应采取什么策略？如何制定查找策略？
3. 对档案部门内的档案文献应采取哪些查找方法？
4. 对档案部门外的档案文献应采取哪些查找方法？
5. 如何将“求书八法”运用到查找档案文献工作中？
6. 选材对于提高档案文献汇编有何意义？
7. 选材时对分析、挑选档案文献应遵循哪些原则？
8. 选材时应符合哪些具体要求？这些要求与不同的类型材料之间有什么关系？
9. 选材时如何透过现象看到档案文献所反映问题的本质？
10. 选材时编纂者如何考察典型材料的多样性、相对性及连续性？
11. 档案文献的不同文本是如何形成的？
12. 档案文献编纂选本有哪些要求？
13. 如何运用马克思主义历史唯物主义分析档案文献的价值？

14. 以某部档案文献汇编为例，分析汇编内档案文献分布的状况、原因及其查找途径。
15. 以某部档案文献汇编为例，综合分析汇编内档案文献选材的特点与对选材各方面要求的体现。

第六章 档案文献的考订

【本章要点】

本章解释了伪误档案的概念，分析了伪误档案产生的原因及其危害，全面介绍了档案文献考订的知识，包括档案文献考订的原则和方法（外形考订和内容考订）、档案文献形成时间的考订，以及档案文献的文字校勘等。

【关键词】

伪误档案○外形考订○内容考订○时间考订○文字校勘

考订又称考证或考据。档案文献的考订，指的是鉴定档案自身的真伪，辨别档案内容的正误，判定档案的准确形成时间，校勘档案中的文字。档案考订的目的是保证档案的可据性与可读性。由于各种主客观原因，历史上很早就出现了伪误档案。伪误档案的出现，对史学研究和诸多领域均造成了严重的危害，因此考订档案文献十分必要。

档案文献的考订，有其特定的原则与方法。必须在马克思主义唯物史观的指导下，遵循孤证不立等原则，科学地进行分析比较、归纳总结，得出经得起时间考验的正确结论。档案文献的考订，在我国有悠久的历史，应在认真总结传统经验的基础上，结合最新的高科技手段，终结伪误档案的使用。

第一节　伪误档案概述

伪误档案是指档案出现“失真”、“失实”、“失时”、“失辨”等状况，其产生的原因有历史客观原因、人为主观原因、自然原因等三个方面，相比之下，人为原因造成的危害更加严重。伪误档案的危害波及史学研究、政治、宣传、经济等领域。

一、伪误档案现象

从理论上讲，档案是人们在社会活动中形成的原始记录，也就是原始文献，其真实可靠程度要高于其他文献，每当不同类型的文献对一件事物或一个人物的记载相异时，人们总是以档案为依据，这正是档案独特的凭证价值。正因为如此，档案更容易受到伪造者的青睐，出现“失真”、“失实”、“失时”、“失辨”等现象，存在上述现象的档案统称为“伪误档案”。

从实际情况来看，伪误档案古今皆有。在史书中会发现不少关于奸臣、权相、书吏假传圣旨、伪造文件的记载，而近代太平天国档案文献中也有大量伪误成分，据荣孟源先生说，直到新中国成立以后，广西仍有专门伪造太平天国文书、文物的某父子二人。①

二、伪误档案产生的原因

（一）历史客观原因

历史唯物主义认为，任何时代的任何人，皆不可能超越自己所处的历史环境。这种囿于历史条件的制约而产生的档案记载的内容错误，其原因称为历史客观原因。它包含以下几个方面。

第一，政治影响。例如，陈寿的《三国志》是史料价值较高的一部正史，由于他当时迫于曹魏权势的压力，不可能秉笔直言，《魏·武帝纪》中写道：“天子以公领冀州牧”、“汉罢三公官，置丞相、御史大夫。夏六月，以公为丞相”等。给人的印象是曹操的官职爵位都是汉帝封的，事实上是曹操自封的。

第二，神化色彩。古人限于认识水平，对许多历史现象无法解释，于是档案记载中会带有神化色彩，这在远古时期和少数民族档案中比较常见。

第三，以今系古。在某些特殊的历史条件下，如激烈的战争年代或动乱的“文革”时期，很难产生或保留档案，事后为了补充记录历史，普遍的做法是请

① 参见荣孟源：《关于史料的鉴别》，载《社会科学研究》，1980（4）。

当事人撰写回忆录或调查访问。两者实质上是档案内容的转录。因为记忆偏差，加之年代久远，回忆往往有误，出现以今系古的现象，即将事发以后的观念安到事发当时。

第四，以讹传讹。有的档案文献作者道听途说、不加分辨、以讹传讹，造成档案文献内容不实。以溥仪的《我的前半生》为例，总体来讲，这部回忆录是比较真实的，史料价值较高，但也有一些是该书作者道听途说、以讹传讹的事情。溥仪当皇帝时才三岁，离开皇宫时也才十八岁，宫中许多往事是他听别人讲的，未加分辨，即搬进回忆录。如他在该书第一章中写康熙杀鳌拜的经过便与史实不符。①

第五，传抄致误。档案在形成、传抄、刻印过程中，由于经手人文字水平较低、书写工具粗劣等原因，很容易在文字上出现错讹、疏漏等现象，使之无法释读，从而影响到对档案内容的正确理解。

（二）人为主观原因

由于档案的形成者是人，除记载有关自然现象的科技档案外，档案主要记载人类社会的交往，作者的立场、观点因人而异，对同一人物、同一事物，不同人有不同观点的记载，出现主观上有意识地党同伐异，故意违背历史事实，对自己隐恶扬善，对他人诬蔑诋毁等情况，甚至对不利于自己的档案删削篡改乃至伪造假托。人为原因造成的伪误档案和历史原因造成的伪误档案本质是不同的。前者档案的形成者是明知不对，故意制造伪误档案，欺世盗名；后者档案的形成者受历史的局限性，并没有认识到自己在误记档案。因此人为原因产生的伪误档案比历史原因产生的伪误档案性质要恶劣，危害要严重。人为原因产生的伪误档案大体有以下几种。

第一，托古炫名。中国传统社会，一般人的心理多厚古薄今，于是有人便托古人之名宣扬其大作，将自己的思想见解，硬说成是古人的。假托之风出现于春秋战国，所谓《易卦》必托名于伏羲，《本草》必托名于神农，《医经》必托名于黄帝，《礼书》必托名于周公，都是这个道理。

第二，邀功争赏。历史上每一次战乱，都使档案文献遭到毁灭性破坏，而帝王下诏求书，以高官厚禄来收购，便有人乘机制造伪书，邀功争赏。例如：汉成帝十分喜欢《尚书》，于是张霸投其所好，编造了102篇的《尚书》；隋文帝酷爱《易经》，于是刘炫编造了《连山》、《归藏》。中国近代档案中，同治年间曾国藩上奏《金陵克复全股悍贼尽数歼灭折》，谎称歼灭太平军人数为十余万，也是故

---

① 参见爱新觉罗·溥仪：《我的前半生》，23页，北京，群众出版社，1964。

意捏造以夸大战功的。(参见《曾文正公奏稿》卷二五)

第三，删削篡改。篡改档案的内容，是一种极为恶劣的行为，篡改档案内容就是篡改历史。中国近代史上篡改别人档案最著名的，当属曾国藩删改《忠王李秀成自述》。据曾国藩在同治三年（1864年）七月初六（杀害李秀成当天）的日记及公布的《自述》原稿影印件可以清楚地看出，曾国藩亲笔删除了一万余字，罗尔纲先生对此进行了详细的考订。① 康有为则是篡改自己以前写的戊戌奏稿。根据康有为在戊戌变法期间给光绪上奏折的底稿出版的《戊戌奏稿》，一直作为研究戊戌变法的珍贵档案史料。20世纪80年代，孔祥吉先生根据看到的奏折原件进行了考订，指出《戊戌奏稿》的多处篡改。② 还有人篡改了档案内容中的收文者，即原是甲给乙的信件，被篡改成甲给丙的。最典型者当属戊戌变法期间，光绪是否给康有为“衣带诏”的历史疑案。③

第四，造伪牟利。主要是受商业利润驱动而伪造档案。如20世纪20年代，上海世界书局出版的《石达开日记》是清末民初作家许指严为偿还酒债而编造的，书成后购者甚众，再版数次，作者和书局皆获利。此外，现在市场上流传的《李鸿章家书》、《左宗棠家书》、《张之洞家书》等，经史家考证，也均系伪误档案，不过借名人效应牟利而已。

（三）自然原因

自然的原因，加之保管不善，使档案载体被损坏，造成记载内容或缺，或残，或污，或变，甚至无法辨认，这种档案读者无法阅读及利用。万一不慎引用，起到的负面作用，和伪误档案是一样的，因而，将此种情况的档案亦归入伪误档案。档案为纸质载体的保存年限至多几百年，目前中国所见最早的纸质档案原件，为敦煌石窟中发现的唐代档案，已残缺不全。纸质档案在保存中，经常会遇到水浸漫漶、虫蛀鼠咬、污染霉烂的侵蚀，或者受到所处气候的影响，如：中国西部地区，气候寒冷，极少战乱，有利于档案的保管，可是，气候干燥，风沙较大，易造成纸张发脆、变黄；中国东南沿海地区，气候温暖潮湿，纸质档案又易腐烂发霉。

因保管不善而造成档案失辨的典型，是清代的内阁大库档案。清朝自入关到道光朝二百年，对保存档案的内阁大库库房从未拆盖修理过。以致因库房年久失修，档案霉烂、残损十分严重，无法利用，后经内阁大学士李鸿章奏请，经批准

---

① 参见罗尔纲：《李秀成自述原稿注》，序言，北京，中华书局，1982。

② 参见孔祥吉：《〈戊戌奏稿〉的改篡及其原因》，见胡绳武主编：《戊戌维新运动史论集》，长沙，湖南人民出版社，1983。

③ 参见刘耿生、何庄、张美芳：《档案鉴辨学》，14～15页，北京，中国人民大学出版社，2009。

后，除光绪元年至二十四年的正副本，不论是否霉烂一律保留外，其他档案全部焚毁。后来宣统年间又发生了八千麻袋档案事件，虽经罗振玉追赎而回，多已残缺不全，今日阅读起来，不少关键部分模糊污损，不下相当大的工夫考订，无法利用。

三、伪误档案的危害

（一）史学的混淆

档案的主要价值之一是作为史学研究的凭证，其权威性为其他各种文献资料所无法比拟。但是，由于档案的最大特点是“逼真”，所以伪误档案的欺骗性很大。有的错误记载，几百年甚至上千年被学者们奉为信史，引以为据；有的在社会上广为流传，深入人心。伪误档案在史学界泛滥成灾造成的不良后果，令人触目惊心，据张心澂《伪书通考》的粗略统计，到清初已经发现经部伪书 73 部，史部伪书 93 部，子部伪书 317 部，集部伪书 129 部。由于历朝学者的不懈努力，尤其清乾嘉考据大家对古代伪书的考订，因而清以前的伪误档案文献传至今日者很少，伪误档案大多是中国近代产生的。虽然学者们以真实的档案为据，拨乱反正，做了艰苦的考订工作，但是由于伪误档案的影响至深，很多近代以来的伪误档案至今仍未得到清除。

例如，中国人从上小学学历史开始，就知道中日甲午战争期间由于海军经费被挪用到颐和园，从而导致清军在甲午海战中战败，这几乎是铁的定论。修颐和园到底挪用了多少北洋海军经费？许指严在《十叶野闻》中说“为三百多万两”[①]；池仲祜《海军大事记》（1914 年）、张荫麟《甲午战前之中国海军》[②]、萧一山《清代通史》等说在二三千万两；近代还有人说在一千万两左右。根据上述史料，在有关的史论中，无一例外地说慈禧挪用了北洋海军经费修颐和园，人们深信不疑。但近几年有学者研究了中国第一历史档案馆藏内务府奉宸苑档案，发现颐和园 56 项工程约用白银 318 万两，不过相当于北洋舰队的定远、镇远和济远三艘主力舰的合价。从档案看，修颐和园的资金除了皇室内库拨给的银两外，还有各级官员的报效银两、挪借海军衙门的存款和“万寿山集款”的生息银两。修颐和园而挪借的北洋海军经费是有限的，对北洋海军的建设和甲午战败并没有根本性的影响。[③]

---

① 许指严：《十叶野闻》，99 页，上海，国华书局，1917。

② 张荫麟：《甲午战前之中国海军》，载《大公报》，1934-09-21。

③ 参见叶志如、唐益年：《光绪朝的三海工程与北洋海军——兼论颐和园工程挪用北洋海军经费问题》，见中国第一历史档案馆编：《明清档案与历史研究》下册，北京，中华书局，1988。

（二）政治的后果

档案的主要功能是为政治斗争服务。自从人类进入文明社会，产生了国家政权，任何统治者都自觉或不自觉地利用档案捍卫本国利益，尤其在国际争端中，牵涉到历史遗留问题时，各国总要在档案文献中寻找历史根据。如果利用伪误档案作为历史依据，其作用则适得其反，给国家造成严重的政治后果。关于《穿鼻草约》的混乱即是一例。

鸦片战争初期，英国侵略军强占香港时，曾发表公告宣称：义律与琦善已签订《穿鼻草约》，琦善同意将香港割让给英国。而事实是，琦善到达广州后，义律迫不及待地要求琦善在缔约上签字，而琦善则遵道光帝之旨始终没有同意，英军欲强占香港，于是在 1841 年 1 月 20 日单方面发布公告称："女王陛下的全权公使兹宣告他（义律）和中国钦差大臣（琦善）已经签订了初步协定，有以下各款：（1）香港本岛及其港口割让与英王……"[①] 之后中国和外国史学界均以此"公告"为据，认为义律和琦善签订了"初步协定"。1841 年 1 月 26 日，英军强占香港后，琦善和义律在穿鼻蛇头湾会谈，义律拿出他拟定的条约草案，让琦善加盖关防大印，琦善终究没有同意，此即《穿鼻草约》之由来。

然而，1978 年版的《剑桥中国史》[②]、美国 1980 年版的《大百科全书》[③]、《清史稿·列传一百五十七·琦善》、1979 年版的《辞海》《穿鼻草约》条目[④]等中外书籍均记载为中国战败之后，被迫签订了《穿鼻草约》。一百多年来，有关国家领土的大事，竟均以伪误档案为据！

（三）宣传的副作用

利用档案史料进行宣传，是充分发挥档案功能的重要手段，可以扩大档案的影响和作用，是我国档案事业的一项很重要的工作。然而，未经考订的伪误档案被宣传的事例，亦时有发生。"杨家将"的故事，在中国家喻户晓、妇孺皆知。1983 年某媒体报道："湖北省黄梅县农民杨海舟最近将家藏的'杨家宗谱'献给政府"，据说，"杨海舟本人还是杨家将的九十七代孙"。[⑤] 杨家将满门英烈，几代忠良，如今发现了"杨家宗谱"，又找到了杨门传人，自然引起了人们很大的兴趣和关注，尤其"杨家宗谱"的发现，为我国档案史料宝库增添了传世珍品，

---

① 转引自［美］马士著，张文汇译：《中华帝国对外关系史》，第 1 卷，305 页，上海，上海书店出版社，2000。

② *The Cambridge History of China*, Vol. 10. Part 1, Cambridge University Press, 1978, p. 199.

③ *The Encyclopedia Americana*, International edition, Vol. 14, 1980, p. 348.

④ 《辞海》，41 页，北京，人民出版社，1979。

⑤ 《北京晚报》，1983-08-13。

一时在史学界传为佳话。但是，有学者看了“杨家宗谱”后，发现不少可疑之处，结合《宋史》等史料的研究考订，指出“杨家宗谱”乃后人伪造。[①] 后来，轰动一时的杨海舟和伪造的“杨家宗谱”便销声匿迹了。

（四）经济的干扰

20世纪80年代开始，我国进入全面展开经济建设的时代，档案史料也全面转向重视反映经济问题，为经济建设服务，古老的档案焕发出新的生命。中国传统的医药学是中华民族优秀的文化遗产，清代宫廷医药档案中，有保存完整的太医给帝后号脉后写下的病情及开列的药方，被称为“脉案”。利用清宫太医为帝后所开药方研制药品和化妆品，是开发利用档案的一个重要方面。如慈禧服用的“乌鸡白凤丸”、“通宣理肺丸”、“安宫牛黄丸”等药方，今天仍在为广大患者造福，但是，医药档案中若有伪误之处，用于今日就会干扰经济，甚至发生危险。例如，署名德龄的“回忆录”《御香缥缈录》，属于档案性质，但经有关学者考订，其主要情节皆系杜撰，尤其慈禧吃药一节涉及的慈禧改药方、太监混合药方等情节，与事实相距甚远。[②] 从中国第一历史档案馆保存的清宫“脉案”及太医院档案看，宫中传唤太医院侍值医官入大内给帝后看病，都有严格的程序，绝不可能像德龄所写那样随心所欲。综上所述，近代以来形成的伪误档案，危害甚广，影响极坏，因此，档案文献的考订工作十分必要。

第二节　档案考订的原则

档案文献的考订，是一项严肃认真的学术工作，必须在正确的原则和科学的方法指导下进行。中国当代档案文献的考订是在马克思主义唯物史观原则指导下进行的，代表当代档案文献考订方法的主流，郭沫若、罗尔纲、荣孟源等人是运用马克思主义唯物史观进行档案考订的代表人物。在具体层面上，档案文献的考订应遵循“孤证不立”、“谦退却疑”、端正考风的原则。

一、唯物史观

马克思主义唯物史观是当代档案文献考订的总指导原则。马克思主义唯物史观是马克思运用辩证唯物主义研究人类社会的伟大发现，它既是一种历史观，也是一种方法论。从史学自身的发展看，古今中外任何一部优秀史学著作的作者，

---

① 参见刘耿生：《“杨家宗谱”考》，见《亚洲第八届谱牒学术研讨会论文集》，香港大学，1994年12月。

② 参见刘耿生：《〈御香缥缈录〉考》，载《北京档案史料》，2000（1）。

总是把搜集丰富的资料和考订符合客观实际的资料融为一体，可以说，考订是历史学科的基本方法。马克思主义史学同样重视考订，恩格斯早就说过："即使只是在一个单独的历史事例上发展唯物主义的观点，也是一项要求多年冷静钻研的科学工作，因为很明显，在这里只说空话是无济于事的，只有靠大量的、批判地审查过的、充分地掌握了的历史资料，才能解决这样的任务。"[①] 由此可见，马克思主义史学同样要以可靠的历史资料为研究前提。与其他历史考订不同的是，马克思主义史学考订吸收了古代乾嘉考订和近代实证考订的优点，并强调运用阶级分析和全面地、联系地、发展地分析历史问题，将传统的历史考订推进到新的阶段。

罗尔纲先生的档案文献考订，就充分显示了唯物史观作为新的方法论的意义。他曾多次总结自己的考据经验，并系统阐述了唯物史观对历史考据的重大作用。他说："对历史事实的考据必须有马克思主义为指导，然后才能够全面地、联系地看问题"，"对历史事实的考据必须以马克思主义为指导，然后才能够从本质看问题"，"形而上学思维方法是'是则是，否则否'地看问题，只有在马克思主义指导下才能从矛盾对立之中去看问题"，"形而上学思维方法是静止地看问题，只有以马克思主义为指导才能够发展地看问题"，"资产阶级标榜的客观主义掩盖阶级斗争，只有马克思主义才能够揭露阶级斗争"，"唯心史观无视或蔑视群众，只有马克思主义才有群众观点和走群众路线"[②]。从新旧考据方法的对比中全面揭示了唯物史观的先进性与深刻性。

二、"孤证不立"

(一)"孤证不立"的一般适用

所谓"孤证不立"，指考订档案文献时，应多方求证，不能仅凭孤立的证据浅尝辄止，草率做结论。档案和其他文献不同，往往在外形上保留有特殊的格式、笔迹、字体、载体、印章等外在特征。因此，伪误档案除了内容有问题外，也多在外形上存在各种破绽。考订时要全面、细致地寻找，充分运用书证、物证、理证、人证等各种方法，而不能抓住一点，不计其余。

例如，传说康熙传位遗诏原文是"皇位传位十四子胤祯"，而皇帝的第四子胤禛把遗诏的"十"改为"于"，"祯"改为"禛"，成了"皇位传位于四子胤禛"，胤禛就是后来的雍正皇帝。这一和档案有关形成的历史公案，引起不少史家的兴趣，由于已经见不到康熙传位遗诏的原件，只能用理证的方法多方求证。

---

① 《马克思恩格斯选集》，2版，第2卷，39页，北京，人民出版社，1995。

② 罗尔纲：《困学集》，497～509页，北京，中华书局，1986。

认为胤禛没有篡改遗诏的理由如下。

第一，清朝规定了皇子的书写格式，胤祯名前应写为“皇十四子”，胤禛名前应写为“皇四子”，这个“皇”字在清代文书中不能省略。若真的将“十”改为“于”，变成“皇位传位皇于四子”，则文法不通。

第二，在清代“于”和“於”并不通用，传位给谁应用“於”字，不能用“于”，而将“十”改为“於”十分困难，甚至不可能。

第三，胤禛即或将遗诏中的“祯”改成“禛”，其篡改痕迹应是显而易见的。

第四，清代诏书都是满汉对照的，按规定在汉字旁要写满文，而满文中的“十”改“于”，“祯”改成“禛”是不可能的。

第五，胤禛素为康熙钟爱，32岁时由多罗贝勒晋封为和硕亲王，他先后22次奉命参与主持祭祀，次数之多，居众皇子之首，可见康熙有意传位于皇四子胤禛。

第六，康熙十分喜欢胤禛之子弘历（后来的乾隆帝），康熙皇孙众多，却将幼小的弘历接到宫中教养，外出时弘历亦不离其左右，只有弘历之父胤禛登上皇位，弘历才有可能继位。

第七，康熙晚年多病，随时可能出现不测，如果决定让皇十四子胤祯继位，按常理应将他留在身边，而不大可能任命他为抚边大将军，去平定新疆和西藏的叛乱活动，在西北主持军务达四年之久。

第八，康熙晚年诸皇子争夺皇位十分激烈，令康熙心力交瘁。唯独胤禛不露声色，仿佛置身事外，和兄弟们关系不错，暗中却培植自己的势力，终于赢得了康熙的信任。

第九，努尔哈赤至顺治是没有遗诏制度的，也未见康熙亲笔书写遗诏的档案记载。雍正帝鉴于康熙解决皇位继承问题的弊病，才确立了“秘密立储”制度，康熙时尚无此制度，因而很可能康熙就没有遗诏，所谓雍正篡改遗诏乃后人编造。

上述九点中，第五、六、七、八、九点仅仅是推理，不足为据。但是，第一、二、三、四点则是史家从诸多方面考订出的铁证，涉及清代的文书制度、书写格式、古代汉语等方面，因此雍正无法篡改康熙亲笔遗诏的结论可以成立。如果仅仅从上述九点中提出任何一点，都很难令人信服，原因就在于“孤证不立”。

（二）“孤证即立”的特殊适用

“孤证即立”指只凭一条无法推翻的证据，即可做出判断，而无须多方求证。前文强调要坚持“孤证不立”的原则，是从广泛的档案考订情况看，但是在特殊情况下，一旦遇到关键性的铁证，即可下结论，尤其对于令人怀疑的档案，只要发现一处“硬伤”，即可断定其伪，无须其他证据。

由于科技的进步、检验手段的先进，往往可以“孤证即立”，大大弥补了传统方法考订的不足，目前各国档案界多采用各种先进的科技手段对有疑问的“档案”进行考订，《希特勒日记》一案就是典型的例子。1983年4月22日，德国的《明星》周刊以《超级明星——阿道夫·希特勒》为封面标题，宣布“发现了62本元首的私人日记，准备陆续公布”，引起轰动。肯定者曰真，否定者曰假，尽管不少学者对日记内容、笔记、封面提出疑问，但是缺少权威证据，以致争论不休。几位化学专家对“日记”的载体，如纸张、装订线、胶水等进行了技术鉴定，结论为：“日记本”纸张的原料及工艺均为20世纪50年代以后的，尤其纸张中使用的一种增白剂是第二次世界大战后才发明的，30年代根本不可能有；日记本装订线中的尼龙成分，更不可能是30年代的产物；胶水中的化学成分也是50年代以后才发明的。因此上述任何一种材料的化验结果，都可以断定《希特勒日记》为后人伪造，孤证可以成立。①

三、“谦退却疑”

（一）“谦退”原则的体现

“谦退”是指证据不足或不确定时，不强行考订，宁可悬而不断，也不要牵强附会，有一分证据说一分话。尤其不能意气用事，固执己见，而应以“谦退”的精神，假设自己的看法不对，认真查找资料，虚心听取意见，尤其是不同意见。只有“谦退”，才能“却疑”，在这方面，罗尔纲先生值得学习。

关于《李秀成自述》的真伪，史家历来看法不同。1931年罗尔纲为《自述》作注时，根据的是通行的“九如堂本”的删改本，他有过许多怀疑，但由于见不到原件，只好存疑待证。1944年罗尔纲在广西通志馆工作时，有幸见到了秘藏多年的《李秀成自述》原稿，重新作注，取名《忠王李秀成自传原稿笺证》（以下简称《笺证》）。罗尔纲先生以笔迹鉴定为标准，断定曾国藩后人家藏的《自述》原稿确属忠王亲笔。《笺证》发表后，轰动了学术界，各书局一版再版，《忠王李秀成自述》原稿真伪之争似乎已经解决。

但1956年有人发表文章称，经过司法部法医研究所笔迹专家审定，《李秀成自述》原稿与李秀成《谕李诏寿书》非同一人笔迹，做出了《李秀成自述》为曾国藩伪造的论断。② 罗尔纲先生面对异议，不是坚持己见，而是在高度重视的前提下，重新考订，以“书学八法”对《自述》字迹作进一步研究，得到史学界的承认，肯定《自述》为李秀成手迹。③ 若干年后，我国台湾影印公布《李秀成自

① 参见刘耿生：《“希特勒日记”考伪始末》，载《中国档案报》，2004-04-30。

② 参见年子敏、束世澂：《关于〈忠王自传原稿〉真伪问题商榷》，载《华东师大学报》，1956（4）。

③ 参见罗尔纲：《李秀成自述原稿注》，3～5页，北京，中华书局，1982。

述》原稿，证实罗尔纲的考订是正确的。

1979年荣孟源先生发表文章，认为"《自述》不是李秀成的真迹，而是曾国藩删改后重抄的冒牌货"，并提出了几点根据。[①] 罗尔纲先生再次认真考订，在1982年中华书局出版的《李秀成自述原稿注》"前言"中，以充分的理由认为这部原稿并不是冒牌货，而是李秀成的亲笔。罗尔纲先生遵守"谦退却疑"原则，因而他考订的结论是科学的，得到了世人的公认。

（二）信以存信，疑以存疑

遵守"信以存信"的考订原则，即如果以充足、科学的论据对某一件档案的真伪正误做出了判断，就应该大胆地坚持自己的观点。作为一个严肃的档案工作者，应坚持"信以存信"的态度，为了科学，坚持真理，为了求实，敢于非圣。坚持"信以存信"的原则，既要"胆大"，因为胆不大则不敢怀疑前人，跳不出人家的圈子；又要"心细"，心不细则不能使证据确凿，达不到求证的目的。所谓"疑以存疑"的原则，即如果怀疑某一件档案存在伪误情况，但找不到可靠的证据，应本着"存疑待证"的态度，不可在证据不足或证据不确的前提下，盲目下结论，而应该提出自己的疑问，等待学者们搜寻证据，继续考订。

"今本"《战国策》中有一篇文章《触詟说赵太后》，有一句是"左师触詟愿见，太后盛气而揖之"。而司马迁在《史记·赵世家》中写为"左师触龙言愿见太后，太后盛气而胥之"。对照后不难发现，《战国策》称左师名"触詟"，《史记》为"触龙"，《战国策》写"揖之"，《史记》为"胥之"，谁是谁非？清代考据学家王念孙通过推理而对"今本"产生了怀疑，同意司马迁的写法，但找不到证据，只能"疑以存疑"。1973年，长沙马王堆汉墓出土了帛书《战国策纵横家书》，清楚地写着"左师触龙言愿见太后，太后盛气而胥之"。考虑到该墓主葬于汉文帝十二年（前168年），与司马迁差不多同时代，该帛书可谓迄今所见最早的《战国策》，当以此为准。王念孙的"疑以存疑"，最终被证实。

（三）能够反证

所谓"反证"，指假设档案内容中的错误是正确的，并按其错误的逻辑演绎下去，最后得出的结论明显不能成立，反过来证明原来的内容是错误的，即用错误结论逆向推理，证明原内容的不正确。运用反证，实质是"以子之矛，攻子之盾"，使其首尾不能兼顾。

例如，《史记·五帝本纪》中的黄帝，有无其人，至今在史学界存在争论。1973年在长沙马王堆西汉墓中发现《黄帝内经》，有人据此断定黄帝确有其人，

---

① 参见荣孟源：《曾国藩所存李秀成供稿本考略》，载《中华文史论丛》，1979（1）。

其理由为：《黄帝内经》不是伪书，它成书于战国时期，是几千年来出土的轩辕黄帝第一本书，也可以说是一本“治国之本”的书，那么，轩辕黄帝理所当然再不会被历史学家认为是传说时代的“传说人物”了，而是实实在在的历史人物。

运用反证法，首先，假设《黄帝内经》“成书于战国时期”，公元前21世纪进入夏代，距战国已2 000年，而传说中的黄帝比夏代还要早一两千年，用战国时期形成的《黄帝内经》来证实三千多年前确有黄帝其人，岂不荒谬？其次，如果说马王堆出土了战国时成书的《黄帝内经》，可以证实确有黄帝其人，按此逻辑推论，战国时期有关黄帝的文献记载，如《左传·僖公二十五年》、《国语·晋语》等，也可以证明黄帝确有其人，而事实上，这些战国文献早已为人所知，却证实不了确有黄帝其人，难道只有战国时形成的《黄帝内经》出土，才能证实确有黄帝其人吗？显然经不起反证。

四、端正考风

档案文献考订是一项高层次、高难度的学术研究活动，它要求从事档案文献考订的学者必须具备良好的学风、严肃认真的态度和广博扎实的知识，总之，从事档案文献考订要端正考风，防止烦琐考订，防止误考。

（一）防止烦琐考订

烦琐考订，指有的考订者，或出于猎奇的目的，或为了卖弄学问，下相当大的功夫去考订既和学术无关又毫无意义的奇闻逸事。烦琐考订在清乾嘉考据时代最为盛行，当然乾嘉时期也出现了一流的考据大师，身手不凡，考出不少历史疑案，但由于当时档案文献考据的出发点是逃避现实，因而很多学者将考据搞得烦琐之极。这种烦琐考订的遗风，一直影响到今天。我们考订档案的主要目的，是防止伪误档案在不知情的情况下，被奉为信史。为了保证档案在发挥凭证作用上面的权威性，应紧紧围绕重要且严肃的疑案进行考订，为史学研究和科技研究提供有学术价值的考订成果。

（二）防止误考

档案考订要将伪误档案从众多档案中正确地剔出。如果考订者由于种种原因，不仅未能正确地考订出真伪正误，反而难辨真假、颠倒是非，那么这种考订就是误考。误考大体有以下几种情况：第一种情况是失察。在真实的档案中明明掺杂有伪误档案，但考订者由于学术功力不够或粗疏草率，对伪误档案毫无觉察。尤其一些编纂公布的档案，由于读者相信这些档案文献真实无误，因而作为依据屡加引用，从而造成严重后果。第二种情况是考而无功。档案内容确实存疑待证，但经考订后，问题没有得到解决，仍然存疑待证；或考订结论不正确，必须重新考订；或考订结论很勉强，难以服人。出现上述任何一种情况，都表明此次考订活动是不成功的。第三种情况是将正考误。还有的人将正确无误的真品考订成“伪误”，这是更加不能允许的。无论出于何种目的和原因，这种所谓的“考订”，都是对档案的摧残和对档案考订的亵渎。

第三节　档案外形考订

档案与其他文献不同的一个重要之处，是档案作为第一手原始文献，在外形上保留有一些特殊的印记，如载体的质地、规格、手写的笔迹、文书的印章等等，而其他文献是没有的。因此，伪误档案多在外形上存在各种破绽，成为档案考订可以利用的线索。

一、考订档案来源

（一）来源考订

档案文献的形成、保管、流传，总有一定的过程，设法查清档案文献的来龙去脉，自然比较容易确定其真伪。也就是说档案首先应该有它合理的来源，来路不明的档案，多令人生疑。常见的一种情况是，有的所谓“档案”，抄来引去，甚至载入正史，但稍加探寻，便会发现未见任何档案馆保存，无非道听途说而已。以前文谈到的《希特勒日记》为例，对日记的来源，得到日记的记者格德·海德曼称，1945 年在希特勒自杀前几天，他下令将这些日记装在一个大铁箱中，用飞机运往南方，飞机被击落，民主德国的一个老人从飞机残骸中发现了这只铁箱，内有希特勒日记手稿、照片、文件等。而联邦德国国家档案馆聘请专家对日记外形进行考订后，确定为伪品，海德曼以“涉嫌诈骗”被拘捕，他供认所谓“民主德国的那位老人”的传奇等等，全是胡编乱造。[①]

同样，如果发现一件档案的来历名正言顺，合情合理，且有根有据，在其他外形上以及内容上亦未发现有何破绽，就应该是真品无疑了。1955 年北京文学古籍刊行社影印出版的《聊斋志异》稿本，“出版说明”称“是 1948 年东北的西丰解放后，检查土地改革工作时在一贫农家中发现的”。令人生疑的是，蒲松龄是山东淄川人，其手稿如何到了辽宁西丰？后来在金静庵《静悟室日记》中，看到他在 1933 年借阅《聊斋志异》稿本的一段记载，才知道蒲松龄的七世孙蒲国权由山东移居沈阳万泉河侧，携来《聊斋志异》原稿八册和《聊斋文集》等物，在沈阳损失《聊斋志异》原稿一半，故仅存四册，其九世孙蒲英灏移居西丰县，

---

① 参见刘耿生：《“希特勒日记”考伪始末》，载《中国档案报》，2004-04-30。

又将此稿本带来，从来源可以断定其为真品。[①]

（二）征引与著录考订

征引与著录考订，即从档案文献是否被著录、引用的情况，来进一步验证档案信息的真实性。档案文献一般都著录在相应的文件登记簿册和检索工具中，也可能被人引用。实际上有相当一部分著述中的档案引文没有出处，即来路不明，这样的档案是无法让人相信的。

毛泽东究竟见过鲁迅没有？这是一件令人关注的事。早在20世纪80年代初，已有学者经过考订得出结论：二人从未谋面。但是，1985年第8期《大众电影》杂志发表“田一野”署名文章《筹拍历史巨片〈鲁迅传〉始末》，该文载：毛主席告诉赵丹说，他见过鲁迅，还去鲁迅家拜访过。有学者为核实此事咨询了《大众电影》杂志编辑部，经过调查的结果是，毛泽东未拜访过鲁迅，毛泽东接见赵丹时也没有谈及此事。[②]

二、考订档案载体

在我国历史上，档案的载体材料始终在发展变化，档案的载体材料和加工工艺具有明显的时代特征。通过对档案制成材料的技术鉴定，可以推断档案的形成时间，从而考订出档案的真伪。限于篇幅，甲骨、金石、简牍、缣帛、照片、音像等档案材料在此不论，以下介绍档案的主要载体材料纸张的鉴定方法。

（一）纸张种类

1. 手工纸

手工纸这一名词是在19世纪发明了造纸机、大量采用机械化造纸以后，为区别采用不同方法生产出来的纸张才出现的。主要有麻纸、皮纸、竹纸、混合纸、宣纸、毛边纸、连史纸、高丽纸等。唐代盛行藤纸，宋代多用麻纸，明代中叶普遍使用白棉纸，明末开始用竹纸，现存的清代档案多用竹纸。手工纸的品种繁多，最著名的、在书画和档案中普遍使用的是宣纸。这种手工纸以质地柔韧、洁白平滑、细致匀整和着色耐久而驰名中外。据现代科技分析，宣纸的保存寿命可以超过1 050年，远远超过其他种类的纸张。从历史档案的保存现状可以看

① 参见乔默、江溶：《怎样学习和研究历史》，94页，北京，中国青年出版社，1985。

② 参见刘耿生：《毛泽东拜会过鲁迅否？——所谓〈周作人生前回忆实录〉考》，载《北京档案》，2003（7）。

出：民国以前的历史档案多用宣纸，破损的状况不很严重；民国以后的档案多用机械纸，纸张老化速度普遍较快。

2. 机械纸

机械纸张一般按纸张的用途来分类，有工业用纸、包装用纸、生活用纸、文化用纸。文化用纸中又有书写用纸、艺术绘画用纸和印刷用纸。印刷用纸，一般分为新闻纸、凸版纸、胶版纸、铜版纸和特种纸等五种。在档案中常见的纸张主要有新闻纸、凸版印刷纸、胶版印刷纸、书写纸、复印纸、热敏纸、光敏纸等。

（二）纸张考订原则及方法

"保持档案原貌"原则在辨别档案真伪的过程中具有特殊的意义。为了保持档案具有的"历史记录的原始性"特征，我们在鉴别档案时，尤其是年代久远的历史档案，在档案纸张鉴别时要遵循以下原则：尽量保持档案原貌，鉴别材料和方法要安全可靠，优先使用物理方法，然后使用化学方法。

对传统纸张的考订方法主要是目测。通过看、闻、照、洗等方法，对纸张的颜色、纹理、透光性、水色、沉淀物等情况进行观察，确定是否作伪。如纸张的做旧，一般情况下古旧纸绢的旧色，直观感觉应是自然、平和、洁净，正反颜色匀透、纹理清晰，而做的旧色看上去火气，颜色不均，纸绢面欠清洁，纹理不清，而且起毛；真的旧纸绢闻时觉有旧灰气、烟气等气味，新做旧色的纸绢闻时觉有刺鼻的颜料气味及胶气。对比之后初步确定纸张是哪个年代生产的，档案形成时间应与纸张生产时间基本一致。

纸张的科技考订方法主要有定性定量检验和纤维成分分析。定性定量检验分为外观检验和物理性能测试两种，定性检验通过纸张外观的观察得出一定的结论，定量检验时通过对纸张的物理、化学性能的测试来描述纸张，得出结论。比如定量方法测定纸张的定量、厚度、挺度、撕裂度、耐折度、抗张强度等物理性能，测定纸张的 pH 值、铜价、黏度等化学性能。近几年来，纤维成分鉴定也应用到档案纸张的考订中。由于每种造纸原料中所含的纤维种类和数量不同，因此通过检验和测试纸张中纤维的种类和数量，可以较为精确地鉴别纸张的类型。检验纤维成分的方法有利用显微设备的染色法和纤维形态直接观察法。此外，还有薄层色谱法、高效液相色谱法、等离子发射光谱法、X 射线衍射分析法、激光技术检验等高科技方法，也在逐步得到应用。[①] 另外，纸张装订时用的黏合剂，在档案中也使用较多。历史档案使用的黏合剂大多由天然植物原料制造而成，现代档案使用的黏合剂可能是天然植物，也可能是高分子材料合成的。不同时期形成

---

① 参见刘耿生、何庄、张美芳：《档案鉴辨学》，234～238 页，北京，中国人民大学出版社，2009。

的档案黏合剂的种类和加工工艺不同，也是考订档案真伪的一条途径。

三、考订档案笔迹

档案原件上的笔迹是一种特殊的痕迹。首先，它由书写工具造成，外形表现为文字符号，承载着多种信息，有内容的信息、书写动作的信息、书写材料的信息、书写工具的信息等。其次，档案原件上的笔迹能反映书写人特有的书写动作习惯，因此利用笔迹考订可以比较权威地认定档案笔迹是否是档案作者的真迹。笔迹考订亦称“笔迹学”，主要是借助“同一认定”的原理与方法，根据笔迹所具备的客观反映性、相对稳定性等基本属性，使笔迹考订成为可能。

（一）笔迹考订

1. 笔迹基本属性

笔迹鉴定的科学基础是笔迹的反映性、自主性、局限性和持久性。第一，笔迹具有反映性，指它能够充分、客观地反映人的书写习惯及其在书写过程中所呈现的变化。第二，笔迹具有自主性，指书写习惯是在书写人意识支配下的有意行为。第三，笔迹具有局限性，这里指的是“注意的局限性”。局限性是指注意力的广度和长度有限。第四，笔迹具有持久性，由于书写习惯是重复练习和不断实践所形成的，因此具有很大的持久性或者说顽固性。

2. 笔迹特征

笔迹特征包括一般特征和细节特征。一般特征是指手写的整篇字迹和整个字反映出来的动作习惯的整体特征，主要有书写水平、字的形体、大小、字的倾斜程度、笔画的压力等。细节特征是指字的各个组成部分和各种笔画的细节反映出的动作习惯特点，主要有基本笔画运笔特点、偏旁部首搭配特点、笔画之间的距离特点、笔顺特点、连笔特点、错写特点等，笔迹特征是笔迹考订中认定书写人的主要依据。

3. 笔迹考订方法

主要有书法考订和仪器检验。罗尔纲先生在辨别李秀成笔迹时，就充分利用了笔迹的基本属性，结合笔迹的特征进行了详尽的书法分析，并指出了笔迹考订的有效性和局限性。[①] 从书法的角度、具体的笔迹上作出结论，其方法具有“有效性”；但书法有不同的运笔方式，加上书写者主客观因素的影响，笔迹考订又有其局限性。因此要结合其他方法共同鉴别。除了从书法角度考订外，还可以采用仪器进行检验，利用体式显微镜、荧光显微镜、生物显微镜和文件检验仪对笔迹进行细部的检验。

---

① 参见罗尔纲：《困学集》，248～295页，北京，中华书局，1986。

（二）墨迹考订

上述笔迹考订主要是利用笔迹所包含的书写动作信息，笔迹中包含的书写材料信息——墨迹，也可以成为考订的线索。墨迹的种类繁多，这里只简单介绍一下墨水字迹的考订。墨水的种类主要有蓝黑墨水、染料墨水（红墨水、蓝墨水）、碳素墨水、打印绘图墨水等。对于蓝黑墨水，传统的方法是硫酸盐扩散影像检测法。此外，目前比较常见的方法还有外观检验和物理性能测试、紫外可见光谱和导数光谱法、薄层色谱和薄层扫描法、激光检验等技术考订方法。同时，建立各种样品字迹库，也是一个很好的方法，库中样品字迹越全，今后的考订就越方便。①

（三）字体考订

字体指档案上刻印的字体或字形。字体考订，即通过档案所采用的字体或字形是否与该种字体、字形最早出现和使用的时间相矛盾，以确定档案之真伪。例如，中国近代开始使用铅字印刷，各种字体的起始时间是不同的。根据《中国近代出版史料》载，扁体铅字创始于 1884 年图书集成局用以排印《古今图书集成》；仿宋体铅字始于 1917 年中华书局用以排印《四部备要》；楷体铅字开始于 1909 年商务印书馆所制的二号铅字，而后有上海汉文正楷印书局出版的楷体印刷物，1926 年后有东三省出版的楷体印刷物，而后又有天津大公报社出版的楷体印刷物。这些铅字变化，可以帮助今人辨识档案。前文提到的《希特勒日记》，按顺序在每页上用打号机打有页码，按说，日记是 13 年写成的，打号机也是 13 年打完号的，无论用一部还是几部打号机，总还要在别的文件上打号，打号机自然会有磨损。但是，档案专家鉴定后确认，这部打号机在 20 世纪 50 年代以前是不会出现的；另外，日记上每页号码是一部打号机连续不断打出来的。13 年来，从号码上竟看不出打号机有磨损！这是《希特勒日记》的重大破绽。

四、考订档案印章

印章是文书档案外形的重要组成部分，不同时期、不同材质、不同作者的印章，其规格、印文字体、用印位置等均有不同，如果文书档案的用印不合制度，那么作伪的可能性就比较大。传统的考订主要为目测，随着现代科技的发展，印章的作伪更加复杂，考订也需要运用更多的高科技手段。

（一）印章的传统考订

首先，不同时期的印章差别很大。以先秦印章为例，无论官、私印均称为“玺”。最初玺是用于封识财物的凭证，春秋时开始成为官文书的重要标志，战

---

① 参见刘耿生、何庄、张美芳：《档案鉴辨学》，195～197 页，北京，中国人民大学出版社，2009。

国时的古玺，由于诸侯割据，所以印章的形制、印钮、印文等均不规范，可谓五花八门。在用印制度上，先秦的官文书主要是简牍文书，要把文书玺印加盖在“封泥”上。[①] 再如太平天国印章。据文献著录和印鉴实物，太平天国的国玺共有金玺三方、玉玺三方，后来在原玺印丢失后又重刻木质国玺一方，所以出土的太平天国晚期印均为木质。最有特色的是，其印文字体全部采用宋代楷书，与历朝官印形式截然不同。而天地会伪造太平天国的印文，用的是篆字，相较之下，立见其伪。[②]

其次，不同材质印章各有特点。中国印章可分为铜印、玉印、铁印、石印、木印、泥印等诸多种类。如铜印和玉印的考订方法：铜印是历代官印中数量大、形式多、延续时间最长的印章。最早出现于商周，秦汉开始比较常见。铜印的伪造，始于北宋，盛于晚清民国。一般情况下，可以从铜印的造型、锈色、文字、著录等几个方面来辨别铜印的真伪，如看造型就是最直接、最有效的方法，因为古铜印造型有明显的时代特征。玉印是除铜印之外，影响最大、使用最广泛的印章，始于东周，明清时期走向全盛。辨别玉印的真伪，可以从印钮、沁色、风格等几个方面着手。如看土锈沁色，“玉沁”是外物对玉的渗入所形成的痕迹，通过对玉沁进行观察和分析，就可以判断玉印的真伪。

（二）印章的系统考订

印章的系统考订，是相对于传统的印文考订而言的。传统的印文考订只能解决印文是否由同一枚印章所形成，即认定印章的“同一性”。传统的印章考订是在造假手段比较低下时的简单考订，近年来印章考订较以前困难，一方面由于新材料的使用，如原子印章，另一方面随着电子技术的提升，电脑雕刻、制版及扫描制作容易，伪造的印文极其逼真，一般人员仅靠传统目测方法根本无法识别，印章的系统考订便应运而生。它是指应用现代科技手段所采取的一系列全面先进的印文考订方法，对可疑印文和样本印文进行多方位的比较分析，然后作出综合评断。当两者特征出现本质性差异时，可认定可疑印文与样本印文不是由同一印章所形成；当其中有一个以上细节特征差异时，要看差异点是否能得到合理的解释，如印文特征因自然变化而出现的差异，就是非本质性差异，反之则可判断印章为伪造。

印章的系统考订还涉及印文形成时间的系统考订。印章真伪的检验只是一个方面，只要印章是伪造的，档案无疑是伪档案。印文形成时间的检验是另一

---

① 参见王国维著，胡平生、马月华校注：《简牍检署考校注》，上海，上海古籍出版社，2004。

② 参见董俭：《漫谈我国古代的官印》，载《档案学通讯》，1995（4）。

个重要方面，由于印章真实不一定档案真实，可能存在利用真印章在伪造档案上盖印的现象，所以，还需对相关印文形成时间进行检验。检验的依据是印文的时间特征，即能够反映印章历时性变化的印文特征。检验的方法有印文之间直观比较法、印章的印面特点观察法、实物印章制作实验样本比较法、样本形成时间的调查和核查法、停用或更换印章的有关材料手续取证法、印泥种类的物质组分检测法、印文直观测量法等等，应根据印文的具体情况采用一种或多种方法同时进行检验。

五、考订档案署衔

档案文件的署衔，是指在文件上标出作者姓名及其职衔，其作用与用印一样，为文件正式生效的标志。档案文件上的署衔制度始于何时，史书上没有明确的记载，从目前所能见到的有关文献可知，秦汉简牍上已有正规的署衔，尤其从居延汉简上可以看到，当时的公文已记载有发文机关或收文机关了。文件开头所标出的作者及其身份，称为“前衔”或“署前衔”，例如，顺治十八年闰七月二十七日《山西巡抚白如梅题山西征收练饷事本》的“前衔”为：“钦差提督雁门等关·巡抚山西太原等处地方兼理云镇诸务·太子少保·兵部尚书兼都察院右副都御史臣白如梅谨题”[①]；文件末尾所书写的作者职衔部分，称为“后衔”，例如，顺治三年十一月二十六日《卢钦谷启清查江南明勋戚洲场土地事本》的“后衔”为“督理江南等处芦政工部营缮清吏司主事臣卢钦谷”[②]。

档案文件的署衔既然有前后之分，它们彼此的作用自然不同。前衔的作用在于判断此文件的重要程度和应采取的态度，后衔的作用则是为了留待署押，并表示作者对文件负责。在辨别档案文件的署衔时，尤其要注意后衔中的“花押”或“花书”，这是档案文件的作者为了防止模仿作弊，有意将自己的署名书写潦草而形成的一种防伪手段。清代有些文件，如官府往来文书中的关、牒，仍存在花押的痕迹，此乃清档的一个特点。

第四节　档案内容考订

档案的内容考订，即通过档案记载内容是否存在矛盾，如与档案形成者各方面情况有无相悖之处，档案记载和历史史实是否一致，档案用语和所处时代是否一致，以及档案内容和常理、典章制度矛盾与否等等，来确定档案本身的真伪和

---

① 中国第一历史档案馆编：《清代档案史料丛编》，第四辑，5页，北京，中华书局，1979。

② 同上书，151页。

内容的可靠程度。由于档案内容考订在方法上更为精细，因此较之档案外形考订，得出的结论往往更为准确。

一、考订档案作者

（一）作者思想考订

档案内容应该是其形成者思想的真实记录，正因为档案有此特点，读者才能从档案内容了解形成者的真实思想，发挥档案的凭证作用和参考作用。如果某件档案反映出形成者的思想和其人真实的思想不一致，那么很可能是伪作，或者是档案形成者有意掩盖自己的真实思想。如天地会曾伪造一份所谓的“太平天国敕谕”，文中有“托赖祖宗列圣德庇”之语。洪秀全崇拜耶稣，排斥祖先崇拜，天王诏谕中从不曾有“祖宗列圣”一类词句，因此可以确定此“敕谕”为赝品。①

利用此法考订，必须掌握档案作者的真实思想，以及作者形成此文件的真实目的，因为人的思想在不断发展变化，同一个档案作者，在不同历史时期会有迥然不同的思想观点，因此我们在辨别其档案时，要以历史唯物主义和辩证唯物主义为指导，才能得出正确的结论。

另外，有些人物出于种种目的故意在档案中写下违心之言，我们要透过现象看本质，不能被假象所蒙蔽。尤其是很多特殊人物，情况更为复杂，他们档案中反映的思想观点，真伪混杂，考订时要高度注意。

（二）作者经历考订

档案是人类实践的真实记录，从这一点出发，应该认为每件档案是其作者个人经历的如实记录，如果档案中有关作者经历的记载不真实，那么本档案很可能不是作者误记，就是伪造的。考订者应在掌握其作者确切经历的前提下，判定该档案是作者误记抑或伪造。

例如，《御香缥缈录》的主要内容是说慈禧去奉天祭祖，但慈禧及作者德龄根本无此经历，可见其伪。其中德龄说1904年她陪慈禧乘火车经辽宁新民到皇姑屯，然后下火车乘官轿到奉天（今沈阳）。而据现存中国第一历史档案馆的档案看，从新民到皇姑屯这一段铁路，1904年根本没有修建，1905年才由日本人修建，因此，慈禧太后和德龄等人不可能在1904年乘火车越过新民到皇姑屯。②

（三）和作者的其他档案比较

即有些档案的作者是同一个人，但对同一件事的记载却不相同，这就要将同一个作者而有不同内容的档案互相比较，以确定真伪正误。

---

① 参见罗尔纲：《太平天国史料考释集》，122页，北京，三联书店，1985。

② 参见刘耿生：《〈御香缥缈录〉考》，载《北京档案史料》，2000（1）。

《御香缥缈录》写德龄陪慈禧去奉天，而德龄在她的另一回忆录《清宫二年记》中，不仅没写去奉天，连慈禧 1903 年 3 月去西陵之事也没有写。正因为她对于谒陵这样的大典毫无体验，所以在《御香缥缈录》中，她无法详细描述谒陵的细节。这种“档案”的作者，往往前后矛盾，不能自圆其说，在辨别其“档案”之真伪正误时，“以子之矛，攻子之盾”，是很有说服力的方法。

二、考订档案史实

（一）史实经过考订

档案内容中记载的历史事件和史实经过是否一致，是考订档案内容的又一角度。若相符，此档案可能是真品；若不相符，在确定其他档案史料及图书文献所记史实准确无误的情况下，则可判定此档案属误记或伪品。

例如，1944 年 2 月在广西桂平太平天国纪念堂举行揭幕典礼时陈列的《太平天国起义檄文》，其中写道金田起义是由于官吏激变引起的。[①] 而据《干王洪仁玕自述》称，太平天国起义之动机，系由于拜上帝会打倒偶像和崇拜多神的地主士绅争斗而起，并非由于官吏激变。[②] 这一点，还有其他档案史料为旁证，如以杨秀清、萧朝贵名义颁布的《奉天诛妖檄》所称的起义缘由与《干王洪仁玕自述》同。

（二）史实时间考订

档案内容总会记载一些史实发生、发展或结束的时间。如果档案中出现的上述时间和史实时间不相符，那么，该档案或者记载有误，或者是伪品。所谓的《李鸿章家书》第九函《禀父》写道，李鸿章校正的曾国藩《经史百家杂钞》即将付印。关于曾国藩所编的《经史百家杂钞》，时间不详。但据黎庶昌在《曾国藩年谱》所记[③]，它的选录是在曾国藩“出都以后，治官临军”的一段时期[④]，而李鸿章入曾国藩营为 1859 年 1 月 2 日[⑤]，其时距他父亲去世已三年多，若“校正”此书，也肯定在其父死后若干年，怎么可能在“校正”此书的同时，给已经过世三年多的父亲写信？从时间上的矛盾能够确定此信之伪。[⑥]

（三）史实人物考订

将档案内容中涉及的除作者之外的人物情况与历史上真实的人物事迹相对

---

① 参见罗尔纲：《太平天国史料考释集》，93 页，北京，三联书店，1985。

② 同上。

③ 参见黎庶昌：《曾国藩年谱》，254 页，长沙，岳麓书社，1986。

④ 参见上书，102 页。

⑤ 参见上书，10 页。

⑥ 参见刘学照：《李鸿章家书辨伪》，载《历史研究》，1996 (2)。

照，从而确定档案是伪品还是误记。

例如，近代一封私人密函，作者不详。但从作者档案内容涉及的相关人物与作者的关系可以考订此人为五四时期的外交官陆宗舆。密函中提到段祺瑞（合肥）、徐世昌（东海），陆宗舆追随段祺瑞，同时也是徐世昌的心腹，与信中所述人物关系一致。又提到章宗祥（仲和）、曹汝霖（润田），查陆宗舆和章宗祥、曹汝霖早年都曾留学日本，关系较为密切，后来均属段祺瑞统治时期新交通系要员。五四运动中，曹、陆、章三人共同被指斥为卖国贼，与信中所述人物关系也一致。密函还提到梁士诒、汪大燮，梁、汪均属于旧交通系，由于利益的关系，新、旧交通系矛盾不断，密函中对他们被列为授勋人员颇为不满。这些相关人物和真实的陆宗舆情况均一致，因此可以判断此密函的作者即陆宗舆。①

三、考订常理或典章制度

（一）常理考订

即利用推理的方法来考订档案之真伪正误，亦称“理证”，在书证、物证及人证不足以作出结论的情况下，正确运用“理证”的方法，同样可以得出确切的结论。因为凡事总有其内在的情理、客观的规律，如果档案中记载的某一件事有违人之常情，或不符合事物发展规律，那么此档案很可能就是伪误档案。

有一本所谓的《周作人生前回忆实录》，作者是沈鹏年。其中引用周作人的原话，谈到“1920年毛泽东拜访鲁迅”一事，说鲁迅得知毛泽东要到八道湾来访，故专门在家等候②，这段话破绽很多，姑且不论。仅以该《回忆实录》中毛泽东和鲁迅的约见方式，便有违常理。当时鲁迅是著名的北京大学教授，而毛泽东仅是北京大学图书馆职员，怎么可能让鲁迅在家等候？③

（二）典章制度考订

任何政权，都有自己制订的一套典章制度，档案史料中所记人物活动或事件，都不能违背当时的典章制度。有的档案作伪者，因不了解当时的典章制度，往往在伪造档案时存在违背典章制度的内容，而作伪者却毫无知觉，以此可以断定其伪。

---

① 参见何庄：《一封私人密函形成者与形成时间的考订》，见中国档案学会编：《档案事业科学发展：新环境　新理论　新技术》上册，北京，中国档案出版社，2008。

② 参见沈鹏年：《周作人生前回忆实录：毛泽东到八道湾会见鲁迅》，载《书林》，1982（1）。

③ 参见刘耿生《毛泽东拜会过鲁迅否？——所谓〈周作人生前回忆实录〉考》，载《北京档案》，2003（7）。

例如，1980年，有个自称“爱新觉罗·溥寰”的，写了“回忆录”，称自己是溥仪的胞弟。经学者考订，他写的事情很多有违清制，因而确定为伪品。如溥寰说他降生于北京玄武门内太平湖东岸的醇王府，那是绝对不可能的。因为根据雍正朝成例，皇帝在紫禁城和圆明园以外的出生地，称为“潜龙邸”，须升为宫殿庙宇或空出来，不能再住任何人，而太平湖东岸醇王府正是光绪帝的出生地。[①]

四、考订档案用语

（一）措辞考订

1. 公文术语考订

历史档案中，公务文件占了很大的比例，不同的文种有不同的公文术语，反映了特殊的公文传递程式和上下尊卑关系。如果某档案文件上的公文术语使用不当或使用错误，很可能是不谙公文术语之人伪造的，尤其在清代大内档案中，公文术语发展到了登峰造极的地步，措辞极为复杂。如引叙来文，对上级来文要用“奉”，对平级来文要用“准”，对下级来文要用“据”。引叙结束时，上级或同级来文用“等情”，皇帝的朱批、谕旨用“钦此”等等，不一而足。[②]

例如，有一件所谓的清光绪十九年（1893年）慈禧将中国领土钓鱼岛列岛赐给盛宣怀的“慈谕”。该“慈谕”从外形到内容，破绽很多，仅以公文术语考订，即可断定其伪。清帝或太后亲书颁发的诏令等，一律不写“钦此”二字。凡在结尾处有“钦此”的“上谕”或“慈谕”，都是内阁官员或南书房大臣代为起草的，概莫能外。反观这件“慈谕”，最后有“钦此”二字，可见不是慈禧亲书，同时也没有“奉上谕”之类的公文术语，也不是军机处所发。[③]

2. 私人用语考订

私人档案中用语更为特殊，考订也更为复杂。如果某件档案在用语上有和作者文风抵牾之处，此档案便很值得怀疑。如所谓的《李鸿章家书》，其中第十七封《谕文儿》中出现了“文学”、“思想”、“代表”、“基础”、“普及教育”[④]，皆不是李鸿章所处时代的词汇，而是五四以后才出现的，李鸿章当然不可能知道。

（二）称谓考订

历史档案中，无论公务文件还是私人文件，都存在称谓的问题。中国人的称

---

① 参见刘耿生：《爱新觉罗·溥寰“回忆录”考》，载台湾《历史》月刊，1997（11）。

② 参见裴燕生、何庄等：《历史文书》，235～246页，北京，中国人民大学出版社，2009。

③ 参见刘耿生：《慈禧的钓鱼岛列岛“慈谕”考辨》，载台湾《历史》月刊，1997（11）。

④ 参见李鸿章著，邓曙光编注：《李鸿章家书》，24～25页，北京，中国华侨出版社，1994。

谓，或遵守历代定制，或遵循风俗习惯，称姓、名、字、号、官职、籍贯及谥号等，十分复杂。作伪者往往不能全面掌握人物称谓而露出作伪马脚。

例如，天地会曾以洪秀全名义发了一道给洪秀全的弟弟“洪秀琮”的所谓“敕谕”，经罗尔纲先生考证，洪秀全并无“御弟秀琮”其人，据《洪氏族谱》记载，洪秀全兄弟辈皆为“仁”字，如信王洪仁发、勇王洪仁达、干工洪仁玕等，洪秀全本名仁坤，小名火秀，及长，自取别号留“秀”字而另取一“全”字。伪托者不知这些内情，于是杜撰出一个“秀琮”来。

（三）避讳考订

“避讳”是中国人为了表示对某些人的尊敬，而改变被称者原有称谓，形成一种新称谓。在历史档案中，避讳的范围主要有：圣讳、贤讳、尊讳、长讳、宗教讳等。常见的避圣讳方法有：改字法，将某一犯圣讳字改为其他字；缺笔法，行文时遇到应避圣讳之字，将字少写一两笔；空字省字法，在应避讳之处空而不书；拆字法，将一个完整的字分成两部分而书写之；说明法，遇圣讳字用文字说明。对于避讳的作用，陈垣先生指出：“其流弊足以淆乱古文书，然反而利用之，则可以解释古文书之疑滞，辨别古文书之真伪及时代，识者便焉。”①

避讳始于周，严于秦，尤其是圣讳，避讳方法极为复杂。以档案中经常遇到的圣讳中的庙讳为例，清代自太祖始至清亡，始终避讳庙号，往往可以从庙讳的破绽中发现档案赝品。如所谓的《林文忠公家书》第四十二封信，开头林则徐提到的“宣庙”，指的是哪位皇帝的庙号？此信标明写于道光二十八年。事实上，在道光皇帝死后，咸丰帝才称其父庙号为“宣宗”，而林则徐写此信时道光皇帝还活着，怎么可能知道皇帝死后的庙号？只此一点，即可见其伪。太平天国则有十分严格的宗教避讳，如避“上”字，除“上帝”外，其他一律以“尚”字代，或者回避“上”字。天父名“火华”，改“火”为“亮”，“华”为“花”；“基督”避“基”作“居”，“督”作“率”等。

（四）书写规则考订

1. 行移规则

在历史档案中，从西周铭文到民国档案，其书写字移的方向均为从上而下，行移的方向则为自右而左。清代的汉字档案文件亦按此书写规则。但是，由于清朝为满族统治，清代前期，国家正式文件均用满文书写，或满汉合璧，汉文的书写规则依然“自上而下，自右至左”，满文则自左向右转行。在同一份文件中，汉文部分居右，满文部分居左，满汉文同时向中间移行，

---

① 陈垣著，陈乐素、陈智超编校：《陈垣史学论著选》，237页，上海，上海人民出版社，1981。

最后于纸幅中部汇合，是谓“满汉合璧”。但清代中期以后，用满文或满汉合璧者越来越少。

2. 抬头制度

即在缮写公文时，凡遇表示尊敬的规定字样，不得与上文连写，而应变换格式，如另起一行或空格后书写。该制度起于秦，成于唐宋，盛于明清，影响波及民国。在清代档案文件中，抬头规定之繁杂，书写要求之严格，远远超过了历代前朝，登峰造极。抬头的具体形式约有六种：空抬、平抬、单抬、双抬、三抬、四抬诸形式。（参见《钦定科场条例·抬写格式》）如果某件档案史料出现该抬而未抬、不该抬而抬或抬头格式不对，则此件很可能是伪品。

例如，前文提到的慈禧太后所谓的“慈谕”，就严重违反了清朝的抬头制度。按例，无论军机处还是内阁官员，在缮写“上谕”时，“上谕”二字须抬高二格，内容文字须抬高一格。而“慈谕”因系太后所下，比皇帝的“上谕”要高出一格，故“慈谕”二字应抬高三格，内容文字均应抬高二格。这件“慈谕”上的“慈谕”二字没有抬头，而文中不该抬头的“皇太后”、“皇上”等字反而抬头。因此，从抬头的书写规则辨别此“慈谕”，也可判定是一件伪品。

（五）外形与内容考订相结合

有的“档案”存在疑问，仅从某一个方面考订，即使得出结论，仍有“孤证”之嫌，或者论据单薄，难以服众。只有深入细致地从档案的外形到内容，遍查矛盾，铁证如山，方可服众，是谓“精考”。凡经得起考验的考订案例，大都内外兼考。如前文对慈禧太后所谓“慈谕”的考订，除了已论述到的公文术语、抬头等处存在的问题外，还从诸多方面进行了考订，如其外形尺寸问题、印章问题、著录问题、史实问题等，将档案外形与档案内容考订结合起来，剥茧抽丝，使结论无懈可击。

第五节　档案文献形成时间的考订

档案文献的形成时间，是其重要组成部分。由于人为和自然的原因，往往出现档案形成时间有误、不全或缺少等情况，直接影响到档案馆的系统整理归类编纂，同时也直接影响到档案的使用价值。只有弄清档案文件产生的时间，才能更好地理解文件的内容，真实地反映历史面貌。档案形成时间的考订方法，可以归为内证法、外证法以及内外证结合法。

一、内证法

所谓“内证法”，亦称本证法，即通过档案本身提供的线索来考证档案的形成时间。它包含档案本身的内容信息和外形信息。内证法是考订档案形成时间最可靠、最常用的一种方法。

（一）内容信息

内容信息包括史实、时间、组织机构、相关人物、时令佳节、口号主张以及特定名词等。这些信息是我们考订档案文件的形成时间时首先要关注的线索，要求我们仔细阅读档案，利用所学知识，敏感地抓住其中的内容信息，又快又准地判断出档案的形成时间。

1. 特定史实与特定时间线索

档案文件的内容往往涉及一些具体历史事件，而这些历史事件都是在特定的历史时间内发生的。因此，通过对历史事件的分析可以判定档案文件形成的准确时间。

如前述近代私人密函，无形成时间。但密函中提到“特五四之变，大总统曾以批令叙及”的史实发生在1919年5月14日。说明此信件在写作之时，五四运动已经爆发，徐世昌已经下令慰留陆宗舆，所以形成时间当在1919年5月14日之后。又说“今闻参战叙勋人员，皆出段督办开列，且有梁、汪等一律为上列之说”。说明对参战人员的授勋令尚未公布，查参战授勋令的颁发为1920年元旦。[①] 故此信件的形成时间当在1919年5月14日后至1920年元旦前。[②]

2. 组织机构线索

组织机构的成立时间有时会在档案文件中有所反映，是我们考证档案文件形成时间的重要线索。如刘会同致杨宇霆的信，署“七月二十五日”，没有年代。信中刘会同请杨推荐自己当北京市政公所坐办。北京市政公所是1926年年底成立的，到1928年6月张作霖的“安国军政府”已经垮台，据此可以断定此信是1927年7月25日所写[③]。

3. 相关人物活动线索

档案记载中相关人物活动的时间、地点，可以成为我们判定形成时间的重要

---

① 参见中国社会科学院近代史研究所、中国第二历史档案馆史料编辑部编：《五四爱国运动档案资料》，123页，北京，中国社会科学出版社，1980。

② 参见何庄：《一封私人密函形成者与形成时间的考订》，见中国档案学会编：《档案事业科学发展：新环境　新理论　新技术》上册，北京，中国档案出版社，2008。

③ 参见刘玉岐：《如何考证档案文件形成时间》，载《中国档案》，1982（5）。

线索。如中央档案馆所编《毛泽东手书选集》第一卷收有毛泽东于1961年10月16日手书《沁园春·长沙》一词的影印件[①]，无这首词的准确形成时间。1925年8月28日毛泽东离开韶山去长沙，9月上旬由长沙动身赴广州，此间长沙仍处夏季，不可能是“寒秋”、“霜天”，因此这首词的形成时间不会在1925年。1926年12月17日毛泽东由汉口到长沙，参加湖南省第一次农民代表大会，长沙天热，此时还不到寒冬，正是“寒秋”、“霜天”季节。此外，还有一个无可否认的事实，即毛泽东亲书“一九二六年作”。只是在《毛泽东手书选集》中隐去了形成时间。[②]

4. 相关人物任职时间、期限线索

档案中所叙述的人物任职时间、任职期限，以及所任职内发生的事件，也是我们不可忽视的重要线索。如《康藏纠纷档案选编》中刘文辉的三份电文，分别是5月3日致国民政府主席林森、军事委员会委员长蒋介石、行政院院长汪精卫的。根据《民国职官年表》，国民政府主席1931年12月15日以前为蒋介石，其后方为林森。1932年3月8日起，蒋介石任军事委员会委员长。汪精卫是从1932年1月31日起担任行政院院长的。由此推断，刘文辉这三份电报最早应在1932年3月8日以后形成。[③]

5. 特定时令佳节及特定时间代词线索

档案中提到相关事件发生的时间及时令佳节，可以作为判断档案的形成时间的参照。如叶恭绰致杨宇霆的信，署“中秋”。“中秋”年年有，究竟是何年？但信中提到“刘总长”。“刘总长”即刘哲。刘从1927年6月至1928年6月任“安国军政府”的教育总长。刘哲任职期间只有1927年一个“中秋”，即公历9月10日，因此可以判定此件写于1927年9月10日。[④]

6. 口号主张及特定名词线索

毛泽东为中共中央宣传部起草的《中央宣传部宣传要点——苏德战争形势和反对亲日派反苏反共阴谋》的起草年代，中共中央文献研究室所编《毛泽东年谱》定为1943年，经考有误，正确的年代应为1942年。《宣传要点》开始即称：“斯大林‘五一’命令中及中央‘七七’宣言中所称今年打败希特勒一节应作如下的理解。”这里的“今年”指的是1942年。“斯大林‘五一’命令中”所称

① 参见中央档案馆：《毛泽东手书选集》，6～14页，北京，北京出版社，1993。

② 参见刘耿生：《档案真伪论》，269页，北京，中国档案出版社，2002。

③ 参见吴彦勤：《对〈康藏纠纷档案选编〉中三份文电年份的订正》，载《民国档案》，2004（1）。

④ 参见刘玉岐：《如何考证档案文件形成时间》，载《中国档案》，1982（5）。

"今年打败希特勒"，指的是1942年5月1日斯大林在《国防人民委员命令》中提出的口号，中共中央简称为"今年打败希特勒"；而斯大林在1943年《最高统帅命令》中没有提出打败希特勒的时间问题。①

（二）外形信息

外形信息相对内容信息而言，指被考订档案外在的形态特征，包括信封邮戳、发文登记、用印等，是考订档案文件形成时间的重要辅助线索。如溥仪的二妹妹韫和在英国写给溥仪的信，未署时间，但信封上盖有邮戳，标明时间是1933年3月31日。由此断定，此信是检邮当天或前一二日所写。②

我们党早期的文件中，文题经常有"通告"第几号乃至第几十号，"通知"第几号至第几十号等等。这种编号，相当于我们平时所说的"红头文件"的编号，它也是我们考订档案形成时间的一种依据。一般来说，文件的顺序号是和时间的先后顺序相对应的。

对于文件的原批注和图章标志，要判明文件上填有时间的图章，是后来整理档案时加盖的，还是当时发文或收文时加盖的。如河北省档案馆馆藏档案《冠生关于顺直省委改组意见向云光的报告》第一页的正文上端批注有"冠生来信——对顺直省委改组的意见。17/12发28/12到"的字样。在正文上方的图栏内填有17121928字样，由此可以看出"批注"的发文时间和戳记上的时间是一致的，因此可断定顺直的文件，凡文件上盖有相同戳记的，均是发文用章，从而为正确判定文件的形成时间提供了准确可靠的依据。③

二、外证法

即以被考订档案以外的各种档案文献为依据，考订出档案的形成时间。具体方法可分为不同版本参照、相关史实参照、相关时间参照以及来往公文参照等几种。

（一）不同版本参照

同一内容的档案，在不同时间、不同文本中往往会形成不同版本，我们可以从不同版本的形成时间中查到档案的形成时间。如中央档案馆保存的遵义会议决议的两种重要油印稿，都是1935年中央在长征路上油印的，一个是"1935年2月8日政治局会议通过"，"2月16日印"，另一个是"1935年1月8日政治局会议通过"，"中共中央印"，但没有印发时间，哪一个版本正确呢？经中央档案馆

---

① 参见陈标：《关于三份中央文件的成文时间考》，载《党史研究与教学》，1995（3）。

② 参见刘玉岐：《如何考证档案文件形成时间》，载《中国档案》，1982（5）。

③ 参见王永煜：《我对考证时间的点滴做法》，载《档案学通讯》，1988（3）。

专家对内容的全面研究，认为“1935年2月8日政治局会议通过”，“2月16日印”的油印版本中所载是遵义会议决议的成文时间。[①]

（二）相关史实参照

我们还可以从其他档案文献中的相关史实寻找到档案成文时间。1926年《中共中央通告103号》，只有团中央转发这个文件的时间1926年5月13日，没有《通告》本身的成文时间。但《通告》中说：“从今日的消息，颜内阁已预备13日就职”，“二张已拂袖出京”。据查《申报》、《民国日报》发表这个消息的时间是1926年5月12日，据此判定，《通告》的时间应是1926年5月12日。

（三）相关时间参照

档案中提到的史实，往往会同时在当时的报刊上或相关档案中出现，可以广泛利用各种文献（如报刊）进行时间考证。1991年版《中国共产党的七十年》称：“11月18日中央政治局在黎平举行会议”。而《中国共产党大事年表》上明确记载：1934年12月18日，中央政治局在黎平举行会议。参考《毛泽东年谱》、《周恩来年谱》、《中共中央文件选集（1934—1935年）》、《张闻天传》、《王稼祥年谱》等档案文献的相关时间，最终确认黎平会议召开的准确时间为1934年12月18日。[②]

（四）来往公文参照

文件通常有来往，或相似内容发给不同收文单位的文电。例如，1940年毛泽东关于目前时局及皖东军事部署给彭德怀的指示，原电报整理者写的时间是1940年9月13日。第一句“八日来电悉”，经查彭德怀来电为4月8日，参照文件内容，发电时彭吴支队及344旅均尚未南下。5月总部派344旅南下华中，6、7月间进入豫皖苏与六支队彭雪枫部会师，9月已经南下，内容说到半塔集保卫战（3月21日至29日）已取得胜利，故应为4月。

（五）社会调查

除了上述方法，还可以采用口述史料或对健在当事人或知情人进社会调查的方法。例如毛泽东《致高桂滋》信，原件未署时间。从内容判断该信的成文

---

① 参见沈正乐、殷子贤、刘建平：《浅谈革命历史文件时间的考订方法》，载《档案学研究》，1990（1）。

② 参见宋义明、张成林、杨艳生：《关于胡绳主编的〈中国共产党的七十年〉一书中一处时间错误的考证》，载《党史纵横》，2004（1）。

时间可能在1935年12月到1936年12月之间。后来据当事人郭洪涛证实，此信是在“中央退出瓦窑堡一个月以后”由他“转交”的。党中央退出瓦窑堡的时间是1936年6月21日，因此，该信的具体成文时间当在1936年7至8月间。①

三、内外证结合法

在实际的考订过程中，内证法与外证法不能割裂，往往需要结合运用。

（一）众说纷纭排除法

在档案文件中，因为种种原因造成档案的形成时间众说纷纭，其中肯定有错误记述，在考订这类档案的形成时间时，需要采取内外结合排除法。

例如，“七一”是中国共产党建党纪念日，但这个日期本非准确的建党日。1945年4月21日，毛泽东在党的“七大”会议上谈到“一大”时曾说，“会是在七月间开的，我们现在定七月一日为党的周年纪念日”②。但目前关于“一大”南湖会议的确切日期至今尚未得到一致的确认，有7月31日、8月1日、8月2日、8月4日和8月5日等多种说法。通过当事人的日记、回忆以及当时嘉兴的气候等状况一一排除，最后可以确定是在8月2日南湖举行的。

（二）内外参照佐证法

档案形成时间的考订方法多种多样，当编者对考订出的时间仍存疑的话，还可以根据其他方法进一步佐证。

例如，1994年6月台北正中书局出版了陈立夫的回忆录《成败之鉴》。在该书的第193页引述了周恩来给陈果夫、陈立夫一封信的全文，且在书前还有周恩来手迹影印件，字体工整，真实可靠。只是该件的形成日期，周恩来仅写“九月一号”，没有署年。陈立夫在转录本信时，自己用括号加上“民国二十四年九月收到”字样，即1935年9月1日。而且，陈立夫还引用蒋介石《苏俄在中国》中的话，证明该信的确写于1935年。此为外证。但大量史料证明，这个时间是有问题的。首先，1935年9月1日前后，周恩来正在雪山草地中长征，给陈果夫、陈立夫写这样的信，可能性不大，此为理证。其次，从内容看也颇多疑问，考订者利用内证法考订该信写于1936年。采用内外证结合法，如果结论相悖，一般应采用内证的结论，因此，以上述信中提供的各种线索佐证，此信形成时间为1936年9月1日。③

---

① 参见沈宁：《读方玮德致常任侠书札》，载《新文学史料》，2007（2）。

② 《毛泽东文集》，1版，第3卷，291页，北京，人民出版社，1996。

③ 参见刘耿生：《档案真伪论》，289～290页，北京，中国档案出版社，2002。

第六节　档案文献的文字校勘

档案文献的文字校勘即考订，它是保证档案可读性与可据性的必要前提。由于档案在形成和流传中的种种原因，档案的文字会出现讹文、脱文、衍文、倒文、混淆、妄改等现象，必须对其进行校勘。校勘要求具备一定的历史文献学、校勘学、古代汉语等方面的知识。校勘的方法有四种，即对校、本校、他校和理校。

一、校勘意义

档案与书刊等同为文献，区别在于书刊为正式印刷出版物，多为刻印本，经多次校对，文字错误较少；档案多为手写本，文字有笔迹、书体、通假等问题，用字不规范和潦草程度远高于书刊，文字出错几率大。因此，要利用档案文献，首先应对其文字进行校勘。特别是一些关键的文字，对内容的理解至关重要。如今本《礼记·曲礼上》中有“二名不偏讳”之称，涉及我国古代名字双字的“避讳”问题，在后世有争议。清代校勘学派中的对校派卢文弨等认为是“偏”字，理校派段玉裁等认为是“徧”（遍）字，对此争论不休，因为它牵涉避讳遇到名字是两个字时，是两个都避，还是只避一个，可谓一字千金。[①] 因此，档案的文字考订不仅必要，而且非常重要。

二、校勘内容

档案的文字校勘，就是对文字的讹误进行校对勘正。档案的文字讹误情况一般可以归纳为六种，即讹文、脱文、衍文、倒文、混淆、妄改，以下以不同历史阶段的档案文献举例说明。

（一）讹文

讹文，指档案中各种错讹的文字，涉及错别字、异体字、通假字、俗体字、繁体字等。

[例]《仓律》：“驾县马劳，有益壶（壹）禾之。”

校：壶，讹文，正字应为“壹”，再加喂一次粮食。[②]

[例]《唐孙玄参租菜园契》：“如限未满，改租别人者，罚钱叁拾阡入孙。”

校：阡，为“千”的通假字。[③]

---

① 参见张舜徽：《中国文献学》，76～77页，上海，上海古籍出版社，2005。

② 参见睡虎地秦墓竹简整理小组：《睡虎地秦墓竹简》，北京，文物出版社，1978。

③ 参见唐长孺主编：《吐鲁番出土文书》，北京，文物出版社，1992。

[例]《乾隆四十八年膳底档》："转王子阿哥等位倍（陪）宴，俱从怀里往外转，惟有花瓶筷子不转。"

校：倍，讹文，正字当为"陪"，陪同宴会。①

[例]《财政部直接税务处档案处理法》："本处乃近年来新创之税务机关，且际此整个机构改组之始，自应本着'新税新人新精神'之主旨及事务本身之须要（需要），采用新式档案法殆无疑义。"

校：须要，讹文，正字应为"需要"。②

[例]《彭德怀给中央的信》："暴动时仅有三个同志，党的基础完全没有，以致敌军压迫最利害（厉害），时常发生动摇与叛变。"

校：利害，讹文，正字应为"厉害"。③

（二）脱文

脱文，亦称夺文、阙文，指的是在档案正文中遗漏、脱落的文字。

[例]《高昌延昌二十八年赵显曹夏田券》："各不得返悔，[] 者壹罚。"④

校："悔"字后应脱漏一重文"悔"字。

[例]《乾隆四十八年膳底档》："首领王秉忠请雕飞（漆）飞龙宴盒，内盛住煮饽饽一品四个，内有通宝二个（上交三阳开 [] 碗）"。

校：一般称"三阳开泰"，"泰"应为脱文。⑤

[例]《国史馆筹备委员会关于各机关不执行〈保存档案暂行办法〉给国民政府呈》："各机关应自本办法施行之日起六个月内，将全部档案造具有录由之登记目录一份，送国史 []筹备委员会备查"。

校：文中"国史筹备委员会"应脱漏了"馆"字。⑥

（三）衍文

衍文，指的是档案正文中重叠、多出的文字。

[例]《元典章·吏部一三四》"烧钞东东西库"。

校：应衍一个"东"字。

---

① 参见中国第一历史档案馆编：《清代档案史料丛编》，第十辑，第四专题，北京，中华书局，1984。

② 参见中国第二历史档案馆编：《民国时期文书工作和档案工作资料选编》，北京，档案出版社，1987。

③ 参见张叔复等：《湘鄂赣革命根据地文献资料》，第一辑，北京，人民出版社，1985。

④ 唐长孺主编：《吐鲁番出土文书》，北京，文物出版社，1992。

⑤ 参见上书。

⑥ 参见上书。

（四）倒文

倒文，指的是档案正文在流传过程中文字、章句出现次序颠倒、错乱的现象。

［例］《睡虎地秦简》："吏部弗得，及令、丞赀各一甲。"

校：吏部，疑为部吏的颠倒，即乡部、亭部之吏。

（五）混淆

混淆，指档案原件是正确的，在传抄过程中，误把批语、注释等后加的内容混入原件。

［例］《周礼·冬官·梓人》："强饮强食，诒女曾孙诸侯百福。"

注："曾孙诸侯，谓女后世为诸侯。"

校：原注中第一个"诸侯"应为"侯氏"，因第二个"诸侯"而误，正文又因为注文而误。《大戴记·投壶》记载为"曾孙侯氏百福。"

（六）妄改

妄改，指档案原文没有错误，在传抄中有意或无意改动、增删原有的文字，结果造成错误。

［例］《文选·邹阳〈上吴王书〉》："高皇帝烧残道，灌章邯。"

校："灌"应为"水"之误。"水"活用为动词，当"用水灌溉"讲，后人不知，妄改。

三、校勘的方法和条件

较为科学的校勘方法是著名学者陈垣在《校勘学释例》中总结出的四种方法，即对校、本校、他校和理校。档案的文字校勘工作需要运用校勘学、版本学、目录学、文字学、音韵学、训诂学、历史学、文化学等多种学科知识，对校勘者的综合素质要求较高。

（一）校勘的方法

1. 对校法

对校法，陈垣总结道："即以同书之祖本或别本对读。遇不同之处，则注于其旁。刘向《别录》所谓'一人持本，一人读书，若怨家相对'者，即此法也。此法最简便，最稳当，纯属机械法。其主旨在校异同，不校是非。故其短处在不负责任，虽祖本或别本有讹，亦照式录之；而其长处则在不参已见……"①

对校法又称版本校，其特点一是保持原貌，二是易发现问题，但需结合其他校法解决问题。对于档案来讲，版本指的就是定稿与稿本、正本与副本，对校实

① 陈垣：《校勘学释例》，144页，北京，中华书局，1959。

际上是以档案原件（定稿、正本）为准与抄件对校，比较简单。但如果抄本依据的不是原件，而是汇编之类，问题就比较复杂。如清代档案文献中军机处录副奏折有正本，应以正本为底本，校勘录副本。

2. 本校法

本校法，陈垣总结道："以本书前后互证，而抉摘其异同，则知其中之谬误。……此法于未得祖本或别本以前，最宜用之。予于《元典章》会以纲目校目录，以目录校书，以书校表……至于字句之间，则循览上下文义，近而数叶，远而数卷，属词比事，牴牾自现，不必尽据异本也。"①

本校的前提是没有档案的异本（稿），如《睡虎地秦代竹简》。其特点是利用本书、本篇、本文的各种对应关系进行校勘，包括用字、用语、语音、语法的对应等。

3. 他校法

他校法，陈垣总结道："以他书校本书。凡其书有采自前人者，可以前人之书校之，有为后人所引用者，可以后人之书校之，其史料有为同时之书所并载者，可以同时之书校之。此等校法，范围较广，用力较劳，而有时非此不能证明其讹误。"②

对校、本校法属于内证，他校则属于外证，他校法的前提是找不到内证，只能通过引用其他档案文献来校勘。引书的范围包括引前人之文、引原文中被摘引的被释词语、引后人转述之文、引同时代之文。引文时注意所引版本，应以祖本为准。

4. 理校法

理校法，陈垣总结道："段玉裁曰：'校书之难，非照本改字不伪不漏之难，定其是非之难。'所谓理校法也。遇无古本可据，或数本互异，而无所适从之时，则须用此法。此法须通识为之，否则鲁莽灭裂，以不误为误，而纠纷愈甚矣。故最高妙者此法，最危险者亦此法。"③

理校是通过推理校勘，也属于外证。理校可以推论现有异文的正误或直接推证档案文字的讹误。故适用于以上三种校法条件均不具备的情况。理校是难度最大的，需要校勘者具有广博的知识，并能熟练运用。

（二）校勘的条件

档案文献的文字校勘所需条件涉及面较广，不一而足。如上述文献校勘学，

---

① 陈垣：《校勘学释例》，145～146页，北京，中华书局，1959。

② 同上书，146～147页。

③ 同上书，148页。

还有历史文化方面的知识，文字学、音韵学、训诂学知识等等，只有这样，才能避免漏校和防止误校，充分保证档案文献的可据性。其中训诂学知识尤为重要，因为档案文献的文字校勘的最终目的是恢复档案文献的原意，故“释义”是关键，而不明训诂造成的档案文字讹误很多，如望文生训就是值得注意的问题。所谓望文生训，就是只就字面意思解释，而不问本义，主要是不明通假所致。如《史记·刺客列传》：“樊於期……曰：此臣之日夜切齿腐心也!”司马贞《索隐》：“腐音辅，亦烂也。犹今人事不可忍云‘腐烂’然……”王念孙《读书杂志》指出：“引之曰：腐，读为拊。《尔雅》曰：‘辟，拊心也。’郭注：‘谓椎胸也。’《燕策》正作‘拊心’。《索隐》训腐为烂，非是。”司马贞依“腐”的字面意思解释，不知“腐”是借字，“拊”才是本字，两个字仅同音但不同义。

【思考题】

1. 什么是“伪误档案”?
2. 简述伪误档案产生的历史客观原因和人为主观原因。
3. 伪误档案对史学研究和其他工作有哪些危害?
4. 档案文献的考订为什么要以唯物史观为指导?
5. 简述档案文献考订中的原则。
6. 简述现代技术在档案纸张考订中的应用。
7. 考订档案笔迹的方法主要有哪些?
8. 简述印章的传统考订方法和系统考订方法。
9. 如何通过档案作者的情况考订档案?
10. 如何通过档案史实情况考订档案?
11. 简述怎样通过常理和典章制度考订档案。
12. 简述怎样通过档案用语考订档案。
13. 举例说明档案文献的外形考订与内容考订的意义。
14. 不同历史时期公文的书写规则有哪些?
15. 如何利用档案形成时间考订档案真伪?
16. 举例说明如何结合多种时间考订方法判定档案的形成时间。
17. 文字的讹误一般有哪些情况?
18. 简述校勘四法的主要内容。

第七章 档案文献的加工

【本章要点】

本章主要介绍档案文献加工的意义和原则，档案文献各部分加工的要求及方法，包括转录、标点与分段、标题等加工；介绍档案汇编体例的种类及汇编体例的确定方法，以及汇编内档案分类编排的要求、形式与方法等相关知识。

【关键词】

加工原则〇转录加工〇标点分段〇标题〇汇编体例〇分类编排

档案文献的加工是指编者根据选题对档案内容按一定的要求进行转录加工，并以正式出版的形式提供给读者的活动。涉及档案文献的转录、文字讹夺衍倒的处理，标点、标题处理以及编排处理。

第一节　档案文献加工的意义与原则

档案文献加工是档案传统工作流程中的重要环节之一。广义上讲，文献转录、考订等从档案选材到进入流通渠道所做的处理工作均可以称为档案文献加工，如中国第一历史档案馆的做法；狭义上讲，档案文献加工包括内容上的转录以及文字讹夺衍倒的处理，标点、标题的处理以及编排处理，外形特征上的相关处理。编辑加工阶段的工作量最大，也最能体现编辑人员的综合功力。

一、加工的意义

朱金甫认为："如果说选择与确定题目是档案史料书刊编辑的总纲，选材是档案史料书刊编辑的关键，那么，编辑加工则是在选题、选材工作完成之后的基本环节。只有通过这道工作环节，才能使历史档案文件准确地转换为适合出版或流传的稿件，并且便于读者正确而迅速地掌握和理解档案的内容，使之更充分地发挥其作为史料或信息的作用。"① 具体而言，体现在如下三方面。

首先，编者选定的档案原件，不能直接将它们编入汇编，更不允许直接送去出版，必须经过手抄或打印等方式，将档案原件内容转录到其他载体上，再对其内容从文字、标点、标题等方面进行必要的加工，最终排版印刷为档案文献出版物。因而，此工作是档案文献汇编的前提，没有这一步骤，汇编不可能形成。

其次，档案文献汇编的最终目的是为了保证档案文献的可据性和可读性。档案文献的可据性，指其本身和记载内容的真实性、可靠性；档案文献的可读性，指档案文献的内容能够为广大读者所理解，并便于人们利用。因而，为扫除档案文献中一切妨碍读者阅读的障碍，使读者能够便捷地阅读，有必要对档案原件上出现的文字讹夺衍倒、无标题、不分段，甚至使用暗语、隐语、代名等影响阅读的情况进行加工处理。

最后，档案原件在形成过程中，在原件上会保留一些文件版头、印章以及格式上的印记，同时，还会出现异体字、繁体字、草体字等情形，为了方便阅读，也方便排版，有必要对原有的行款格式及字体进行加工。

二、加工的原则

档案文献编纂出版的根本原则是维护历史的真实。而且这一原则贯穿于编纂工作各个环节，其中加工环节尤为重要，它是档案原件内容转移到出版载体上的重要加工环节。

（一）存真原则

即保持档案原件本来真实的原则。档案原件是编纂加工的客体，编纂者必须研究档案原件。加工环节务必使编纂公布的档案文献内容和档案原件内容完全一致，使档案文献汇编具有可据性。只有在加工中本着存真原则，忠实于原文，才能维护历史的真实，也才能使汇编的成品为读者所信服。凡可改可不改，不作改

---

① 朱金甫：《明清档案编辑实践丛谈》，见朱金甫主编，中国档案学会档案文献编纂学术委员会编：《档案编纂新论》，35～36页，北京，档案出版社，1992。

动，只有档案原貌不能反映档案原意时方做改动。任何擅自改动档案的行为，都必然会影响档案文献的价值。

（二）求实原则

即严格遵守实事求是的原则。加工是一项科学性、技术性很强的工作，只有采取严谨的科学求实原则，才能保证加工的质量。编者转录加工时，要一仍照转，不得以现行的需要去改变档案中的观点，违背作者本意。对历史档案文献主要是重其史实价值和学术价值，不能用现今的语言规范去要求古人，只要能领会其意义者均不必改。忌用现在的写作形式去对历史文件进行规范，应尊重和维护作者的写作风格。有些档案由于时空的关系，加之编者学识所限，做到加工后的档案文献完全准确无误，难度很大。尽管如此，编者仍应想方设法力求严谨、准确，所加工之处，要有根有据、合情合理。

（三）存疑原则

“述而不作”、“多闻阙疑”是孔子的编纂思想，此原则几乎涉及编纂工作的各个方面，包括档案文献的加工。有时由于客观条件和编者水平的限制，遇到某些正文中存在的问题，确实无从考证或难以判断，为了保持档案原貌，编者宁可存疑留待读者研究解决。无论如何“疑以存疑”，比错误的加工或过度加工要强得多。

（四）标注原则

在加工过程中，凡经过编者加工之处都必须以加工符号或文字标注出来，以便读者了解哪些是档案原文，哪些是编者加工。这样做既忠实于档案原文，又方便了读者阅读，即便加工有误之处也留有痕迹。正如孙钦善先生在《古代校勘学概述》一文中所说：“可以使校正者有据，误校者留迹，两通或多歧者存异。”①

（五）保护原件原则

为了保护档案原件，编者对档案的加工必须在复制件或抄件上进行，绝不允许图一时方便，在档案原件上圈点、勾画、批注，乃至于剪裁、挖补、揉损、玷污原件，从而破坏档案原件。档案文献编纂的重要目的之一就是为了保护档案原件，如果在加工过程中有损档案原件，就违背了档案文献编纂的宗旨。

总之，只有遵循以上各项加工原则，才能保证加工的质量，也才能真正达到加工的目的，为最终完成忠实于档案原文的高质量档案文献汇编奠定基础。

---

① 孙钦善：《古代校勘学概述》，载《文献》，1981（8、9）。

第二节　档案文献的转录加工

档案加工原则要求档案加工必须在复制件或抄件上进行，因而加工之始首先是将档案原文字符如实地转录到其他载体上，并根据出版形式的特定要求对其字体、行款格式、批语标记等进行必要的技术性处理，这项工作称为档案文献的转录加工。

一、转录加工的要求

档案原文转录是加工处理的第一环节，关系到整个编纂的质量，因而也是至关重要的一环。如果编者在转录过程中掉以轻心，粗枝大叶，草率为之，或者编者知识水平、相关素质缺乏，都可能造成转录的错误。这样不仅不能如实地反映档案的真实面目，甚至还会影响整个编纂工作。

档案原文转录方式，就目前而言主要有三种：(1) 手工抄入。即将档案原文用手抄写在稿纸上，并在抄录件上进行后续的各种加工工作，最后誊清稿件。(2) 电脑录入。即借助于计算机进行文字录入、校对、加工及排版工作，主要是通过键盘输入和 Word 文档进行编辑处理。(3) 胶片影像摄入。即利用照相机、缩微摄影机或扫描机将档案信息摄入到底片、缩微胶片、光盘上，供制版影印或拷贝新型载体的档案文献出版物。其中前两种转录方式适合规范字式、仿摹字式及后续加工环节复杂的编纂出版工作，后一种转录方式适合原迹传真且后续加工环节简单的编纂出版工作。

为了保证编纂工作的质量，在转录档案中必须遵循以下基本要求。

(一) 字迹清晰工整，使用规范字抄录

这点主要针对手工抄入。由于转录后的档案是用来作为加工的稿本，因此只有书写清晰工整，才能便于以后排版、校对等项工作的顺利进行。要避免因档案文献出版物底稿书写模糊、混乱乃至无法辨识，导致正文与原文不符，最终影响档案文献出版物的质量。

抄录时要用规范字抄录，按编辑要求统一使用简化字或统一使用繁体字。使用简化字，应以国家语言文字工作委员会 1986 年重新发布的《简化字总表》为准。书写清晰工整，也是对每一位编者的基本要求。

(二) 精心转录，以防字句颠倒脱漏

此要求主要针对手工抄入和计算机录入。抄录档案是一项非常细致的工作，无论是手工抄入还是电脑键盘录入都是逐字逐句进行的，稍有不慎，就可能出现误漏、误衍、误倒、误识以及误校、漏校、误改、漏改等情况。因而要求细致认

真，不能粗疏草率，急于求成。

（三）准确辨识文字

转录档案绝非简单地抄抄写写，还必须有一定的古文字书法知识，善于辨识历史档案中经常出现的繁体字、异体字、古体字、避讳字以及草书、行书和旧式数码；具备一定的历史知识，掌握一些历史典故，以利于辨识文字结构的分合、相似字及重文符号；要用已有的知识辨识涂改增删、书写不规范、字迹漫漶残缺之处。在实际工作中，转录改误的主要原因有：不辨相似字形而致误，不识繁体字而致误，不识草体字而致误，不识异体字而致误。为避免此类事件发生，编者既要加强平时的学习，同时也要在编辑加工过程中做到勤读、勤想、勤查。

（四）研究语义、界定是非

历史文件中经常出现语义前后不明，或语义不合乎逻辑，令人难解或不能表现文件原意的句子，须认真研究、考察，使文件的原貌和原意符合历史真实。对于文件的原意不能反映客观历史真实的，应通过注释的方式，使其达到统一。同时要准确界定是与非，分清13个界限：(1) 分清衍文与重叠字、词、句的界限；(2) 分清语气助词与衍文的界限；(3) 分清多义词、同义词、近义词与错字的界限；(4) 分清代称、别称、暗语（隐语）与错字的界限；(5) 分清逆序词与颠倒字的界限；(6) 分清省略语与夺字的界限；(7) 分清字、词的古义与今义的界限；(8) 分清地名古今之变化与错字的界限；(9) 分清通假字与自造字的界限；(10) 分清具有特定含义的习惯语言与文字使用错误的界限；(11) 分清书面语与衍文、错字的界限；(12) 分清地方方言与错字的界限；(13) 分清词性的发展变化与错字的界限。①

（五）加强校对，确保转录档案原文的质量

无论是手工抄入还是电脑录入，都要注意经转录、校对、修改、后续加工、誊清、校对、修改等一系列工作后，在最后形成的档案文献出版物底稿或软盘上的档案原文信息与档案原件上的档案原文信息的高度一致性。要做到这点，除了要做好上述几点外，还必须加强校对环节。每一次转录后，都要进行认真仔细的校对。校对是保证转录准确性的重要手段，而且渗透在每一个加工环节。

二、原文的删节

档案文献汇编一般尽可能全文照录，但由于诸多原因，编者可以根据需要部分地转录档案原文，这种形式又可细分为删节法和摘录法。

删节法是把档案原件作为一个整体来转录。一般情况下，要求保留原文的开

---

① 参见王永煜：《文献编纂文字加工中的忌、研和是非界定问题》，载《中国档案》，1998（4）。

头、结尾、重点和主要内容，删掉的只是原文的次要部分或一小部分。大体有以下几种情况：(1) 档案所述内容与编纂题目完全无关的部分。如有的档案一文多事，我们主要保留与编纂题目相关的，其余事项可以删除。(2) 内容前后重复的部分，或多份档案文件重复的部分。如几份奏折中都引用了同一个上谕，则可在一份奏折中保留该上谕，而在其他奏折中予以删除。又如清代题本盛行层层照转，一遍遍地引述同样的内容，甚至一字不差，则可以根据选材要求删除其中重复部分。(3) 档案中有部分内容属尚未解密不宜公布的情况，也应予以删除。

摘录法是指只转录档案原件内容中与编纂题目关系密切的段落或句子，不改变原文中的有关内容。它对材料有较高的专指性，如一些专题资料摘编就属此种类型，对于主要发挥指示性、报道性作用的汇编采用这种方法也比较适宜。

对于原文删节部分，必须用符号或文字加以标注。符号表示可使用“……”。为了使转录时使用的这种删节符号与文内档案原作者所使用的省略号相区分，可以在表示删节的省略号上加六角号“〔 〕”，成为“〔……〕”。如果用文字说明来表示删节，可以在删节处直接写上“〔上删〕”、“〔中删〕”、“〔下删〕”或“〔此处有删节〕”、“〔此处删节××字〕”。

采用原文删节应注意以下问题：(1) 应全面把握原文的内容实质，不可断章取义，特别是对经典作家的文章节录更应慎重；(2) 要扣紧主题，防止牵强附会；(3) 应注意保持被节录的内容和语句的相对完整，切忌借删节，随便拼凑字句，把原文弄得支离破碎，甚至歪曲了原作者的本意。①

三、行款格式的处理

不同历史档案，都有不同的行款格式，仅我们所见的清代档案与民国档案就不相同。民国档案不同阶段也存在不同的行款格式，如抬头、侧书、夹注、并书、上款、下款等等，一般情况下，对于这些原文上的款式在转录时不予以保留，可按现在通行的格式转录。几种常见的行款格式的处理方法如下。

(一) 抬头格式的处理

所谓抬头，即当遇有某些规定字样时，不得与上文连写，而应变换格式，将它写在较为突出显明的位置，以示尊崇。通常写法是，将该名称另起一行，以高于其他行文字的方式书写，或者在尊崇的名称前空一个格，或数个格，即为“抬头”。此制度起于秦朝，成于唐宋，盛于明清，其影响波及民国。常见的抬头有空抬（空一格至数格）、平抬（提行另起顶格书写）、单抬（亦称一抬，提行并高出一格）、双抬（亦称二抬，提行高出两格书写）、三抬（提行高出三格书写）、

---

① 参见潘玉民主编：《档案编纂学》，204 页，沈阳，辽宁大学出版社，1997。

四抬（提行高出四格书写）等。四抬之式主要见于乾隆末年至嘉庆初年，乾隆即将当太上皇时曾颁谕："题奏行文凡遇天、祖等字高四格抬写，太上皇帝高三格抬写，皇帝高二格抬写。"（《东华续录·乾隆一二〇》）清廷对应该抬头的字有明确规定。民国时期，虽然抬头没有那么多等级了，但尊称抬头的格式却一直保留着。抬头格式对于原文内容的理解没有实际意义，档案转录过程中对于抬头格式，不必予以保留。如果保留反而觉得烦琐凌乱，也增加了篇幅。

（二）上款、下款、具文时间的处理

上款指受文者，下款指发文者，具文时间指档案成文时间。这些都是档案的重要组成部分，应视具体情况而定。如果编者在档案标题中已揭示出上述成分，可酌情删去，但对于反映作者与通讯者（指受文者，或通信双方）特殊关系称谓的上款、下款，则应予以保留。有重要意义的署名，而且是重要历史人物的署名，都应保留。至于具文时间，是文件的重要内容，特别是有些以干支、韵目纪日的电报，其成文时间是正文的有机整体，照转照录为宜。

（三）文件摘由的处理

摘由是发文缘由的简短概括。摘由可分两种情况：一种是摘由本身就是文件正文的一部分，一般应予以保留；另一种是摘由在文件正文之外，如清代题本的贴黄、民国档案摘由栏或事由栏，这类摘由可供编拟文件标题时参考。由于标题已基本取代了摘由的作用，故正文之外的摘由一般可删除。

（四）侧书的处理

在历史档案中，作者在文中涉及自己的名字时，为谦卑起见，以小字书于文内右侧，是谓侧书。对于侧书文字，转录时要改为和正文其他文字同样位置与大小。

（五）并书的处理

指旧式公文对于公文相同位置不同内容的文字并为两行或三行书写。对于此种档案原件，转录时仍应保留并书格式。

四、批语标记的处理

在公文处理中，写批语、作记号、作摘录，对感兴趣的内容画上各种标记是常有之事。对档案原文中的批语标记在转录时，要视具体情况作去留。

批语一般在以下几种情况下可酌情予以保留：（1）批语记载了重大事件；（2）从批语中可以了解档案作者和受文者之间的特殊关系；（3）批语内容重于文件正文；（4）批语反映了档案文件内容承办的结果，或者形式上是批语，实则为正文的重要批复，成为正文的重要组成部分。如康熙四十八年（1709 年）苏州织造李煦请安折中，有一段康熙著名的朱批，反映了康熙委派李煦在江南履行的特殊使命，读者看了这段朱批，很自然希望知道李熙密奏了什么内容和康熙的态度。李煦接到康熙朱批后，立即于康熙四十八年十二月初二日密奏《原任户部尚书王鸿绪等探听宫禁之事摇惑人心折》，在此折内他一连举报了三个人。[①] 康熙见后，在另一奏折上朱批为："知道了。尔亲手写的折子，打发回去，恐途路中有所失落不便，所以不存了。尔还打听是什么话，再写来。密之，密之。"[②] 这个朱批，既表明康熙"知道了"李煦的告密内容，又让李煦放心，告诉李已经毁了他的奏折，打消李煦顾虑，并令李煦继续告密。同时还证实了在康熙朝，加朱批的奏折是退回大臣保存的，直到雍正朝才有回交朱批奏折制度。因而，这样的批语在转录时一定要保留。

档案原件上的标记一般是文件处理过程或阅读过程中留存的。如在收文、发文、盖印、校对、抄发人的戳记等时签注的"行"、"照发"、"阅"等，一般情况下可删除。文件上钤盖的"密"、"机密"、"绝密"以及急件等戳记可酌情保留。

第三节　档案文献的标点与分段

中国历史档案大都无标点，不分段，在编辑加工过程中应予以明确标定，进行标点、分段，以达到对内容理解的社会一致性。现代档案大都有了正规的标点、分段，但也有一些讲话记录稿、会议记录、电报、信函等的标点、分段存在较多问题。因此，为了使档案文献汇编易于阅读理解，有必要对已转录的档案内容加标点、分段落，或对原有的标点、段落加以修改、调整。这是编者进行档案文献加工的一项繁重任务。

一、档案文献的标点

我国古代虽无标点，但并非无断句，我们称之为"句读"。"句读"之学源远流长。《礼记·学记》云："比年入学，中年考校。一年，视离经辨志。"东汉郑玄注云："离经，断句绝也。"唐孔颖达疏云："学者初入学二年，乡遂大夫于年终之时考视其业。离经，谓离析经理，使章句断绝也。"唐韩愈说："句读之不知，惑之不解，或师焉，或不焉，小学而大遗，吾未见其明也。"（《师说》）由此可见，句读是古人读书的重要方法。

据考古发现可知，我国古代很早就在写作、抄书过程中使用过一些表示句读的符号。如1973年在长沙马王堆汉墓出土的帛书《老子》甲乙本，甲本帛书中

---

① 参见故宫博物院明清档案部：《李煦奏折》，77～78页，北京，中华书局，1976。

② 同上书，79页。

除了章首有圆黑点“·”作为章号外，一个完整的句子后面，也有一个不规则的小黑点，这应该是古人抄书时随手加上的句读符号。

《说文解字》第五中有“丶”这么一个符号，许慎解释说“丶有所绝止丶而识之也凡丶之属皆从丶”。对此，历代学者都有解释。宋人徐楷说：“犹点柱之柱，若汉语读书，止，辄乙其处也。”清人段玉裁说：“此于六书为指事。凡物有分别，事有不可，意所存主，心识其处者皆是，非专谓读书止辄乙其处也。”朱骏声也说：“今诵书点其句读，亦其一专也。”今人杨树达说：“即今所用之读点。”① 都肯定“丶”起码是一个句读符号，也就是说“丶”为“读”的本字，是把句子断开的一个标记符号。

依据现有的文献材料来看，我国句读符号使用规范的确立，应该是在宋朝。宋人岳珂在《九经三传沿革例·句读》中说：“监蜀诸本皆无句读，惟建本始放（仿）馆阁校书式从旁加圈点，开卷了然，于学者为便。然亦但句读经文而已。惟蜀中字本、兴国本并点注文，益为周尽。”宋朝学者毛晃在其《增韵》中也说：“今秘省校书式，凡句绝则点于字之旁，读分则微点于字之中间。”这些成为点读书文的正式符号，并成为今天句号和顿号的来源。

古代学者在这方面所做的不懈努力，不仅为后人阅读古代典籍提供了便利的条件，而且也为现代新式标点符号的确立奠定了坚实的基础。

1919 年 11 月，马裕藻、朱希祖、钱玄同、刘复、周作人、胡适六人向教育部提出《请颁行新式标点符号议案》。1920 年 2 月，教育部发布第 53 号训令《通令采用新式标点符号文》，新式标点符号正式颁行，但没有推广普及。

由于 1949 年以前的各种档案文献，绝大多数都没有标点，给读者阅读造成了困难，因而 1951 年 9 月，中华人民共和国中央人民政府出版总署公布了《标点符号使用法》，规定了 14 种标点符号及其用法；同年 10 月，政务院又发布了《学习标点符号使用法的通知》，要求“全国各级人民政府机关处理文件人员，各报刊出版物均按该文件规定统一标点符号的使用”。同时，在 20 世纪 50、60 年代，集中一大批受过良好古文训练的学者对历史文献进行了大量的点校出版，成为今天较好的点校读本，也为我们积累了点校古文的经验。1990 年国家语言文字工作委员会及新闻出版署修订发布《标点符号用法》，规定了 16 种标点符号及其用法，因而，在将历史档案编纂成档案文献出版物时，编者应做好标点工作，以提供更方便的阅读。

现代编者给历史档案文献标点，自然有一定的难度。鲁迅先生曾说：“标点

---

① 杨树达：《古书句读释例》，1 页，北京，中华书局，1954。

古文，确是一种小小的难事，往往无从下笔；有许多处，我常疑心即使请作者自己来标点，怕也不免于迟疑。”[①]“标点古文真是一种试金石，只消几点几圈，就把真颜色显出来了。”[②] 又说：“标点古文，不但使应试的学生为难，也往往害得有名的学者出丑”[③]。当然，编纂出版档案文献标点错误“出丑”事小，误读就事大了。因此，给历史档案文献标点应注意以下几点。

（一）反复阅读正文

准确的标点和校勘，来源于对档案文献的正确理解。欲正确理解档案文献，经常需要反复阅读，仔细推敲。档案文献的标点，并非能读通一般古文者即能胜任，确实需要有历史的细节知识的积累。如标点本《宋朝诸臣奏议》卷一三二田况《上仁宗兵策十四事》，虽以《长编》卷一三二庆历元年五月甲戌校勘，仍有错误。如“蕃落广锐、振武、保捷，皆是土兵”，其实蕃落也是军号，应作“蕃落、广锐、振武、保捷”。又如“闻其间有不能被甲上马者。况骁胜、雲武、武骑之类，驰走挽弓不过五六斗，每教皆望空发箭，马前一十二步即已堕地”。北宋并无雲武军号，而有雲骑军号，以《长编》参校，当作“况骁胜、雲〔武二〕骑之类，驰走挽弓不过五六斗，每教〔射〕，皆望空发箭，马前一〔十二〕步即已堕地”[④]。

（二）联系前后文

孤立地看一处文字，有时很难理解，但若再往下看，前后文联系起来，便可以弄明白。凡是读不通的文字，不妨就其前后可以读通的文字入手，再校读读不通的文字。

（三）掌握文言文讲究对仗工整的特点

对仗又称对偶。因为古代仪仗，像现在戏剧舞台上跑龙套似的，都是左右两两相对的，所以叫对仗。对仗是一种形成文字整齐美的修辞手段，也是构成格律形式、呈现格律气氛的重要因素。

讲究对称是中国古代文化的特色，大至帝皇宫殿、陵寝，小至平民百姓门户、摆设，都讲究个左右对称。文学上也不例外，因为古代汉语单音节词较多，即使是多音节词，其中的词素也有相当的独立性，容易形成对偶，所以早在先秦的诗歌中就出现对偶句。例如《诗经·小雅·采薇》：“昔我往矣，杨柳依依；今

---

① 《鲁迅全集》，1版，第3卷，313页，北京，人民文学出版社，1981。

② 《鲁迅全集》，1版，第5卷，574页，北京，人民文学出版社，1981。

③ 《鲁迅全集》，1版，第6卷，423页，北京，人民文学出版社，1981。

④ 王曾瑜：《谈谈中国古代史料的标点与校勘及其他问题》，载《文献研究》，2010（1）。

我来思，雨雪霏霏。”《楚辞·九歌·湘君》：“令沅湘兮无波，使江水兮安流。……鸟次兮屋上，水周兮堂下。”散文中也常有对偶，如《易经·乾文言》：“同声相应，同气相求。”魏晋以后对偶影响扩大，将以前骈散交错的文章，发展为通篇骈四俪六的骈体文。也就从这个时期开始，诗歌中对偶从不工整到逐渐工整，从随意使用到逐渐规范化。初唐以后，格律定型时期，对偶就成为格律诗的重要组成部分。

对偶一般要求两句同一位置上词语必须相对，即名词对名词，动词对动词，形容词对形容词，副词对副词等。格律诗中的对仗较古诗和散文中的对仗更工整严格。在古代公文中，也经常出现对仗格式，在加工时，可依据对仗的规律进行理解和标点。

(四) 利用历史公文结构及公文术语

旧式公文虽不使用标点，但往往使用一些特定的公文术语以表达文中语句的承转关系或文中内容的层次结构，有些术语本身并没有实际意义，这些公文术语在句子中起着引叙、归结、提示、强调等作用。因而，在标点时，必须理清各级衙署之间公文层层照转的关系以及各种公文术语的不同用途，同时区分人名及其官衔。熟悉不同时期公文承转结构及公文术语的用法是标点工作的基本功。

二、档案文献的分段

历史档案不仅没有标点，而且多不分段，更不易使人理清头绪。恰当地分段，既是正确标点的基础和前提，又可理顺脉络，显示文件的结构，突出重点内容。给历史档案分段其实亦不难，首先要看懂、弄明白，在理解的基础上多采用三段式分段，即所谓“公文之结构，自其实质言之，除一二特殊性质之公文，如任免令、任命状等文之外，虽名称各异，详简互殊，总不外依据、引申、归结三段结构而成”[①]。在实际分段时，还要考虑以下几种情况：(1) 原文一文多事的，可按所叙事件分段；(2) 原文按事情发展的时间顺序叙述的，而且较长，可按时间顺序进行分段；(3) 逻辑关系清晰的，可按逻辑推理关系进行分段；(4) 还可直接根据旧式公文结构进行分段。

第四节　档案文献的标题

由于档案原件大多无标题，或有标题但不符合要求，可重拟或修改标题，用以揭示档案文献的特征，为编制档案文献汇编目录打下基础。

---

① 徐望之：《公牍通论》，127 页，北京，档案出版社，1988。

一、档案标题的作用

就现行机关档案而言，很少存在档案标题的重拟问题。因为长期的文书工作及档案工作经验告诉我们，标题是每份文件的名称，是文件的眉目，它使阅读者在阅读文件以前，事先对文件的制发机关、文件内容、文件的性质与作用及行文目的有了大概的了解。同时文件标题也可以加速文件的处理，并且便于随时查找文件。即便文件在形成过程中，由于一些特定文种、特定对象的要求，标题不完整，不能完全反映文件的内容，在文书处理的最后一个环节——立卷阶段，同样也要拟制一个完整的标题，并以此为基础编制案卷目录，作为检索工具系统的第一步骤。

但是，在档案产生之初，并无标题。以后发展到摘取其开首一句话的前面二字或数字作为篇名，开始有了最简单的标题。随着档案交流的发展，为档案拟制标题的意识开始逐渐增强。但是，由于很多档案形成时不参与广泛的社会交流，甚至根本不准备进行交流，或者由于有特定渠道保证文件向特定对象的传递，或者由于作者写作时沿袭文书体式的规定和习惯，历史档案往往没有标题或标题不符合一定的要求，反映不了档案的内容。没有标题的档案，无法利用，因而档案作用也就无从谈起，因此，给汇编档案拟制标题是一项非常重要的工作，其作用体现在以下几方面。

（1）通过标题，读者可以在阅读档案正文之前，对档案内容、来源、价值有一个初步的了解。档案标题，是对一件或一组档案内容成分的准确揭示和高度概括。它对档案全文起提示作用。读者通过标题能在阅读档案正文之前就对档案的内容来源、价值等诸方面有一个概括的了解，从而决定是否需要阅读，从而节省读者查阅档案的时间。若标题拟得好，可以吸引读者，启发读者；拟得不好，则很可能使读者漏掉很有价值的材料，或者造成对档案的误解，适得其反。因此，标题的质量是直接关系到档案能否有效地发挥其价值的关键。

（2）标题可以提供人们查找档案的线索。标题是档案的具体名字，在《档案著录规则》中被称为“题名”，它既能为查找利用档案提供线索，又是档案馆（室）编制各种检索工具时档案著录的主项，也是档案检索走向现代化、系统化的基础。

（3）可以作为档案的代号起到指代作用。正因为档案的标题概括了档案的内容，反映了档案诸多方面的特征。因此，当人们报道、引用、评论某一份档案时，往往只需指出它的标题；而当提到某一标题时，又会引起曾阅读过这一份档案的人们对档案内容的回忆、思考。标题是档案的代号，是人们进行某种思维的信号。

（4）标题是汇编内档案分类排列的前提，是编制档案汇编目录的基础。不管是采用哪种编排体例，其章、节、项、目都要以档案的标题作为分类的前提。汇编目录的各章、节、项、目内各档案的排列，实际上也是档案标题的排列。对不论类编排的体例来说，其汇编目录，就完全是标题的排列。如果没有标题，汇编内档案的分类排列和汇编目录的编制都难以进行。

总之，汇编档案标题的作用是多方面的，是档案内容的中心所在。因此，编拟标题的工作无论对读者来说，还是对编纂工作其他环节来说都是重要的。

二、拟制汇编内档案标题的要求

标题是对档案内容精辟的概括，是内容之目，人们常常喜欢用《文赋》中所讲的“立片言而居要，乃一篇之警策”，来说明标题的特征和作用。“片言”就是指简短精练的文辞，“警策”是指突出，它对全篇起提纲挈领的作用。要做到这一点，首先必须认真分析档案，分析其原来是否有标题，是否需要重拟或修改；其次，对具体拟制标题事先要有一个基本的、明确的认识。

拟制汇编内档案标题的要求具体如下。

第一，标题与内容相符。要抓住文件的主要问题，抓住与汇编专题有关的内容。这是档案标题的最基本、最起码的要求。要做到这点，必须具体做到：

(1) 拟制标题必须在认真阅读正文的基础上进行。只有掌握了档案的精神实质，才能做出准确的概括。

(2) 要做到领属得体，即每一个标题要领属所辖的各个内容，不要超过或缩小所领属的内容，力求题文一致。

(3) 要充分利用原有标题。档案中有很多文件原作者编拟的标题，这些标题多半是不完善的，不能充分反映档案内容。对这些标题可以不用重新拟制，在此基础上修改加工即可。对于比较准确的原标题则可直接参考利用。

(4) 利用原文件内容中的可借鉴因素。不少历史档案常常以“为……事”作为行文的开头，以概述全文，交代行文之宗旨。还有不少历史档案，在正文之前有专门的“摘由”，简要概述公文的中心内容。这些“为……事”，或摘由，一般都经过文件原作者的仔细推敲，多数都能准确、扼要地揭示文件的中心内容。编者可以利用文件中的这些因素作出新的更准确的概括。

(5) 通过档案内的有关用语揭示内容。在认真阅读档案内容的基础上，应当特别注意档案内容的开头、结尾用语。明清档案往往在开头会标明文件的发文者、内容，在结尾则标明文件的收文者及文种。如《山东巡抚李树德奏进白信三十斤折》，原文无标题，但这份文件开头便是：“山东巡抚奴才李树德谨奏……”据此我们知道了其发文者，另外还可了解到其文种是奏折，既然是奏折，其收文者显然是皇帝。还有些档案结尾往往有“谨呈×××”，这里的“×××”便是收文者。民国档案，往往开头标明的是档案的收文者，结尾则标明发文者。如这样一份档案："奉天总司令（张学良）、吉林张大师（张作相）钧鉴：安密。昨午哈埠中学以上各校学生为吉敦路事联合游行；当即劝告弹压，尚无扰害秩序举动。本日各校照常上课。谨间。张焕相叩。鱼印。民国十七年十一月六日。"这份档案开头便标明了收文者为张学良、张作相，结尾标明了发文者为张焕相。

（6）标题必须体现编者的意图。同一份档案，在不同的选题中，应该允许有不同的标题。例如，一件清代的刑科题本，在编入司法案例的汇编中时，其标题应当着重从司法审判的角度去考虑，但编入经济类或文化类的汇编中时，就应着重从有关经济或文化角度去命题。如中国第一历史档案馆和中国社会科学院历史研究所合编的《清代土地占有关系与佃农抗租斗争》一书，所选史料尽管都是刑科题本，但拟制标题时却完全脱离了刑案本身，着重突出案情中有关土地占有关系与佃农抗租斗争的内容，拟制了诸如"山西五寨县陆应魁将地五百余垧分给诸子"、"江苏镇洋县张壮卖地后四次找贴地价"之类的题目。它们合编的《清代地租剥削形态》一书的标题也是如此。所以，汇编内档案的标题不必拘泥于文件原有的中心内容，而应从总的汇编意图出发，既突出编纂选题的要求，又不完全脱离档案本身的内容。

第二，鲜明地揭示档案的实质，便于读者正确、客观地理解档案内容。

档案是一定历史的产物，不可避免地带有阶级性。历史档案中，歪曲事实，伪造历史，美化帝王将相，诬蔑人民革命等内容屡见不鲜。因此，编者在拟制这类档案标题时，必须运用马克思主义的辩证唯物主义和历史唯物主义观点分析揭示其实质，体现出编者的政治倾向。具体做法上应该注意尽量应用各个历史时期已成定论的档案编目著录用语。在表明作者政治倾向时，尽量使用中性词，避免使用带刺激性的词语。比如对一些反清斗争的人和事，既不使用"贼匪"、"抢掠"等贬义词，也不使用"革命"、"领袖"之类现代褒义词，而尽量使用一些例如"起事"、"战争"、"首领"之类的中性词。

第三，要在对档案内容充分理解的基础上，用精练的词语加以高度概括。档案标题拟制的原则是简明。简在于明，明力图简。标题既要充分揭示主题，但又不能叙述过程。档案本身的特点，也决定了其标题应当是"直"且"实"，而不应是"曲"且"华"，区别于其他论文及文艺作品标题的抽象、含蓄、耐人寻味。

第四，档案是一定历史条件下的产物，在编拟标题时，要有历史观点，体现历史文件的时代特征。

对历史文件的作者、职衔、历史地名、文件名称及某些特定用语可以沿用，不应把它们现代化。如拟制标题时涉及清代的官职尚书、总督、巡抚等，不可改为部长、省长之类的现代职衔；对上谕、奏折、移会等不得改为命令、报告、公函之类的现代文种的名称；历史地名如北平、直隶等不得改为北京、河北省等。此外，用语也应反映历史特点。如清代文件，标为“关于……问题”就不如“为……事”，称为“关于……情况”，就不如“就……情形”更具有历史感。

三、汇编内档案标题的类型及其构成

档案标题的类型有两种：一种是单份档案标题，即标题所揭示内容的对象是一件档案。这是档案标题的通用形式，也是档案文献编纂工作中最常见、最基本的标题形式。另一种是一组档案的组合标题，即标题所揭示内容的对象是具有共同特征的多份档案构成的一组档案。这是在一定条件下所采用的标题形式。档案标题的构成因类型的不同而不同，下面分别加以阐述。

（一）单份档案标题的构成

单份档案标题，亦称一文一题标题法。其构成项目包括作者、问题、受文者、文种、时间和地点等，其结构指的是按何种形态去组织、排列构成这些项目。前者是标题构成的内容，后者是标题构成的形式，它们既相联系，又相区别。不应当把二者不加区别地混为一谈。

汇编档案标题由哪些项目构成，受汇编题目名称、出版类型、类项名称、档案内容和时代特点所制约。不同的项目，构成不同的标题格式，一般有以下几种。

（1）在通常情况下，只标出标题的作者、问题、文种和时间（有的把时间标在标题之下）项目，这是单份档案标题中最基本、最常用的项目。这种标题亦称为简单标题，它最便于理解、著录和引用。

例1：《×××（官职）×××（姓名）奏为（奏报、奏请、奏陈等）
作者　问题
×××事折（或电）》（年月日）
文种　时间

例2：《福建省侨贷指导委员会关于侨贷情形报告书》（1945年6月4日）
作者　问题　文种　时间

（2）当档案反映出特定的通讯者关系时，除作者和其他成分外，还要标出受文者。

例1：《陈劲节为请拨款购买卡车汽油接运归侨致福建省政府电》（1942年5月17日）
作者　问题　受文者　文种
时间

例 2：《吴鼎昌为华南米公司采购湘米事致宋子文函电》（1937 年 12 月 10 日）
作者　问题　受文者 文种　时间

（3）电报、信函等，内容多不好概括，一般只反映作者、受文者及文种。对问题部分可灵活对待，内容单一而且容易概括的，可列副标题。

例 1：《唐继尧致温世霖密电》（1919 年 6 月 21 日）
作者　受文者 文种　时间

例 2：《陕甘宁边区政府给抗大、保安处、参谋部等的便函——希查明
作者　受文者　文种

纠正破坏群众利益事》
问题（副标题）

（4）当档案反映特定地区的历史事件时，除其他成分外，还有必要标明地点。

例 1：《周恩来在访问罗马尼亚回国途中致齐奥塞斯库的感谢电》
作者　地点　受文者　文种

例 2：《宋子文等在华南米公司发起人会议上的发言记录》
作者　地点　文种

（5）重要人物或团体组织的命令（指令）、工作报告等，其标题格式可采用作者＋文种。

例 1：《中华人民共和国主席令》
作者　文种

例 2：《陕甘宁边区政府命令》
作者　文种

例 3：《××董事会工作报告》
作者　文种

（6）著作、文章、纲领、规程、条例、办法、决定等，有原件标题的尽量使用原件标题，必要时补拟时间成分，若特殊情况内容不明者可加副标题或作题注。

例 1：《陕甘宁边区惩治贪污条例（草案）》

例 2：《国民经济研究所组织规程》

例 3：《留法俭学会会约》

例4:《中国人民对外友好协会章程》

（二）组合档案标题的构成

一组档案史料的标题，亦称多文组合标题法。它是对一组档案共同特征的揭示和概括。因此，拟制组合标题的前提必须是若干份档案具有某些共同特征，并且编排体例将允许这样编排。我们知道，档案产生于一定的机关，由于工作的联系，档案之间也有着必然的联系，这种联系是历史的联系。如下级关于某一问题向上级的请示，以及上级的批文；两个以上的通讯者关于某一问题的来往函电；某一机关或某人关于某一事件的几次连续报告；某几个机关或某些人关于同一事件的几份报告等。我们在选材中如果是选择了一组相关的材料，为了保持文件之间的历史联系，突出其共性，避免标题的重复累赘，增强汇编内档案的层次感，可以考虑采用组合标题的形式。组合标题少则两件一组，多者十数件以上一组，其特点是求同存异，具清晰醒目之优，化繁为简，免重复冗长之弊。

组合标题总标题的构成项目与单份标题的构成项目基本相似。不同的是，组合标题总标题在文字表述上必定有某些部分是概括的，或作者，或时间，或内容；分标题的项目构成取决于总标题以及档案的具体内容，多只标出不同的项目。为了标题的完整和便于引用，在标出分标题不同项目的同时，要标出其文种。分标题大多编号排列。组合标题，就其结构讲，一般为双层结构，极个别的为三层结构。

共同特征不同，组合标题的构成也不相同，常见的有以下几种。

(1) 具体时间不同形成的若干档案，可以按相同部分拟制总标题，并标出跨度时间，分标题标出具体时间。例如：

《陈光甫致杨介眉函》(1928年10月—11月)

1. 10月20日函
2. 10月26日函
3. 10月29日函
4. 10月31日函
5. 11月6日函
6. 11月17日函

另外，若汇编作者成分相同，拟制标题时，作者可以省略。如《周恩来选集》：

《关于粉碎第四次“围剿”的电报》(一九三三年一月—三月)

一　一月二十七日的电报

二　一月三十日的电报

…………

九　三月二十日的电报

（2）不同作者形成的一组有关同一问题、同一文件或时间的档案，若作者不多，在总标题中一一标出，若作者较多，或加以概括或标出几个，然后用“等”字代替，分标题则标出不同的作者。例如：

《江西民众各代表关于蒋介石摧残南昌九江党部经过报告》：（1927年3月19日）

1. 江西代表邓鹤报告
2. 南昌市代表报告
3. 农协代表报告
4. 九江代表报告

《汉口特别市商民协会等欢迎国民政府迁鄂致蒋介石等电》（1927年1月—2月）

1. 汉口特别市商民协会电（1月27日）
2. 武昌总商会电（1月29日）
3. 湖南省农民协会暨全省总工会电（2月3日）
4. 湖北省妇协会电（2月8日）

（3）两个以上的通讯者关于某一问题的来往函电，其总标题要标出通讯双方、有关问题、文种（一般用术语往来函电）、时间（附后），分标题标出双方往来函电的关系。例如：

《国务院关于时功玖等提出在粤被陈炯明军大劫案如何处置质问书与内务部往来函》（1922年12月—1923年1月）

1. 国务院致内务部函（1922年12月5日）
2. 内务部复国务院函稿（1923年1月15日）

《北京外交部关于英帝国主义因沪汉启衅事件派遣军舰来华示威情形与驻英等国使节往来电》（1927年1月—2月）

1. 外交部收驻英陈代办电（1月18日）

…………

3. 外交部收驻比王公使电（1月19日）
4. 外交部致驻英陈代办电（1月22日）

…………

33. 外交部致南京孙传芳电（2月19日）

34. 外交部收驻比王公使电（2月23日）

（4）某机关或某人关于某一事件或在某一次会议上的几次连续的讲话或报告，其总标题标出作者及某一事件或某次会议，对文种加以概括，或报告，或发言，或发言记录等。分标题则具体标出其报告内容。例如：

《孙中山在中国国民党第一次全国代表大会上的发言记录》（1924年1月）

1. 开会词（1月20日）
2. 中国之现状及国民党改组问题（1月20日）
3. 对于组织国民政府之说明（1月20日）
4. 对于宣言旨趣之说明（1月23日）
5. 紧急动议（1月25日）
6. 闭会词（1月30日）

（5）由某机关形成或由某机关接受保管作为通讯者，其档案是围绕一个问题展开的一组档案，总标题问题项可以概括一些，分标题则具体一些。例如：

《国民政府关于黄浦开港计划文件》（1926年2月—10月）

1. 国民政府令（2月9日）
2. 孙科致国民政府呈（6月4日）
3. 国民政府批（6月6日）
4. 中华各界开辟黄浦商埠促进会致国民政府呈（6月10日）
5. 中华各界黄浦商埠促进会致国民政府主席函（6月16日）
6. 国民政府令（6月23日）
7. 黄浦商务股份有限公司会议案（6月28日）

（6）当编拟组合标题时，如果档案有原标题，一般不予保留，应按拟制组合标题的要求进行修改，个别情况以注释说明。

四、汇编内档案标题的拟制方法

不论是单份档案标题，还是组合档案标题，其项目都是由作者、内容（问题）、受文者、文种、时间和地点构成的。标题中需标出哪些项目，视档案内容的具体情况而定。在拟制标题时，编者首先要根据档案标题的要求，对一篇档案各标题项目的标法进行分别研究，这是拟好一个标题的前提条件。下面介绍各项目的拟制方法。

（一）作者的拟制方法

作者是指文件的成文机关或个人。标题中标明作者，对于掌握档案的来源、阶级实质和利用价值有重要作用。专收一个人物或机关形成的档案汇集，因作者在书名、题名中已有提示，一般不再在汇编内档案标题中标出，在其他档案的标题中按要求都应标明作者。

标明作者项目，要通过阅读档案内容获得，对于明清时期档案，一般会在开头明示作者项。如：《江宁织造曹寅等奏请暂留满都署理两淮运使折》（康熙四十九年十月二十八月），原无标题，但在这份档案开端，便有“江宁苏州织造臣曹寅李煦谨奏……”标明了档案的作者。对于民国时期的档案，一般会在档案最后明示作者。常有“×××谨呈”、“×××呈”、“×××叩”、“×××呈叩”，或在档案开头有“×××致”，这些“×××”便是档案的作者。按现代文件书写格式书写的文件，作者项一般标示在时间之上发文机关落款处。但也有些档案开头、结尾都没有标明作者，则要从档案内容中去分析、判断其作者。有些仅有印章，则要从印章中判断出作者。

在具体拟制档案标题作者项时，有些特殊情况，须加以注意。

（1）有些档案作者用的是笔名、化名、代名或不明确的简称，那么在公布时，档案标题中的作者项一般应使用作者的正式名称。某些著名作家，如鲁迅、茅盾等，其笔名众所周知，则不必改标本名。对于这些署有不为大多数人所知的化名、笔名的档案，在正式公布时，在标题的作者项上应改为正式名称，以便利用。

例如：刘少奇 1929 年在满洲省委工作中，向中央的报告就用之启的化名，第二次世界大战时期工会工作中用过仲篪的署名，在华北工作时，常用K·V的笔名，抗战时期在华中发的文件，常用胡服的化名，刘少奇在各个时期还用过赵启、谢康、陶尚行、邵琪等化名、笔名。在秘密工作中，有时组织机构也用人名形式的代名，例如，中国共产党成立和第一次国内革命战争时期，中共中央就曾用过钟英、张万和、张承宣、陈宝森、其嘉、安中原、吴世荣等代名。1927 年 1 月出版的《中央政治通讯》中发表的《其嘉对于杨澄政治报告的决议》一文，其中“其嘉”是中共中央的代号，“杨澄”是中共粤区的代号。

（2）原件上无作者署名，可通过手迹、用纸、印章、文件内容、来源、称谓用语、所在全宗案卷、所载刊物等途径，多方考证出作者名称。确有把握的，可在标题中标出，存有疑问的，可在注释中加以注明。

例如：1940 年 11 月 11 日有份致毛泽东、朱德、王稼祥并周恩来、叶剑英电，档案的抄存件没有署名，其内容是报告叶挺去上饶准备同顾祝同谈判的预案。从电文内容看，显然这是新四军领导人发的，而叶挺又可以排除，那么可以判定此电是项英发的。

(3) 有的档案署的是成文机关，但在编辑个人文集时，往往还要判断其真实的作者。不仅如此，还要弄清起草人在文件形成中的作用，是根据本人的意见写出，用单位名义发出，还是根据领导的意见或会议集体讨论，由起草人执笔而成。例如，选入《毛泽东选集》的《井冈山的斗争》就是毛泽东为井冈山前委写的向中央的报告。

(4) 档案有两个以上作者的，一般应一一标出，当两个以上作者在正文开头或结尾落款已有反映时，在标题中只标明主要作者，其他作者以“等”字代之。例如：

《郑振铎等为“四一二”惨案致上海临时政治分会书》(1927 年 4 月 13 日)

《增祺等关于牛庄、辽阳及奉天省城相继失守情形的奏折》(光绪廿六年闰八月廿五日)

(5) 档案署名落款处既有机关名称或印信，又有机关负责人的职衔和署名的，编者要根据档案的文种、内容、格式等情况，判明是以机关名义发文，还是以机关负责人名义发文，或以特定名义发文，以决定标题中作者项的标法。一般以机关名义行文的，标示机关名称；以机关负责人名义行文的，要标示负责人职衔和人名；以特定名义行文的，应标示相关职衔及人名，或仅标示特定名义。例如：

《经济部物资局关于抛售布匹垄断市场价格致军委会运输统制局及重庆查缉公所公函》(1942 年 11 月 7 日)

这份档案落款处有局长向××签署。但他是代表机关制发的公函，应在标题作者项中标出机关名称。又如：

《广西省农民部长陈协五调查兰农惨案报告书》(1926 年 8 月)

《中共中央毛泽东主席关于时局的声明》(1949 年 1 月 14 日)

《中共发言人评南京行政院的决议》(1949 年 1 月 21 日)

(6) 当作者职衔较多时，要标出与档案所涉事宜直接相关的职衔，其他职衔从略。特定情况下，职衔还可以全部省略，直接标出人名。例如：“管理苏州织造、大理寺卿兼巡抚两淮盐课监察御史李煦”，我们只需标出与档案内容相符的职衔“苏州织造李煦”。又如：“钦差总督湖广等地方军务兼理粮饷、太子少保、兵部尚书兼都察院右副都御史祖泽远”，标为“湖广总督祖泽远”。

对于一些重要人物，其职衔也是众所周知的，在作者项中可不标职衔。例如：

《毛泽东关于迅速建立无后方作战的思想给陈毅、粟裕的指示》(1947 年 9 月 3 日)

《刘震寰同意取消战时军需筹备处致胡汉民等电》(1924 年 10 月)

(二) 受文者的拟制方法

受文者亦称通讯者，是指档案形成时由作者所限定的接受者。标题中标明受文者，可以帮助读者从受文者的地位以及与作者的关系上了解档案的意义和价值，以及来往文件之间的内在联系。一般情况下，不宜省略这个项目。

在具体拟制方法上应注意以下方面。

(1) 认真分析档案内容，判定受文者。尤其是电报的受文者往往只有姓，没有名，有时同一电报的受文者有好几个同姓的，这就需要加以区别判定。例如，毛泽东有份关于形势分析的电报，其受文者是："周、彭、叶、项、贺、关、聂、彭、吕、程、刘、邓、陈、罗、肖克、黎、罗、胡、陈、黄、彭、李、罗、郑"。其中有三个彭、三个罗、两个陈。为准确弄清其受文者，编者首先按单位、地区将受文者分组排列，即"周，彭、叶，项，贺、关，聂、彭，吕、程，刘、邓，陈、罗，肖克，黎、罗，胡、陈，黄、彭、李、罗、郑"；进而按姓定人："周恩来、彭德怀、叶挺、项英、贺龙、关向应、聂荣臻、彭真、吕正操、程子华、刘伯承、邓小平、陈光、罗荣桓、肖克、黎玉、罗舜初、胡服、陈毅、黄克诚、彭雪枫、李先念、罗炳辉、郑位三"。

(2) 受文者可能是一人或数人，也可能是一个机关或数个机关。如果受文者是一至二人或机关，则可一一标出；若是数人或数个机关，则可标出最前者，后面用"等"字代之。例如：

《军委关于开展新区工作给陈毅、粟裕的指示》(1947 年 10 月 3 日)

《李延年致蒋介石密电》(1938 年 7 月 28 日)

《中央军委关于为确保与扩大主动权的军事部署给刘伯承等的指示》(1947 年 7 月)

第三个例子的受文者包括：刘伯承、邓小平、陈毅、粟裕、谭震林。

一般来说，私人之间的函电、信件，可直接标其姓名：以个人名义代表机关发的，应加职衔。例如：

《山东都督余则达为挪借关税事致胶海关税务公司阿里文的公函》(1912

年 4 月 24 日）

（3）历史文件中的题本、奏折，民国以后的宣言、公告、通告、通电等受文者是固定的或众所周知的，在标题上不必标明受文者。例如：

《福建巡抚黄秉中奏谢钦赐天厨佳味折》（康熙五十年正月十七日）

此文受文者是皇帝。又如：

《中国人民银行关于限期收回三种人民币票券的通告》（1964 年×月×日）

此文受文者为广大人民群众。

（三）内容的拟制方法

内容是标题的核心部分，是对档案内容的高度概括。拟制好档案标题的关键在于简明确切地概括出档案内容的主要内容。“简”是要求内容不要写得太长，如果写成七八十个字，便不能使人一目了然了，也就起不到标题的作用。“明”是要求将内容写得清楚、鲜明、确切。简而不明也是不可取的。因此，拟写标题内容是一项十分重要、难度较大的任务，必须在认真阅读理解档案内容的基础上进行。

在具体拟制方法上应注意以下几个方面。

（1）如果一份档案包括几个问题，而且这几个问题所占的比重又相当，就必须找出这些问题的共同属性，加以综合然后立题。否则就应该区分内容的主次，结合选题动机标明主要问题。如果忽视了这一点，在标题的内容项上就会出现两种现象：一是过于抽象过于概念化。如《政治史料汇编》第三辑曾经出现过一定数量“×××（作者）转报八路军新四军战绩电”之类的标题，可是这一标题对档案中所称的主要战绩是什么，它对研究哪项战役的作用最大，在标题中皆无所反映。二是主次内容均标出，使读者无从了解内容的主次，同时也影响到编排时的分类工作。

（2）重在“画龙点睛”，揭示内容的实质，无须渲染或加过于褒贬之词。如对文件作者国民党政府，无须描写为“罪恶滔天祸国殃民的国民党政府”，又如《〈新闻报〉关于上海“三罢”斗争情况的报道》，无须描写成《〈新闻报〉关于汹涌澎湃波澜壮阔的上海“三罢”斗争情况的报道》。再如，有一份日伪文件，其原标题为《×××关于促进睦邻友好的演讲词》，细看其内容，虽表面个别地方有睦邻友好的词句，但实质上讲的却是日本侵占中国领土的所谓道理。因此，为揭示出档案内容的实质，把标题改为《×××关于辩解日本侵华原因的演讲词》。

（3）某些档案内容过于冗杂，如书信史料、私人信札，往往公私事务兼有，寒暄客套、请安问候之语连篇，很难加以概括，则可不标内容，只标“×××致×××信”、“×××信札”。例如：

《顾颉刚致胡适函》(1921 年 4 月 9 日)

(4) 必须明确标示的内容所涉及的时间、地区，可作为内容成分的一部分，简要揭示。例如：

《张之洞奏请湘鄂两省铁路永远官商合办折》

《关于××省××县红星玻璃钢厂擅自制作和出售国徽的通报》

《军委关于陕甘宁边区战局形势的通报》

(5) 档案中的标记、专门用语可作为标题内容制作的参考。历史档案大多无标题，但其中有相当一部分档案写有“题头”或“本头”等事由句“为……事”，表明了作者对文件主旨的看法。例如：“为派员妥议教案谨陈办理情形，恭折仰祈圣鉴事”，在一文之首，表明了行文的要旨。另外，旧式公文往往在文末使用归纳语“所有……缘由，理合……”等等。

(四) 文种的拟制方法

文种是标题的名称，是标题中不可缺少的组成项目。从标题的语法结构分析，标题是一个偏正词组的形式，且以文种为中心词，前面的各项均为限定词。所以文种是标题中不可或缺的一个项目，即使最简单的标题也应有“文种”。标出文种，有助于读者了解档案的重要程度、机要程度、实际效用、流传情况及影响等，是研究档案价值不可忽略的因素。

在具体拟制方法上应注意以下几个方面。

(1) 认真阅读档案的内容，根据档案发文机关的职权、发文机关与收文机关的关系，以及发文的具体目的和要求，准确恰当地判断文种，尤其是对存在层层转引及带有附件等情况的档案。

(2) 不同历史时期的文件有不同的文种，在拟制时要符合时代的特色。如清代文种有谕、旨、奏折、题本、揭帖、札文、咨文、关文、照会等；民国文种有令、训令、指令、呈、状等；新中国成立后的文件有命令、通告、公告、指示、报告、请示、批复、公函等。

(3) 应注意历史文件标题的文种拟制的特殊性。

有的把文种列于标题之首。例如：

《寄谕湖南提督向荣迅即兼程驰赴湖南军营》(道光三十年二月九日)

《谕内阁著将英俊等革职并赐恤阵亡将领玛隆阿》(道光三十年二月初十日)

有的把文种列于标题之后。例如：

《内阁明发处分僧格林沁上谕》（咸丰七年）

题本、奏折两种文种在标题中通常分置于前后两个部位。“题”、“奏”在此均作动词，而“本”、“折”则标于尾部。例如：

《直隶总督马光辉题为范县设兵招集流民开荒事本》（顺治九年五月二十八日）

《延绥总兵李耀奏贺万寿折》（康熙五十年二月）

也有把奏折并在一起的。例如：

《增祺关于奉天严备战守并连日团民与俄兵开仗情形的奏折》（光绪廿六年六月十八日）

对于旧式文件标题，文种在标题中的位置仍有两种制作方法：一种是通常的标法，放在标题最后；另一种是紧接于作者之后。例如：

《蒋中正电令东南西北各部军战斗序列另行划分》（1934 年 11 月 17 日）

《王家烈电报湄遵等地军情》（1935 年 1 月 15 日）

（4）标示文种要具体、明确，除组合标题外，一般情况不要用“文件”、“材料”等综合性概念。

（5）如果是沿用没有文件名称的原标题，则仍然可以无文种，但必须在编者注中注明其系原标题。

（五）时间的拟制方法

标题的时间是指档案的形成时间，不是档案内容所涉时间。在标题中标明时间，既可帮助读者了解档案形成的历史条件，又便于按时间顺序排列和查找档案。

在具体拟制方法上应注意以下几个方面。

（1）对于文件上有几个时间的，要明确在标题中应标示的时间。一般公文应标明档案的发文日期，缺发文日期可标明收文日期，并以脚注注明；决定、决议、条例、规定、办法等法规性档案文件，应标明会议通过日期或公布实施日期；条约、合同、契约等应标签定日期；个人档案若自定稿到出版公布间隔的时间很短，则应标出版日期，若间隔时间很长或第一次发表，应标定稿日期。

（2）原文缺年月日者，应根据档案内提到的具体事件时间的不同版本，以及有关文件等加以判定并予以标明。考订出近似日期者，应标明不迟于某年某月，或不早于某年某月。凡经考订而标明的时间，或经考订仍不能判明时间者，均应以脚注注明。

（3）年月日一般以公元纪年标明，使用阿拉伯数字。民国纪年可改为公元纪年。对封建王朝年号，为保持其历史特点，可标明朝代年号，并于括号内注明公元纪年。但若整个汇编内所有档案都在民国年间或某朝代间，只需在编者说明里加以说明，并注明所收档案公元纪年的起止年限，而每份档案标题中的时间无须再加注公元纪年。

（4）对于以干支纪年、纪月和韵目代日的档案，编者要根据档案原稿上的标记、档案内容、收发文者的身份，以及干支纪年表、韵目代日表推断出所属时间。

（六）地点的拟制方法

标题中的地点，仅指档案形成的地点和场合，而不是档案内容所涉及的地点和场合。是否标出档案形成的地点，往往因档案内容、种类而异。一般情况下，机关地点都较固定，所以形成地点也是固定的，无须标出地点，其作者所在地便是档案形成地点。如南京临时政府形成文件，其地点都在南京，是固定的。还有些档案作者项包括了地点，如《南昌市委 1993 年工作总结》，形成地点为南昌市。又如《库伦办事大臣色克通额为报上年俄商到库伦人数事致总署咨文》（同治元年正月初六日），形成地点为库伦。但有些作者活动地点往往不固定，可视需要指出。如："孙中山重返广州后发表的宣言"，"重返广州后"表明作者的历史活动，应当标出。

地点有时直接出现在标题中间，如上例，有时则在标题之后的时间后面。例如：《中俄伊犁条约》（1881 年 2 月 24 日，圣彼得堡）、《土地法》（1928 年 12 月，井冈山）、《土地法》（1929 年 4 月，兴国）。

总之，档案标题的拟制工作是一项十分重要且艰苦细致的工作，也是编者的一项基本功，要求编者对档案内容等各方面进行认真研究，反复推敲，了解标题每一项目的拟制方法。

第五节　档案文献的编排

档案文献的编排，即确定汇编内档案分类及按类排列的过程，目的是把入选的档案史料予以有序的编次，使之成为系统的有机整体，便于利用。

一、档案汇编的体例

对选入汇编的档案，应当依据一定的组织形式分类和排列，这种组织形式就是汇编的体例。档案汇编体例的形式是多种多样的。这种多样性是由档案汇编题目的多样性、档案内容成分的复杂性以及篇幅多寡等不同因素决定的。一部汇编体例，决定了该汇编的结构形式，从而直接影响阅读利用的效果。因此，要求编者在具体确定一部档案汇编的编排体例时，既要从档案的实际出发，又要以方便读者阅读为前提。

（一）档案汇编体例的种类

1. 按照档案形成的时间顺序依次排列档案

这是最简单、最基本的编排体例。一般个人文集、奏书、电稿、文编等，均取此种体例。如《邓小平文选》、《马克思恩格斯全集》、《中共中央文件选集》、《康熙朝汉文朱批奏折汇编》、《李煦奏折》、《义和团档案史料》等。

2. 按汇编题目包括的几个基本问题编排档案

例如《中华民国史档案资料汇编》（第四辑），根据汇编内档案的内容，分为“政治”、“军事”、“财政经济”、“外交”、“文化教育”五个大类。在“政治”类下又分为“政府的建立与人员任免”、“政策法令及规章制度的制订”、“重大历史事件”、“社团组织立案”、“工农群众运动”等几个基本问题。

又如《中央革命根据地史料选编》（中册）根据汇编收录的档案内容分为“政治问题”和“军事问题”。还有按经济各大部类分类编纂的《中国近代经济史参考资料丛刊》，亦是采用此种编排体例。

3. 按照历史事件发展的阶段编排档案

例如，中国史学会主编的《鸦片战争》，就把档案按战争发展全过程的几个阶段划分为以下几大类。

1. 鸦片战争前英美对中国的侵略
2. 禁烟运动的开始
3. 林则徐领导下的禁烟抗英斗争
4. 英国对中国的军事侵略
5.《江宁条约》的缔结与战后问题（包括当时人对和约的反响）

有些个人文集，因为其中的档案是在特定历史条件下形成的，也可根据档案形成的时间按不同的历史时期设类编排档案。例如1965年版的《毛泽东选集》（4卷）把全部档案分为“第一次国内革命战争时期”、“第二次国内革命战争时期”、“抗日战争时期”、“第三次国内革命战争时期”等四个历史时期。

有关某段历史或某个政权的档案汇编，也可以根据这个时期出现的几个历史阶段划分。例如：中国第二历史档案馆编的《中华民国史档案资料汇编》就是按中华民国的不同历史时期划分为辛亥革命、南京临时政府、北洋政府、国民党政府等不同历史时期的。

还有的档案汇编题目反映的是一个机构，也可以根据该机构的成立、发展过程中经历的几个历史阶段来编排档案，以反映其发展的全部历史。

例如：《北京自来水公司档案史料》这部汇编，就是根据该公司自1908年成立到1949年期间的几个不同历史时期来分类的。

1. 奏办京师自来水股份有限公司时期［光绪三十四年（1908年）—宣统三年（1911年）］
2. 北京自来水股份有限公司时期（1912年—1926年）
3. 北平自来水股份有限公司时期（1928年—1937年）
4. 日伪“北京特别市”自来水管理局时期（1937年—1945年）
5. 北平市自来水管理处时期（1945年—1949年）

4. 按照汇编题目涉及的不同地区编排档案

例如：南京市太平天国起义百年纪念太平天国历史博物馆编的《太平天国资料丛编》，就采取了此种编排体例。以太平天国革命发展的先后次序，编为广西、湖南、湖北、江西、安徽、江苏、河南、直隶、山西等18个地区资料。

又如：辽宁省档案馆和辽宁社会科学院历史研究所合编的《东北义和团档案史料》就是按“奉天”、“吉林”、“黑龙江”三个地区分类的，以反映义和团在东北不同地区的革命情形。

5. 按照档案作者或通讯者编排档案

例如：《上海小刀会起义史料汇编》就是根据形成档案的作者分类编排的。

1. 小刀会起义文献
2. 上海小刀会起义期间的记载和战况报道
3. 清朝封建统治阶级镇压上海小刀会起义的档案资料
4. 外国侵略者干涉上海小刀会起义的档案和记载
5. 其他有关上海小刀会起义的资料
6. 上海附近各县人民起义资料（日记、自编年谱、县志等）

一般书信集多按通讯者分类编排档案，例如《鲁迅书简》的分类为：

致郑振铎
致巴金
致萧军
…………

6. 按照汇编内档案的种类编排档案

例如：太平天国历史博物馆编的《吴煦档案选编》第一部分“太平天国资

料”，下面按档案种类分为奏折、照会、函牍。

又如：增订本《谭嗣同全集》也是按文章分类，以撰成或发表时间为序的。全书分为：

1. 廖天一阁文
2. 莽苍苍斋诗
3. 远遗堂集外文
4. 石菊影庐笔识
…………
11. 书简
12. 拾遗

再如，中国史学会主编的《戊戌变法》，也按档案种类分为“专著”、“日记”、“上谕”、“奏议”等。

一般历史人物专集、个人文集多采取此档案种类分类，因为有关该人物的所有档案要尽收入此集，且每份档案内容多且杂，无法按其他体例编排时，则可多考虑此种体例。

以上编排体例，是目前汇编中常见的体例。不管采取何种编纂体例，都必须从档案的实际出发，只有这样，才能充分地、最大限度地发挥档案的利用价值。

（二）档案汇编体例的层次

各种汇编体例，根据档案的内容、编排的目的，其繁简程度也不一样。大体有三种：不设类编排、单层分类编排和多层分类编排。

1. 不设类编排

不设类编排，就是汇编内全部档案按其形成时间的顺序依次排列，其目录的编写，就是将选入汇编的档案标题依次排列，不设类别。这样可以很自然地看出一个问题的发展过程，同时也便于编排顺序，是目前最常见、最基本，也是最简单的编排体例。这种编排层次，适用于收入汇编的档案数量庞大，种类繁多，内容涉及的问题较广，难以归类的情况。

例如，《中共中央文件选集》整部汇编没有设类，仅仅把各份档案按时间顺序排列。

《中共中央文件选集》(1946—1947)

1. 中央关于坚持东江地区的斗争问题给林平、曾生的指示（1946 年 1 月 2 日）

2. 中央关于坚持热河阵地以配合重庆谈判给程子华等的指示（1946 年

1月2日）

3. 军委关于保卫承德、张垣的战斗部署给聂荣臻等的指示（1946年1月3日）

…………

2. 单层分类编排

单层分类编排，是按照一种分类特征设一层类别的编排形式。最常见的单层分类编排形式有以下几种。

（1）历史时期—时序。即按历史事件或机构的各历史时期设类，对每类内档案又按时间顺序进行编排。例如，我们前面提到的《北京自来水公司档案史料》即是按历史时期—时序分类编排的。

（2）问题—时序。即按汇编题目包括的问题分类，对每类内档案又按时间顺序进行编排。例如，《中央革命根据地史料选编》（中册）分设"政治问题"、"军事问题"等大类，每类档案又按时间顺序进行编排。

（3）地区—时序。即按汇编题目涉及的不同地区分类，对每类内档案又按时间顺序进行编排。例如，《第一次国内革命战争时期的农民运动资料》第二辑就是按地区设类的，分为"广东的农民运动"、"湖南的农民运动"、"湖北的农民运动"、"江西的农民运动"、"其他各省的农民运动"。每类下又按时间顺序排列档案。

（4）作者（通讯者）—时序。即按档案的作者或通讯者分类，每类内档案又按时间顺序进行编排。例如前面提到的《上海小刀会起义史料汇编》即按此方法编排。

（5）文种—时序。即按汇编内档案种类设类，对每类内档案又按时间顺序进行编排。例如《太平天国文选》就是按论文、典志、谕檄、奏议等设类，对每类内档案又按时间顺序编排。

3. 多层分类编排

多层分类编排，是按照两个或两个以上的分类特征逐级分层设类的编排形式。常见的多层分类编排形式有以下几种。

（1）历史时期—问题—时序。即按历史发展的阶段（或时期）结合问题性质设类，每类下又以时为序进行排列。例如，《清末筹备立宪档案史料》（上册），共分历史时期和问题两个层次。第一层次，按照立宪活动的发展情况分为两编：第一编是清末统治集团对预备立宪的策划和议论，第二编是清末筹备立宪各项活动的情况。第二层次，在每编内又按立宪活动的自然发展情况分若干题目。如第一编内有"出洋考察政治的情况"、"预备立宪的宣布和策划"、"统治集团内的议论”等。在每一个题目下的档案又以时为序进行排列。

(2) 文种—问题—时序。即按档案的种类结合汇编题目包括的问题设类，每类下又以时为序进行排列。

例如，青岛市档案馆编纂的《帝国主义与胶海关》这部汇编共分两层。第一层，按档案种类分为：

第一编　条约章程

第二编　贸易报告

第三编　来往文电

第二层，在每编中又按档案反映的问题分，如第二编中分为：

(一) 胶海关十年报告

(二) 胶海关历年华洋贸易论略

(三) 胶海关历年华洋贸易统计报告书

(四) 全国海关历年中外贸易报告

(五) 中国贸易概况

在第二层内，各类档案以时为序进行排列。

(3) 问题—问题—时序。即按问题的从属关系逐级分层设类，每类下以时为序进行排列。

例如，晋察冀边区行政委员会编的《现行法令汇编》，第一层分类包括“民政方面”、“教育方面”、“财政方面”、“实业方面”、“司法方面”等各类。第二层分类，如“农业方面”，又分为“农工业”、“贸易合作”等属类。

(4) 问题—文种—时序。即按汇编题目包括的基本问题结合档案种类设类，每类下以时为序进行排列。例如《吴煦档案选编》共设两层：第一层，按题目包括的问题分为“太平天国资料”、“会党活动及农民抗漕斗争资料”、“中外交涉及资本主义列强侵华资料”、“清政府财政经济资料”；第二层，在每类内按文种设类，如“太平天国资料”分为奏折、照会、函牍等。每一种类内档案以时为序进行排列。

(5) 历史事件—地区—时序。即按历史事件结合地区设类，每类内以时为序进行排列。

另外，根据汇编题材的具体特点，还有一些其他的结合形式，还可以有三四层不等的设类编排层次。

例如，《中华民国史档案资料汇编》这部汇编共分三层，有些部分甚至有四层。第一层，按各历史时期设类。

第一辑　《辛亥革命》(1911 年)

第二辑　《南京临时政府》(1912 年)

第二层，按各历史时期反映的问题分。如第一辑《辛亥革命》以下分为：

一、政治

二、军事

三、财政经济

四、外交

五、文化教育

第三层，又按各问题的属项分。如“政治”类下面分为：

(一) 政府的建立与人员任免

(二) 政策法令及规章制度的制订

(三) 重大的历史事件

(四) 社团组织立案

(五) 工农群众运动

有的部分根据需要还设第四层。如“(三) 重大的历史事件”项下设具体事件：

1. 护法和滇桂系的破坏

2. 孙中山重返广州组织大元帅府

3. 反对曹锟贿选

4. 孙中山北上及逝世

还有一些大型汇编，其编排体例设编、章、节、项、目等多种层次。这种情况多为节录档案形式。例如，《康雍乾时期城乡人民反抗斗争资料》的体例为：

第一章　农民的反抗斗争

第一节　抗租和争田

一、民地

直隶　山西　山东　河南……

二、官庄旗地

顺天府宛平　顺天府大兴……

三、孔府

山东滕县　山东泗水……

第二节　反克扣工钱

…………

第三节　夺粮

第四节　抗粮与反科派

第二章　奴婢制度及奴婢的反抗斗争

…………

这部汇编按参加反抗斗争的人物（章）—斗争的方式（节）—土地所有性质—地区四层的编排体例编排，在地区下又以时为序进行排列。

（三）汇编内档案编排体例的选择

汇编档案的编排体例种类很多，各种体例也都有自己的特点，孰优孰劣难以分辨。具体到一部汇编究竟选择哪种编排体例，应考虑诸多因素。我们知道，在确定汇编体例之前，在选材阶段，就要为选材拟制一个选材提纲和计划，这个提纲往往就是编者接触档案之前，通过对该历史事件的了解，对馆藏情况的摸底，以及编纂出版的目的，事先初拟的一个体例。但选材后，有时会发现档案与提纲之间，存有相当距离，或是提纲上的问题提得太高，非现有资料所能表达，或是某一问题的资料精粗庞杂。这就必须根据所选出档案的数量、覆盖面及深度，对照原有的提纲，缜密考虑，反复推敲，拟定切实可行的编排方案。编排方案每一类、每一项、每一目皆必须有坚实的材料基础，绝不能只是一个虚设的空架子。通过编排，使具有一定数量的档案形成一个体系严整、脉络分明的有机整体。

具体来说，选择一部汇编编排体例，要考虑到四个方面的因素和条件。

1. 要充分考虑档案汇编题目的客观内容

不同客观内容的题目往往采取不同的体例，如果档案汇编题目内容是反映几个历史事件的，可按历史事件设类编排；如果是反映一个事件的，可按历史事件发展的阶段设类编排；如果汇编题目涉及地区范围广，且地区特点突出，可按地区设类编排；通讯集一类的题目，则可以按通讯者编排。

2. 要充分考虑档案汇编的目的

确定汇编体例，是为实现汇编目的服务的。因此，应以如何能更好地达到汇编目的作为确定汇编体例的重要依据。例如《致荣禄信稿》编排体例基本上采用按问题结合时间的方法（个别是按问题—地区—时间）。采取这种编排体例的根据是，《致荣禄信稿》不是荣禄本人的书信集，它不能按一贯时间顺序排列；致荣禄信的通讯者很多，而一个通讯者的信件又很少，亦不宜按通讯者排列；《致荣禄信稿》是为了说明一定问题而选材的，目的是提供某些问题的材料，而不是研究荣禄本人的历史以及他与通讯者之间的关系，所以首先考虑选择按问题设类编排的体例。又如《新四军·文献》采用以时为经，以事为纬，分问题、分单位或地区编排的体例。即军部、各支队、各师和各块根据地的文献，都单独成一专题。这样，各支队、各师、各块根据地是怎样诞生的，是怎样发展壮大的，就比较集中系统地反映出来了，查找方便，可读性好。

3. 要充分考虑到档案汇编的编纂形式（全录或节录）和篇幅大小

档案汇编的编纂形式和篇幅大小决定了汇编体例的繁简。一般采取节录形式的，在设层分类上，宜设多层分类，分列章、节、项、目。如果档案汇编采取全录形式，一般说来，类级层次不宜过繁，类项也不宜过细。如果汇编篇幅小，文件数量不多，则分类更不宜过繁过细。

4. 要充分考虑汇编选入的档案的特点

反映同一类客观内容的汇编，由于档案的不同特点，往往采取的编排体例也可以不同。

例如，《鸦片战争》和《戊戌变法》同是以一个历史事件为题目的汇编，但它们所采取的体例却完全不同。前者由于时间断限很长，有长时间的起因、背景、经过及长远的影响，所收档案也是从反映该历史事件的历史发展过程为出发点的，所以采用按阶段组织档案的编排体例。而后者，由于该事件时间断限短，不宜再分阶段，所收档案也是从反映该时期各维新人物的政治改革主张为出发点的，所以采用按文种组织档案的编排体例。

二、汇编内档案的分类编排

对汇编内档案进行分类和系统化排列，是重要的科学实践，它决定着汇编工作水平的高低。在这时应具有科学的分类概念，懂得系统化排列的实质和意义，了解它们的要求和方法。

（一）分类编排的要求

1. 最大限度地体现档案之间的最主要的或最基本的联系

档案之间的联系是多方面的，但在一部汇编中，编排体例只能反映某一种或几种联系，或横或纵，或纵横交错，很难甚至不能同时反映全部联系。而在这众多的联系中，总有一种是最主要、最基本的联系。因此，对档案进行分类编排时，要求根据汇编题目的需要以及汇编题材的具体特点，最大限度地体现档案之间的这种客观联系。

2. 要遵守逻辑分类原则

汇编编排中，在章、节、项、目的安排上必须有完整的体系和严密的逻辑，必须遵守逻辑分类的原则。这里提到的逻辑原则，包括辩证逻辑和形式逻辑两个方面。

(1) 依据辩证逻辑的原则，对汇编内档案分类设项。对历史事件的发生前后、事件内部的运动过程、大小历史事件彼此间的相互依存关系、事件的发生关系等，在分类编排时，要依据辩证法的观点和方法，使汇编的编排既能充分体现历史事件的客观联系，又能揭示客观规律的有机逻辑联系。要遵守辩证的逻辑原则，就必须正确反映档案之间的固有的客观联系；要反映出档案之间的固有联系，就必须按唯物辩证的方法去分析、研究档案，找出其规律性的东西，两者不可分割，相辅相成。正如恩格斯在《自然辩证法》中指出的，科学的分类就是运动形态本身根据其内部固有的顺序的分类和排列。就是说依据科学方法所分的类项和它的顺序，应反映客观事物在一定发展阶段中发生和相互联系的历史顺序。

例如，前面提到的《西安事变资料》（第一辑）和《鸦片战争》两部汇编，前者的分类编排既符合西安事变产生和发展的客观规律，又符合唯物辩证法分析历史事件的正确逻辑原则；后者的分类编排反映了这一事件的历史背景及起因、经过以及结果，符合唯物辩证法分析事物因果关系的辩证逻辑。

(2) 要遵守形式逻辑的划分规则，这是避免分类混乱、层次不清的重要保证。具体要求做到以下几点。

第一，同一级类别的划分标准要一致。例如，《北京电车公司档案史料》，采用了“时期—文种（或问题）—时间”的三级编排体例。第一级划分标准是按历史发展阶段，分为“北洋政府时期”、“国民党政府时期”、“日伪统治时期”、“国民党统治时期”四部分；第二级按文种标准划分为“合同”、“报告书”、“统计图表”、“来往文件”等；每一份档案又按时间编排。这样符合同一级别按同一标准划分的原则。

第二，所设类名应与每类下所属档案相符，类名的概括不能大于或小于该类档案的内容范围。例如，在一部档案汇编内设“工交财贸类”，那么，在这一类就应当包括工业、交通、财政、贸易，反映这四个方面的档案。如果只有其中的一部分，那么这个类名就大于材料内容的范围。假如档案汇编内所设的“工交财贸类”内，除了这四个方面的档案外，还同时包括其他方面的档案，这就是类名小于档案的内容范围。

第三，划分的子项互相排斥。即同一级各类别应当界限明确，不能互相交叉、包括或从属。例如，有关学校规章制度汇编，排列成“教学工作类、教材工作类……”就不对了，因为两者有从属关系，如果是“教学管理工作类、教材工作类……”就可以。

第四，多层分类逐级划分，防止层次混乱或越级划分。一部汇编，不管其层次有多复杂，都必须按照分类的要求，遵循分类的原则，逐级划分章、节、项、目。

（二）档案归类排列的形式与方法

档案种类的繁杂和内容的广泛多样，决定了汇编内档案编排工作的复杂性。尽管编排方法多种多样，但是有些问题不是简单地按照一定的要求来编排就可以解决的。例如：按问题或地区分类时对综合性档案的处理；对与研究本汇编题目有关的档案的处理；对有些档案可以同时与几类问题发生联系，即项目交叉问题等如何处理。这就存在一个对档案的归类问题，要求对档案进行科学的归类，了解档案归类排列的形式和方法。

1. 归类排列的形式

（1）从档案内容与所属类别的内在联系上归类。事物的联系是复杂化的，一些项目可以同时与几类发生联系，就是说不同的类下面可以有相同的项目，这就发生了所谓的项目交叉问题。对于这类档案，我们就不应只知对档案机械地分类，而应就其几种不同联系，比较其轻重，而选取与重大事件所属类别有内在联系的档案。至于有些交叉相属的档案，当在两个类项里都需要它时，虽然把它放在主要属性的一类，但是可在另一类项的目录中也列出此类档案，同时注明档案参见某类某项，这是为了适应档案联系多样性反映在编排上的一种解决方法。

（2）按档案反映的主要内容归类。如果一份档案包括的内容较多，应分清主次，按其主要内容归入相应的类别中。

（3）有些性质不尽相同却属于同一案件的档案，为保持案件的完整性，仍宜集中在一起，归到它主要意义所属的类项中去。

（4）如果档案属于全面的、综合的、概述的或某些较散的几份档案，不宜归入汇编中的某个具体的、局部的类项中，则可在各类项之前，设综合类或总类归属之。

（5）一些档案可以用附录的形式加以编排。分题可以附录，类项目也可以附录，项目下的档案也可以附录。附录有几件的，则以“一、二、三”等序号列出。

一般在以下几种情况下可以附录。

一个项目如果主要是正面档案，而有些反面档案与此项目档案有着历史联系，合在一起更能体现历史全貌，因而不能不一并选录此类项里，便应以这些档案作为附录。

不直接属于本专题收录范围而又与本专题有一定联系，具有一定参考价值的档案，如果收入汇编，应作为附录处理。

汇编文集时，对不属于作者直接形成的，而与作者在档案中所论问题有密切关系的档案，如果收入汇编，应作为附录处理。

汇编中收录的材料主要是档案，出于阐明问题的需要，也收录少部分图书文献或报刊资料等，这些不属于档案性质的材料可作为附录。

有时因项目的体例所限，该档案有价值，弃之可惜，便也可作为附录。

2. 档案的排列方法

在确定了每份档案应归属哪一类之后，要按编排体例将全部选定的档案逐件进行排列，以固定每份档案在汇编中的位置。在排列过程中，要求按一定的规律和要求进行排列，保持各份档案的系统性，并注意其相互的历史联系。具体排列方法有以下几种。

(1) 按时间顺序排列档案。这是档案最基本的也是首选的排列方法。不论是哪种编排体例，采取何种层次分类，最终都是按档案的记事年代和写作年代的先后编排的。只有这样才能呈现出历史事件发展的前后顺序，也才能保持档案之间的历史联系，决不能抽掉时间的因素，否则将看不到具体的历史过程。

(2) 按档案重要程度从高到低依次排列。这是根据汇编的需要，为突出一些有重要价值的档案而考虑的排列方法。如按机关的职能性质，分中央、地方、本系统、本单位排列档案。但在同等级范围内，仍要按时间顺序排列。

(3) 在档案的排列顺序上，体现编者的思想倾向性。对于一些政治性较强的档案，在编排上，要根据档案的不同性质、重要程度，在顺序上体现出正确的思想观点。如果汇编中有正面材料和反面材料，或革命材料与反革命材料，就应根据这一原则将正面的或革命性的列于首类，或一类之首，同属正面档案或革命性的，应依其重要程度依次排列，如把革命导师、经典作家的档案排在首位。

整个汇编档案编排工作的过程，也是一个分析、研究档案的过程。要求编者必须坚持马克思主义的理论原则，要用历史的态度来考察问题。一方面既要把所处理的问题放在一定的历史范围之内，对具体的历史情况进行具体分析；另一方面又要从事实出发，从大量的历史事件中去探索问题，形成一定的观点，并使之与档案相结合。编排过程也同时是对前一段工作的检查、修改，比如选材有无重选或漏选，选材大纲是否与实际情况相符，以及设置的体例是否合理等。因此编排档案是一项意义十分重大的工作，是对前阶段工作的大总结、大把关工作。

【思考题】

1. 为什么要对档案文献进行加工？
2. 档案文献加工应遵循什么原则？
3. 档案文献转录加工的要求是什么？

4. 什么情况下需要对档案原文进行删节处理?
5. 档案文献中的行款格式如何处理?
6. 档案原文中的批语标记在何种情况下可以保留?
7. 结合实例为档案文献标点。
8. 结合实例为档案文献分段。
9. 档案文献的标题有什么作用?
10. 拟制汇编内档案的标题应达到什么要求?
11. 汇编内档案标题的类型有哪些?
12. 结合实例说明汇编内档案标题的构成。
13. 如何拟制汇编内档案的标题?
14. 档案汇编的体例有哪些种类?
15. 档案汇编体例的层次有哪些?
16. 如何选择汇编内档案的编排体例?
17. 汇编内档案的分类编排要求是什么?
18. 档案文献怎样科学归类?
19. 附录的范围有哪些?
20. 汇编内容档案如何排列?

第八章 档案文献汇编的辅文

【本章要点】

本章介绍档案文献汇编中辅文的种类、编写方法以及编写要求。具体包括：评注性辅文——注释、题解、按语、序言和跋文，查考性辅文——年表、插图、备考和编辑说明，检索性辅文——目录和索引的编写方法。

【关键词】

评注性辅文○查考性辅文○检索性辅文

为了帮助读者顺利地利用档案文献汇编，编者除了要提供高质量的汇编正文，还要依据编纂情况、读者需要编写有利于读者阅读、理解、利用、查考汇编正文所需要的重要的参考性材料——档案文献汇编的辅文，除现行政策法令汇编或公布的单篇档案文献等特殊情况，档案文献汇编往往都包含种类或多或少的辅文。辅文本身同样具有研究的性质，是编者智慧与心血的结晶，作为构成档案文献汇编的必要组成部分，其质量的优劣也是衡量档案文献出版物整体水平的一个重要方面。档案文献汇编中的辅文根据其具体性质、主要作用可分为三类：评注性辅文，如注释、题解、按语、序言和跋文；查考性辅文，如年表、插图、备考和编辑说明；检索性辅文，如目录和索引。本章将对这三大类辅文分别予以介绍。

第一节　评注性辅文

一、注释

（一）注释的意义

我国古代十分重视为典籍作注释，注释有传、注、笺、训、诂、说、记、解、章句等多种叫法，如《春秋三传》、《孟子章句》都是对典籍的注释，历史上有许多著名学者如郑玄、朱熹等曾积极投身于这项工作，并不断对注释的方法从理论上加以研究，从而形成了关于注释的专门学问，即笺注学、训诂学。对于注释的意义，清代的学者陈澧在其著作《东塾读书记·小学》中有极为精辟的论述："诂者，古也。古今异言，通之使人知也。盖时有古今，犹地有东西，有南北，相隔远则言语不通矣。地远则有翻译，时远则有训诂。有翻译，则能使别国如乡邻；有训诂，则能使古今如旦暮，所谓通之也。训诂之功大矣哉！"档案文献汇编之所以需要编写注释，也是缘于此理。档案文献汇编所采用的历史档案或某一专业领域档案，必然存在难以为读者理解或是让读者感觉陌生的内容、字词，汇编中的注释，就是编者对正文中某些不易被读者所理解的内容、文字及加工情况等所作的阐释和说明，以帮助读者正确理解、利用档案文献的内容。如《毛泽东书信选集》中《致傅作义〔1〕》（一九三六年八月十四日），原文如下。

作义主席先生勋鉴：

涿州之战〔2〕，久耳英名，况处比邻，实深驰系。迩者李守信卓什海〔3〕向绥进迫，德王〔4〕不啻溥仪〔5〕，蒙古傀儡国之出演，咄咄逼人。日本帝国主义卧榻之侧，岂容他人鼾睡！先生北方领袖，爱国宁肯后人？保卫绥远，保卫西北，保卫华北，先生之责，亦红军及全国人民之责也。今之大计，退则亡，抗则存；自相煎艾则亡，举国奋战则存。弟等频年呼吁，要求全国各界一致联合，共同抗日，组织国防政府、抗日联军。幸人心未死，应者日多，抗日图存，光明渐启。近日红军渐次集中，力量加厚，先生如能毅然抗战，弟等决为后援。亟望互派代表，速定大计，为救亡图存而努力，知先生必有同心也。

专此。敬颂

勋祺

毛泽东　拜启

八月十四日①

---

① 《毛泽东书信选集》，1版，43页，北京，人民出版社，1983。

这封信中出现了五个人名，提到一个战役，如果没有注释，读者就会对人物的身份及其生平主要活动、战役情况不甚了解，理解正文便存在困难。因此，编者逐一加了注释。

〔1〕傅作义（一八九五——一九七四），字宜生，山西临猗人。当时任国民党绥远省政府主席、国民党军第三十五军军长。一九四九年一月，率部接受和平改编，对北平和绥远的和平解放作出了贡献。建国后，曾任政协全国委员会副主席、水利电力部部长。

〔2〕涿州之战，指一九二七年十月至一九二八年一月晋军傅作义部和奉系军阀部队之间在河北涿州进行的攻守战。当时阎锡山的晋军改称国民革命军，阎任国民革命军北方总司令。阎部在京汉、京绥线出击奉军，第四师师长傅作义率领所部为挺进队突入直隶（今河北）省，占领涿州。在奉军的猛烈围攻下，傅部孤军坚守涿州城三个月。

〔3〕李守信，当时任伪蒙古军政府参谋部部长、伪蒙古军第一军军长。

卓什海，即卓特巴扎普。当时任伪蒙古军副司令。

〔4〕德王，即德穆楚克栋鲁普（一九〇二——一九六六），内蒙古锡林郭勒盟正白旗人，王公。一九三六年五月在侵华日军的策划下，任伪蒙古军政府总裁，充当日本帝国主义的傀儡。

〔5〕溥仪，即爱新觉罗·溥仪（一九〇六——一九六七），清朝末代皇帝，辛亥革命后退位。一九三二年任日本帝国主义一手策划的伪满洲国执政，一九三四年改称“满洲帝国”皇帝。一九四五年日本宣布投降后为苏军俘虏，一九五〇年被移交给中华人民共和国政府。一九五九年特赦时获释。后任政协第四届全国委员会委员。①

（二）汇编中的注释种类

汇编中的注释根据所注对象、注文设计的信息深度的不同可分为以下三大类。

1. 内容注释

内容注释是编者对档案文献正文中某些不易被读者所理解的内容所作的阐释、评述。所注对象可以是史实、事件、问题、人物、职官、地名，也可以是名词、术语、典故、成语、方言、引文、隐语、外文、译音、观点、异说等，编写内容注释必须经过认真的研究和考证，向读者提供权威性的解释。根据读者的学

---

① 《毛泽东书信选集》，1版，44页，北京，人民出版社，1983。其中注释〔4〕见该书41页注〔2〕。

识水平、实际需要以及注文所涉及对象的不同，可以采取简释、补充、介绍、评论等多种方法予以注明。

2. 文字注释

文字注释是针对档案原文中存在的讹、夺、衍、倒、残缺、污损、篡改、删节等情况及校勘、恢复、保留之结果、依据、理由等进行的说明，所以又称为校勘记。注文应注意使用规范化的格式，遵循通行的凡例。例如：

凡文字可判断其错误的，应注为："某当作某"。凡怀疑而不能断定其误的，写为："某疑当作某"。

凡文字有不同的，应注为："某字某本作某"（一般应具体写明版本名称），"某字某文作某"。

凡夺文，应注为："某本某下有某字"，"某本某下有某某几字"，或"某下疑脱某字"。

凡衍文，应注为："某本无某字"，"某字衍"，或"某某几字为衍文"，"某某几字疑衍"。

凡倒文，应注为："某本某某二字互乙"，"某本某句在某句下"，"某某疑应互乙"。

3. 编务注释

编务注释是对编者所进行的编辑加工情况的说明，如对档案文献标题进行的修拟，对档案作者、成文时间、版本、真伪进行的考订，对档案文献正文进行的标点、分段、删节、行款格式转达形式的变化等。编写编务注释方便读者了解编者为汇编所做的工作。如"此文标题和标点均为编者所加"、"以下删节某字"等。编务注释注文简短，多采取脚注形式，如果是针对全篇、整部汇编的编务注释，可合写入题解、按语或编辑说明中。编务注释只适用于一次档案文献，二、三次档案出版物不存在编写编务注释的问题。

（三）注文的位置安排

注文的位置在汇编中可根据利用的便利程度、排版的要求灵活选用，主要有以下几种位置安排可供选择。

1. 脚注

注文位置在注释对象同页的地脚之处。一般适用于注释较少、注文简短的情况，既方便读者利用，又便于排版。

2. 篇后注

即将一篇或一份文献的有关注释相对集中，放于该文之末，优点是便于排版。

3. 书后注

即将汇编中的所有注文统一编排顺序号，集中排于一书之后。此种位置安排既便于排版，又比篇后注更便于读者查找利用，因此在汇编中得到较多使用。

4. 夹注

也称行间夹注，注文紧随注释对象之后，夹于正文之间。注释较少时，便于读者利用；若注释较多，易与正文混杂，反觉不便，同时排版也有困难。

5. 段后注

注释置于当段内容之后，其优缺点与夹注相同。

(四) 注释的编写要求

1. 准确严谨

注释的内容必须准确，经得起推敲，这就要求编写注文必须做好研究考证工作，确保注文质量，做到无一字无来处，言必有据，避免让读者产生歧义。

2. 评述结合

注释属于评述性辅文，在对史事、人物、组织等进行解释说明时，都会涉及对所注对象的评价，所作评价要客观公正，叙述事实要实事求是，只有将评和述有机结合，才能做好注释。

3. 详略得当

注文是详是略要根据读者对象的需求、被注释的对象的具体情况以及编纂目的而定，如果汇编的读者对象是广大读者，考虑到他们所涉猎的知识领域、具备的知识水平各不相同，注释应详细些，反之则应简明扼要。

二、题解和按语

(一) 题解

题解又称解题、题注，专门用来解释和说明一篇或一组档案文献的题目。通常在标题末尾及题解之前用 * 标出，题解文字则一律安排在档案文献标题所在页的脚注线之下。并不是每份档案文献都需要题解，只有当原标题无法向读者传达其应表达的相关信息，如该文件的作者，文件的形成背景、形成时间、地点以及文种等重要信息时，编者才需编制题解予以解释说明。因此，题解的内容也因实际情况各有侧重。一般涉及以下几个方面。

1. 介绍或说明文献产生的历史背景或特殊情况

如《孙中山集外集》中《与陈少白的谈话》的题解为：

> 1895 年广州起义失败，孙中山偕陈少白、郑弼臣三人自香港亡命日本，船过神户时，三人登岸购得日本报纸，中有新闻一则，题曰：“支那革命党

首领孙逸仙抵日”，因有此谈话。[①]

《孙中山全集》中《与邓廷铿的谈话》一文，编者加了这一类题解说明该文献的特殊成文环境。

> 一八九五年秋广州起义失败后，孙中山流亡海外。上月（九月）三十日抵英国伦敦，本月（十月）十一日被清驻英公使馆绑架。邓廷铿，字琴斋，广东三水县人，清使馆译员，绑架计划的执行者之一。是日他再次找孙中山谈话，诱骗孙呈函使馆承认为自愿进入使馆，并许以在广州起义问题上帮助孙解脱责任。孙中山是在这种处境中向邓谈及广州起义情况的，谈话内容又为邓记录呈报，某些地方难免与事实有所出入。[②]

2. 补充说明标题内容

为了突出主题、方便著录和记忆，有的档案文献标题拟制得比较简练，从而产生标题成分不全或标题含义不好理解的问题，使读者无法通过标题了解档案文献的基本内容，这时，就需要通过题解对标题成分、文献的实际内容加以补充说明。如《毛泽东选集》第1卷《星星之火，可以燎原》一文的题解说明。

> 这是毛泽东给林彪的一封信，是为答复林彪散发的一封对红军前途究竟应该如何估计的征求意见的信。毛泽东在这封信中批评了当时林彪以及党内一些同志对时局估量的一种悲观思想。一九四八年林彪向中央提出，希望公开刊行这封信时不要提他的姓名。毛泽东同意了这个意见。在收入本书第一版的时候，这封信改题为《星星之火，可以燎原》，指名批评林彪的地方作了删改。[③]

3. 对档案原标题的特殊说明

档案文献标题有许多是编者拟制或经过编者修改的，当其原标题有一定意义或有利于读者对照认定该档案文献即为历史上某文件时，可以通过题解加以说明。例如，《五四时期的社团（一）》中《出版〈新民学会会员通信集〉启事》的题解为：“原题为：《新民学会致各会友》。”[④]

4. 评述文献价值及其具有的历史意义

如《毛泽东选集》第1卷《关于纠正党内的错误思想》一文的题解说明。

---

① 《孙中山集外集》，123页，上海，上海人民出版社，1990。

② 《孙中山全集》，第1卷，26页，北京，中华书局，1981。

③ 《毛泽东选集》，2版，第1卷，97页，北京，人民出版社，1991。

④ 张允侯等编：《五四时期的社团（一）》，10页，北京，三联书店，1979。

这是毛泽东为中国共产党红军第四军第九次代表大会写的决议的第一部分。中国人民军队的建设，是经过了艰难的道路的。中国红军（抗日时期是八路军、新四军，现在是人民解放军）从一九二七年八月一日南昌起义创始，到一九二九年十二月，经过了两年多的时间。在这个时期内，红军中的共产党和各种错误思想作斗争，学到了许多东西，积累了相当丰富的经验。毛泽东写的这个决议，就是这些经验的总结。这个决议使红军肃清旧式军队的影响，完全建立在马克思列宁主义的基础上。这个决议不但在红军第四军实行了，后来各部分红军都先后不等地照此做了，这样就使整个中国红军完全成为真正的人民军队。中国人民军队中的党的工作和政治工作，以后有广大的发展和创造，现在的面貌和过去大不相同了，但是基本的路线还是继承了这个决议的路线。①

5. 说明文献的署名和修改的特殊情况

如《周恩来选集》上卷中收入的九件《关于粉碎第四次“围剿”的电报》的题解就说明：“前八件是周恩来同志给中央和苏区中央局的，第九件是和朱德同志联合署名发布的命令。”② 另外，该选集中《击破敌人假和平运动的阴谋》一文的题解则注明：“经毛泽东同志修改过。”③

6. 说明文献的来源和写作目的

如《毛泽东选集》第1卷《湖南农民运动考察报告》的题解写道：“毛泽东此文是为了答复当时党内党外对于农民革命斗争的责难而写的。为了这个目的，毛泽东到湖南做了三十二天的考察工作，并写了这一篇报告。”④ 又如《毛泽东选集》第1卷《目前抗日统一战线中的策略问题》一篇的题解为：“这是毛泽东在延安中国共产党的高级干部会议上的报告提纲。”⑤

7. 介绍对作者、成文时间、地点等问题的考订结果

例如，《五四时期的社团（一）》中的《恽代英致柳亚子》：“这封信没有注明日期，根据内容判断，是在少年中国学会第六届年会以后写的。——编者”⑥。又如《孙中山集外集》中收入的《致张永福函》的题解：“此件未署年代。据孙中山墨迹当系晚年所书，其信笺没有特征，如在广州所书，必用‘大本营公用

---

① 《毛泽东选集》，2版，第1卷，85页，北京，人民出版社，1991。

② 《周恩来选集》上卷，59页，北京，人民出版社，1981。

③ 同上书，307页。

④ 《毛泽东选集》，2版，第1卷，12页，北京，人民出版社，1991。

⑤ 《毛泽东选集》，2版，第2卷，744页，北京，人民出版社，1991。

⑥ 张允侯等编：《五四时期的社团（一）》，534页，北京，三联书店，1979。

笺’，推断在上海所书，时孙中山广州蒙难后在上海，张永福因寄波罗慰问，故标为1922年。”①《孙中山集外集补编》中一份孙中山《致胡汉民陈炯明电》，经编者考订，在题解中注明其成文时间：“原电未署年月，据电文有‘日本之行甚有效’，孙中山于1913年2月至3月到日本访问。是年5月1日孙致电胡汉民说‘文本拟日间重赴东洋’，此电因酌定为1913年4月。”②

8. 介绍标题中所涉及的主要人物

当标题中涉及读者不熟悉却又需要了解的人物时，有必要在题解中作此方面的介绍。如《孙中山集外集》中的《与梅屋庄吉的谈话》介绍了日本友人梅屋庄吉及其与孙中山先生之间友好交往的情况。

> 梅屋庄吉系日本商人，早年在香港开设照相馆，交游甚广，常与香港白种人往来，富于侠义精神。1895年1月3日孙中山从檀香山回香港不久，在一个慈善团体举办的晚会上，由其老师香港西医书院英国医学博士詹姆士·康德黎介绍与梅屋庄吉认识，结成亲密朋友。两天后，孙中山赴“梅屋照相馆”访梅屋庄吉，作了深入的交谈。后来孙中山在日本东京从事革命活动时，常住在梅屋庄吉家里。1915年孙中山与宋庆龄结婚典礼也在梅屋庄吉家里举行。③

这一题解对读者了解这篇谈话内容的背景、谈话双方之间的关系就是必不可少的。

（二）按语

我国古代就有按语这种文体，明代徐师曾的《文体明辨序说·小序》告诉我们：“小序者，序其篇章之所由作，对大序而名之也。汉班固云：‘孔子纂书凡百篇而为之序，言其作意，此小序之所由始也。’”可见，古籍中的篇目序，或叫小序，实际上就是按语。小序是针对一篇或一部分内容所写的评述，序言则是针对全书的评介性文字。对于这种文体的重要性，刘知幾在《史通·序例》中说得很明确：“窃以《书》列典谟，《诗》含比兴，若不先叙其意，难以曲得其情。故每篇有序，敷畅厥义。”

按语，又称编者按，简称按（或写作案、桉），有时也称作“说明”，是编者加在一篇、一组或一类项档案文献正文之前的介绍、评述和说明性质的文字。在出版的档案文献汇编中，我们会发现，编者往往根据需要，为汇编中的一篇、一组档案文献，一个专题等具有相对独立性的部分编写按语。例如《五四运动在天

---

① 《孙中山集外集》，402页，上海，上海人民出版社，1990。

② 《孙中山集外集补编》，131页，上海，上海人民出版社，1994。

③ 《孙中山集外集》，121页，上海，上海人民出版社，1990。

津》这部汇编共有七个专题，每个专题之前都有一则编者写的“说明”，也就是按语。[①] 又如《太平天国文献史料集》[②] 共辑录了大小12个专题的文献史料，有的专题只有一份文献，有的专题史料多达100余件，但不论专题大小，其前都有编者加写的按语。我国还创办有许多公布档案文献的专刊，如《历史档案》、《党的文献》等刊物，这些刊物中，公布的档案文献的前面都有编选者所写的按语，说明编选该篇或该组档案文献的意义、该材料的价值等情况，一般不注明“说明”、“编者按”字样，而是在按语内容之后以破折号注明“编选者　某某某”为标志。

按语在针对一篇或一部分档案文献做评述时，与题解内容较为近似，因此，二者编其一即可。当评论成分，尤其是批判性、分析性评论成分较强时，编写按语更能起到对读者的指导作用；如果考虑到编写内容是以说明为主，对读者主要起阅读时的参考作用，或不便以编者身份居高临下地编写按语时，编写题解更为适宜。

按语的内容较为广泛、灵活，应根据所公布的档案文献的特点，有所侧重。一般可涉及以下几个方面。

1. 介绍档案文献的作者

这是按语的主要内容，当档案文献的作者对读者来说比较陌生，而了解其身份或其经历对读者理解档案文献的价值、写作目的具有重要意义时，按语可侧重于介绍作者的情况。例如《上海小刀会起义史料汇编》中《太平军纪实》一文前，编者就在按语中着重评述了该文作者晏玛太的身份和主要经历：他“是美国南浸信会教士，1847年到中国来，在上海住了二十多年，利用宗教进行侵华活动。在小刀会起义时期，他住在上海县城的北门外边，曾亲眼看到当时起义的经过以及交战双方的战斗状况”[③]，“《太平军纪实》的主要部分，就是根据作者当时的见闻而写成的一篇讲词”[④]。按语在说明该篇文献因比较具体地记述了小刀会起义前后上海的情况而具有参考价值的同时，也指出“作者系与美国公使有密切联系的侵略分子，故文中仍不乏对起义军污蔑和讽刺之词……其侵略者的反动立场还是很明显的”[⑤]。这篇按语对读者了解该篇文献的史料价值，客观考量文献记载内容起到了不可或缺的作用。

---

① 参见天津历史博物馆、南开大学历史系《五四运动在天津》编写组：《五四运动在天津》，天津，天津人民出版社，1979。

② 参见中国社会科学院近代史研究所近代史资料编辑室：《太平天国文献史料集》，北京，中国社会科学出版社，1982。

③④⑤ 中国科学院上海历史研究所筹备委员会：《上海小刀会起义史料汇编》，504～505页，上海，上海人民出版社，1958。

2. 介绍编纂档案文献的目的及意义

通常报纸和期刊上登载一份或一组档案文献时，为使读者明了编者登载的用心，往往采用按语形式说明公布的目的和现实意义，以引起读者的重视。如《历史档案》2005 年第 1 期公布《清代八旗官兵红白事赏赐银两史料》的按语内容为："乾隆二十七年（1762 年）九月，兵科掌印给事中范弘宾等就八旗官兵红白事赏银提出酌改意见，经军机大臣傅恒等人议复后奉旨准行。现由馆藏军机处满文录副奏折中选出有关奏折二件，予以刊发，供研究八旗官兵生计及八旗制度参考。"

3. 介绍档案文献的出处（来源）、版本情况

如《五四时期的社团（一）》中《新民学会会员名单》的按语写道："这份名单是根据《新民学会会务报告》一、二号和《新民学会会员通信集》一、二、三集中的记载，以及个别会员当时的日记和可靠的回忆编辑而成。"①

4. 点明档案文献的特殊价值及阅读时应注意之处

如《历史档案》1991 年第 2 期公布《明万历朝戊戌科状元赵秉忠的殿试卷》时，编者就加按说明所公布的这份档案史料的重要价值："据有关专家鉴定，殿试卷的纸张、绫子、文字、图章等都是原物。目前我国明代殿试卷存世很少，因此，这件殿试卷的发现，比较珍贵。"这一按语就在读者利用档案文献之前，起到了重要的提示作用。

5. 介绍历史背景和主要内容

有些汇编收录的档案文献内容比较庞杂，编者往往在汇编内各部分内容前加按语介绍该部分的历史背景和主要内容，帮助读者理清阅读思路。如天津历史博物馆、南开大学历史系编纂的《五四运动在天津》②，编者就加有这类按语。该书共分"一、天津人民对五四运动的响应及其开展"、"二、'六三'后天津爱国运动进入新阶段"、"三、天津人民开展拒签合约的斗争反帝爱国运动深入发展"、"四、天津各界为'马良祸鲁'事件及进京请愿所展开的斗争"、"五、天津人民的反迫害斗争和反帝爱国运动继续开展"、"六、天津各界声援福建人民抵制日货运动的深入'九一廿九'事件及狱中斗争"、"七、新文化运动在天津的开展"七大部分，每部分之前都加有介绍该部分历史背景和主要内容的按语。以第七部分"新文化运动在天津的开展"为例，编者加按语说明以下要点。

---

① 张允侯等编：《五四时期的社团（一）》，7 页，北京，三联书店，1979。

② 参见天津历史博物馆、南开大学历史系《五四运动在天津》编写组：《五四运动在天津》，天津，天津人民出版社，1979。"九一廿九"指民国九年一月二十九日。

（1）介绍选录范围：“这一部分主要选录了五四时期有关天津新文化运动的历史资料。”

（2）评述本部分收录的档案文献反映的重点内容。

> 五四时期，天津人民在开展反帝反封建政治运动的同时，也进行了一场深刻的新文化运动。这期间，青年学生深入社会，积极提倡教育，组织平民义塾、平民夜校、平民女校、工人星期日学校，吸收工人、家庭妇女、贫苦市民及失学儿童入学。他们还通过演剧，一方面募集办学经费，一方面宣传爱国思想。这些活动，推动了新文化运动的发展，密切了青年学生与工农群众的联系，促进了反帝爱国运动的发展。
>
> 五四时期，天津创办了许多宣传新文化的刊物。除著名的《天津学生联合会报》和《觉悟》外，还有《平民》、《新生》、《新生命》、《南开日刊》、《醒》、《醒世周刊》、《北洋日刊》等。这些刊物多是学生团体出版的，文图并茂、通俗生动。经常刊登新闻、评论、小说、诗歌、漫画，宣传科学、民主、妇女解放，传播新文化、新知识，对反帝爱国运动起了推动作用。周恩来同志主编的《天津学生联合会报》最受欢迎，销路很广，他以“飞飞”的署名写了许多文章，指导运动的发展。在周恩来同志领导下，《会报》成了当时反帝反封建斗争的一面红旗，他还推动天津进步刊物于一九一九年八月九日成立天津学生报社联合会，加强各报刊的联系，使它们办得更加生气勃勃。一些刊物刊载了有关马克思主义和俄国革命的文章，觉悟社也经常讨论新思潮，这是五四以后天津新文化运动的一个很大变化。
>
> 此外，天津的新文学运动也很活跃。话剧、白话文、新诗都有可喜成绩。觉悟社经常座谈有关白话诗和白话文学的问题，《三个半月的觉悟社》记述了这方面的活动。

（3）说明选用材料的相关情况：“这部分的内容，由于当时天津的一些刊物现在已多散佚，许多重要资料的选录受到影响。我们还选录了当时外地刊物有关天津文化运动的几篇报道，放在后面。”

综上所述，编者编写按语应建立在对汇编内容的深入研究的基础上，在按语中体现深刻的思想性和学术性，抓住读者理解档案文献的关键之处，做到重点突出，用简练的文字准确表达编者的观点，使读者从中受益。

三、序言和跋文

(一) 撰写序言和跋文的意义

序言是位于档案文献出版物正文之前的评述性文章，亦称前言、前记、引言、弁言、序、叙等，系编者就档案文献编纂题目、汇编的总体情况向读者作总评述和总说明，对读者利用档案文献具有很强的指导作用。古代序言多列于书末，称“跋”或“后记”。二者体例、性质大体相同，因此合称序跋文。如果一部汇编既有序又有跋，其差异之处在于：序专门就编纂内容、目的等实质性问题进行评述，跋则多用以说明写作经过或补充说明一般性问题；从篇幅、体制规模来看，后记或跋的篇幅、体制规模往往比序小，在内容方面往往不需要如序那般全面。如黑龙江省东北烈士纪念馆主编的《历史的瞬间——苏联红军在东北》[①]纪实照片画册，前言由中国人民对外友好协会会长陈昊苏撰写，在序言中点明了该汇编编纂的意义和目的，前言写道：

> 世界反法西斯战争及中国抗日战争胜利已经六十年了，中国人民永远不会忘记那一段悲壮的战争历史。
>
> 1931 年日本帝国主义发动九一八事变，武装侵占中国东北。1937 年日本又得寸进尺，发动七七事变，开始全面的侵华战争。中国人民奋起抵抗，与日本侵略军殊死搏斗，不仅是捍卫自己的民族独立，也是抵抗法西斯势力对全人类的侵犯。中国是世界反法西斯战争在东方的主力军。
>
> 1945 年 8 月 8 日苏联根据《雅尔塔协议》对日本宣战，苏联红军出兵中国东北，在中国抗日军民的配合下，迅速击溃日本关东军。中国抗日军民在全国范围内对日本侵略军发起最后一战。日本无法抗拒正义的反攻，宣告无条件投降，9 月 3 日，中国抗日战争和世界反法西斯战争同时赢得了最后的胜利。
>
> 中国人民永远铭记苏联红军为战胜日本帝国主义创建的功勋，这是他们给予我们的最宝贵的支援。中国人民在十四年间付出巨大的民族牺牲，为人类进步事业做出贡献，也赢得了全世界进步人士的尊敬。
>
> 战争胜利的历史见证了伟大的中国人民、中国军队与同样伟大的苏联人民、苏联军队结下的深厚友谊。俄罗斯联邦是苏联历史的继承者，我们高兴地看到中俄两国跨越世纪的平等互信战略协作伙伴关系，延续着反法西斯战争中形成的光荣传统，把我们两国引向 21 世纪和平发展繁荣进步

---

① 参见东北烈士纪念馆编：《历史的瞬间——苏联红军在东北》，北京，人民出版社，2005。

的未来。

当年随苏联红军到东北参加作战的摄影记者尼·什库林等拍摄了一批纪实照片，为那段胜利反攻的历史留下珍贵的记录。基于上面说到的原因，我们对汇集这些照片的画册出版表示热烈欢迎。

这是向世界反法西斯战争和中国抗日战争胜利六十周年纪念活动献上的礼物，也是向中俄人民友好事业献上的美好祝福。我谨以中国人民对外友好协会的名义并特别代表中俄友协，对完成此项有意义工作的同志们表示感谢。

该汇编的编后（即后记）由编者撰写，篇幅短小，仅130余字，以极为简练的语言补充说明了该汇编的编纂缘由、选录材料的来源并向有关单位、个人鸣谢。其全部内容为：

为配合东北烈士纪念馆与哈巴罗夫斯克地志博物馆联合组办的《历史的瞬间——苏联红军在东北》图片展览，我们遴选了当年苏联红军随军记者尼·什库林等人拍摄的照片编辑成册，以纪念世界人民反法西斯战争胜利六十周年。在此谨向哈巴罗夫斯克地志博物馆及给予我们支援和帮助的单位、个人表示衷心的感谢！

我国有为书作序的优良传统，相传孔子就曾为我国第一部古代档案文献汇编——《尚书》作序，以阐明其编纂之旨。历代编纂的档案文献汇编，多采取编者自序形式，重要的官方编纂汇编则由皇帝或名臣亲自作序，以示重视。如清朝的大型汇编《十朝圣训》，就多是后朝皇帝为前朝皇帝的“圣训”作序。清世宗雍正甚至亲自为《朱批谕旨》（鄂尔泰、张廷玉等大臣主持编纂）作序，说明编纂此书目的在于“教人为善，戒人为非；示以安民察吏之方，训以正德厚生之要，晓以福善祸淫之礼，勉以存诚去伪之功”，让天下臣民“咸知朕图治之念，诲人之诚”（《世宗宪皇帝朱批谕旨》）。

序言对读者能起到介绍、辅佐和交流的作用，高质量的序言往往集思想性、学术性、文学艺术性于一身，与正文珠联璧合、相辅相成，带给读者深刻的启迪、美的享受，即使独立来看，同样是经典作品。无产阶级革命家也都十分重视序言的作用，我们熟知的名言“在科学上没有平坦的大道，只有不畏劳苦沿着陡峭山路攀登的人，才有希望达到光辉的顶点”①，就是马克思为鼓励读者而在其《资本论》法文版序言中写下的一句话。我们要学习和发扬前人撰写序言的严肃

① 《马克思恩格斯全集》，中文1版，第23卷，26页，北京，人民出版社，1972。

态度，在序言中将自己编研的心得、见解系统集中地呈献给读者，对汇编内材料的价值作出准确、权威的评述，让读者在利用汇编时得到指导，使序言在汇编与读者之间起到联系纽带的作用。

（二）序言的内容

档案文献汇编题材各异，不同的汇编辑录的材料特点各不相同，因而序言的撰写内容没有一定之规，要根据读者的需要和汇编的题材而定。从目前出版的档案文献汇编中的序言观之，内容主要涉及以下方面。

1. 说明选题意义、编纂目的和读者对象

阐明汇编选题的意义、编纂的目的以及说明读者对象的定位，是序言的首要内容。例如《五四运动在天津》的序言，首先开门见山地指出编纂该题材的重要意义："一九一九年五月四日爆发的五四运动，是彻底地不妥协地反对帝国主义、封建主义的革命运动，也是一次深刻的文化思想上的革命运动，在我国革命史上具有划时代的意义……五四运动期间天津人民的革命斗争，是全国人民反帝爱国运动的重要组成部分。"① 继而点明编纂目的，并明确了读者对象："为了纪念五四运动六十周年，继承和发扬五四的光荣传统，为了缅怀敬爱的周恩来同志和老一辈无产阶级革命家的丰功伟绩，学习他们伟大的革命精神和崇高的革命品质，并为研究我国人民革命的历史提供资料，我们编辑了《五四运动在天津（历史资料选辑）》一书。"② 这样的序言对提高读者对汇编内容的关注度，引发阅读、研究兴趣，起到了非常重要的作用。

2. 介绍作者情况

属于个人文集类型的档案文献汇编，其序言往往侧重介绍作者情况，尤其是对读者来讲比较陌生的档案文献的作者，通过在序言中介绍和评述其身份、经历、主要社会关系、思想倾向等，会增强读者对汇编内容及价值的理解。如《李煦奏折》的前言就着重介绍了李煦的情况，说明其身份系"内务府的包衣，即皇室奴仆"，因在内府当差，接近皇帝，受到赏识，被派任要职，受到特殊的宠信，李煦任苏州织造的"品级虽然不高，明文所规定的职权也有限，但系钦差官员，可专折奏事，故具有特殊的地位。尤其是在康熙年间的江南三织造，均由与玄烨有密切渊源的忠实奴才所担任，实际上是玄烨派驻在江南的耳目，担负着封建主子所交给的特殊使命"③。这种介绍巧妙地帮助读者认识汇编内档案文献的重要

---

①② 天津历史博物馆、南开大学历史系《五四运动在天津》编写组：《五四运动在天津》，天津，天津人民出版社，1979。

③ 故宫博物院明清档案部：《李煦奏折》，北京，中华书局，1976。

性，并明了编者编纂该部档案文献汇编的用意。除此之外，该汇编的序言还介绍了李煦与曹雪芹的祖父曹寅、与曹寅母亲的亲戚孙文成的关系，说明曹寅是李煦的妹丈，曹、李两家凭借与玄烨的特殊关系，同杭州织造孙文成一起构成了一个“联络有亲”、“荣损与共”的特权豪族集团。进而指出李煦的奏折“为研究……《红楼梦》的时代背景，以及曹雪芹的家世、创作思想，提供了一些有用的材料”。这一序言内容充实，不流于说教，通过对作者的介绍，让读者自然地领悟到汇编的编纂意义和价值。

3. 评述材料价值

有些汇编因其选录材料的特点，往往将序言的内容确定为介绍汇编所选录的档案材料的价值。以《孙中山集外集》为例，在序言的第三部分介绍了所选录文献的史料价值：“根据所集文献的体裁不一，繁简悬殊，这个‘集外集’，不像《孙中山全集》统一地按年月先后排列，而是分类编次的。它分作论著、演说、谈话、函札、文电、宣言、文告、规章、杂著、公牍十类。各类中都有前次未及揭载的重要文献，而需要说明的是谈话、杂著、公牍三类。因为这三类文献散遗最广，历来的编者对之不太措意，这里都尽可能搜集编入。其中的‘公牍’大都是批示和任命状，单件的文字很少，所占的篇目却最多，它广泛地反映了孙中山周围的人事关系及其间的嬗变，是研究中国政党和人才消长的重要资料。”①

4. 说明版本流传情况

如果是重要的历史文献汇编，往往需要向读者详细介绍有关文献的版本形成、流传情况，对于存在多种版本的，还要评述各种不同版本的价值，以供读者参考。例如，湖南省哲学社会科学研究所古代近代史研究室校注编辑的《宋教仁日记》，编者就在序言中介绍了宋教仁日记的版本形成、流传情况及有关版本的差异、优劣，使读者得到指导，了解汇编选用某一版本的原因。

5. 阐述题目的历史背景

另外，在序言中介绍与汇编题目有关的历史背景可以加深读者对汇编题目所包含问题的理解。如前文提及的《历史的瞬间——苏联红军在东北》序言第二、三段，就重点介绍了苏联红军出兵我国东北、与中国人民共同打击日本法西斯势力的历史背景。

> 1931 年日本帝国主义发动九一八事变，武装侵占中国东北。1937 年日本又得寸进尺，发动七七事变，开始全面的侵华战争。中国人民奋起抵抗，

① 《孙中山集外集》，上海，上海人民出版社，1990。

与日本侵略军殊死搏斗，不仅是捍卫自己的民族独立，也是抵抗法西斯势力对全人类的侵犯。中国是世界反法西斯战争在东方的主力军。

1945年8月8日苏联根据《雅尔塔协议》对日本宣战，苏联红军出兵中国东北，在中国抗日军民的配合下，迅速击溃日本关东军。中国抗日军民在全国范围内对日本侵略军发起最后一战。日本无法抗拒正义的反攻，宣告无条件投降，9月3日，中国抗日战争和世界反法西斯战争同时赢得了最后的胜利。

这一内容无疑使读者对汇编题目所包含的问题有了更深刻的认识。

6. 补充或修正观点

由于受作者自身所处利益集团的影响和认识上的局限，档案文献反映的某些观点常常存在不正确甚至是完全谬误的地方，针对这种情况，编者可以在序言中进行必要的评述、批评、补充、修正或说明，给读者以正确的引导。例如，中国史学会主编的《鸦片战争》的序言中，编者就对汇编内外国侵略者及其御用“史学家”，说什么鸦片战争并非因鸦片而起的歪曲历史的言论予以有力的批驳，指出：

至于英方的资料，除了极少数例外，一般是站在侵略者的立场上，为了欺骗本国人民，扩大侵略的目的而编写的，可靠程度很小，不过这些史料有时也反映一些情况，譬如在鸦片战争时期，英方的宣传也只能用“鸦片于人无害”，“即使英商不向中国进行鸦片走私，中国人还是要吸鸦片”等谎言来欺骗英国人民，当时还很少有人敢说鸦片战争并非因鸦片而起的。十九世纪末年，一些英美资产阶级的“历史家”，竟又捏造“鸦片战争并非因鸦片走私而起”的胡说，甚至一些受了英美资产阶级“历史家”毒害的中国学者们也抄袭这类谬论，代为传播。如果我们看一看十九世纪中叶以前的英方记载，便可以看出资产阶级的历史伪造是如何随着侵略的扩大而逐步加深的。①

7. 汇报编纂工作情况

有些汇编为了使读者了解编者在编纂过程中所做的工作以及进行这些工作的初衷，还细致地就确定该汇编题目的原因、查找材料的方法、选材的原则与范围、加工和编排秉承的原则、编纂过程中遇到的问题及解决办法等方面内容进行介绍。

(三) 汇编中序言的几种形式

从序言的应用形式来看，有自序（编者序）、非编者序、代序、译者序之分。

① 中国史学会主编：《鸦片战争》，序言，上海，上海人民出版社、上海书店出版社，2000。

汇编中最常见的是编者自己写的“自序”，优点在于能紧密结合汇编内容及编纂中发现的各有关问题进行全面评述。

非编者序是邀请知名专家、领导或组织为本单位编纂的汇编撰写的序言，内容一般为推荐作品，对作品进行实事求是的评价，对汇编反映的问题、编纂价值进行权威的评述，高屋建瓴，介绍作者或书中内容涉及的人物和事情。它的标题用“序”或“序言”，文后署撰写人姓名。如果和编者自序共同使用，非作者序一般都排在目录及作者序言之前，可用“前言”等称法与“自序”（编者序）相区别。非编者序如果是针对整部丛书而写的，一般位于丛书序之前。如由海洋出版社于1980年出版的《清末海军史料》就邀请我国人民海军的主要创建者肖劲光大将为该书撰写了序言，现将全文照引如下，以实际例子说明非编者序的作用与要求。

> 《清末海军史料》编辑组的同志们要我为这部书写一序言。编辑们的盛意和我对这部史料的兴趣，使我应允下来，因而得以先于读者浏览了这些重要的历史资料。这部在建国后编辑的第一部以海军为专题的史料汇编，广泛搜集了十九世纪后期到二十世纪初期有关中国近代海军创建、发展和衰败的大量资料，对于研究我国近代海军史、海防史具有重要价值。史料真实地展现了我国海防建设中这一段辛酸悲壮的历史过程。今天，在反对世界霸权主义侵略扩张的斗争中，研究历史上的这一教训，对于我们加强海防建设是会有教益的。
>
> 我们伟大的美丽富饶的祖国大地，东面濒临浩瀚的太平洋，有绵延一万八千多公里的海岸线，有星罗棋布的五千多个岛屿。中华民族自古以来就劳动生息在这块被辽阔的海疆所屏障的国土上，创造了光辉灿烂的物质文明和精神文明。海洋，哺育着中华民族的丰富智慧，记载着中华民族为了生存而进行的创造性活动。
>
> 我国是世界上最早开始航海活动的国家之一。公元十一世纪前，我国发明的指南针装上了舟船，给予人类航海事业以划时代的贡献。我国也是很早就把水军应用于海上作战的国家。据古籍记载，公元前五世纪，也就是春秋战国时期，我国南方的诸侯国吴曾派出众多的舟师跨海北上，去攻打北方的另一诸侯国齐，双方进行了大规模的海战，结果吴被打败。这次海战，比罗马和迦太基在地中海进行的第一次布匿战争，要早二百多年。以后，我国的水军和战船更加发展，江河水战和渡海作战的规模，在世界古代水战和海战史上是无与伦比的。我国也是世界上横渡大洋、进行洲际航海较早的国家。郑和，这位举世闻名的航海家，自公元一四〇五至一四三三年的二十八年

间，连续七次率领庞大舰队出使南洋、中东和非洲，跨过南中国海，环航爪哇和苏门答腊，西出马六甲海峡，横渡印度洋，周游波斯湾和红海，抵达非洲东海岸和马达加斯加，遍历三十多个国家，畅行亚非之间的海上航路，增进了中国与亚非各国间的交往和友谊。

我国古代在造船、航海方面创立的功业是伟大的；在建设舟师、水军和进行水战海战方面的经验是丰富的；我国曾走在世界的前列。造船和航海促进了我国社会经济文化的发展，国势强盛，民族兴旺。海洋，曾给中华民族带来了自豪和骄傲、繁荣和富强。

遗憾的是，近百年来，腐朽没落的封建统治阶级实行闭关锁国政策，看不到建立海军和巩固海防的重要性，没有能力保卫自己的海权以御外侮。结果，当新崛起的侵略者和殖民者以海洋为踏板，侵略和瓜分我国的时候，我国却处于有海无防的境况，致使中华民族蒙受了亘古未有的灾难。

一八四〇至一八四二年的鸦片战争，英帝国主义的侵华舰队用坚船利炮打开了“天朝帝国”的门户。接着，一八五六年第二次鸦片战争，得到沙俄、美国怂恿和支持的英、法帝国主义，又从海上打进中国，先是攻陷天津，旋即打入清王朝的都城——北京。从此，腐朽糜烂的清王朝所统治的中国，更沦于半封建半殖民地的屈辱地位；强盛的中国，独立的中华民族沦落了，被一批又一批的侵略者蹂躏了（近）一个世纪。海疆不保，海防空虚，接踵而至的沙俄乘机霸占了我国大片领土，中国人民日益深重地陷于水深火热之中。

丧权辱国的遭遇，使统治阶级中的一些人开始清醒。他们主张“师夷长技以制夷”，建议设船厂，练海军，加强海防，抵抗侵略。这种主张，得到了清廷中一些具有维新变革思想的人们的支持。同治、光绪年间，曾大力筹款，购船造舰，兴办海防，整建海军。经过多年的筹措经营，清海军曾建有相当规模，当时居世界海军第四位。旅顺、威海等地建立了有一定设施的军港，马尾、南京、天津、黄埔等地的海军学堂还为舰队培养了大批人才。但是由于清政府的昏庸腐败，这支好不容易建立起来的海军，在海战中竟不堪一击，溃不成军。一八八四年中法战争，清海军的驻闽舰队遭受法国舰队的突然袭击，覆没于马尾。事隔十年，清政府的北洋海军与日本海军恶战于黄海又遭失利，避战威海港内，孤守无援，被日军海陆夹击，全队覆灭。随之而来的是《马关条约》的签订，清政府割地赔款，国家主权丧失殆尽。从此，海军一蹶不振。

清末统治者忽视海防，轻视海军，任万里海疆尽失屏藩，从而直接导致了我国在两次鸦片战争和中法、中日战争中的失败。大好中华，山河破碎，伟大民族，横遭涂炭，经历了有史以来最耻辱、最黑暗的世纪！这惨痛的历史教训切切不要忘记。从书中，我们除可以看到有关近代海军的建设和编练沿革、装备、人事等方面的史料，从而了解这一时期我国海军的历史面貌外，还可以看到清末统治者在海军建设上的种种黑暗活动：他们政令不一，争权夺利，互相倾轧，置海军建设大局于不顾；他们将海军经费随意挥霍和挪作私用，任海军装备和武器陈旧、失修和损坏；他们嫉贤妒能，任人唯亲，使奴才得以升迁而良才受到埋没；更为反动的是，他们竟用劳动人民血汗换来的军舰和武器，去镇压人民革命和反抗。这部史料有力地暴露了这些丑恶活动，帮助人们客观地、正确地去认识这段历史。

历史是不可抗拒的。黑暗的旧中国终究被光明的新中国所代替。中国近代史上的耻辱，已被中国共产党领导下的中国人民扫除。新中国刚刚诞生，人民海军就在陆军的基础上组建起来。在党中央和毛泽东同志的关怀下，人民海军从无到有，从小到大，边战斗边建设。经过三十多年的努力，我们的人民海军已经成为一支具有相当规模的海上战斗力量，并且正继续努力在此基础上建成一支强大的具有现代作战能力的海军，以有效地担负起保卫海疆的战略任务。

中国人民从本身的惨痛历史教训中深深懂得：为了不让历史悲剧重演，为了保卫我们民族的生存，为了保卫社会主义建设，我们必须在建立强大的陆、空军的同时，建立一支强大的海军，在建立巩固的陆防、空防的同时，建立巩固的海防，让万里海疆成为祖国的屏障、侵略者的坟场。这是每个海军人员，也是全国人民共同的愿望和崇高责任。

在党中央领导下，我国人民正阔步向四个现代化进军，宏图远大，前途光明。中华民族一定能以自己无限的聪明才智、勤劳勇敢，谱写历史的崭新篇章。一个繁荣富强的新中国，必将列于世界文明强国之林。海洋，必将带给我们民族以新的骄傲和光荣。

应当感谢编辑同志们付出了辛勤的劳动，搜集了大量的珍贵的第一手材料，编出了这部史料；同时也希望同志们再接再厉，将这段历史之前和以后的海军史料编辑出版。

这是我在这本书出版之前想说的话，就算是序言吧。

一九八一年七月[①]

① 肖劲光：《〈清末海军史料〉序》，见张侠等编：《清末海军史料》，北京，海洋出版社，1982。

除上面的情形，还有“代序”的形式，即选择一篇与汇编专题有关的论文或概述代替序言，后面注上“代序”字样或不加注明。这种形式的优点在于所选论文或概述的学术水平较高，结构严谨，逻辑严密，思想深刻，符合序言高学术性的要求；但缺点在于论文或概述都是只针对某一问题创作的，容易出现与正文脱节的现象。所以在使用代序这种形式时要仔细挑选，对于与汇编内材料存在脱节现象的，要通过其他辅文如按语、编辑说明、后记去弥补。

翻译书的原作者专为中译本撰写的序言，标题可用“中译本序”。译者写的序为“译者序”。一般着重说明翻译意图，有的也包括翻译过程中的某些事务性说明，内容比较简单的也可以用“译者前言”或“译者的话”作为标题，一般排在目录之前。

另外，值得注意的是，对于那些汇编的题目意义、作者情况为人们熟知的档案文献编纂成果，如果编者没有需要向读者阐明的新内容，则不必撰写序言。党和国家的政策性、法规性文件汇编，编者通常不加序言，因为对这些内容的评述权、解释权属于专门机关，编者难以承担此任。

（四）序言的撰写要求

首先，要体现出鲜明的思想性。档案文献汇编是“述而不作”之书，序言为系统、集中地反映编者的立场、观点提供了专有空间，因此，编者在撰写序言时，应深入研究有关问题，遵从正确理论的指导，科学分析、评价材料价值，面对大是大非问题，要立场鲜明，观点明确。

其次，要具有较高的学术水平。序言的质量是衡量汇编质量的重要标志之一，序言凝结着编者的智慧与心血，读者通过序言可以感知编者的学养、研究功力。编者在编纂过程中，要注重学术研究，精益求精，争取撰写出具有较高学术水平的序言，拨亮读者心中的智慧之灯。

最后，要讲究写作技巧，评与述有机结合，突出重点。对读者关心的重点问题要深入分析阐述，一般问题可概括性介绍。述要言之有物，评要剀切中理。全文应逻辑严密，丝丝入扣，语言优美。

第二节　查考性辅文

档案文献汇编中的查考性辅文主要包括年表、插图、备考和编辑说明，编制这些科学参考材料的目的是为了帮助读者顺利查考、利用汇编内的材料。下面就将其编制方法和要求一一予以介绍。

一、年表

（一）年表的用途

年表是按照时间顺序编排并附以简明扼要的说明以反映一定对象（如人物、事件、机构等）的某些活动的表册。年表既可以作为独立的科学作品行之于世，也可以置于汇编之中作为辅文。年表以时间为经、事实为纬，档案文献汇编中编制年表可以帮助读者把汇编中处于分散状态的档案文献置于年表构建的历史坐标系中，便于读者理清头绪，发现材料之间的内在联系，了解汇编涉及内容的始末。

（二）年表的种类

汇编中常见的年表有大事年表和人物传记年表两种。

1. 大事年表

大事年表又称大事记，是把以往发生过的较大事件根据某一主题（如某一事件、某一运动、某一机构、某一职官变化等）按时间顺序加以排列，以系统扼要地反映某一历史事物的发生发展过程。如《上海小刀会起义大事表》①、《省港大罢工大事记》②、《中国人民大学大事记》、《清代职官年表》③、《中国近代史大事记》等。

2. 人物传记年表

人物传记年表亦称年谱，它是将一定人物生平的主要事迹（包括时代背景和有关的历史事件）按时间顺序排列的表册。它对读者考查历史人物一生的主要活动、经历的历史事件极有帮助，是年表的主要形式之一。如《马克思恩格斯全集》内附有《卡·马克思生平事业年表》、《弗·恩格斯生平事业年表》④。

（三）年表的组成和编制要求

汇编内附的年表，一般都是由时间和事实两个部分组成的。

1. 时间

时间是年表的首要组成部分，要求准确无误、尽量具体。不仅向读者提供有关史实发生的准确时间，而且所记时间要尽可能详尽，最好写明×年、×月、×

---

① 参见中国科学院上海历史研究所筹备委员会：《上海小刀会起义史料汇编》，29页，上海，上海人民出版社，1958。

② 参见广东哲学社会科学研究所历史研究室：《省港大罢工资料》，广州，广东人民出版社，1982。

③ 参见钱实甫编：《清代职官年表》，北京，中华书局，1980。

④ 参见《马克思恩格斯全集》，中文1版，第1卷，739、745页，北京，人民出版社，1956。

日。如果是反映科技活动和自然现象的大事年表，还应确切到时、分甚至秒。无法考证出准确时间的，要写明其大致时间。一般采用的方法是：日无考附于本月大事之末，月无考附于本季之末，若季节无考则附于本年之末。如果某些事实的日期实在不够明确，则可笼统地写成“×月初”、“×月—×月间”、“×季—×季间”、“×年底”甚至“×年前后”。

时间的记载形式要规范统一。一般用阿拉伯数字表示公元纪年，用汉字表示农历或历史纪年及干支纪年。若有必要将上述纪年并列，则应用括号将公元纪年与阴历、历史纪年或干支纪年区别开来，如“1911 年（宣统三年　辛亥）”。如果是人物传记年表，在年代后可附注人物的年龄，以免读者自己花费时间推算。例如，《孙中山年谱》中的写法为：“1911 年（宣统三年　辛亥）四十五岁”。

2. 事实

事实是年表的核心组成部分，其编写首先要求真实准确。年表列入的史实必须经过认真的审核、严格的考订，务求客观。其次，在事实的选择上要本着“大事突出、要事不漏”的原则。编者要认真研究年表的内容范围，科学选定大事、要事，既避免事无巨细的流水账式记载，也要避免出现缺漏。再次，年表文字应力求简明，叙事清楚，不拖泥带水，突出重点。最后，观点正确，以辩证唯物主义和历史唯物主义观点去指导大事要事的选择、史实的取舍以及对事件的评价等等，如实地反映历史，做到取舍有据、详略得当、评价公正。

（四）编制年表的步骤和方法

首先，要开展对年表所涉及对象的研究。必须阅读研究有关人物、历史事件的现有材料，掌握编写对象的全面情况。

其次，全面收集材料，从中摘录出可供编写年表的事实。要充分利用可查找到的各种形式的材料，按时间顺序依次排列，以便综合研究。

再次，认真审核相关材料。对选用的每一条材料，进行认真的审核，对同一事实有不同记载的材料，要进行严肃负责的考证工作，在此基础上再进行综合编写，确保选入年表的事实在政治性、真实性、文字性等方面都符合编写年表的基本要求。

最后，进行全面校对，检查年表的时间、事实是否准确，时序有无颠倒，重要事实有无遗漏。全面考察整个年表在叙述事实的体式和文字用语上是否协调一致，校对无误，即成定稿。

（五）年表的位置

汇编中的年表有全书正文之后和全书正文之前两种位置安排形式。大多数汇编是置于全书正文之后，作为阅读汇编后的一种参考；但对于读者不够熟悉的题目，为了让读者先行掌握相关情况，使读者对汇编内选录的材料加强理解，可以把年表置于全书正文之前。如《上海小刀会起义大事表》就位于《上海小刀会起义史料汇编》一书的正文之前，原因在于该汇编内的史料是按作者分类的，读者如果对上海小刀会起义的史实缺乏了解，直接利用汇编内的材料容易摸不着头脑，但当读者首先阅读了编者提供的大事表，掌握了小刀会起义的全过程及当时各种势力的动态之后，再去利用汇编中的材料，就不存在理解上的障碍了。

二、插图

插图是指在档案文献汇编中配的与汇编内容相关的重要文件的照片、图片、地图、示意图，以及各种形象的统计图表等等。汇编中所选用的插图，大多是利用历史上遗留下来的档案、资料翻拍、复制的，也有的是编者根据汇编内容的需要拍摄、绘制的。

（一）汇编中使用插图的意义

第一，图文并茂，可以弥补语言描述的不足，有助于强化汇编的主题，并增强可读性。

第二，补充说明汇编内档案文献所反映不到的历史背景。

第三，发挥凭证作用。运用反映具体事物的照片作为插图，可增加档案文献的真实感，起到证据的作用。

（二）汇编内选择插图的要求

选择什么样的插图，要根据档案文献汇编的题目而定。一般应注意以下几点。

第一，属于人物文集题材的汇编，应侧重于选用反映作者生平活动并具有重要历史意义的照片和图片。如《孙中山全集》第一卷，编者就选用了能反映孙中山先生在1890至1911年间主要活动的近20幅照片，真实地再现了孙中山先生这一时期革命生涯的历史画面。

第二，属于历史事件题材的汇编，可以选用该历史事件中具有重要意义的人物、场面、遗迹、手迹等的照片，以弥补汇编内文字材料的局限性。如《五四运动在天津》就选用了如下插图：五四时周恩来同志、邓颖超同志、马骏同志等在天津的照片，1919年5月4日北京学生示威游行的照片，天津散发的五四传单的照片，当时报道五四运动的报刊的照片，天津警察厅镇压爱国运动的反动布告的照片，五四爱国运动形势图，五四运动时期天津形势简图等共32幅，增强了读者对这一专题的感性认识。

第三，属于某些军事题材的汇编，可以选用或绘制有关的示意图，使读者对战争情况一目了然，加深对有关档案文献的理解。如《清末海军史料》在书后就附有《中法马尾海战示意图》、《威海卫军港兵备要图》、《中国舰艇沉没位置图》及《〈日清海战史〉附图》等。

第四，属于经济、统计资料题材的汇编，特别要注意选用和拟制各式各样的表格之类的图例，将汇编内的各项抽象数字系统化或形象化，增强直观性，以便于读者理解。

第五，对插图材料还要加以必要的文字说明。对文件复制品，应说明原件的书写材料和长、宽度；对有关历史活动、人物（尤其是多人合影）和实物的照片，应说明其内容、人物姓名、原件出处、现保存地点以及尺寸等情况。

（三）插图的位置

插图多附于一书的正文之前，也有附于一书的正文之后，或有针对性地插入书内相应位置，确定插图的位置应从便于读者理解正文的角度出发，视具体情况而定。

三、备考

（一）备考的作用

备考是编者编制的说明汇编中档案文献客观状况，以备读者查考的材料。它的作用主要体现在两个方面：一是查找的作用，可以帮助读者在必要时按照备考的指引查找档案原件；二是参考的作用，可以帮助读者了解档案文献的可靠程度和完整程度，从而有助于读者判断档案文献的价值。因此，为汇编内档案文献编制备考是十分必要的。

（二）备考的内容和编制方法

1. 写明档案资料原件的出处

即档案文献汇编中选用的材料出自何处。只有指明其保存的具体地点或出自哪部文献，才能便于读者按图索骥，找到自己所需要的原件，同时增强对汇编内容的信任。对于保存在档案馆中的档案文件要写明档案馆、全宗的准确名称、档案文件所在的案卷目录号、保管单位及所在张号。如果材料选自图书馆、博物馆，应写明这些单位的准确名称。如果是选自报刊、书籍，则在备考中写明报刊或书籍的准确名称、作者、出版者、出版时间、版次或期数、页码。对调查、访问、座谈或回忆得来的材料，要写清调查人、访问者、座谈人员或回忆者、整理者的姓名、事件等情况。如《孙中山集外集》中《在永丰舰上的演说》一文的备考内容为："据《广州民国日报》1923 年 8 月 15 日，《大元帅嘉奖永丰舰官佐》。"①

① 《孙中山集外集》，103 页，上海，上海人民出版社，1990。

2. 写明档案资料的可靠程度和完整程度

对汇编所选用的档案原件来说，不同的文本，可靠程度存在很大差异，把这一情况交代给读者很有必要。如在备考中注明“正本”、“根据亲笔手稿刊印”、“根据抄本刊印”等。对于外形有缺损情况的档案原件也要向读者说明，帮助读者对档案材料的价值进行判断。

3. 写明档案原件的外形特征

写明档案原件的外形特征，不仅可以满足读者了解档案原件外部特征的需要，而且对读者考订档案文件的真伪和了解其价值具有重要作用。在备考中写明档案原件的外形特征应包括文件的书写材料、尺寸大小、印章形制及文件上存在的其他重要标记等内容。如《历史档案》1991 年第 2 期公布的《明万历朝戊戌科状元赵秉忠的殿试卷》，编选者就在按语中说明了该文件的备考内容：“该殿试卷为十九折册页，正文为工整小楷。试卷首页右上角有朱批‘第一甲第一名’六个大字，下面盖有弥封关防长印。试卷系三层宣纸装裱，封面封底系金绫装裱。另外，附有赵秉忠及上三代简历，为毛笔仿宋体书写，共四折，有三处盖有朱红大方的‘礼部之印’。现将殿试卷原文公布，供明史专家参考。”

4. 写明档案文献曾出版的情况

汇编内材料如果系首次公布或是选入了已出版过的档案文献，则应在备考中写明。这对读者了解档案信息的新颖性以及编者重新选用某材料的考虑具有重要作用。如《李煦奏折》的备考内容就说明了“本书辑录李煦奏折四一三件，其中，李煦与曹寅联名会奏的，或李煦报告曹家事件的，前已辑入《关于江宁织造曹家档案史料》一书，但考虑到所占比重不大，故仍予收录”①。

（三）备考的位置安排

备考的位置安排非常灵活，从目前已出版的档案文献汇编来看，主要有以下几种安排方式。

1. 置于编辑说明中

当一部汇编中的所有材料的备考内容都相同时，则可在编辑说明中统一加以说明，而没有必要费笔墨、篇幅在每篇文献中注明。如将备考内容在该书的凡例中一并作说明：“本书所辑材料，皆选自第一历史档案馆……”

2. 置于每份档案文献的相应位置

如果汇编中档案文献的备考内容复杂，而又各不相同，则可将备考的各部分组成内容，分别置于每份档案文献的适当位置，如把文件的出处用括号置于该篇

---

① 故宫博物院明清档案部：《李煦奏折》，5～6 页，北京，中华书局，1976。

文献之后，将文件曾出版的情况置于编者按或注释中，将文件的可靠程度——正本或抄本置于标题之下。

3. 置于档案文献之后

这种处理方式也适用于汇编内档案文献备考内容复杂，各篇文献备考内容各有不同的情况。可以集中编写备考各方面的组成内容，置于所对应的档案文献之后。

4. 部分置于编辑说明中，部分置于每份档案文献的相应位置

当汇编中档案文献的备考内容有一部分是相同的，而另一部分不同时，则可在编辑说明中统一说明其相同的部分，在每份材料的相应位置分别说明其不同的部分。如《辛亥革命前后——盛宣怀档案资料选辑之一》，就在编辑说明中统一说明了档案史料的藏处，而对于档案文献存在各不相同的完整程度、可靠程度的情况，则在所涉及的档案文献的脚注中予以单独说明。

四、编辑说明

（一）编辑说明的作用

编辑说明，又称编者的话、出版说明、编辑例言和凡例等，是用于介绍汇编内档案文献的状况和编者进行编辑加工的情况的说明性文字，其作用在于帮助读者查考汇编内档案文献的状况、了解编者所做的工作，使读者能够顺利阅读和利用汇编内的档案文献。对编者自身来讲，则是其审视梳理编纂工作全过程的各个环节和总结工作经验的一次良好机会。所以，编辑说明是档案文献汇编必不可少的组成部分。

（二）编辑说明的内容

编辑说明的内容应依据汇编内档案文献的状况和编者所做的实际工作来编写，一般应向读者说明以下两个方面的情况。

1. 汇编内档案文献的状况

（1）对档案文献的收录范围，包括材料的来源、种类、完整程度、数量、时间断限及其流传情况作总的说明。

（2）对本汇编的取材标准、删节的原则以及某些材料重新选录公布或不予选录的原因作概括介绍。

2. 介绍编者在本汇编内所做的工作

（1）说明档案文献的备考中可以综合交代的内容（如材料出处、可靠程度等）。

（2）说明编者采取的加工原则和汇编内统一使用的加工符号。

（3）说明汇编的编排原则与方法（如编辑体例、档案文献排列方法）。

（4）说明汇编内辅文的编制情况及其使用方法、注意事项。

（5）说明汇编的主编、参与编纂的单位及人员。

（6）向对编纂工作给予支持的单位、个人致谢。

下面以《五四运动在天津》的凡例来举例说明编辑说明的内容和使用方法。

一、本书历史资料部分基本按照时间顺序，同时把反映同一事件的资料适当地集中起来进行编排。

二、为了保持原貌，尽量照原文收录，仅对其中重复或无关部分作了少量删节。凡原有的节略部分均用原有的（略）或（下略），凡编者所删则以……表示。

三、凡文字有明显错误已作改正，不再注出。凡有存疑者以〔〕加字附后。凡编者拟加供参阅的文字亦用〔〕加字表示。

四、凡原件脱字无从判断者用□，能判明者用□加字表示。（上略）、（中略）或（下略）为衍文。

五、原文疑有错误，又难以判明者加注〔原文如此〕。

六、凡属衍文、明显与史实不符或有必要说明的，均在每页下面加注。

这个编辑说明共六条，就该汇编内历史资料的编排体例、加工原则、删节说明、加工情况与加工符号功能等作了说明，便于读者查考。

如果汇编是再版，且与前版有所不同，就需要编写再版说明或重印说明，说明再版的原因，指出再版与原版的主要差异，以提醒读者注意。如中央文献出版社于2003年重新出版的《毛泽东书信选集》就编写了“重印说明”。

《毛泽东书信选集》在一九八三年毛泽东诞辰九十周年出版后，受到广大读者的欢迎。近些年来，这本书已经售完，不少读者来信要求重印发行。

今年是毛泽东诞辰一百一十周年，我们决定重印这本书，表示对毛泽东的纪念，同时满足读者的需要。

这次重印，对一九八三年版作了少量的修订。主要是：一、关于人物的注释，当年出书时所注的一些健在的人，注文写上了他们的生年；现在其中不少人已经故世，这次补上了卒年。二、改正了书信正文中极个别的错字。此外，还增加了毛泽东十九封书信的手迹。①

读过这个编辑说明，读者就能明了该汇编再版的原因及两版之间的主要不同之处。

---

① 《毛泽东书信选集》，修订版，“重印说明”，北京，中央文献出版社，2003。

（三）编辑说明的编写要求

1. 内容准确，符合客观实际情况

编辑说明中介绍的档案文献的数量、汇编的卷数、分卷原则、各卷内容、汇编内档案文献的状况、编者进行编辑加工的情况、各种加工符号的使用方法等等，必须与汇编的实际情况相符，不能有任何出入，以免造成读者的困惑。

2. 语言简明扼要，条理分明，通俗易懂

编辑说明作为说明性文章，只要将读者需要查考的事项说明清楚、便于读者理解就好，不必长篇大论，更不能抽象难懂。为使条理分明，便于读者查考，一般采取分条列项方式排列内容。

（四）序言与编辑说明的关系

1. 序言与编辑说明的联系

首先，从序言和编辑说明的编写目的来看，二者具有共同之处，都是编者为了便于读者阅读和利用汇编内的档案文献而编制的，对读者具有很强的指导作用，都是汇编必备的重要组成部分。

其次，序言和编辑说明都涉及对档案文献相同部分的介绍或评述，只是介绍的侧重点不同。当涉及汇编的选材范围、档案文献曾公布情况、档案文献的分类排列原则、档案文献的时间断限、数量及来源等内容时，既可以在编辑说明中加以介绍，也可以在序言中一并介绍，无一定之规，完全视汇编的具体情况而定，所以，二者的内容可以存在交叉和重合的情况。

正因为序言与编辑说明有共性，所以有些汇编中采取二者合写的形式，尤其是当二者内容都不多或其中一个内容较少的情况下，将序言和编辑说明合写具有阐述问题集中、节省篇幅的明显优点。合写时，序言内容在前，编辑说明的内容在后。但如果编辑说明所包括的内容比较庞杂，为保持其条理性和便于读者查考，采取分写形式比较适宜。有的序言与编辑说明两部分内容完全不同，也不能勉强捏合到一起，以免衔接生硬、顾此失彼，妨害了各自作用的发挥。总体来说，编者在决定将二者分写还是合写之前，应该进行认真、全面的考虑，并要注意分写时二者不能重复，合写时二者不可偏废。

2. 序言与编辑说明的区别

首先，二者的作用不同。汇编的序言通过对汇编涉及问题及其收录材料价值的评述、对编研体会的阐述，为读者利用汇编提供正确的思想指导；而编辑说明则主要帮助读者查考汇编的编辑加工情况，为读者利用汇编提供具体技术方法的指导。

其次，二者的内容、性质不同。序言主要阐述汇编题目的含义，汇编内档案文献所反映的历史事实、时代背景和作者情况，并对档案文献的价值进行评论，属于学术论文；而编辑说明则侧重于介绍编者所进行的编辑加工情况，并不涉及档案文献的内容，属于说明性的文章。二者“互为表里”，编辑说明介绍汇编之“表”，序言介绍汇编之“里”。

最后，二者的编写要求不同。序言要求体现一定的思想与学术水平，要有鲜明的观点；而编辑说明则要求内容准确，简明易懂，与汇编内编辑加工档案文献的情况相一致。

鉴于序言与编辑说明有上述明显的区别，为了发挥它们各自的作用，当序言和编辑说明都具有相当内容时，经常采用将二者分开来写的形式，这样做可以使它们分别集中阐述各自所应说明的问题，读者利用起来也十分便利。一般做法是，序言专门围绕汇编题目和档案文献所反映的内容进行评述，编辑说明则着重介绍编辑加工情况。如中国史学会主编的《中国近代史资料丛刊》中《鸦片战争》、《洋务运动》、《戊戌变法》以及《中国近代史资料丛刊续编》中的《太平天国》、《中法战争》，还有《李煦奏折》、《清末海军史料》等汇编都采取了序言与编辑说明分开写的形式。

第三节　检索性辅文

一、目录

目录是目和录的合称。目是指篇名或书名，录是对目的说明和编次。从广义上讲，目录是把多篇文件的名目按照一定的次序排列起来，并指明其在书册中的页次，所以目录亦称目次，即“遍辨其名之谓目，详定其次之谓录。有多数之名目，且有一定之次序之谓目录”①。目录具有检索、报道、导读功能。

在我国，目录一词最早见于西汉时刘向、刘歆父子等编纂的目录学著作《别录》和《七略》。《七略》中有“《尚书》有青丝编目录”（《昭明文选》卷三八引）之语。这说明《尚书》已编有目录，而刘向校书时的“条其篇目”、“录而奏之”（《汉书·艺文志》）讲述的是编制目录的过程。

我国档案文献汇编中常见的几种目录及其编制方法如下。

（一）汇编目录

汇编目录，就是按照汇编的编排体例和档案文献的排列顺序，列出档案文献的标题，并注明其所在的准确页次，任何类型的汇编都不能没有汇编目录。它可

① 姚名达：《中国目录学史》，1页，上海，商务印书馆，1957。

以帮助读者综览汇编内档案文献的概况和汇编的体例，还可以使读者按照目录指引迅速地查找到自己所需要的材料。

汇编目录根据所列名目的详略，可分为简要目录和详细目录两种类型。简要目录只列出汇编的类、目或章、节的名称，而不列出每份文件的标题。一般适用于内容结构复杂、包含问题较多或每份文件内容不易概括的汇编。详细目录则具体开列出汇编内每份文件的标题及其所在页次，便于读者检索。

如果是多卷集汇编，其目录有两种安排。一种是在该汇编的第一卷（册）之前加全套书的总目，在各分卷（册）中只列本卷（册）的分目。这种方法多用于大型文献汇编。例如，中国史学会主编的《戊戌变法》（4 册），在第一册卷首即详列全书四册的详细目录，然后各册再列本分册的目录。这样读者打开第一册就可以首先概括了解全书的大致内容；想了解自己所需材料在哪一分册中，也不必逐册去查阅，只需查一下第一册总目就可以达到目的，极为方便。也有的多卷集汇编在第一册卷首刊登全书的简要目录，在各分册列本册的详细目录，如《第二次鸦片战争》（6 册）就是如此。另一种是在本汇编的第一卷（册）之前不加全套书的总目，而是在各分卷（册）中分别列出本分卷（册）的目录。也有的上、下两册本的汇编，仅在上册卷首列有全书的目录，下册则没有目录，如《康雍乾时期城乡人民反抗斗争资料》就是这样安排的。

汇编目录一般应置于汇编内的序言、编辑说明、图例之后和正文之前。

（二）参考书目

参考书目是编者将因受汇编篇幅限制未能收入汇编内的有参考价值的档案文献的名目汇集到一起编成的可为读者扩展研究、利用文献范围而提供便利条件的检索工具。编者在编纂过程中，收集、积累了大量与汇编专题有关的档案文献，但因受汇编篇幅所限，不能都选录到汇编中，这时便可编制参考书目附于书后，为读者提供进行深入研究本汇编题目的宝贵资料线索。

汇编内的参考书目，主要收录与本汇编题目有关的图书、期刊、文章、档案等。开列参考书目时一般应按照资料的参考价值大小确定先后顺序，再将其书名、卷（册）数、编著者、成书时间和版本等列出。

编制参考书目时，书目要尽可能详尽，书名（或篇名）必须准确无误，同时还要列出该书的详细出处，以方便读者查阅。

（三）书目解题

有的汇编不仅将本书已经收录和未经收录的与本汇编题目相关的重要书籍、史料列出书目，还对这些书刊文献的内容加以评价，这就是书目解题。书目解题是由书目和解题两部分内容组成的。书目部分准确标列书刊文献等资料的名称、作者、出版者、出版时间、卷数等情况，对一些善本或稀有本还要指明藏书地点以便读者去查找。解题主要针对书目所列举的书刊文献等资料的某些方面的内容，进行简明扼要的评价和介绍。所以，书目解题对读者的帮助更大，因为读者不仅可以根据书目去查找自己所需之书刊，还可以根据解题内容了解所需之书刊的史料价值。

书目解题的内容是多种多样的，主要包括以下几个方面。(1) 概括介绍书刊文献的主要内容；(2) 介绍书刊文献产生的历史背景；(3) 介绍书刊文献的价值；(4) 介绍书刊文献的作者情况；(5) 介绍书刊文献内档案史料的种类、时间断限并对其进行简要评价；(6) 介绍对某些书刊文献的考辨情况；(7) 比较介绍同类书刊文献之短长。

二、索引

索引是将文献中具有检索意义的内容要项或重要名词逐一摘出，按照一定的顺序排列，并标明其在文献中出现的所有页次的一种检索工具。清代以前，我国称索引为通检、备检或韵编等，索引一词最早见于宋代义胜编的《大藏经随函索引》。近现代则称其英文译音“引得”(index)。英语 index 一词源于拉丁文 indecare，具有指示位置的意思。我国最早的索引可以追溯到东汉班固的《汉书·古今人表》和南朝梁元帝的《古今同姓名录》。而明末崇祯十五年 (1642 年) 傅山撰成的《两汉书姓名韵》则被认为是比较成熟的索引。

我国最早提出通检编排之法的是清代的章学诚。他在《校雠通义·校雠条理》中第一次提出编制书目、篇名索引的主张。他认为，由于“典籍浩繁”，读者“闻见有限”，连一些学识“博雅者”，尚“且不能悉究无遗”，因此提议在“校雠之先，宜尽取四库之藏，中外之籍，择其中之人名地号，官阶书目，凡一切有名可治，有数可稽者，略仿《佩文韵府》之例，悉编为韵，乃于本韵之下，注明原书出处及先后篇第，自一见再见以至数千百，皆详注之，藏之馆中，以为群书之总类”。章学诚认为，编制这种索引的作用为：“至校书之时，遇有疑似之处，即名而求其编韵，因韵而检其本书，参互错综，即可得其至是。”他接着反问道：“此则渊博之儒穷毕生年力而不可究殚者，今即中才校勘可坐收于几席之间，非校雠之良法欤?”章学诚讲的实际上就是今天广为流传的索引之法，他在《报谢文学》书中还建议采用此法去治经传，可见他对此法是十分重视的。清代汪辉祖编纂的《史姓韵编》、《三史同名录》和《九史同姓名略》，可以说就是在章学诚上述关于编制索引的思想的启发下编成的。章学诚不仅从理论上探讨编制索引之法，还在和州修志期间，亲自进行索引的编制实践，编纂了《明史列传人名韵编》，原计划将《明史》中的全部人名编成人名索引，后虽未能如愿，但他仍希望其族孙守一将“二十二史”列传人名仿照班固《汉书·古今人表》和梁元帝的《古今同姓名录》的成例编之。他在《与族孙守一论史表》一文中说：自己痛感“诸史列传人名错杂，难于稽检，曾令人将《明史》列传人名编韵为书，初意欲取全史人名通编为韵，更取诸篇人名重复互见者遍注其下”，以便提供“读史要领”，并“为一切考订关人事者”提供方便。“后以为功稍繁，先将列传所著人名编为一卷”，希望族孙守一在“治《年表》之暇，再能将廿二史列传人名，亦仿此例编之”，从而与其《二十二史年表》“互相经纬”，起到“嘉惠后学之功”。这一番论述足见章学诚对于编制索引的重要性的认识和论述之深刻，他在武昌时，还曾编成《历代纪年经纬考》一书，并为之作一索引，名曰《历代纪年韵览》。

索引可以作为独立性的检索工具书，我们这里主要介绍为档案文献汇编编制的索引。

（一）索引的作用

档案文献汇编中的索引，是把汇编内档案文献中出现的主题、人名、地名、词语、书名、篇名、事件及其他事物的名称等项，经过分析以后，一一摘出名目，注明其出处或页码，按照一定的方式（或按字序，或按类别）进行编排，以便读者随时检索的工具。读者通过索引，可以集中查到某一名目在本汇编中所有的出处，与目录相比，索引的检索作用更为全面、具体，而且，由于索引不受汇编体例的限制，其检索作用也更为灵活，为利用者提供了更有效的检索手段。因此，我们在编纂档案文献汇编时，应重视为读者编制索引这种检索性辅文。

（二）索引的结构

索引的结构也称索引的款目，一般由名目、注释、注码三个部分组成。

1. 名目

它又称标目，指列入索引的被检索对象的名称。名目可以是汇编中出现的人名、地名、题名、术语、概念、书刊名称等等。选择名目时应充分考虑该名目的意义和读者的需要，从而确定汇编中需编制的索引的种类。人民出版社于1956年出版的《马克思恩格斯全集》第1卷就根据实际需要编制了两种索引，分别是人名索引和期刊索引。

2. 注释

即对列入索引的名目所作的解释语。排在索引名目之后，用以说明索引标目的范围、含义、历史演变或使用方法的文字。

3. 注码

即依次指出该名目在汇编中出现的所有页码。例如，《马克思恩格斯全集》第1卷人名索引六画中关于乔治·桑的条目：

> 乔治·桑（George Sand 1804—1876）——著名的法国女作家，著有长篇社会小说多种，浪漫主义的民主派代表人物。——第521、583、594页。①

这条索引，明确地介绍了女作家乔治·桑的身份及其在《马克思恩格斯全集》第1卷中出现过的全部页码。

（三）索引的种类

档案文献汇编中经常编制的索引有人名索引、地名索引、主题索引、期刊索引、篇名索引、机构索引等等。最常见的四种索引是人名索引、地名索引、报刊索引和主题索引。根据索引的繁简程度，各种索引又都有普通、简要、详细之分。在一部汇编中究竟编制哪种索引，取决于该汇编的具体情况。

1. 人名索引

人名索引是将汇编中提到的人名逐一摘出，按姓氏笔画、汉语拼音或英文字母等顺序排列，作必要的解释，并指出该人名在汇编中出现的所有页次。人名索引具体可分为普通人名索引、简要人名索引和详细人名索引。

（1）普通人名索引只列出姓名和页码。如《二十五史人名索引》② 是专供检索原开明书店1935年出版的“二十五史”里的人物传记资料的，由于这些历史人物的具体情况在史书中有详细的记载，因此只编制普通人名索引就可以满足读者需要。

（2）简要人名索引列出姓名后，还作简要的解释。例如，《马克思恩格斯全集》第1卷人名索引十一画中关于莎士比亚的条目：

> 莎士比亚，威廉（Shakespeare，William 1564—1616）——伟大的英国作家。——第354、652页。③

简要人名索引可满足读者快速了解人物身份的需要，并可使读者有效区分同姓名的人物。

（3）详细人名索引与简要人名索引相比，其解释语部分更详尽，要对人物生

---

① 《马克思恩格斯全集》，中文1版，第1卷，752页，北京，人民出版社，1956。

② 二十五史刊行委员会编：《二十五史人名索引》，北京，中华书局，1956。

③ 《马克思恩格斯全集》，中文1版，第1卷，760页，北京，人民出版社，1956。

平主要活动进行概括介绍。例如，《马克思恩格斯全集》第 1 卷人名索引五画中关于斐迪南·弗莱里格拉特的条目：

> 弗莱里格拉特，斐迪南（Freiligrath，Ferdinand 1810—1876）——德国诗人，最初为浪漫主义者，后来成为革命诗人，1848—1849 年为“新莱茵报”编辑之一，共产主义者同盟盟员；50 年代脱离革命斗争。——第 509、512—514、517、518、524 页。①

2. 地名索引

地名索引即被检索名目为地理名称，如国家、地区、省、市、县、乡、村以及山脉、河流、岛屿等，其结构、种类与人名索引大致相同。如：“凤凰山——地属黑龙江省五常市山河林业局，位于长白山脉张广才岭之首，以其高远的气势被誉为龙江第一峰，是东北地区最大的空中天然花园。于 2001 年被评为国家级森林公园。——第××、×××页。”

3. 报刊索引

报刊索引是将汇编中出现的报刊名称逐一摘出，按照笔画等顺序依次排列，并就出版地等情况作简要说明。例如，《马克思恩格斯全集》中文第 2 版第 46 卷《资本论》第 3 卷报刊索引 M 中：

> 《每日新闻》（The Daily News）——英国自由党的报纸，曼彻斯特学派的机关报，工业资产阶级的喉舌；1846 年 1 月 21 日由 W. K. 黑尔斯在伦敦创刊，1909 年起同时在伦敦和曼彻斯特出版，1930 年停刊。——410、537、615。②

4. 主题索引

主题索引是将汇编正文中所涉及的问题、概念、名称摘录出来，进行分类集中，再按照一定顺序排列，并指出其在汇编中的所有页次。编制主题索引的优点在于，读者可以通过一次检索，便获得某个名目在汇编中的所有阐述及相关信息，避免出现为了查询某个名目在书中反复翻检而浪费时间的问题。如中国人民大学图书馆编制的《马克思恩格斯全集主题索引》将马恩著作中提及和论述的各种问题，总结归纳为 1 827 个大题及 10 876 个小题，并设若干参见题等，为读者集中研究某一问题提供了便利条件。例如：

---

① 《马克思恩格斯全集》，中文 1 版，第 1 卷，750 页，北京，人民出版社，1956。

② 《马克思恩格斯全集》，中文 2 版，第 46 卷，1139 页，北京，人民出版社，2003。

有价证券

中文本：2.2 号 79；2.3 号 451，586—587，596

——有价证券的价格

中文本：2.3 号 451。

参见：股票。①

其编制结构一般为大题、小题、出处页码的形式。大题即简短的主题词，小题通常是一组对主题词的定义或一般评述。有的索引在小题下还有三级题（或称细题），是对主题词的演绎。如果该主题词还与本索引中的其他另立大题有关联，还要在三级题下设“参见”内容。

（四）编制索引的方法

编制索引主要可分三步：选取名目、制作款目、排列款目。在确定了汇编需要编制的索引种类之后，第一步就是选取名目（标目），并对列入索引的名目进行“勾标”，也叫做“标引”，即对汇编原稿或校样中需列入索引的词语做好标记，若编制不同种类的索引，可在不同种类的词下画不同的记号，以便收入不同种类的索引内。然后，将不同名目分别录出，如果是编制简要或详细索引，还要注意将汇编中有关解释材料同时摘录出来，综合汇编收集来的有关材料，编写出解释语，再将这些索引款目按笔画顺序或其他原则排列。最后，根据改版完毕的最后一次校样，标注上名目在汇编中的所有页次，校对无误后便成为索引定稿。

（五）编制索引的要求

名目选择要恰当，根据读者需要确定索引种类，不能过度标引。注释语要简明确切，注码要无误无漏。编制索引应以能迅速、准确地查到所需要的材料为出发点，编制过程中要认真细致，避免出现差错。

【思考题】

1. 为什么要对档案文献进行注释？
2. 汇编中有哪些注释种类？
3. 如何安排注文的位置？
4. 编写注释应达到什么要求？
5. 什么是题解？它包括哪些内容？
6. 什么是汇编的按语？

---

① 中国人民大学图书馆：《马克思恩格斯全集主题索引》，126 页，北京，中国人民大学出版社，1958。

7. 汇编按语有哪些内容?
8. 汇编为什么要撰写序言?
9. 汇编序言包括哪些内容?
10. 撰写汇编序言的要求是什么?
11. 年表的用途是什么?
12. 什么是大事年表?
13. 什么是人物传记年表?
14. 汇编中为什么要使用插图?
15. 汇编内选择插图有什么要求?
16. 备考的作用是什么?
17. 备考有哪些内容?
18. 编辑说明的作用和内容是什么?
19. 序言与编辑说明的联系和区别是什么?
20. 什么是汇编目录?
21. 什么是汇编索引? 它有什么作用?
22. 汇编常用的索引有哪些?

第九章 档案文献的审核与传播

【本章要点】

本章首先介绍了档案文献底稿审核的基本规范；其次，对档案文献的装帧设计的意义、基本原则、主要内容等进行了简要分析；再次，探讨了档案文献校样的校对，主要是对校对的意义、要求、校对程序和校对符号等做了说明；最后，分析了档案文献的出版传播活动，如档案文献出版传播的意义、内容和方式等，并对档案文献信息反馈的搜集和分析等问题进行了探讨。

【关键词】

审核○装帧设计○校对○出版传播

档案文献编纂工作是按照一定的题目对档案文献进行查选、考订、加工、编排和评介，以出版的方式（包括公开或内部）提供档案信息的工作。[①] 这样看来，出版传播是档案文献编纂成果走向社会的桥梁。所谓出版传播，是指将知识信息产品经过加工后，以商品生产的形式复制到一定的物质载体上，并使其广泛

---

① 参见曹喜琛主编：《档案文献编纂学》，北京，中国人民大学出版社，1990。

传播的过程。它既包括对作品的选择、编辑、复制等生产过程，也包括发布、赠送、销售（发行）等方式的传播过程。从这个概念出发，信息知识、复制和广泛传播构成了出版传播的三大要素。① 档案文献的出版传播是档案文献编纂工作的最终环节，但出版传播并非完全属于档案文献编纂活动，因为它主要是由出版部门来承担的。然而，在档案文献的出版传播过程中，档案文献的编纂者又必须承担部分重要任务，唯有积极配合出版传播部门的工作，才能更好地保证档案文献的出版质量，档案文献的出版传播需要档案文献的编者与出版传播部门通力合作，共同来完成。

第一节　档案文献底稿的审核

一、底稿的质量要求

底稿是出版的原始根据，由编纂者提供给出版部门。一般说来，档案文献编纂工作在完成了汇编的编排、辅文的编制之后，就基本上形成了档案文献汇编的底稿，接下来的工作便是将底稿交到出版社，而出版社对交来的底稿质量有明确的技术性要求，编者在交稿前也应该了解这些技术性要求。

出版社对底稿质量的基本要求是“齐、清、定”，此外，还有书稿“十忌”，“十忌”是为达到基本要求而做的一些具体规定。

“齐、清、定”是出版社为保证出版物质量，避免人力、物力的浪费，缩短出版周期，对作者交来的底稿质量提出的基本要求。“齐”要求文稿、图稿和附件（前言、目录、后记、附录等）都齐全无缺；“清”要求文稿或图稿等缮写、描绘清晰，达到排版的要求；“定”要求内容确定，发稿后一般不轻易做大的改动。具体到档案文献汇编的出版而言，“齐”有两层含义：一是底稿本身是完整齐全的，底稿的各个组成部分，如档案文献的正文、各种辅文（索引除外）、插图等，都应编纂完毕，齐全无缺；二是有关部门对编纂公布该题目的审批手续齐全，编辑工作中遇到各项重大问题需要核实时均有案可查。“清”则是指文稿字迹清楚规整，易于辨认，图稿复制清晰准确，能为版面设计、排版、校对等工序的顺利进行创造条件。“定”是指编纂者交给出版社的底稿应是在政治内容、材料组织、文字加工诸方面均已做了妥善处理，不留尾巴，校样印出后不做重大变动。由于档案文献出版的特点是公布史料性、权威性很强的档案原文，出版社编辑对底稿中正文的内容是不会做文字改动的，因此，出版社对档案文献出版物底

① 参见刘益等：《出版社经营管理》，北京，中国书籍出版社，2009。

稿“齐、清、定”的要求很高，档案文献的编纂者须高度重视。

书稿“十忌”如下：一忌底稿过分潦草，二忌标点混乱，三忌规格不一，四忌生造汉字，五忌抄写不校，六忌引文不核，七忌铅笔改稿，八忌画改过乱，九忌符号不明，十忌页次缺倒。如果编纂者对这些“忌讳”未加注意，一旦在底稿中出现，无疑会影响出版工作的进度甚至造成差错。

二、底稿的技术性审核

档案文献编纂是围绕一定的题目，将相关的重要档案文献集纳成册、编纂成汇编并审校出版的一项工作。对于许多大中型编纂题目而言，编纂工作量很大，故档案文献编纂活动一般是在主编的统领下，由多名编者分工协作、共同完成的。这样，各司其职的编者在分别完成所承担的编纂任务后，必须对自己负责处理的稿件进行认真的自审，然后再交由主编统审。从编纂技术的角度看，对编者自审和主编统审的要求并不完全一致。对编者自审的基本要求是做好技术性审核工作，对难度较大的学术性、政治性问题则应提出来，做好记录、整理工作。

对于纸质底稿的技术性审核，要注意以下几个问题。

第一，所用稿纸是否大小一致。手写稿中如果夹杂着部分复印稿、剪贴稿、打字稿等，应检查前后是否连贯，并将它们逐页贴在与手写稿规格划一的稿纸上。

第二，底稿上是否存在两面写字或剪贴的问题。如果有此类情况，务必改成单面。

第三，稿件中每一份或每一组文件是否都能单独抽出。若存在一页稿纸上包含两份文件或两组文件的情况，应分开抄写，以方便主编统审时对稿件进行增删和调整位置。

第四，图稿是否已做单独整理。因为图稿在出版过程中要另行制版，故不宜夹在文字底稿中。具体做法是，可在插图部位画上框线，在框线内和图稿的背面同时标注图题和插图位置，以便图版制成后对照标注安排图样。

第五，每页底稿上的文字、标点符号、加工符号，是否书写工整。如底稿出现了容易混淆的形似字、书写潦草的连笔字、不合规范的简化字、不应使用的繁体字等，都应逐一改正，直至清晰可辨。此外，若一页当中画改之处过多过乱，则应将整页重抄。

此外，还需要指出的是，若底稿中存在的文字问题较多或加工校勘之处较多，编者应再行调出相应原件与底稿进行校对，以确保准确无误。编者编写的材料中有引文的，也应找出原始文献与引文认真核对。

对于电子文件形式的底稿，编纂者应该先做好备份，然后再开始审读。审读过程中可以对一般性的语言文字、体例问题采用变换文字颜色的方式做出标记，以便编辑加工时能够逐一处理，不至于遗漏。而对内容、框架结构方面的问题，可以用类似 Microsoft Word 中插入批注的方式标出，既在稿面上留有标记，又不会导致稿面混乱（批注的具体文字一般仅在光标点到批注标记时才显示），以便编者逐一修改或调整。

此外，对电子文件形式的稿件，应该将各个部分依次序排列后集中到一个文件中，或者给各个部分的电子文件重新命名，以文件名称来显著地表明其在全稿中的次序。单独保存的图片文件，应该使用能清楚表明先后次序的名称，最好是直接使用带有编号的图名作文件名称。

编者完成了底稿的技术性审核后，应将底稿整理好，交由主编统审。

三、底稿的主编统审

不少中小型档案文献汇编是没有其他编者协助做技术性审核的，主编需要承担从底稿的技术性审核到统审的全部工作。而对于大中型档案文献汇编则不然，先是由编者对各自负责的部分进行自审，然后再由全书主编对整部汇编的底稿进行统审，主编统审在底稿审核工作中至关重要，这是汇编底稿送交出版社前的最后把关环节。主编在统审时，除对经过技术性审核的稿件进行复查外，更应侧重于从宏观层面对汇编的全部稿件进行统审，对各种形式的材料进行统审。

大中型档案文献汇编的底稿之所以需要进行主编统审，是由其编纂程序和特点决定的。从编纂程序上看，大中型汇编一般有多名编者共同参与，在编纂过程中，或因没有先行拟定编纂体例，或因编纂体例在编纂过程中多次变动，或因各位编者的水平参差不齐，甚至即便对一些具有共性的问题经过研究做出了规定，也仍然会出现理解不一致、做法不统一，至于因疏忽造成的局部性错漏更是在所难免。因此，整部汇编的底稿必须经由主编统审，否则汇编的编纂质量将无法保证。从编纂的特点来看，档案文献汇编的底稿，是由在编纂工作各个环节中交叉形成的各种材料组合构成的，远比由一个作者从头至尾形成的稿件复杂得多。如汇编中各部分的正文加工、标题的拟定、注释和按语的编写等往往都要经过多次修改，而且许多涉及全书的问题一定要等到全书底稿形成之后才能处理。因此，当编者对各自分担部分的底稿进行了技术性审核后，务必由主编对全书的底稿进行统审。具体而言，主要对编纂工作各个环节存在的待处理问题，从整个汇编的角度进行审查和决断，这是编纂工作基本完成的重要标志。

底稿的主编统审大致应该包括以下工作内容。

第一，首先应该对汇编的选材工作进行最后的通盘考虑和权衡。既要审查选材是否完备，重要的应选文件是否有遗漏，某些类项的材料是否过于单薄，有没有可能补充材料使之再充分些，又要审查所选文件与汇编的题目要求、发行范围是否有矛盾之处，还要审查是否选入了与汇编题目关系不大或完全没必要选入的文件。对关涉外交、民族、国防等方面的政策性强并带有机要性的文件，应特别注意把关。如主编也没有把握，应及时向相关上级部门请示。

第二，对考订工作的科学性进行核实。要审查对文件的文本、作者、时间、纪事等所作的考订结论是否有确凿根据，交代是否清楚、恰当。对不够严谨之处，应重新核实，并根据核实的情况，决定具体的处理办法。

第三，审查汇编的编排体例。包括汇编的分类原则是否妥当，类项、层次的设置是否合理，各类项名称的拟写是否合乎要求，同级类项所使用的标号、用字和位置格式是否整齐划一，类项内各层次的标号用字是否符合规范，各类项内文件的排列是否有颠倒、错页之处，各类项内的档案文献是否都属于本类项范围。

第四，审查标题质量。审查标题质量，主要看每份文件的标题或组合标题在政治性问题的处理上是否得当，标题是否较好地反映了文件的真实内容，是否符合历史文件的时代特征。全稿中标题结构是否有规可循，标题中时间成分的用字、括号是否统一。如有题解，应审查题解的标示符号及位置是否一致。

第五，审查档案文献正文的加工有无遗漏或错误之处，全书所使用的加工符号是否统一，标点及分段是否恰当，正文转达有无错漏之处。

第六，审查文件原有批语与正文的区别是否明显、清楚，批语的排放位置及标示方法是否一致。如果编写了备考、按语，应审查其内容是否正确，排放位置及标示方法是否合理，在全稿中是否一致。

第七，审查注释的编写质量。对注释从内容、资料、文字等方面再做推敲，检查正文中标示的注码与注释的标码是否对应，各篇注文的排放位置是否一致，全稿注码用字及标示方法是否统一。

第八，将针对全书撰写、编制的序言、编辑说明、目录、插图、年表、索引，按照出版惯例排在相应位置。对于序言，要着重审查其政治观点是否正确，学术观点是否有价值，对档案文献汇编的评介是否恰如其分。对于编辑说明，要着重检查其所交代的各项情况，包括加工符号的用法，是否与汇编内的实际情况吻合。对于目录，应着重审查其类项名称、标题及顺序，与汇编内情况是否一致或是否符合规定的要求，序言、图例、书后注、索引、年表是否已在目录上登录。对于插图，应着重审查其文字说明写得是否准确、恰当，与正文的联系是否有所交代。对于年表，应着重审查其结构是否符合要求，时间、事实的记叙是否准确无误。对于索引，则应着重审查其设计是否完善。此外，目录与索引所涉及的页码应暂时空缺，待一校样印出后可在目录上补填页次，待二校样印出后再按原设计具体编制索引。

统审结束时，应将全部底稿用红铅笔逐页流水编号，将最后确定的题目名称、编者署名写在底稿的封面上。

统审工作往往要对上述各项内容分别进行审查，因为这样做目标集中，容易发现问题；而试图在一次统审中解决所有问题，则往往会因精力分散而顾此失彼，难以保证定稿的质量。

在整个统审过程中，主编要细致认真，严格要求，对属于档案正文的文字应特别注意转达、加工中忠于原文的问题，对属于编者所拟写的文字，则应从政治立场、内容、文字、语法、标点、结构、格式、位置等诸多方面进行审查，应不吝修改。修改的字句，一般应位于行间，尽量不要放到行外上下左右处。对于行文风格不一致的地方，也应进行文字整理和润色工作。删去之处，应用红笔涂抹盖满，并要注意保持底稿版面的整洁。统审中如果某些页次改动过多、混乱难辨，则需要重抄并进行校对。

如果是电子稿件发稿，主编统审还要注意以下方面。

第一，拟发出的电子稿件是否确实是最后定稿的版本，特别要注意勿将加工过程中形成的与定稿大同小异、文件名也相近或相同的中间版本错作定稿发给出版社。

第二，最好将已经完全确定的电子文件底稿刻录在光盘上后再发稿。如果用光盘作为发排电子稿件的载体，则要保护好该光盘，并检查数据能否正常读出。为安全起见，最好附有备份。因为在实践中光盘等载体发生信息不能读出的情况是比较常见的。此外，在汇编印制完成之前，该稿件的电子文件最好在计算机的硬盘上和另外的移动存储器中一直保留备份，以防万一。

第三，要附上一份打印稿。这样做的好处是，如果因计算机某些应用软件不兼容而出现局部乱码或者符号走样失真等意外情况，排版单位和校对部门可依据打印稿来判断正误并做出适当处理，保证汇编的成书质量。

对于一般的编纂题目来说，在实行主编责任制的单位，主编统审后定稿即形成了。对于确实需要主管领导或上级部门审批的政治性、政策性很强的编纂题目，或存在着需要请示的问题的一般题目，主编应在统审结束后写一份编辑报告，并将汇编送领导定审。经领导定审及相应修改后，即可将汇编底稿交到出版社。

第二节　档案文献的装帧设计

一、装帧设计的意义和原则

档案文献汇编的底稿在完成了主编统审之后，就会交到出版社。按照出版工作的程序，出版社在接到编者交来的底稿后，会对稿件进行审查（出版社审稿），提出修改意见并反馈给编者。编者应积极配合出版社的审稿工作，妥善处理出版社提出的修改意见，当出版社和编者对底稿均无异议、一致认可之后，出版社便会终审同意出版，档案文献汇编的底稿就发稿进入装帧设计阶段了。

装帧设计是书籍造型设计的总称，是书籍出版过程中的装潢设计工作。它是出版社在完成对书稿的编辑加工后，准备进行批量复制，推向市场前的整体包装。装帧设计应根据图书的内容和风格，认真确定图书的开本、装订方式、版式设计以及印刷、装订材料的选择等。装帧设计要兼顾艺术性和实用性，要通过书籍装帧的艺术性与实用性的统一，以及对装帧材料的恰当选用，反映、烘托书籍的主题，真正做到形式为内容服务，为读者提供优秀的出版物。

书籍的装帧设计通常是由出版社的专职人员来承担的，档案文献汇编的编者一般情况下并不直接参与汇编的装帧设计。但作为书籍的外在形式，汇编的装帧设计与汇编的内容存在密切关联，而档案文献汇编的编者是最深谙汇编内容之人，故装帧设计工作离不开编者的支持和协助。编者应当认真向设计人员介绍汇编的内容和风格，表达自己对汇编装帧设计的想法，协助设计人员做好汇编的装帧设计工作。

（一）装帧设计的意义

第一，装帧设计是书籍的重要组成部分。一部档案文献汇编，只有做到集纳了史料价值高的档案文献，展现出上乘的档案文献编纂水平，并兼具了优雅的装帧设计，才堪称一部优秀的档案文献出版物。

第二，装帧设计对突出书籍的主题思想和内容层次，便于读者阅读档案文献，增强书籍的传播活力有着特殊的作用。档案文献汇编唯有做到内在质量与装帧设计的和谐统一，才能吸引更多的读者，也才能在更广的范围内传播。

第三，装帧设计不仅对保护书籍具有重要作用，好的装帧设计也是使档案文献内容得以长久、广泛流传的物质保证。档案文献汇编是一种具有长久保存价值的、需要经常查阅的出版物，其装帧设计的质量直接影响到编纂目的的实现。

（二）装帧设计的原则

档案文献汇编的装帧设计应该在深刻理解汇编内容及其社会意义的基础上，

根据实际需要和现实条件，兼顾美观、实用、经济等诸方面因素，体现档案文献汇编的特色。其装帧设计的原则应当是风格简约、庄重典雅、不落俗套的，具体而言，大致可以从以下几个方面加以把握。

1. 装帧形式为内容服务

书籍装帧与书稿之间是形式与内容的关系，内容决定形式，形式服务于内容。在这里切忌装帧设计在理念上文不对题，导致装帧形式与汇编内容不协调。为此档案文献汇编的设计者务必深入了解汇编的内容，把握汇编主旨。唯有读懂汇编，抓住主题，才能根据汇编的性质、读者对象确定装帧形式和装帧风格。比如：供历史研究之用的档案史料汇编，装帧设计一般应偏重于质朴、稳重和典雅，体现浓厚的学术性和文化性；供科研之用的科技档案文献汇编，装帧设计则需简明、准确且易于理解；至于一些专门的档案文献汇编的装帧设计，则应当体现各类专门档案的主要特点，使读者通过汇编的装帧设计便能对大致内容有所了解。

2. 艺术性与实用性和谐统一

书籍的装帧设计是一门艺术。我国当代很多优秀的书籍装帧作品都表现出设计者对书籍装帧文化内涵的艺术追求，蕴涵了深邃的民族文化精神，在书卷的气韵中呈现出中华民族特有的审美趣味。装帧设计在创作中既要追求艺术性也要考虑到实用性和在工艺生产中的可行性，力争做到艺术性与实用性的和谐统一。如档案文献汇编的读者多为学术研究人员以及党政机关工作人员，审美趣味趋向于严谨、单纯、抽象的艺术风格和素雅的色调，因此档案文献汇编的装帧设计常采用最简洁的装帧语言和工艺来展示汇编的实质和内涵，使之既有凝重的古典韵味，又带有轻松的现代感，且不失庄重的学术风范，显现出朴素、雅致、稳健的艺术特色。

3. 局部和整体的统一

书籍的装帧设计是对书籍的整体设计。从这个意义上讲，档案文献汇编的装帧设计是一个整体，强调整体在于强调其各局部设计的科学性与艺术性的统一，即从汇编的性质、内容、读者对象等因素出发，对汇编的局部设计进行总体思考、统筹安排，使之在艺术上相互呼应、相互协调，共同构成一个和谐、完美的整体，从而使整个汇编的外形设计成为一个有生命的完整形象，而不是一些支离破碎的纯形式的组合。档案文献汇编内容高度的系统性、完整性，使得汇编的装帧设计要突出强调整体性原则，尤其是大型、系列、多卷本的档案文献汇编，更要注重外形设计的统一性和系列性。

此外，成本核算也是必须考虑的因素。就档案文献汇编装帧设计的物质与技术的选择来讲，既要追求工艺的精良与材料的品质，又要注意与目前实际的工艺技术水平相适应，还要考虑到读者的消费水平和经济承受能力，否则过于华美精致的外形设计会大大增加汇编成本，导致价格高昂，最终会失去大量的读者。

二、技术设计

档案文献汇编的定稿经出版社审查同意出版后，出版社便会责成专人对稿件进行技术设计。技术设计包括版式设计、装订设计、美术设计、用料设计、工艺设计等，与编者关系较大的是版式设计和装订设计。

（一）版式设计

版式设计，又称为版面设计，主要是指运用造型要素对版面内的文字字体、图像图形、线条、表格、色块等要素，按照一定的要求进行编排，并以视觉方式艺术地呈现出来，通过对这些要素的编排，使读者直觉地感受到某些要传递的内容。版式设计一般包括：开本大小的选择，正文字体、字号、排式的选择，版心尺寸及每个版心的行数和每行字数的选择，各类标题及备考的字体、字号、占行的选择，序言、凡例、目录、注释、按语、年表、索引等辅文的字体、字号的选择等。版式设计的方案实际上就是按照排版要求与规格对档案文献汇编底稿进行标准化处理的程序。版式设计一方面要使排版工作有章可循，另一方面也应使版面美观，便于阅读。

好的版式设计应做到：开本及正文字号的大小与汇编内文件的地位相称，符合通行标准；版心大小及天头、地脚、订口、切口白边的比例合适、位置得当，符合视觉习惯，有作批注的余地，装订后阅读方便；页码位置合理；书眉（竖排书称中缝，字数在30万字以上的书籍一般应加此设计）较为具体，单双页有别，便于读者翻检；类名、单篇标题、组合标题的总标题与分标题、按语、注解等的字体、字号要有区别、有层次，安排得匀称醒目；有脚注者，要用脚注线，使正文与脚注泾渭分明等等。具体设计前，编者可就上述问题听取设计人员的初步打算，然后提出要求或改进建议。设计人员与编者意见基本一致后，具体设计可由设计人员视档案文献汇编的历史特点、字数、类别层次、辅文种类的多寡等情况，考虑各出版社长期形成的版式风格，灵活掌握。

确定档案文献汇编的开本，亦即每页幅面的大小，是关系装帧设计全局的事情，一定要慎重考虑。一般来说，档案文献出版物多采用大32开本。因为采用16开本的话，阅读、携带颇不方便；若采用小32开本，则欠庄重、大方。同一个档案馆所编纂的各种档案文献出版物最好使用一致的开本，这样若将历年的编纂成果积累起来便会具有整体和谐感。若出版丛书、套书则必须使用一致的开本。不过，考虑到一些珍贵汇编在字数、印刷方式等方面的具体特点，也可以采用16开本，如《唐大诏令集》、《康熙朝汉文朱批奏折汇编》等。有的档案文献出版物仅十多万字，根据纸张供应的实际条件，也可采用小32开本。发行量很大的汇编，考虑到馆藏的需要、大字阅读的需要以及读者的经济负担等因素，可出版不同的开本。

排印出版的书籍，在字体、字号的使用上，国家有原则性的统一规定。

一般来说，国家的正式出版社在版式设计方面比较正规和讲究。例如中华书局出版的《清末筹备立宪档案史料》：采用大32开本，繁体字竖排；正文用五号字，每页18行，每行45字；叙例每页16行，标题用三号字占3行；每编名称用二号字占3行；类名用三号字占3行；每份文件的标题用小四号字，其中，日期及出处部分用六号字，共占3行分2行排；书眉用六号字，双页码上排书名编次及类名，单页码上排书名、作者及文种。全书除附单标题"附清单"三字用五号仿宋字外，一律用宋体字，但因设计得当，显协调之长，无杂乱之弊，颇具古风。又如中华书局出版的《清代档案史料丛编》，简体字横排，专题名称用三号宋体字，"编者按"三字用小三号仿宋体字，按语本身用五号仿宋体字，文件标题用五号黑体字，附件标题用五号仿宋体字，注释用六号宋体字，这是档案文献出版物的又一种较通行的版式。

影印出版的书籍的版式设计主要是版心尺寸及标题处理问题。当版心尺寸确定后，原件制版时应按统一尺寸放大或缩小。标题可排在每份文件之前，亦可不排标题而标序号，标题仅在目录中通排。

我国档案文献出版物的版式设计规格，目前尚无条例明文规定，有些档案文献出版物存在着版式设计粗糙的现象。不过可以预见的是，随着档案文献编纂工作的发展，特别是大型或特大型档案文献出版物的着手编纂，以及现代化编排印刷技术的推广，档案文献出版工作中版式设计的标准化、规范化问题是会逐步得到解决的。在使用计算机进行编纂时，编者向出版社交的底稿不再是手写稿，而是电子稿及打印稿，这便要求编者在录入档案文献正文及编写辅文时更多地了解版式设计的知识，必要时编者可承担部分版式设计工作。

在版式设计结束后，汇编定稿由出版社送到排版部门排版，是谓发排。排版技术可分为落后的"铅与火"式的铅排及先进的"光与电"式的照排。铅排以高温铸字、手工拣字、手工拼版、高温浇版为主要工艺，速度慢，改版难，差错多，劳动强度高。20世纪80年代末，随着汉字输入法的出现和推广，激光照排技术逐步普及。最先运用这项技术的是汉字排版量很大的报社，随着激光照排技术的普及，传统的铅字排版印刷方式基本绝迹。数码照片和文字输入法为快速地在电脑上制作与编排图文提供了条件，激光照排技术使电脑里的图文生成到胶片上，为印刷提供了可供晒版的胶片，大大地缩短了制作周期，提高了信息传播的速度。

（二）装订设计

一部档案文献出版物在进行装帧设计的时候，必须要考虑到装订形式的问题。装订形式不同不仅会影响到书籍的外部形态，而且与美术设计直接相关。现代书籍的装订形式基本上划分为精装与平装两种类型。

精装是书籍的一种较为高级的装订形式，有纸面、布面、软硬面等不同质料的书壳，均采用锁线订的工艺成书。精装书籍精美耐用，但成本高，制作工艺较为复杂，限于我国目前的经济条件和生产设备水平，还不能做到大多数档案文献以精装形式出版，但对于有重要保存价值的档案文献出版物，应力争以精装形式出版，或使其中一小部分能以精装形式出版。

平装在现阶段仍是我国出版档案文献及其他各类书籍普遍采用的装订形式。平装当中按装订工艺可分为平订、锁线订、无线胶背订等不同的平订形式，杂志和小册子则多用骑马订。平装形式因成本低廉，在我国目前条件下，对大多数档案文献出版物来说，是较为实际可行的装订形式。

我国传统的书籍装订形式，如经折装、蝴蝶装、线装等，具有悠久的历史和独特的传统风格，若出版文物价值很高的档案文献，亦可考虑运用传统装订形式。如《毛泽东手书古诗词选》、《毛泽东题词墨迹选》均有线装本出版，供海内外珍藏。

三、美术设计

版式设计主要解决出版物内部的版面安排问题，美术设计则要解决出版物的外部形式问题。美术设计在整个装帧设计中占有突出的地位，读者对一本书的了解、对一本书的印象首先就是从接触到的这本书的美术设计开始的。美术设计一般由出版社或相关设计公司承担，但编者最好能提出自己的基本要求，并同设计部门探讨、协商。

美术设计主要指的是封面设计。封面也称书面、书衣、封皮，具有保护书页和装饰作用。封面设计包括前封面和前封里、底封里和封底及扉页、内封、护封、书脊、环衬等诸项设计，其中前封面的设计最为重要。

在进行封面设计时首先要考虑文字部分的安排。通过文字部分向读者介绍档案文献出版物题目（书名）、编者及出版单位，如系多卷成套的汇编，还要在封面上注明卷次，如系丛书，则需在封面上列出丛书名称等。在封面的文字部分的设计上，重点是处理好书名的字体、色调、大小和位置，使其以一定的艺术性最醒目地呈现出来。例如，由中国第一历史档案馆编纂、中华书局出版的《义和团档案史料续编》，书名用烫金大字竖印，既表现了义和团运动可歌可泣的反帝精神，又显示了本档案史料汇编的可贵。再如，由贵州省档案馆编纂、贵州人民出版社出版的《红军转战贵州——旧政权档案史料选编》的封面上，“红军转战贵州”六个鲜红色的草书大字印在军绿色书皮上，寓意十分深刻。除文字部分外，封面的图案与色调也是集中体现艺术性的方面，设计人员可以运用不同的艺术手法，使自己设计的封面独具风格，不同凡响。在档案文献出版物封面设计上经常采用的艺术手法有：用与汇编内容有直接关系的景物、器物、地图等的照片或写实性图画作为构图基础，或用与汇编内容的时代特点相符合的艺术图案作为构图基础，或用汇编中某些珍贵文献手迹的照片作为构图基础，或用寓意含蓄的线条作为构图基础，重要人物的别集可用集主像作为构图基础等等。有的封面不用图案，仅选一恰当的颜色衬托书名与主题。一般来说，在设计中要注意文字、图案、色调的有机结合，使之匀称协调、虚实兼顾、庄重典雅、含义深刻。必要时，编者可向设计人员提供一些图片、照片，供设计人员参考，设计时除重点考虑前封面外，对其他部分和书脊也应适当进行一些美术设计。

按照规定，如果书的厚度不小于 5 毫米，就要印书脊字。[①] 书脊字应印上书名、出版者，有的也印上编者。扉页或内衬上应印书名、编者（若封面上编者仅印有档案馆名，则此处可增印上主要编者个人的姓名）、出版者。一般全书最后一页应为版权页，上方印图书在版编目（CIP）数据。下方印版本记录。版本记录包括书名、编者、出版者、出版社地址、经销者、印刷者、印刷厂地址、版次、印次、开本、印张、插页数、字数、印数、出版年月、定价等项目。

一个档案馆按系列出版档案文献出版物，要注意形成本馆特有的设计风格。这样，在正式出版第一部档案文献出版物时选用封面设计就需要特别慎重。

汇编装帧设计除技术设计和美术设计外，还包括确定档案文献出版物的印刷方法和印刷用纸等方面。在设计时要注意各个方面的相互配合，使之浑然一体，从而保证档案文献出版物付印前的整体设计达到较高的水平。

底稿经装帧设计后就可以送印刷厂印刷了。为了确保质量，排版之后正式开印之前，编者、出版社、印刷厂都要反复审查排好的版面，这就是校样校对工作。校样的校对是书刊出版中的一道重要工序，校对质量是影响出版质量的重要因素之一，并最后决定出版物的质量。因此，编者应把校对工作看做是编纂工作的最后一道工序，树立编校合一意识，积极配合出版社、印刷厂做好校对工作。

---

① 参见全国文献工作标准化技术委员会第七委员会：《图书和其它出版物的书脊规则》（GB 11668—89）。

第三节 档案文献校样的校对

一、校对的意义

排版人员根据出版物的底稿进行排版后，为了检查排字是否完全与原稿一致，须印出纸样，供校对人员核对，这个印样就叫校样。校样分为毛校样、初校样、二校样、三校样和付印样等。排版单位自己检查排版质量所用的校样称作毛校样；送给出版单位校对用的校样称作初校样（也称一校样）、二校样、三校样、付印样。经过校对，校样上画出了与底稿、出版要求不相符合的地方，这种勾画着各种校对符号，尚未经排版单位改正的校样叫做红样。经过几次校对、改样，最后打出的校样没有错误了，不必再进行校对的校样叫清样。

校对是出版物付印之前，在校样上或样本上所进行的校读核对、改正差错的工作。把已经排好版的印样与底稿相核对，用规范的校对符号勾画出在排字、组版过程中出现的与原稿、版面设计不相一致之处，这项工作就叫校对。校对工作实际上就是根据底稿核对校样，勾画有差错的地方，以便承印排版的单位进行改正，使编者和编辑的意图准确无误地转移到出版物上。

“校对”由“校雠”、“校勘”演变而来。“校雠”一词出于西汉，汉代学者刘向在《别录》中说：“一人读书，校其上下得谬误，为校；一人持本，一人读书，若怨家相对，为雠。”这里的“校”是考核查对文字，“雠”是“对”的意思。“校雠”就是综合群书，比勘其文字篇籍的异同，正其讹误。

“校勘”一词是梁以后出现的。“校勘”的“勘”字是复核审定的意思。狭义的校勘专指同一部书，用不同的版本和有关资料，相互核对，比较其文字的异同，以订正错误，或者只比较其文字的异同。广义的校勘则包括古书的辨伪、辑佚及书目的核校整理。校勘的程序分三步：修订、详查、校订。“校勘”在某种意义上与“校雠”相通，及至近代，“校勘”一词逐渐取代了“校雠”。

“校对”与“校雠”、“校勘”既有所区别，又有联系。古人说的“校雠”，有时指的是“校勘”，有时“校雠”、“校勘”指的就是“校对”。

校对是一项严肃认真的工作，它在出版工作中的重要性早已被人们所认识。无产阶级革命导师列宁在谈到《俄国资本主义的发展》一书的出版时曾经指出：“……最重要的出版条件是，保证校对得**非常好**。做不到这一点，**根本用不着**出版。”[①] 毛泽东同志非常重视校对工作，曾亲自校对过他的《论持久战》，并

① 《列宁全集》，中文2版，第53卷，134页，北京，人民出版社，1988。

给有关方面写条子说："都校了，第三部分请再送来看一次"，"第一第二部分请你们过细作最后校对，勿使有错"①。鲁迅先生曾为三闲书屋撰写"校印书籍"的广告："本书屋……重金礼聘校对老手，宁可折本关门，决不偷工减料"②。以对作者和对读者认真负责的精神，鲁迅先生一生亲自校对的文字不下两三千万字。

校对工作的失误，会造成严重的不良影响。某出版社曾出过一本书，把"中国人民解放军"的"放"字错成"决"字，由于校对未能校出，出书以后才发现。只好兴师动众，在堆书如山的书库里，逐本逐页地改正。还有的出版社，因图书的编校错误超过了万分之一的国家标准，被作者告上法庭，本是合作的双方却对簿公堂。③

校对是出版的最后一项把关工作，这项工作做得如何，直接关系到出版物的质量。一本书的内容很好，假如翻开书一看，错别字接连不断，或者勘误表密密麻麻，不仅使读者大为扫兴，也会使一部思想隽永、文字优美、装帧考究、颇有价值的书籍减色不少。因此，校对工作应尽力在出书之前消灭错误，尤其应该保证不发生政治性的错字、原则性的错字和会使内容发生重大误解的错字。

总的说来，档案文献出版物的质量，主要是取决于汇编底稿的质量，装帧设计、用料和印刷工艺技术等方面对档案文献出版物的质量也有很大的影响，实际上在很大程度上也与校对工作分不开。一般来说，任何出版物都应通过严格的校对来保证其质量，鉴于档案文献汇编资料来源的原始性，校对工作的要求更高、难度更大。社会对档案文献汇编在质量上的可靠性要求很高，一个字、一个标点、一个加工符号、一个注释，都不应该出现问题。而档案文献汇编在内容上、文字上、格式上、层次上、符号上的很多特点对于普通的排版人员而言是极其陌生的，这就使校样上的问题可能更多，校对的难度更大。假如校对工作不认真负责，就将失去确保档案文献出版物质量的最后机会，读者读到的汇编就有可能或者是明显的错误百出，或者是隐藏的遗患无穷，甚至其中的一字之差，都会给读者带来很大的困难和不便，甚至会造成严重的不良后果。有鉴于此，档案文献汇编的编者应把校对工作看做是编纂工作的最后一道工序，树立编校合一的意识，积极配合出版社、印刷厂做好校对工作。

二、校对的要求

校对工作应对原稿负责，消灭一切排版中的错误。发现原稿有错误、疏漏和

---

① 转引自杜维东等：《现代校对实用手册》，4页，北京，印刷工业出版社，2007。

② 《鲁迅全集》，1版，第8卷，446页，北京，人民文学出版社，1981。

③ 参见杜维东等：《现代校对实用手册》，北京，印刷工业出版社，2007。

不妥之处，应及时提交编者解决，规定的校次，不能任意减少。档案文献汇编的校对，既可以以出版社的专职校对人员为主，印刷厂、出版社和档案文献汇编的编者参与检查，也可以以档案文献汇编的编者为主，实行编校合一，印刷厂、出版社参与检查。对难度较大的题目，以编者为主做校对工作往往更合适些。无论谁承担校对工作，都要明确校对要求。具体应做到以下几点。

第一，校正校样与汇编底稿不符的文字、标点符号、图版、表格、版式、字体、字号等差错。

第二，核对校样页码的顺序，书眉、注文和注码的对口，注码、图表的顺序，图表与正文的衔接。

第三，解决版面格式和文字、图表等的统行、统版、缩面工作。

第四，注意简、繁、异体和数码等用字的统一。

第五，发现原稿有错误或问题，需在校样上用铅笔提出质疑和改正意见。如果确有把握，错误十分明显（包括为全书统一而必须改正的文字、符号和格式），可在校样上直接改正，在旁边画个问号，并注明“几校改”。编者、编辑读校样时，对校对提出的疑问加以解决。

第六，原稿应妥善保管，不得涂改、损坏和丢失。在校样上书写必须字迹端正，引线清楚，符号明确。

责任校对在校对的全过程中，负责指导全稿的统一工作。在全稿校对完毕后，责任校对应从头至尾翻阅校样，做进一步的检查、统一和整理工作。

三、校对程序和校对符号

校对工作的程序如下。

（一）毛校

排版单位排出的版，一般都存在错处，为减少排版差错率，很多排版单位在把印样送交出版单位之前，先进行一次自校，这次校对称为“毛校”。排版单位进行毛校后，把校样上的错字、漏字、多字、缺字及格式错误等问题逐一改正、补齐，再印出校样，送出版单位校对。

（二）初校至三校

初校至三校在出版单位进行。校对的次数称为校次。一本书需要几个校次，是根据书的内容和性质，原稿是否清楚，版面改动的多少和质量要求的程度而决定的。一般的图书，出版部门要校对三次，分别称为初校（一校）、二校、三校。有时原稿较乱，为了确保出版质量，在三校后加一个校次，有时是脱离原稿通读，称为四校。

每校对一次之后，都要把校样退回排版单位，将校出的错误改正，然后，再次打出校样送校。为了减少排版单位和出版单位之间送、退校样的往返次数，节省时间，缩短出书周期，可视校样清晰程度，采取连校的办法。如果一校完毕，在校样上勾画出的错处不多，就不必退回排版单位改样，可使用一校样在出版部门再进行第二次校对，这就叫一、二连校。但是二校的校对人员一定要使用与一校不同颜色的笔，以示区别。也有时三、四校采用连校。连校后，将包括两个校次的校样退回排版单位，一并改样。有的书（如辞典或重点书）则要增加多个校次。

（三）并样和复对

有时排出的版要出几份校样，分送校对、编辑和编者，但退给排版单位改版用的只能有一份校样，这就需要把编辑、编者和校对的校样改动的地方，完全誊录到要退改的校样上，这就是并样工作。复对是校对工作中的一个重要环节。每个校次的红样退回排版单位改正后，打出校样，连同红样一起再送到出版单位进行校对。在未进行下一校次校对之前，先将校样与上一校次的红样相核对（即复对），看排版单位改样时有无漏改、错改，缺字是否补齐等，这项工作对保证校对质量十分必要。

（四）整理

字数较多的书稿，往往由几个人分校。为了保证整个校样在退改前和付印前能够取得格式上的一致，保证全书质量，防止发生技术方面的问题，需对校样做全面的整理和检查。

第一，把原稿和校样全部集中一起，检点页码是否衔接，有无遗失、缺漏，尤其是不属于正文的部分，如封面、扉页、版权页、目录、索引、图版等，都要仔细检查。

第二，按顺序检点和编排页码，如果是上下册页码连贯的书籍，需查明上下册的页码是否衔接，有无差错。凡是暗码、插页都必须注明。若有双跨单排的表格、插图、脚注等，应检查是否因页码更改而不成双单码。彩图或单页插图如未送校，应该留出空缺处的页码。

第三，查看书眉的文字及版式是否符合要求。

第四，检查封面、扉页、版权、目录等的书名、年份等是否一致。书名注有汉语拼音的，要查核拼音是否正确。扉页、版权页上的书名如转行时，应尽量与封面一致。

第五，如遇缺图、重制图、修图等，在校样上最好贴上纸条注明，单码的贴在左上角，双码的贴在右上角，缺图处要贴上图样。

（五）核红

核红又称对红、校红，是校对工作中的最后一道工序。核红是将最后一个校次的红样，与改样后印出的清样相核对，查看校样上所画的改动之处，是否完全准确无误地得到改正。在整个校对过程中，核红起着最后的把关作用。

（六）付印

经过几次校对、改样，确认所排的版全部无错，出版单位负责人或责任校对要在校样上签署“付印”的字样，同时签署本人名字及签字时间。这最后一次的清样，称为付印样。即表示交给排版单位，照此印刷。

校对符号是用来标明校样上的错误和如何改动的记号，是编辑、校对、排版所共同使用的标准语言。

版面上的错误是多种多样的，各种不同错误的校正，或标明如何改动，都有相应的符号。凡有关人员都应懂得并熟练使用这些统一的符号，才能正确理解出版者的意图，按照标准的校对符号所表示的内容去改版；编辑、校对人员也只有正确掌握校对符号，才能准确无误地表达出自己的想法，而不致被误解，造成徒劳的反复改动，也可避免给下道工序带来困难和麻烦，延长改版时间。

校对符号共有21种，1993年11月16日国家技术监督局发布的《校对符号及其用法》是校对符号的国家执行标准，校对符号的使用应以此为准。

第四节　档案文献的出版传播

一、汇编出版传播的意义

传播是人类通过符号和媒介交流信息以期发生相应变化的活动。[①] 传播的根本目的是传递信息，是人与人之间、人与社会之间的信息传递、信息接收或信息反馈活动。出版与传播有着内在的联系，作为社会行为的出版传播是指出版传播者采集作品信息，对其编辑加工、复制并公之于众的社会传播行为[②]，是人类利用出版媒介进行信息沟通和意义交流的传播形式。当今出版媒介的主要载体形态有印刷媒介、光、电、磁和网络媒介等，但不论是哪种载体形态，出版媒介的核心还是在其承载的“内容”中。

档案文献编纂活动是档案馆根据社会需求，利用馆藏档案编写档案参考资料，编纂出版档案文献汇编的一种特殊的社会实践活动。档案文献编纂活动的产品主要是各种各样的档案文献出版物，这些出版物以提供客观的档案信息为基本出发点，编者在编纂过程中所做的查选、考订、加工、编排和评介等一系列工作

① 参见邵培仁：《传播学》，北京，高等教育出版社，2000。

② 参见李新祥：《出版传播内涵初探》，载《北京印刷学院学报》，2003（3）。

都是档案文献汇编出版传播的前期准备工作，档案文献编纂活动的最终目的是向受众传播客观、全面、系统的档案信息，从这个意义上讲，档案文献编纂活动就是档案信息的出版传播活动。

档案文献编纂不仅改变了档案信息的存在状况，也改变了档案信息的传播途径和方式，档案文献汇编出版传播的深远意义在于以下几个方面。

（一）档案文献汇编的出版传播加快了档案信息的传播速度

档案是贮存和传播知识的一种形式①，如何让档案中贮存的知识更为广泛而长久地传播是一个历久弥新的话题。在中国古代，从春秋时期孔子编订“六经”开始，代代相继的档案文献编纂活动，其意无不在于扩大档案文献的传播范围，深化档案文献的影响力度。在现代社会，无论是作为机关工作的查考凭据，还是作为企业生产经营活动的参考依据，抑或是作为科学研究活动的可靠资料、宣传教育活动的生动素材，档案文献编纂均不可或缺。现代出版为提高档案信息的传播速度和扩大传播范围搭建了一个重要的平台。现代出版以图书、报刊、音像、电子、网络等媒介为载体，对其承载的内容进行编辑、复制和传播，并通过市场将出版物传送给消费者。即便只是采用印刷传播模式，现代出版传播也大大加快了档案文献汇编的传播速度，拓展了档案文献汇编的传播范围。

20 世纪 90 年代以来信息技术的快速发展将档案文献编纂与档案信息咨询及电子网络信息服务结合起来，使档案文献编纂活动出现了数字化和网络化的趋势。数字化的档案文献资源完全打破了档案文献原有的空间集聚概念，档案文献的数字化出版传播模式使得档案信息资源共享的效率发生了质的飞跃，极大地提高了档案信息的传输速度，扩大了档案信息的传播范围，使档案信息的传播途径和传播效果产生质的飞跃。

（二）档案文献汇编的出版传播为档案机构提供了传播档案文化的良机

档案是一种文化现象，档案的文化价值需要在传播中体现。现代传播学的研究表明，传播者自身可信度如何，对于传播的效果有重要影响。档案机构在公信力和权威性方面有独有的优势，档案的原始记录性是其区别于其他文献信息的最大特征，也决定了档案具有其他文献信息无可比拟的优越性，从这个角度来看，编纂出版档案文献汇编是档案机构向社会传播档案文化的良机。编者利用档案独有的原始记录性，编纂出版内容丰富、形式多样的档案文献汇编，在社会的文化建设中具有独特的建设性作用。由于档案多为孤本，档案馆对馆藏档案信息往往是独占的，相关法律规定也固化了档案馆在档案信息公布和传播上的这种排他性

① 参见吴宝康：《档案学概论》，北京，中国人民大学出版社，1988。

特点，因此，这种传播者对档案信息的独占性和排他性往往使受众对档案文献汇编的信赖度比较高。例如，辽宁省抚顺市档案馆编纂出版了《辉煌八十年》一书，全书用80篇生动的文章真实地再现了中国共产党在抚顺地区可歌可泣的革命斗争和“四化”建设的伟大历程，反响热烈。再如，河南省焦作市档案馆根据该市陈家沟是我国太极拳发祥地并且已有300多年历史的特点，研究开发出了《陈化太极拳》、《中华武术瑰宝——太极拳》、《焦作旅游文化管窥》等书籍，收到了良好的社会效益。上述举措都对传播档案文化、弘扬先进文化，起着积极而独特的作用。①

（三）档案文献汇编的出版传播提高了受众接收档案信息的效率

现代传播理论认为，受众在传播活动中具有重要地位，受众不仅是信息产品的消费者，也是信息产品的最终检验者，受众是信息传播活动中的极为活跃的因素。作为一种基础性的原生信息资源，档案以其原始记录性、凭证性、权威性显示了强大的生命力，社会的发展和进步离不开对档案信息资源的利用，不断提高全社会利用档案信息资源的效率是档案机构的分内之责。从档案信息的传播途径来看，一方面，受众可以自行到档案馆搜寻和利用档案信息资源，这是档案信息资源的非主动传播。另一方面，档案信息的受众还可以通过各种出版物、广播、电视、网络等大众传播媒介利用档案信息。档案文献汇编作为一种特殊的出版物，在编史修志、鉴往资治等方面具有独特的作用，这种独特性决定了档案文献汇编在图书市场上虽很难成为炙手可热的畅销书，但却具有不可替代的地位。作为传播主体的编者，如能认真研究不同受众群体的特点，根据受众的动机和需求，采集、加工和传播具有鲜明个性和吸引力的档案文献信息，引导他们积极主动地参与、接受传播活动，则受众接收档案信息的效率会大为提高。例如，中国第一历史档案馆联合有关单位利用馆藏1 000多万件珍品拍摄了大型系列电视片《清宫秘档》。该片共25集，真实、生动地再现了清王朝260多年的历史文化，使人耳目一新，在欣赏电视片的同时，也了解了清王朝的历史文化，给人以教育和启迪，受众反响热烈。

二、档案文献出版传播的内容

近年来，国内档案文献汇编不仅数量巨大（平均每年约数千种），而且编纂成果的类型也呈现多样化趋势。②

从内容上讲，传统的为史学研究服务的一次档案文献汇编仍是编纂的主体类型。如明清史方面的编纂成果有：《光绪宣统两朝上谕档》（1996年）、《康熙朝

---

① 参见李文彬：《档案馆应成为先进文化的传播基地》，载《云南档案》，2003（5）。

② 参见朱玉媛主编：《档案学研究进展》，武汉，武汉大学出版社，2007。

满文朱批奏折全译》(1996年)、《中国清代邮政图集》(1996年)、《清代中朝关系档案史料汇编》(1996年)、《中国第一历史档案馆馆藏清代官员履历全编》(1997年)、《纂修四库全书档案》(1997年)、《清代琉球国王表奏文书选录》(1997年)、《十七世纪蒙古文文书档案(1600—1650)》(1997年)、《咸丰同治两朝上谕档》(1998年)、《乾隆朝上谕档》(1998年再版)、《清代中国与东南亚各国关系档案史料汇编(一)》(1998年)、《雍正朝满文朱批奏折全译》(1998年)、《清代中朝关系档案史料续编》(1998年)、《雍正朝汉文谕旨汇编》(1999年)、《明清时期澳门问题档案文献汇编》(1999年)、《明清澳门问题皇宫珍档》(1999年)、《澳门问题明清珍档荟萃》(2000年)、《中葡关系档案史料汇编》(2000年)、《乾隆朝军机处随手登记档》(2000年)、《清代皇帝御批彝事珍档》(2000年)、《嘉庆道光两朝上谕档》(2000年)、《清政府镇压太平天国档案史料》(1～26册)(1992—2001年)、《中国明朝档案总汇》(2001年)、《清宫御档》(2001年)、《清代外务部中奥关系档案精选》(2001年)、《清宫珍藏历世达赖喇嘛档案荟萃》(2002年)、《乾隆帝起居注》(2002年)、《清宫粤港澳商贸档案全集》(2002年)、《清代中琉关系档案选编》(1～5编)(1993—2002年)、《雍正朝内阁六科史书·吏科》(2002年)、《庚子事变清宫档案汇编》(2003—2005年)、《清中前期西洋天主教在华活动档案史料》(2003年)等等。民国史方面的编纂成果有:《中山陵史迹图集》(1996年)、《中华民国邮政图集》(1996年)、《民国时期北平市工商税收》(1998年)、《北平历届市政府市政会议决议录》(1998年)、《民国治藏行政法规》(1999年)、《华北事变》(2000年)、《中华民国历史图片档案》(2002年)、《中国考试史文献集成·民国卷》(2003年)、《民国开发西北》(2003年)、《民国黄河大事记》(2004年)等等。中共党史、中国革命史方面的编纂成果有:《中国人民解放军海军档案工作大事记(1949.4—1989.4年)》(1993年)、《北平的新生(摄影集)》(1999年)、《中国共产党八十年珍贵档案》(2001年)、《毋忘国耻——济南"五三"惨案档案文献选辑》(2003年)、《南京当代人物大典·英烈卷》(2003年)、《邓小平在北京》(2004年)、《情满西湖——老一辈革命家与杭州》(2004年)、《苏皖边区政府档案史料选编》(2005年)等等。现当代史方面的编纂成果有:《北京市人民代表大会文献资料汇编(1949—1993)》(1996年)、《北京辉煌的五十年(摄影集)》(1999年)、《青岛数字全书——青岛经济社会发展备忘录》(2003年)、《上海石化年鉴》(1999—2010年)、《中国石油吉林油田年鉴》(2004—2010年)、《北京市人民代表大会文献资料汇编(1993—2003年)》(2006年)等等。除此之外,还有大量的专题史方面的编纂成果,如中国第二历史档案馆编纂的《中国抗日战争时期物价史料汇编》(1998年)、《康藏纠纷档案选编》(2000年)、《中国奥运之路》(2002年),上海市城市建设档案馆编纂的《上海传统民居》(2005年),北京市档案馆编纂的《北京寺庙历史资料》(1997年)、《北京会馆档案史料》(1997年)、《北京地坛史料》(1998年)、《日本掠夺华北强制劳工档案史料集》(2003年),四川省档案馆编写的《巴蜀灾情实录》(2005年)等等。这些专题档案文献的编纂为专门研究提供了非常宝贵的资料。专题档案文献的编纂还非常注意选题的现时性和针对性,如为了纪念中国人民抗日战争暨世界反法西斯战争胜利60周年,四川省档案馆编纂了《四川抗战档案研究》、《川魂——四川抗战档案史料选编》(2005年)。再如,为了宣传中央关于“三农”问题的政策和精神,编纂了《“三农”问题政策法规选编及问答》(2005年)。再如,为了配合西部大开发的战略决策,编纂了《中国西部大开发档案文献选编》(2002年出了第一套丛书《中国西部决策》)。

编纂成果除了大量的一次档案文献汇编外,还有不少二次、三次档案文献。如《中国清代邮政图集》(1996年)、《侵华日军南京大屠杀图集》(1997年)、《〈北京档案史料〉目录总索引(1986—1997)》(1998年)等。值得一提的是,四川省档案馆编纂的《四川省所存西藏和藏事档案史料目录》,为中外藏学研究专家学者查找所需的档案文献提供了线索和依据。所辑文献形成时间从明洪武二十一年(1388年)起,至1949年,内容包括政治、经济、军事、司法治安、民族、宗教、文教卫生、外事等方面。中国第二历史档案馆编纂出版了一批反映老城市风貌的老照片,如1998年出版了《老南京——旧影秦淮》、《老上海——已逝的时光》、《老北京——帝都遗韵》、《老天津——津门旧事》;1999年出版了《老重庆——巴山夜雨》、《老广州——屐声帆影》、《老武汉——永远的浪漫》、《老西安——废都斜阳》;2000年出版了《老杭州——湖山人间》、《老昆明——金马碧鸡》、《老苏州——水巷寻梦》。

此外,除了传统的纸质档案文献编纂成果之外,还涌现出一批新型载体形式的编纂成果。如中央档案馆、中国第一历史档案馆、中国第二历史档案馆和北京超星公司合作编制了档案文献光盘库,中共中央文献研究室、中央电视台和中央新闻纪录电影制片厂联合制作的电影文献纪录片《小平您好》、《辉煌》,江西文化音像出版社出版的大型电视文献纪录片《毛泽东与中国》等,都是新型载体的优秀编纂成果。

三、档案文献出版传播的方式

根据人类传播信息的方式或媒介形态发展演进的历史,有的学者将迄今为止的人类历史分为几个阶段:口语传播时代、文字传播时代、印刷传播时代、电子传播时代和数字传播时代。[①] 显然，档案文献汇编的传播形式已经经历了文字传播时代[②]，正处于印刷传播、电子传播、数字传播并行的历史时期。就我国目前的实际情况来看，档案文献汇编的传播，大致可以分为打印发放、印刷出版、数字出版等几种主要形式，其中又以印刷出版为主。打印发放主要局限于一些供内部参考之用的档案文献汇编或文件汇编，影响有限，不是汇编出版传播方式的主流。数字出版虽尚未成为档案文献汇编出版传播的主体形式，但却是汇编出版传播最为重要的发展趋势，故此处主要对印刷出版和数字出版两种档案文献汇编的出版传播方式做简要介绍，更为详细的探讨在本书的第十章、第十一章、第十二章展开。

纵观历史，档案文献汇编印刷出版的历史源远流长。在中国古代，孔子编订"六经"，司马迁撰《史记》，司马光修《资治通鉴》，都与档案文献编纂活动密切相关，这些经典的传世无不得益于印刷出版的传播之功。近代王国维利用甲骨档案编纂的《戬寿堂所藏殷虚文字考释》，利用金文档案编纂的《宋代金文著录表》与《国朝金文著录表》，利用简牍档案编纂的《流沙坠简》，利用封泥档案编纂的《齐鲁封泥集存》，利用敦煌文献编纂的《唐写本切韵》及利用相关史料编纂的《蒙古史料四种校注》、《耶律文正公年谱》等，皆涉猎广泛，选题新颖，材料珍贵，堪称独领一代学术风骚。此外，程寅生编纂的《太平天国史料》，萧一山编纂的《太平天国丛书》，沈兼士组织编纂的《文献丛编》、《史料旬刊》、《清代文字狱档》等近代许多档案文献汇编的印刷出版，对后世的学术研究可谓助益巨大。

新中国成立后，由翦伯赞发起、中国史学会组织编纂的《中国近代史资料丛刊》，是新中国成立后国内史学界编纂的第一部大型资料书。再如，中国第一历史档案馆编纂、档案出版社影印出版的《康熙朝汉文朱批奏折汇编》，辽宁省档案馆编纂、中华书局出版的《中华民国史资料丛稿》系列，中国档案出版社出版的《中国共产党八十年珍贵档案》，广东旅游出版社出版的《图文 20 世纪中国史》和《历史真相 20 世纪图片档案》，五洲传播出版社出版的《20 世纪百件世界大事回眸》等等，诸如此类的档案文献汇编的印刷出版，既对史学研究意义深远，又向大众普及了历史知识，有助于更多的普通读者了解历史。[③]

---

① 参见许静：《传播学概论》，北京，清华大学出版社、北京交通大学出版社，2007。

② 这里所说的文字传播时代是指从文字出现到印刷术产生之间的历史时期，电子传播时代则是指互联网普及之前，以广播、电视等为传播媒介的时期。

③ 参见董军、余涛：《档案题材图书的出版历史、现状及发展趋势》，载《图书情报知识》，2004 (1)。

印刷出版作为传播档案文献汇编的一种方式，在传承人类文化的过程中，发挥了极为重要的作用。伴随时代的发展，人类社会的形态已由工业社会向信息社会转变，档案文献汇编的出版传播方式势必也会受到社会形态变化的深刻影响。一个显见的事实是，随着信息技术的普及和社会信息交流的扩大，数字出版物正强烈地改变着人们的工作和生活方式，并深刻地影响着社会的变革。以纸张作为载体的档案文献汇编的出版传播方式是否将日益式微？这个问题此处不做过多的分析，这是一个应该留给现实和未来去检验的话题。纸质载体千百年来适应人类阅读文献的生理习惯，且纸质载体方便经济，阅读时无须借助其他设备，其记录性也比较稳定，这些特点决定了印刷出版目前仍然是档案文献汇编最重要的通行的传播方式。事实上，迄今为止，绝大多数传世的档案文献汇编都是以印刷出版的形式传播档案信息的。但与此同时，我们一定要充分意识到以纸张作为载体的印刷出版传播方式的局限性，如由于受到技术和成本的限制，印刷出版方式传播的档案文献汇编往往只能以文字为主，或配以少量图片，致使档案本身所蕴涵的丰富信息大量丢失，尤其是大量的非主要附属信息（载体特性）几乎丧失殆尽，而部分读者需要的可能正是这些信息。

伴随着现代信息技术的发展，档案信息的传播方式发生了深刻的变化。以纸张为载体，通过印刷出版的方式公开发表和出版档案文献编纂成果虽然仍是一种重要的传播方式，但早已不再是唯一的方式。如档案文献编纂成果可以通过网站、博客、数字档案馆、数字图书馆等网络渠道进行传播；也可以通过光盘和缩微胶卷等形式传播；还可以通过档案展览、音像制品等形式生动活泼、有声有色地传播。① 在上述传播方式中，数字传播以其传播的及时性、海量性、双向互动性、多媒体性、成本低廉等特点异军突起，成为档案信息传播未来最有前途的发展方向。计算机技术、现代通信与网络技术等在档案文献的加工制作、信息传输等方面的广泛应用，不仅改变了档案文献编纂活动的手段、方法，提高了编纂出版的速度，而且在成果形式、公布途径和传播效果上更具有可读性、可视性和欣赏性，从而大大拓展了档案信息传播的受众面和传播面。

运用现代化的信息技术手段提升档案文献汇编传播的技术含量，借助数字传播、数字出版拓展档案文献汇编的传播空间和提高传播效率是大势所趋。数字传播是以互联网为传播平台，以数字化的信息为传播内容的新型传播模式。数字传播的迅猛发展，使纸质载体在档案信息传播中的主流地位受到了强烈的冲击。许多学者认为纸质载体的角色和地位将会调整，数字传播的主流地位在未来必然确

① 参见黄存勋：《档案编研中的研究、审校与传播》，载《机电兵船档案》，2007（2）。

立。数字传播对档案信息传播的积极影响主要表现在两个方面：一方面，数字传播融文字、图像和声音等为一体，使得档案信息传播更加生动和形象化，从而更容易被受众接受；另一方面，数字传播扩展了档案信息传播的途径和空间，尤其是数字传播有其巨大的速度优势，传统档案信息通过数字化后可上网传播，大大拓展了档案信息的传播范围，走上跨时空传播的道路。①

数字出版是人类文化的数字化传承，它是建立在计算机技术、通信技术、网络技术、流媒体技术、存储技术、显示技术等高新技术基础上，融合并超越了传统出版模式而发展起来的新兴出版形式。数字出版在出版的整个过程中，将所有的信息都以统一的二进制代码的数字化形式存储于光盘、磁盘等介质中，信息的处理与接收则借助计算机或终端设备进行。数字出版在我国起步较晚，但发展很快，目前已经形成了网络图书、网络期刊等新业态。由于数字出版本身在我国尚处于起步阶段，档案文献汇编的数字出版方式的发展尚未真正展开，但这无疑是档案文献汇编传播的重要发展方向。现阶段国内档案机构通过互联网进行档案文献编纂成果的传播也已卓有成效，并积累了一些经验。如本溪市档案馆借该市开通公众信息网，在市内主广场、商厦、街道、主要机关设置100台电子触摸屏之机，不失时机地开辟了“本溪历史上的今天”专栏，充分发挥了档案文献编纂传播先进文化的职能，鼓舞和激发了人们的爱国主义热情。又如，2001年7月1日是中国共产党成立80周年的纪念日，山东省临沂市档案馆则在这一天利用临沂市档案网站别出心裁地在网上成功举办了“临沂市纪念建党80周年馆藏历史照片资料展”，使得广大人民群众通过网络受到了一次深刻的爱国主义教育。这种独特新颖的传播先进文化的方式无疑收到了极好的宣传效果。

我们认为，在信息化的时代背景下，数字化的传播方式给档案文献编纂活动带来了巨大的机遇，档案部门要深刻认识到数字传播已经成为档案文献汇编传播方式的另一个极其重要的发展方向，应抓住机遇，以主动积极的姿态迎接信息时代的挑战，在数字传播领域占据一席之地。

四、档案文献信息反馈的搜集和分析

开展信息反馈活动是传播活动的重要环节，是传播者对信息传播效果进行的评判，其目的是提高信息传播的质量和效率。传播效果是整个传播活动的出发点和归宿，传播的效果问题贯穿于传播活动的全过程。传播效果的如期实现既需要具有高质量的信息，又需要传播者与受众之间的良性互动，还需要畅通无阻的传播通道。当这些条件都具备时，就容易取得比较满意的传播效果。反之，无论是

---

① 参见管先海、程训方：《网络传播的影响与档案信息传播的发展趋向》，载《档案管理》，2003（6）。

传播品的质量、传播者与受众之间的互动、传播渠道哪一个环节出现问题，都会导致传播效果的不佳。此外，传播活动的效果还受到其他因素的影响，传播效果的不确定性是很大的。有鉴于此，及时进行传播信息反馈的搜集和分析就显得很重要了。

一般而言，信息反馈就是指由系统把信息输送出去，又把其作用结果返送回来，并对信息的再输出发生影响，起到控制和改进的作用，以达到预定的目的。档案文献汇编从编纂到出版传播构成了一个完整的信息传播系统，该系统包括信息加工、信息传播和信息反馈。从档案文献的编纂到出版传播是编者向社会传播档案信息流程的一个方面，而及时总结经验，搜集社会对档案文献汇编的反馈信息，经过综合分析进一步指导和改进档案文献编纂工作，使档案文献汇编质量得到提高，则是档案信息传播流程的另一方面。以上两个方面构成了档案文献编纂工作的完整内容，档案文献编纂工作经过这样周而复始的运转，得到不断提高和发展。

档案文献汇编反馈信息的搜集主要是对档案文献汇编信息源的反馈信息的搜集，它通常包括调查、检索、征求等方式。搜集完全的档案文献汇编反馈信息，既可以为改进档案文献汇编提供参考依据，也可以为酝酿新的档案文献编纂选题打下基础，事实上有些反馈评价本身就是新的题目信息。

档案文献汇编反馈信息的分析是将搜集到的反馈信息依据其性质分门别类进行整理，分为选题、选材、编纂加工、编排体例、参考材料等方面，从中进一步明确哪些是应当继续发扬的，哪些是需要改进的。把上述经过分析的档案文献汇编反馈信息，反馈到档案文献编纂工作中去，对整个档案文献编纂过程实施质量控制，使今后的档案文献汇编更加符合社会需求。

对传统的档案文献编纂活动而言，囿于观念和技术手段的落后，档案文献汇编信息反馈的搜集和分析显得比较薄弱。常见的做法是通过一些小规模的用户访谈、问卷调查等进行汇编信息反馈的搜集和分析，难以全面把握社会需求，局限性比较大。在信息技术快速发展，计算机和互联网日益普及的条件下，档案文献汇编的信息反馈在观念和手段上都产生了较大的飞跃。这主要表现为：在观念上，汇编的信息反馈问题被赋予了“用户研究”的含义，编者往往主动地细分汇编的用户群，增强了汇编的用户针对性，并能根据用户的实际需求开发“适销对路”的档案文献汇编产品。在手段上，网络环境使得编者与用户之间的交流更为便捷，编者可以建立用户资料数据库，跟踪用户需求，及时主动地为用户提供相关信息。而用户则可以借助网络，通过各种形式如网络留言、发送电子邮件等形式及时表达自己对档案文献汇编的需求和意见。

【思考题】

1. 底稿的质量要求是什么?
2. 底稿的技术性审核有哪些方面的内容?
3. 为什么底稿要经主编统审?
4. 编者为什么要了解装帧设计?
5. 汇编版式设计有哪些内容?
6. 汇编封面设计应注意哪些问题?
7. 简述校对与保证档案出版物的质量的关系。
8. 汇编的出版传播有什么意义?
9. 简述汇编出版传播的方式。
10. 如何搜集和分析汇编的反馈信息?

下编

出版物

21世纪档案学系列教材

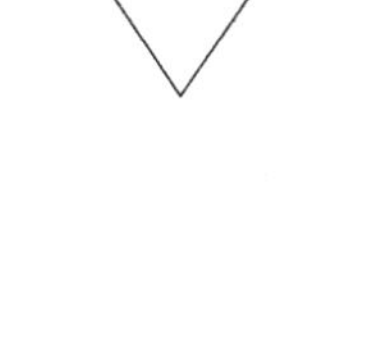

21世纪档案学系列教材

第十章 印刷型档案文献出版物

【本章要点】

本章介绍印刷型档案文献出版物的主要类型，梳理其历史发展脉络，提出当前印刷型档案文献出版物具有编纂力量的多元性、编纂主题的广泛性、编纂体裁的多样性等现实特点，阐述信息时代印刷型档案文献出版物的生存与发展空间问题，分析印刷型档案文献出版物的载体特征、技术特征、传播特征，介绍了印刷型档案文献出版物的具体结构形态，并从历史与现实的双重角度解读其社会价值。

【关键词】

印刷型档案文献出版物〇主要类型〇历史与现实〇基本特征〇社会价值

档案文献作为一种真实的历史记录，为人类保留了从文字产生之初的远古时代一直到今天计算机网络时代的漫长记忆，并将不断延续。档案文献为我们提供了原始、广泛、丰富和具体的信息，具有广泛的证据价值和情报价值。而档案文献编纂工作则帮助我们在浩如烟海的档案文献中迅速、便捷地找寻所需信息，真正实现“为档案信息找利用者，为利用者找档案信息”。档案文献出版物则是档案文献编纂工作成果的主要表现形式。印刷型档案文献出版物是传统档案文献编纂工作成果最主要的形式，也是当前档案文献出版物大家庭中最主要的组成部分。所谓印刷型档案文献出版物，是指以纸质材料为载体，以印刷为记录手段而形成的档案文献编纂成品，也是具有悠久历史的档案文献出版物。本章将对印刷型档案文献出版物的主要类型、基本特征、历史与现实、社会价值等方面进行具体分析，以期全面展示印刷型档案文献出版物的基本状况。

第一节　印刷型档案文献出版物的主要类型

在历史发展的漫长岁月中，传统档案文献编纂工作形成了从编纂选题、查选、考订、加工、编排、出版等一系列严谨、规范的运作流程与基本方法，而出版物的制作和排版手段与技术随着社会的发展和科学技术的进步发生了巨大的变化，丰富了印刷型档案文献出版物，印刷型档案文献出版物的编纂与公布形式也从单一的图书形式发展为图书、报纸、期刊形式并存的多元化格局。

一、图书类档案文献出版物

图书是随着纸张的普及、印刷术的发明与应用而出现的一种文献形式。在印刷型档案文献出版物中，图书是最主要、最核心的组成部分。经历传统雕版印刷、活字印刷、铅版印刷、激光排版等印刷出版技术的更新换代，从手工印刷到机械印刷、自动印刷，印刷工艺越来越先进，纸张的制作工艺越来越精美，这些先进的工艺技术被应用于档案文献编纂工作，不断提升着图书类档案文献出版物的质量。

联合国教科文组织 1961 年规定：5～49 页印刷品为小册子，50 页及以上印刷品为图书。图书主要包括专著、教科书、工具书、图册、读物和文集等。由于图书的出版量大，质量稳定、系统，便于存放携带，因此世界各国的档案馆、相关科研机构所编纂出版的档案文献主要以图书出版的形式提供给公众。例如，中国第一历史档案馆凭借海量馆藏优势和一代又一代专业人员的开拓与敬业，自 1925 年至 2003 年共编辑出版各类档案史料书目 165 部，总计 1 240 册，约 4 亿字，累计公布档案达 64 万余件。[①] 至 2009 年 2 月底，国家清史编纂委员会（成

① 参见李国荣：《编纂清代档案　服务清史工程》，载《历史档案》，2004（1）。

立于2002年12月12日）整理出版图书96种844册，包括档案丛刊（6种111册）、文献丛刊（24种618册）、研究丛刊（17种20册）、编译丛刊（26种71册）、图录丛刊（10种10册）等。[①] 此外，创立于1982年的中国档案出版社，也出版了大量图书类档案文献编纂成果。

二、报纸类档案文献出版物

报纸是出版周期非常短的一种连续出版物，按照其出版周期可以分为日报、周报、双周报或周期更长的报纸。由于报纸的内容报道及时、时效性强、普及面广，因此它成为公布最新档案文献编纂成果的一种重要形式。

报纸也具有较为悠久的历史。中国古代报纸，主要是封建社会出版的以刊载官方文件、官场动态和宫廷消息为主的各类报纸。世界上最早用纸抄写的报纸（出现于9世纪80年代）和最早用印刷方式复制的报纸（出现于10世纪），都产生在中国。[②] 进入近代以来，随着中国考古成果的大量出现，报纸也开始刊载重要的档案文献发现或汇编成果介绍。由于报纸版面有限，因此它一般以公布单篇档案文献编纂成品为主，或者发表最新的档案文献编纂成果的出版信息，从而为公众提供获取利用档案文献的指南与路径。创刊于1995年1月的《中国档案报》是我国档案界的行业报，是中国和世界唯一的档案专业报。该报纸除了刊登国内外业界动态外，也专门刊载国内外档案文献汇编的发现、整理等活动，还开设过“历史上的今天”、“史料珍闻”、“史林漫步”、“石室百言”、“档案大观”等栏目，对档案文献及相关的人物、事件等进行报导，从而成为公布档案文献出版物的重要媒介。例如，中国第一历史档案馆编辑部主任李国荣先生作为《中国档案报》“石室百言”栏目的专栏作家，利用中国第一历史档案馆丰富的明清档案馆藏，挖掘、整理、编纂、研究，撰写出一篇篇内容丰富、寓意深远的历史档案文章，这些文章注重寓教于乐，文章读来有趣有益，受到社会各界专家、学者以及普通读者的喜爱和好评。[③]

此外，国家与地方的一些综合性报纸在重大事件纪念日的时候，也会推出相

---

① 参见《推动清史编纂　整理浩瀚典籍　扩大内外交流　繁荣学术文化——国家清史编纂委员会整理出版图书目录》，载《光明日报》，2009-02-18。

② 参见雪砚：《中国古代的报纸》，载《中国档案报》，2010-11-08。

③ 参见郭海缨：《为了档案的光芒——就〈石室百言〉100期诚谢李国荣同志》，载《中国档案报》，2010-06-07。

关的档案文献编纂成果介绍或简介。例如，近年来，《人民日报》、《光明日报》等国家级报纸对国家清史编纂委员会的编纂成果介绍比较多，对重大档案文献整理编纂活动的报道也非常多。《重庆晨报》对《重庆大轰炸档案文献史料丛书》、《生活日报》对《见证——新中国 60 年济南档案文献选萃》等编纂成果的介绍，则可以让公众预览最新的档案文献编纂成果。此外，一些地方档案机构还与当地报纸合作开设专栏介绍档案文献编纂成果。为了纪念石家庄解放 50 周年，1997 年 7 月 1 日至 1998 年 6 月 30 日石家庄市档案馆在《石家庄日报》开办了档案信息专栏“石家庄今日回眸”，刊登 278 篇文章共计 10 万余字的编纂成果。天津市档案馆与《今晚报》联合推出“百张旧照片”档案专栏系列，以直观的信息串起津沽往事，让更多的老百姓感受天津城市历史文化的变迁。此外，南通市档案馆、南通市城建档案馆分别在《南通日报》开设过“党和人民心连心”（2001 年）、“历史的见证”等档案类专栏，韶关市城建档案馆在《韶关日报》开设“韶关在变脸”专栏（2010 年）。

三、期刊类档案文献出版物

期刊是指有固定名称、定期或不定期出版、汇集了多位著者论文的连续出版物，是介于图书与报纸之间的出版物，它一般都用卷、期或年、月顺序编辑出版。相较图书而言，期刊的出版周期比较短，刊载文章的速度快、数量大、内容新颖、发行面广，连续性的出版有利于文献的长期积累。国内外都有专门或部分刊载档案文献编纂成果的学术期刊，主要用于刊载有重要价值或社会影响力但篇幅不长的档案文献或档案文献编纂成果。

世界上最早的档案学期刊创立于 1876 年。它是德国巴伐利亚州档案局主办的《档案杂志》，为年刊，德文，主要刊登档案学论文和档案汇集介绍。目前，美国、英国、加拿大、澳大利亚等国的全国档案工作者协会会刊——*American Archivists*、*Journal of the Society of Archivists*、*Archivaria*、*Archives & Manuscripts*，除了刊载学术论文外，还通过书评、文献研究等栏目公布最新的档案文献编纂成果。

我国大规模创立期刊公布档案文献编纂成果始于 20 世纪二三十年代，当时故宫博物院文献馆、中央研究院历史语言研究所等学术研究机构在整理明清档案中，创办了《文献丛编》、《史料旬刊》、《明清史料》、《文献论丛》等期刊，系统发表了它们整理编纂的明清档案汇编成果。20 世纪 80 年代以来，三大国家级刊物《党的文献》①、《历史档案》②、《民国档案》③ 成为公布革命历史档案、明清档案和民国档案编纂成果的最主要媒介。此外，一些省级档案馆创办了专门公布档案文献编纂成果的档案史料期刊，如《北京档案史料》、《云南档案史料》、《湖北档案史料》、《档案史料与研究》（重庆市档案馆）等。地方性档案学术期刊也开设了相关的栏目来公布发掘整理的档案文献，如《档案与建设》的“文化长廊”、“珍藏录”栏目，《浙江档案》的“馆藏撷英”栏目，《北京档案》的“史料概览”栏目等都定期刊发各省市特色的档案文献收藏及编纂成果。2010 年开始，辽宁省档案局（馆）围绕省委、省政府中心工作，配合重大决策，开发馆藏档案，不定期编辑出版的《辽宁档案资政》，其编纂刊发的文章如《日伪时期辽宁地区温泉调查》、《辽东半岛金矿调查报告》等，由于立意服务大局、内容真实准确，备受关注，是期刊类档案文献出版物在新时期的重要创新。

第二节　印刷型档案文献出版物的历史与现状

如果将我国悠久的历史文化比作一条源远流长的河流，给人们带来取之不尽、用之不竭的文化财富，那么档案文献编纂恰如涓涓细流，给这条浩瀚长河注入了永久活力。从春秋时期孔子以“追迹三代之礼”编订“六经”，到西汉太史令司马迁“代为史官，亲掌图籍”编纂《史记》，再到清代学者章学诚对档案文献编纂进行全面系统的理论归纳和整理，中国档案文献编纂活动源远流长，其规模之大，选题之广，成果之多，使世界各国都难望其项背。印刷型档案文献出版物作为档案文献编纂工作成果的主要表现形式，也是档案文献出版物体系中最古老的一种表现形式，所以从某种角度上来说，中国历代相连、绵延不断的档案文献编纂史就是一部由印刷型档案文献出版物所组成的历史。虽然我国在唐代才发明印刷术，但在此前，手抄型档案文献出版物是档案文献编纂工作成果的主要表

① 《党的文献》杂志由中共中央文献研究室和中央档案馆共同主办，前身是中共中央文献研究室内部刊物《文献和研究》和中央档案馆内部刊物《中央档案馆丛刊》，1988 年创刊，双月刊。《党的文献》是唯一一家经中共中央批准的公布中国共产党、中华人民共和国及其领导人重要文献的期刊，以公布重要历史文献档案，发表重要文献解读、领袖人物生平思想研究、党和国家重大决策和重大事件专题研究、亲历者访谈录、当代理论研究、党史随笔文章为主要内容。

② 《历史档案》是中国第一历史档案馆主办的学术季刊，创刊于 1981 年，是全国首家刊布历史档案的刊物。以公布明清时期档案史料为主，适当公布 1949 年以前其他历史时期的档案，同时，刊载利用档案、资料撰写的学术论文。

③ 《民国档案》由中国第二历史档案馆主办，创刊于 1985 年，是专门刊载民国档案史料兼为民国史研究提供园地的刊物。

现形式，也已具备了一定的出版发行规模，并且也是此后印刷型档案文献出版物的主要档案文献资料来源，所以我们在此也将唐朝之前手抄型档案文献出版物纳入研究范畴。

一、印刷型档案文献出版物的历史变迁

关于我国档案文献编纂史的分期，学界还存有一定争议。但纵观我国档案文献编纂工作的发展历史，不同历史时期许多重要的档案文献编纂活动值得我们关注，这些重大编纂活动为我国的档案文献编纂工作打下了坚实的基础，有效地推动了我国档案文献编纂事业的发展。所以本节参考曹喜琛在《档案文献编纂学》一书中有关档案文献编纂学史略的介绍方法，以重大的编纂活动为分界，以这些档案文献编纂活动所编纂的出版物成果为中心，梳理印刷型档案文献出版物的历史沿革。

（一）档案文献出版物的萌芽时期（先秦时期）

我国的档案文献编纂活动从先秦时期就开始出现，而记载档案文献编纂成果的出版物也随之产生。《左传·昭公十二年》记载：楚灵公谓其左史倚相为“良史”，能读“三坟”、“五典”、“八索”、“九丘”。这“三、五、八、九”是我们迄今知道的最早的古代文献，但是因为它们没有流传下来，是否属于文献汇编，不敢妄议。[①] 我国有史可考的大规模档案文献编纂活动是春秋时期孔子编订“六经”，而其中的《书》（《尚书》）是我国第一部典型的档案文献丛编。

《尚书》是我国最早的一部档案文献丛编，也是萌芽时期档案文献出版物的代表。我们现在见到的《尚书》是一个今文《尚书》和古文《尚书》的合编本。《尚书》所辑材料按史料的性质与来源可以分为古代文书档案和古代人物、事件的后人记述两大类，其各篇文体可以分为“六体”，即典、谟、训、诰、誓、命。关于《尚书》的体例，历代学者有许多见解，章学诚认为《尚书》“因事命篇，本无成法”，郭沫若认为《尚书》系由七零八落的公文汇集而成，尽管如此，《尚书》仍然保存了中国古代一部分重要的档案文献和珍贵的历史记载，西汉史学家司马迁将其中许多材料收录进了《史记》，表明其对研究我国有文字可考的上古历史的稀有价值。以《尚书》为代表的“六经”的编纂使文化知识得以在社会下层广泛传播，有效地保存了中国古代的文史资料，因而对中国文化的发展作出了巨大的贡献。同时孔子在实践中形成的良好的档案文献编纂方法对后世的档案文献编纂工作产生了深远的影响，树立了良好的典范。

春秋时代是我国奴隶制向封建制过渡的时期，公布成文法是这一时期档案文

---

① 参见曹喜琛、韩宝华：《中国档案文献编纂史略》，北京，高等教育出版社，1999。

献编纂活动的重要内容。虽然春秋战国时期的法律文件原文已无从查考，其体例无从窥见，但仍然是封建社会档案文献编纂公布的一个重要选题方向。此外，先秦时期除了文书档案编纂出现萌芽，在科技档案编纂方面也有许多代表性出版物出现，包括我国现存最早的一部科技档案汇编《考工记》、现存最早的一部医疗档案文献汇编《黄帝内经》等出版物。

（二）档案文献出版物的奠基时期（秦汉时期）

秦汉时期是档案文献出版物的奠基时期。秦统一中央集权封建国家的建立，强盛帝国汉王朝长期的相对稳定局面，统治阶级比较重视档案文献的管理，加之文字的统一，造纸术的发明与改进，目录学、校勘学的创立和发展等，都为这一时期档案文献出版物的发展奠定了基础。其中，刘向、刘歆对古代文化典籍的整理堪称我国档案文献编纂史上的一件盛事，《别录》和《七略》的相继编纂也是我国目录学、校勘学的开端。

刘向与其子刘歆相继受命任校书秘阁。刘向把整理好的文献“别集众录”，谓之《别录》，即图书目录，为我国目录学之祖。刘歆则完成了《七略》的编纂，刘向、刘歆父子为每部书写下了较为科学、权威的叙录，并将它们放入一套严密而完整的图书编目系统，其分类包括：辑略、六艺略、诸子略、诗赋略、兵书略、数术略、方技略。《别录》、《七略》的编纂不仅标志着我国目录学、校勘学的开端，而且作为重要的二次文献出版物，为后世的档案文献编纂提供了科学的分类体系，而刘向、刘歆父子将收罗版本、校勘、整理、编目熔为一炉的编纂理念也对后世产生了重大影响。

此外，秦汉作为档案文献出版物发展的奠基时期，除了史料文献的编纂之外，诏令、奏书、法典等文书档案编纂也在此时期逐渐成为我国封建社会档案文献编纂的重要选题。同时，起居注作为一种新型的记录封建皇帝“言行动止之事”（《隋书·经籍志》）的出版物形式在秦汉时期得以萌芽和创立，并在后世得到逐步发展。

而从流传至今的具有代表性的档案文献出版物来看，《熹平石经》是一部颇具特色的档案文献出版物，它是统治阶级主持雕刻的一部石头丛书，目的是“正定‘六经’文字”（《后汉书·蔡邕列传》）从而校正传抄本的伪误，是我国档案文献编纂史上的一大创举。此外，司马迁在博采史料的基础上写作的中国第一部通史——《史记》，更被视为档案工作和历史研究工作相结合的典范。而在科技档案文献编纂方面，还有诸如我国现存最早的数学档案文献汇编《九章算术》，我国现存最早的药物档案文献汇编《神农本草经》，我国现存最早、最完整的农业科技档案文献汇编《齐民要术》（北魏）等，它们都为后世相关学科的创立和发展提供了丰富、具体的原始文献资料。

（三）档案文献出版物的成熟时期（隋唐时期）

隋唐时期是封建社会发展的鼎盛时期，国力强盛，政治、经济、文化都有很大的发展。统治者出于“以史为鉴”总结历史经验的需要，十分重视修史工作，为档案文献编纂工作的发展创造了良好的社会环境。而雕版印刷术的发明与改进则使得档案文献出版物真正从手抄型阶段进入印刷型阶段，至此档案文献出版物开始走向成熟。

隋唐时期真正开始对文献档案进行整理是从唐朝开始的，唐朝我国封建专制主义达到发达形态，档案文献编纂作为重要的统治工具得到显著发展，其表现形式也比前朝历代更加完备：唐朝文书档案文献编纂题材十分丰富，出现了实录这一新兴的出版物形式，其作为起居注的发展主要辑录以帝王为中心的一朝事迹；此外，唐朝对法律制度的整理和编纂达到了空前的程度，也集中体现了唐朝在档案文献编纂方面所取得的成绩，而其中在编纂体例上比较具有代表性的是《唐六典》和《通典》这两部书，标志着唐代法律制度的完善，同时也反映出当时的档案文献编纂工作与时代紧密相关的特点[①]；而在诏令、奏议等方面，奏议作为臣下言事于君王的上行文书，其史料价值远优于其他文集，也有了相应的发展，流传下来了数量可观的奏议文献，《陆宣公奏议》作为其中代表，不仅是官员奏议之范本，也对封建统治起到了很大的资治作用，也是后人研究唐史的第一手资料。

此外，唐代在文书档案的编纂中还出现了表和志等其他各类档案和有关文献的汇编，例如在气象、天文、地震方面，《晋书·天文志》、《隋书·天文志》、《隋书·五行志》等都有相关的档案文献记录。在科技档案文献编纂方面则以孙思邈的《备急千金要方》为代表，并为后代医疗科技档案——方书的编纂作出了贡献。

（四）档案文献出版物的壮大时期（两宋时期）

两宋时期，由于社会矛盾日趋尖锐复杂，统治阶级为了维护中央集权专制，从各方面加强集权措施，形成了中央集权更甚于唐朝的国家，作为封建统治重要工具的档案文献编纂工作也颇为发达。印刷技术的发展，使得印刷型档案文献出版物的数量逐渐增多。而且这一时期的档案文献编纂从实践到理论，仍然与历史学胶葛在一起。因此司马光编纂的《资治通鉴》不能仅仅只看成一项历史史料的编纂活动，还应深入挖掘其中的档案文献编纂的历史文化遗产。

---

① 参见陈丽：《对档案文献编纂理论深化与创新的思考》，硕士论文，成都，四川大学，2006。

《资治通鉴》是北宋司马光（1019—1086年）编纂的中国古代规模最大的一部编年体通史，是继《史记》之后又一部极负盛名的历史巨著，二者因此被后人誉为古代史学“双璧”。司马光奉诏撰著通史，宋神宗以其“鉴于往事，有资于治道”，命名为《资治通鉴》（简称《通鉴》）。《通鉴》虽然在思想性上不如《史记》，但是在编纂体例上有其独特之处，前人称“其书网罗宏富，体大思精，为前古之所未有”，“别择最称精善”，“简繁得宜，很有分寸，文章技术不在司马迁之下”。而《通鉴》能够获得这些赞誉则要归功于司马光在档案文献编纂上的精心设计。

司马光编纂的《通鉴》体现了许多档案文献编纂的独到思想。首先，在史料编纂的基础上撰写史著。史书撰著与史料编纂相结合是治史的一个优良方法，以往这种结合还比较松散，但《通鉴》的编纂则首次将史料编纂直接纳入修书程序，将二者紧密结合。《通鉴》的编纂经过以下单个程序：先作丛目，次作长编，之后删削润色定稿。丛目和长编为《通鉴》的编修奠定了坚实的史料基础。丛目将史料据事目加以编排，较好地解决了史料的广泛收集和初步整理问题，而长编则在史料的鉴别、筛选和考证上着力。此外，司马光关于长编的编纂也提出了一套严密的编纂原则和方法，如“丛目未成，不可遽然作长编”，“选用史料要择善而从，兼收并蓄”等，这些方法和原则都在《通鉴》的编纂上得以落实。司马光首开的“修史先作长编”的先例，对我国历史编纂学的发展产生了深远的影响，《通鉴》的做法为后人纷纷效仿。因此以《资治通鉴》为代表的史料编纂思想在我国史料编纂学史上是一块重要的里程碑，起着承上启下的重要作用，其中一些重要的思想、原则和方法对当前的档案文献编纂工作也是弥足珍贵的，值得我们进一步去挖掘，批判地继承和发扬。

同样，两宋时期的文书档案编纂活动还集中在实录、诏令、奏议、法典等专题类档案汇编方面，其编纂活动之丰富，档案文献出版物流传数量之多，远超前朝：宝训作为辑录一代帝王的谕旨、诏敕以及与臣下的重要谈话的一种档案文献出版物，也成为封建社会一种重要的编纂选题；在诏令编纂方面，出现了许多著名的档案文献出版物，例如《唐大诏令集》作为大型的皇帝诏令汇编是后人研究唐史难得的珍贵档案文献出版物；在奏书编纂方面，宋代出现了汇集一代群臣奏议的总集，这是宋代奏书编纂的一个重要成果；在法典编纂方面，主要分为“刑统”、“编敕”和“条法事类”三大类。

此外，宋代的档案文献出版物还出现了许多独特的选题，例如《三朝北盟会编》以辑录宋金斗争为主要内容，寄托编者的爱国主义情怀，这种独特的汇编选题前所未有，不失为编者的创举。而在科技档案文献编纂方面，我国古代重要的工程建筑科技档案文献汇编《营造法式》、我国古代的历史地图集《天下州县图》等都是两宋时期较为有特色的档案文献出版物。

（五）档案文献出版物的繁荣时期（明清时期）

明清时期作为我国封建制度历史上最后一个繁荣时期，一方面封建经济、政治、文化都达到了高峰，为档案文献编纂工作的发展创造了良好的社会条件，使得延续数千年的档案文献编纂工作得到了空前的繁荣；而另一方面，自清朝嘉庆、道光两朝以后，封建统治日渐衰落，加之外国殖民主义入侵日益加深，我国社会开始进入半封建半殖民的曲折发展道路，这些社会因素都使得此时的档案文献编纂活动打上了时代的烙印。而这一时期最具影响力的档案文献出版物应当数明清实录。

实录由起居注发展而来，是一种秘藏内府的具有档案性质的资料。《明实录》基本上采用编年体例，以帝王为中心按时序编述史实，《明实录》所载史事都以宫廷和朝廷各部门的档案为依据，内容广泛丰富，诸如一朝的主要诏敕指令、臣工奏章、政务活动、财政赋役、典章制度的变化、官吏的升迁，以及各项重大的历史事件，都按照时间顺序加以载录，是研究明史的基本史料。《清实录》的编纂体例有一个从不规范到规划完善的过程，清入关之前的实录体例并无“首卷”内容，到康熙以后编纂的实录才包含首卷和正卷两个部分，并且采取“年经月纬，据事而编成”的体例和方法。

实录作为一种由后朝编纂的档案文献资料，在撰著时以大量的史料汇编为基础，而成书之后又作为重要的档案文献出版物成为官修史书的主要史料源泉之一。但不可忽视的是，实录作为维护统治阶级统治的工具，不可避免地会出现“实录不实”的问题，清朝此种现象尤为突出，但实录作为宫中档案保存的一种文献史料，在诸多史料中仍不失为一种比较珍贵的原始材料。

除明清实录之外，明清文书档案文献出版物的题材在诏令、奏书、法典等方面也有进一步的发展，不仅在数量、规模上卷帙浩繁，在种类上亦较前代有所增多。值得注意的是，清代是我国方略发展的鼎盛时期，其数量占我国历代方略编纂出版物的70%，在方略理论研究上也逐渐深入，并产生了方志学。① 在科技档案文献编纂方面，明清时期继承了我国档案文献编纂工作的优良传统，出现了有关农业和手工业科技档案文献的重要编纂成果《天工开物》、有关药物的档案文献汇编《本草纲目》等有代表性的出版物。

---

① 参见徐绍敏：《档案文献编纂学》，杭州，浙江大学出版社，2001。

（六）档案文献出版物的斗争时期（民国时期）

民国时期内忧外患，风云起伏，社会矛盾日益激烈。但就是在这样一个社会环境昏暗混乱的历史时期，我国档案文献编纂工作还是得到了一定发展。我国近代社会生产力的不断发展，以西方机械印刷设备为代表的现代科学技术的引进都为近代档案文献编纂工作的发展创造了良好的物质条件，于是随着我国20世纪初四种重要史料（殷墟甲骨、汉晋简牍、敦煌遗书、清代内阁大库明清档案）的发现和对其进行的整理和编纂，以及相关出版物的出版，民国时期的档案文献出版物依然展现出了独特魅力。

殷墟甲骨是以龟甲和兽骨为载体的古代档案，是研究殷商历史的档案资料。随着殷墟甲骨的发现，为了推进甲骨文的研究和传播，我国近代许多学者都先后对其进行了整理、编纂和公布，如罗振玉、王国维、董作宾和郭沫若四人因贡献卓越被并称为甲骨考古“四堂”，他们先后编纂出版了许多对殷墟甲骨档案文献进行整理、编纂的出版物，不仅推动了殷商历史的研究，而且促进了相关新学科——甲骨学的创立和形成。

以居延汉简为代表的汉晋简牍的发掘是20世纪初的又一重大史料发现。罗振玉和王国维合编的《流沙坠简》，以及之后劳榦整理、编纂的《居延汉简考释》等出版物都是对汉晋简牍进行编纂整理之后的具有代表性的档案文献出版物，对史学、简牍学的发展都产生了重要的影响。

敦煌遗书被发现之后，引起了国内外学者的注意，并开始进行著录、刊布和研究工作。罗振玉辑的《敦煌石室遗书》以及撰写的《鸣沙山石室秘录》是我国学者研究、刊布敦煌经卷的开始，之后王国维等一系列学者也加入到敦煌经卷的研究行列，并相继出版了许多有史料价值的史料专辑，为敦煌学的创立奠定了基础。

清代内阁大库明清档案是研究明清历史的重要史料宝库。对于明清档案的编纂研究十分广泛，故宫博物院文献馆对明清档案进行了深入研究，并出版了许多档案史料汇编，同时还创办了《文献特刊》、《文献论丛》等专门公布史料内容的刊物。除了文献馆，中央研究院、高等院校的相关专业，以及一些私人爱好者也参与到明清档案的研究整理工作中，并出版了数量丰富的明清档案文献出版物。

除了有关四大史料的档案文献出版物，民国时期还编纂出版了许多其他方面的档案文献。太平天国档案史料的发掘与公布，为研究太平天国运动提供了丰富、具体的原始历史资料。中华民国史料指的是从中华民国开国以来到1949年中华人民共和国成立以前的民国政府有关机关和个人的档案文献，这类史料编纂数量庞大，种类繁多，在公布档案文件方面相比封建时期有着显著的进步。

（七）档案文献出版物的全面发展时期（新中国成立后）

新中国成立后，我国的档案文献编纂事业的发展经过了三个阶段：从20世纪50年代到60年代初是新中国档案文献编纂工作的创建时期，这一时期的档案文献编纂主力是历史学界和其他学界，以编纂出版中国近代档案为主；20世纪60年代中期至70年代后期，由于“左”的错误路线干扰，我国的档案文献编纂事业一度陷入停滞状态；70年代末至今，我国的档案文献编纂事业在改革开放的浪潮之中开始逐渐恢复，中国共产党领导人对档案文献编纂工作的重视，社会各界对大量地、系统地利用档案文献的需要，更进一步促使我国的档案文献编纂事业进入全面发展时期。①

新中国成立以来，在党和国家的领导之下，史学界、档案学界的通力配合和努力，使新中国的档案文献编纂工作呈现出覆盖广、加工深、出版精的特点。

1．在选题方面覆盖广泛

从纵向角度来看，上自殷商，下至民国以及新中国成立之后的课题都有相应的档案文献出版物；从横向角度看，档案文献的编纂选题也涉及了政治、经济、科技、军事、文化、教育等各个学科和门类。新中国的档案文献出版物填补了许多档案文献编纂项目的空白，如现代科技档案文献的编纂就已远远超过历史上的任何时期。

2．在编纂方面加工深入

新中国的档案文献编纂工作不再满足于档案原文的公布，而是进行了大量复杂的、深层次的加工工作，利用档案信息对原始档案文献进行二次、三次加工，较为普遍地开展二次文献、三次文献出版。

3．在考据方面更加精细

新中国的档案文献编纂工作除了注重扩大选题范围，创新编纂体例之外，还吸纳了古籍整理、史料考据的经验，在文本选择、文字校勘、正文标点、内容注释、篇目标题、真伪考据等方面都做了精细的考据、论证工作，极大地提高了档案文献出版物的出版质量。

二、印刷型档案文献出版物的现实状况

经过几十年的档案文献编纂工作实践，新中国档案文献编纂工作形成了一套相对固定的思维方式和运作方法，然而由于档案的专业性比较强，社会的接触面也较窄，读者利用范围小，因此长期以来档案文献编纂工作与现实社会有一定的

---

① 参见曹喜琛主编：《档案文献编纂学》，北京，中国人民大学出版社，1990。

距离。[①] 受此影响，印刷型档案文献出版物也面临着市场狭小及阅读受众有限等诸多难题。近年来，我国档案部门在从事档案文献编纂工作中，积极应对时代要求，扩大社会受众面，充分运用现代印刷出版技术提高档案文献编纂质量，从而使得印刷型档案文献出版物呈现出新的生机与活力。

（一）编纂力量的多元性

档案文献编纂力量的多元性主要体现在以下几个方面。

首先，从档案部门内部看，中央级、省级、地（市）级、县级和机关档案馆（室）形成了一个纵向的档案文献编纂网络，而且大型企业、事业单位档案室也积极开展档案文献编纂工作。早在1989—1992年间，各级机关档案馆、企事业单位档案室编纂的总成果，就几乎与同期各级国家档案馆公开出版的档案文献数量相当。[②] 近年来，一大批基层机关档案馆、企事业单位档案室普遍开展了档案文献编纂工作，已经成为当前档案文献编纂工作的重要力量。

其次，档案部门联合社会专门研究力量参与档案文献编纂工作成为一种新趋势，充分利用档案文献编纂的社会资源，充实编纂队伍，提高编纂水平，扩大编纂成果的社会影响。一是加强政府机关、相关学术机构的参与力度。如中央档案馆与中国社会科学院合作编纂了《中华人民共和国经济档案资料选编》；中国第一历史档案馆与中国社会科学院边疆史地研究中心、中国人民大学清史所联合编纂了《清代边疆满文档案目录》（1999年），与澳门基金会、暨南大学古籍研究所联合编纂了《明清时期澳门问题档案文献汇编》（1999年），与中国藏学研究中心联合编纂了《中国第一历史档案馆所存西藏与藏事档案目录》（2000年）和《清初五世达赖喇嘛档案史料选编》（2000年），与北京大学联合编纂了《京师大学堂档案选编》（2001年）和《清代外务部中奥关系档案精选》（2001年），与鄂伦春民族研究会联合编纂了《清代鄂伦春族满汉文档案汇编》（2001年），与广州市荔湾区人民政府联合编纂了《清宫广州十三行档案精选》（2002年），与承德市文物局联合编纂了《清宫热河档案》（2003年），与承德市普宁寺管理处联合编纂了《清宫普宁寺档案》（2003年），与湄州妈祖祖庙董事会等联合编纂了《清代妈祖档案史料汇编》（2003年）等[③]；中国第二历史档案馆与中国社会科

---

① 参见中国档案学会档案文献编纂学术委员会：《档案信息资源开发利用的研究报告》，见中国档案学会：《回顾与展望：中国档案事业发展研究报告》，83页，北京，2010。

② 参见中国档案学会档案文献编纂学术委员会：《我国档案文献编纂实践及理论研究进展》，载《档案学研究》，1994（3）。

③ 参见李明杰：《档案文献编纂学研究进展（1996—2006）》，见朱玉媛主编：《档案学研究进展》，300～301页，武汉，武汉大学出版社，2007。

学院近代史研究所《近代史资料》编辑部联合编纂了《抗战时期西北开发档案史料选编》(2009 年)。二是加强与企业、新闻媒体之间的合作，利用文化市场运作机制，促进档案编研成果的开发与宣传，出现了一些地方档案部门通过媒体讲述档案中故事的现象。例如，2006 年以来，辽宁省档案馆积极与地方主流媒体合作开设专栏，其与《辽沈晚报》合作开办的“纪念沈阳解放 60 周年大型系列书场”栏目，讲述了辽宁省的历史、人文、地理等故事，真实再现了沈阳解放的历史，重温了新中国成立 60 年来辽宁的发展成就。①

最后，档案部门主动开展与国外相关研究机构合作进行的档案文献编纂工作，推动了档案文化的国际交流。比较典型和影响巨大的要属上海市档案馆、中国第一历史档案馆开展的跨国档案合作编研工作，它们为我国探索国际化的档案合作编研迈出了成功的步伐。上海市档案馆曾经与日本横滨开港资料馆在都市近代化比较研究方面开展了长达 5 年的合作，不仅轮流举办了比较图片展，还各自分别出版了中、日文两种版本的论文集和图片集，在日本及其他国家的档案学术界引起了不小的轰动，有力地推动了上海市档案馆同亚、欧、美洲各国各地区档案交流和合作编研工作的进一步开展与深化。② 1991 年以来，中国第一历史档案馆与日本冲绳县教育委员会开展了诸多成功的合作，此后又先后与韩国汉城大学、新加坡国家档案馆、菲律宾华裔青年联合会合作编纂了《清代中朝关系档案史料汇编》(1996 年)、《清代中朝关系档案史料续编》(1998 年) 及《清代中国与东南亚各国关系档案史料汇编 (一)》(1998 年)③、《清代中国与东南亚各国关系档案史料汇编·菲律宾卷》(2004 年) 等。21 世纪初以来，新疆维吾尔自治区档案馆与日本佛教大学尼雅遗址学术研究机构先后合作编纂了《近代外国探险家新疆考古档案史料》(2001 年)、《中瑞西北科学考察档案史料》(2006 年)、《斯坦因第四次新疆探险档案史料》(2007 年)、《清代新疆建置档案史料》(2010 年)。

(二) 编纂主题的广泛性

近年来，档案文献编纂工作改变单一为编史修志服务的状况，开始积极应对时代要求，拓宽选题范围，扩大社会受众面，从而使得编纂成果具备了广泛的主题内容。

---

① 参见石路、冯贤杰等:《走进辽宁省档案馆》，载《中国档案报》，2010-10-07。

② 参见朱榕:《浅议档案编研的社会化与大众传媒化》，载《档案与史学》，2000 (4)。

③ 参见邢永福:《开发中琉关系档案　促进中日学术交流——纪念中国第一历史档案馆与日本冲绳县教育委员会合作交流 10 周年》，载《历史档案》，2001 (1)。

首先，传统的为史学研究服务的档案史料文献汇编仍是编纂的主体类型。例如，明清档案编纂成果主要有：《清政府镇压太平天国档案史料》（1～26 册）（1992—2001 年）、《中国明朝档案总汇》（2001 年）、《清宫御档》（2001 年）、《清代外务部中奥关系档案精选》（2001 年）、《清宫珍藏历世达赖喇嘛档案荟萃》（2002 年）、《乾隆帝起居注》（2002 年）、《清宫粤港澳商贸档案全集》（2002 年）、《清代中琉关系档案选编》（1～5 编）（1993—2002 年）、《清代中南海档案》（2004 年）、《清代军机处电报档汇编》（2005 年）、《清代广州十三行纪略》（2006 年）、《明清皇宫黄埔秘档图鉴》（2006 年）、《清代文字狱史料汇编》（2007 年）、《清嘉庆朝刑科题本社会史料辑刊》（2008）、《明清宫藏台湾档案汇编》（2009 年）等等。民国档案编纂成果主要有：《中华民国历史图片档案》（2002 年）、《中国考试史文献集成·民国卷》（2003 年）、《民国开发西北》（2003 年）、《民国时期西藏及藏区经济开发建设档案选编》（2005 年）、《民国黄河大事记》（2004 年）、《抗日战争正面战场》（2005 年）、《南京保卫战殉难将士档案》（2007 年）、《馆藏民国台湾档案汇编》（2007 年）、《抗战时期西北开发档案史料选编》（2009 年）等。革命历史档案文献编纂成果主要有：《北平的新生（摄影集）》（1999 年）、《中国共产党八十年珍贵档案》（2001 年）、《毋忘国耻——济南“五三”惨案档案文献选辑》（2003 年）、《南京当代人物大典·英烈卷》（2003 年）、《邓小平在北京》（2004 年）、《情满西湖——老一辈革命家与杭州》（2004 年）、《苏皖边区政府档案史料选编》（2005 年）、《闽粤赣边区革命历史档案汇编（第四辑：1939.7—1945.12)》（2010 年）等等。反映现当代历史的编纂成果主要有：《中国人民解放军海军档案工作大事记（1949.4—1989.4)》（1993 年）、《北京辉煌的五十年（摄影集)》（1999 年）、《青岛数字全书——青岛经济社会发展备忘录》（2003 年）、《上海石化年鉴》（1999—2010 年）、《中国石油吉林油田年鉴》（2004—2010 年）、《北京市人民代表大会文献资料汇编（1993—2003)》（2006 年）、《解密外交文献——中华人民共和国建交档案（1949—1955)》（2006 年）、《中国与苏联关系文献汇编：1949 年 10 月—1951 年 12 月》（2009 年）等等。除此之外，还有大量的专题史方面的编纂成果，如中国第二历史档案馆编纂的《中国抗日战争时期物价史料汇编》（1998 年）、《康藏纠纷档案选编》（2000 年）、《中国奥运之路》（2002 年），上海市城市建设档案馆编纂的《上海传统民居》（2005 年），北京市档案馆编纂的《北京寺庙历史资料》（1997 年）、《北京会馆档案史料》（1997 年）、《北京地坛史料》（1998 年）、《日本掠夺华北强制劳工档案史料集》（2003 年），四川省档案馆编写的《巴蜀灾情实录》（2005 年）等等。印刷型档案文献编纂出版工作的重要特点之一，就是围绕国家大事出专题档案文献汇编。例如，为了纪念中华人民共和国60年华诞，国家档案局、中央档案馆组织编纂了《城市解放》系列丛书，由22部排印本的《城市解放》和16部图文版的《城市解放档案文献图集》组成，是利用各地有关档案馆馆藏档案和文献资料，反映城市解放前后真实历史情况的大型档案文献汇编。2010年，为纪念改革开放三十年，由各省市档案馆参与编纂了《改革开放三十年重要档案文献》。此外，航天档案馆为了宣传国家航天事业，也编纂了《新中国60年：航天工业》，真实记录了中国航天发展的历程。

其次，各级各类档案部门拥有本地特有的档案收藏，在服务地方、行业文化建设过程中，形成了具有地域特色、馆藏特色和专业特色的档案文献编纂格局，一大批具有鲜明地域特色的编纂成果得以出版。贵州省档案馆编纂的点校排印本《贵州名胜旧览》（2008年）是贵州自然风光和人文景观精华的集锦。上海市档案馆编纂了普及性档案文化产品《城市记忆——上海历史发展档案图集》（2006年）、《上海老工业》（2007年）、《上海古镇记忆》（2009年），综合使用档案文献、照片和实物，给人们展示了上海发展的经典面貌。辽宁省档案局（馆）利用本馆丰富的馆藏编纂了《共和国工业长子的足迹——辽宁工业60年发展历史回眸》（2009年）、《奉天纪事》（2010年）等。大连市档案局（馆）与"大连团体发展联合会"先后联合编纂了《大连行业状元》（2007年）、《大连行业精英》（2008年）、《大连行业协会》（2009年）等。天津市档案馆以天津市的风貌建筑、古迹为线索，组织编纂的"天津旧事"丛书，包括《天津老戏园》（2005年）、《天津老教堂》（2005年）、《外国人在旧天津》（2007年）、《旧天津的新生》（2009年）等，有效地传承了天津的历史文化。此外基层区、县档案机构也编纂了不少特殊的编纂成果。例如广州市荔湾区档案局利用馆藏居委会退休干部关爱莲的日记编纂了《街道年轮：40年居委工作日志》（2009年），以一个居委会主任的视角，细致地叙述了新中国成立后昌华街的变迁，浓缩记载了广州市民生活，并折射出国内外形势的风云变幻。

最后，直接服务于社会现实的经济、科技类档案文献编纂成果大量出现。以辽宁省为例，有《发展中的丹东边境经济合作区》、《本溪市矿产资源汇编》、各地区的《名牌产品简介》、《西柳、南台市场简介》等一系列编纂成果，都在本地区经济建设中起到工作参考和为领导决策服务的作用，受到社会各界好评。随着各地经济的发展，许多地区开展招商引资，强化地区经济，一些档案馆为配合这一需要，编写了《招商引资文件汇编》、《招商引资指南》等。在房屋产权改革和机构改革方面，为使改革顺利进行，有的档案馆编写了《房产房改政策汇编》、《征用土地信息汇集》、《历次机构改革文件汇编》等。另外，在有实际应用价值的前提下，注重突出地方经济特色，各级档案馆也相继编写了一批具有地方特色的成果，如《丹东蚕业发展》、《丹东特产板栗》、《丹东地热与温泉》、《东港对虾养殖简述》、《本溪制香业》、《山野菜名录》、《中草药汇集》。此外，一些大型企业为了推动企业的经济效益增长和文化建设，也出版了相关的编纂成果，如浙江省绍兴燃气总公司档案室编纂的《企业文化手册》，重庆钢铁（集团）有限责任公司档案处编纂的《重钢文艺体育志》、《百年重钢》、《学习型企业宣传手册》、《钢铁企业技术经济指标》等。近年来，农村与基层工作方面的编纂成果开始增多，如广东省中山市档案局（馆）编纂的《中山市村民委员会、社区居委会档案工作指引》(2007 年)，浙江省嘉善县供电局档案室编纂的《新农村　新电力　新服务——嘉善县新农村电气化建设掠影》，浙江省温州市档案局（馆）编纂的《农业农村档案知识读本》，江苏扬州市档案局（馆）编纂的《社会主义新农村建设文件汇编》等。

（三）编纂体裁的多样性

从编纂体裁上看，印刷型档案文献出版物由单一的一次档案文献汇编逐步转向一次、二次、三次档案文献并行的形式。

在一次印刷型档案文献出版物方面，除了继续出版传统的文字型档案史料汇编外，照片档案汇编，图文并茂的图集、图册等汇编成果的出版更加受到公众和读者的欢迎。例如，武汉市档案馆先后组织编纂的《大武汉旧影》(1999 年)、《大武汉新影》(2006 年)，通过一“旧”、一“新”两本画册真实记录了武汉 150 多年现代化的发展历程。

在二次印刷型档案文献出版物方面，主要包括档案目录索引、档案文摘、全宗介绍、档案馆介绍等，其中，大型专题类档案目录、索引等以公开的图书出版物为主，如《辛亥革命研究史料目录（1899—1999)》(2002 年)、《青海省档案馆所存西藏和藏事档案史料目录》(2002 年)、《清代南部县衙档案目录》(2009 年)。档案史料报刊如《中国档案报》、《历史档案》、《民国档案》以及一些省级档案期刊刊载了大量的档案文摘，此外一些省、市综合性档案馆还不定期地编纂一些资政性档案文摘，以内部出版物的形式提供给相关职能部门参考。一般全宗介绍、档案馆介绍多为内部出版物。

三次印刷型档案文献出版物主要分为两大类：一是档案指南，主要包括全宗指南、专题指南、档案馆指南等，其特点是以某一全宗、某一专题或某一档案馆为单位，综合介绍和报道档案文献内容与成分，从某一侧面或全面反映馆藏状况，目前我国省级档案馆基本出版了各自的档案馆指南或档案馆馆藏指南。二是档案参考资料，主要包括大事记、组织沿革、统计数字汇集、专题概要等，其特点是不受档案整理体系的限制，对档案文献信息内容进行了更深层次的加工和综合，通过它可以直接获得系统的档案信息，在某种程度上可以起到代替原始档案材料的作用，扩大了档案的利用范围。[①] 国家档案局、中央档案馆每年编纂《中国档案年鉴》，而开展年鉴、大事记等三次文献编纂工作已经成为不少地方档案机构的常规性编纂工作，并且与地方史志、古籍整理、专题调研等工作结合，形成了一大批有特色的三次档案文献。江苏省南通市档案局（馆）和南通市政府办公室联合编纂的《南通市驻外机构名录》，收录了南通市政府及全市各有关单位驻全国各地机构的地址、负责人、主管部门和联系电话等基本信息，100多页的小册子，巴掌大小，携带方便，很受经济部门经常在外出差办事人员的欢迎。[②] 近年来上海市区县综合档案馆编纂的《阅读奉贤——1979至2005》（2006年）、《卢湾弄堂记忆》（2009年）、《杨浦文化名人》（2009年）、《见证松江60年》等三次档案文献编纂成果不仅具有较高的收藏价值，还具有很大的现实教育意义。[③]

除了图书、报纸、期刊等印刷型产品外，一些档案机构还别出心裁，在进行相关专题档案文献编纂工作时，推出具有档案特质的印刷型文化产品。例如，中国第一历史档案馆在启动"清宫广州十三行档案"、"清宫塘沽密档"、"乾隆南巡淮安"等项目时，均推出了仿真制作、精心装裱且备受地方欢迎的特色礼品。2009年11月，苏州市档案馆、苏州市档案学会推出了苏州市档案馆建馆五十周年纪念明信片，该明信片总共51张，主要介绍了苏州市档案馆馆藏资源中的档案精品，包括光绪年间的苏州商会关防批文、苏州人民欢庆新中国成立的照片、友好城市威尼斯赠送的金钥匙、珠峰归来的苏州精神旗帜等，因立足馆藏精品，明信片具有浓郁的档案文化气息，突显了档案馆存史、育人功能，收到了很好的宣传效果。

三、印刷型档案文献出版物的生存空间

印刷型档案文献出版物作为传统的档案文献编纂成果表现形式已经有数千年的历史，并持续绵延。印刷型档案文献出版物作为历史的见证，通过编纂的形式，把珍贵的历史文献保存下来、传播开来是其光荣历史使命。但随着社会的变

---

① 参见洪漪：《档案信息组织与检索》，125～126页，武汉，武汉大学出版社，1998。

② 参见肖正德：《从"小编研"到"大编研"的实践与思考——以南通市档案馆为例》，载《档案管理》，2010（3）。

③ 参见严永官：《从编研工作看档案馆的发展——以上海地区区县综合档案馆为例》，载《上海档案》，2010（2）。

迁和科学技术的发展，印刷型档案文献出版物面临着来自现代信息技术的巨大考验。

从印刷型档案文献出版物的形式来看，传统的印刷型档案文献出版物主要以图书、期刊、报纸等纸质载体作为表现形式，在较长的历史时期内，印刷型档案文献出版物都是满足人们档案文献需求的唯一载体。但随着信息化时代的到来，人们对于信息的需求不断增大，印刷型档案文献出版物容量小、更新速度慢等弊病已然不能适应这种强度的信息化需求。于是随着科技的进步，电子出版物、电子档案文献库、影像声像档案文献作品等新兴出版物的出现丰富了档案文献编纂成果的出版方式，而这种新型编纂成果形式将为快速、大量地出版档案史料编纂成果提供新的途径和方法。

从印刷型档案文献出版物的表达方式来看，印刷型档案文献出版物的表达方式只是单一的文字、图像等视觉元素。但在现代科技发展日新月异的今天，原迹影印、图片、照片、声像等元素为人们在信息接收过程中提供了多种选择，这种多维的档案文献出版物的表达方式使得现代的档案文献信息内容更加丰富，图文并茂，充满个性。

从印刷型档案文献出版物的编纂过程来看，印刷型档案文献出版物的各个工作环节仍然依赖传统的手工作业方式，尤其是查阅统计、排列组合、分析比较、编排书目和索引等工作。它们不仅耗时费力、难以灵活修改，有时因分类不准或学科交叉，还常会出现挂一漏万的情况，结果是事倍功半。如此落后的编纂手段已大大削弱了档案文献巨大的内在价值，远远不能在深度和广度上满足社会各方面利用档案的要求。① 因此，现代化、电子化、网络化的档案文献编纂工作方式的出现可以从技术上解决传统档案文献编纂的问题，提高档案文献编纂工作的质量和效率。

从印刷型档案文献出版物的传播方式来看，传统的印刷型档案文献出版物面临着更为严峻的考验。以图书出版的形式传递档案编纂信息是非常重要也是卓有成效的，然而当今信息社会的发展现状也使我们看到，将档案文献信息为用户的服务方式完全定格在这种以图书的形式出版发行的基调上，具有很大的局限性：传递通道单一，缺乏灵活性和专指性，难以适应用户对档案文献信息传递方式多样性和个性化的需求，也会为自身的工作埋藏下隐患——一旦这条传递通道

① 参见邓曼：《传统与现代：我国当代档案文献编纂的发展趋势研究》，硕士论文，合肥，安徽大学，2007。

出现问题就会导致整个编纂工作出现险情。[①] 信息利用的多元化趋势已经成为信息社会的标志之一，信息的个性化服务成为信息技术手段取代档案文献出版物传统传播方式的有力武器。

总之，印刷型档案文献出版物在当今社会的生存空间不断受到来自信息技术的挤压，当信息社会带来的一系列技术变革展现在面前时，我们不得不承认传统的档案编纂工作将面临一个又一个的挑战和困惑。

第三节　印刷型档案文献出版物的基本特征

印刷型档案文献出版物是档案文献编纂工作成果最主要的表现形式，也是形成最早、发展最完善的一种出版形式。印刷型档案文献出版物以纸张为载体，以印刷为复制方式，它能够在我国历朝历代的档案文献编纂工作中发挥重要作用，必然有其天然的优势和特点。但是随着现代科学技术的发展，印刷型档案文献出版物也面临着来自音像型和数字型档案文献出版物的威胁。下面我们将从载体、技术和传播三个角度来探讨印刷型档案文献出版物的基本特征。

一、载体特征

档案文献出版物的载体是指具有档案文献信息的物质实体，也就是信息内容与物质材料的结合体。在人类漫长的档案文献编纂工作的发展过程中，利用过大脑、天然物质、人造纤维、光电磁化等材料作为媒介。而印刷型档案文献出版物从广义上可以看成是传统的档案文献出版物的代表，它吸收了以树叶、龟甲、金石、竹简、木牍等天然材料为载体的档案文献出版物的信息内容，并对其进行整理、编纂，然后采用纸张作为载体，进行复制出版。

随着技术的发展，印刷型档案文献出版物的载体特征也发生着相应的变化。以天然实物材料为载体的档案文献出版物虽然产量少，使用范围小，但是它仍然从客观上起到了保存档案文献、传递知识信息的作用。不过不可忽视的是，它们大多体积庞大，知识量少，易保存但不利于携带、查阅，也不利于复制传播，所以必然促进新的档案文献载体的产生。

以纸张为代表的人造纤维材料的出现则有效地解决了上述问题。人造纤维材料载体轻便，易流传，书写简单，阅读方便，尤其是纸张材料的制作方式经改进之后制作简单、成本低廉，有效地促进了档案文献的发展。而随着印刷术的发

① 参见邓曼：《传统与现代：我国当代档案文献编纂的发展趋势研究》，硕士论文，合肥，安徽大学，2007。

明，获取副本的方式更加便捷，深受人们喜爱，印刷型档案文献出版物真正成了档案文献出版物的主要载体。

二、技术特征

印刷型档案文献出版物在技术上表现为以现代印刷技术为“一体”，以激光照排印刷技术和影印出版技术为“两翼”。

激光照排印刷技术，主要是与电子计算机相结合，建立电子计算机控制激光照排系统，胶印出版档案文献编纂品。它对于提高排版质量，加快档案文献印刷出版的速度有着重要的作用。

影印出版技术是现代科学技术迅速发展，高新技术（含现代复印技术、摄影技术和印刷技术）综合使用的结果。它与激光照排印刷技术相辅相成，共同成为档案文献出版物的重要技术手段。影印出版技术是先运用照相技术将档案文献复制在底片上，再利用该片制成可供印刷的版面，然后付印成书的出版形式。汇编编纂过程分为选题、选材、复印、编排、拍照、制版、注释译文、检核复查等程序。每个程序环环相扣，多采用流水作业的形式，集中全部工作人员分工合作，一次性完成编纂任务。影印出版以较快的编辑速度、较高的出版质量、较广的覆盖面、较大的公布数量，保存和还原历史档案的本来面貌，使档案“化身千百，造福学林”，“传先哲之精蕴，启后学之困蒙”。据统计，自 20 世纪 60 年代至今，中国第一历史档案馆、台湾“故宫博物院”、台北“中央研究院”近代研究所等单位，先后影印出版清代历史档案约有 15 种，420 册，10 019 万字。其中，中国第一历史档案馆在 80 年代中后期的几年中，影印出版了《康熙朝汉文朱批奏折汇编》300 万字，并随后进行了《雍正朝汉文朱批奏折汇编》、《乾隆朝上谕档》等影印书籍的编纂工作。台湾在 1980—1982 年影印出版了《大内档案》6 种，117 册，约 6 000 万字。另外，1989 年辽宁省档案馆与江苏古籍出版社、香港地平线出版社合作，编纂影印出版了一套 16 开本的《奉系军阀档案汇编》，全书分 12 册，约 800 万字，历时一年，于 1990 年底全部影印出齐。[①]

三、传播特征

印刷型档案文献出版物在传播特征上表现为发行面广、信息容量大，是目前档案文献编纂中最常采用的一种传播方式。自古至今，印刷型档案文献出版物一直是公布档案文献最主要的形式。以图书、报纸、期刊等印刷形式呈现档案文献，可使档案信息与社会的交流沟通系统有效、有序、快捷。然而，随着现代技

① 参见邓曼：《传统与现代：我国当代档案文献编纂的发展趋势研究》，硕士论文，合肥，安徽大学，2007。

术的发展，我们也应当看到，印刷型档案文献出版物在传播上也有一定的局限性：传递通道单一，缺乏灵活性和专指性，难以适应用户对档案文献信息传递方式多样性和个性化的需求。目前，档案文献编纂工作委靡困顿的状态在很大程度上与档案文献类书籍的出版难密切相关，经费短缺、读者面窄、经济效益较差等诸多因素，成为档案文献类书籍出版的障碍。近年来，现代信息技术在档案文献编纂工作中得到了广泛的应用，使编纂的手段、速度及传播的效果发生了巨大变革。如电影文献纪录片《周恩来外交风云》、《挥师三江》，电视文献纪录片《毛泽东》、《邓小平》、《共和国脚步》等等，凭借着建基于现代科技结晶之上的记录优势和传播优势，对档案文献（包括纸质档案、照片档案、声像档案、口述档案）进行直接的综合、组织与运用，给人以心灵的震撼，这是印刷型档案文献出版物所无法达到的。基于此，在新的信息技术环境下，我们应当改革档案文献的出版及传播方式。

第四节　印刷型档案文献出版物的结构形态

一、图书类档案文献出版物的结构形态

（一）图书类档案文献出版物的结构

图书是将文字、图画或其他符号手写或印刷于纸张等形式的载体上并具有相当篇幅的文献。它是人类社会发展到一定阶段的产物，是作为记录和保存知识、表达思想、传播信息的手段而出现的。图书是印刷型档案文献出版物的核心组成部分。

不论图书的形式和内容如何变化，其构成必须包括以下几个要素：以信息、知识作为内容；以文字、图像、公式、代码等作为表达方式；以一定的物质载体作为存在的依据；以一定的形态呈现出来；以一定的生产方式制作。简单地说，图书（一定的呈现形态）＝信息、知识＋记录、描述方式（文字、图像、公式、代码）＋物质载体＋制作方法。

图书类档案文献出版物通常由以下部分组成。

1. 封皮

封皮是指用可以保护图书的材料制成的图书外皮。它一般采用较结实的材料制成，其作用是装饰与保护图书。封皮包括封面与封底，封面上的信息常常较为简略，一般包括书名、责任者、出版者以及版本等信息。

图书类档案文献出版物封皮示例，如图10—1。

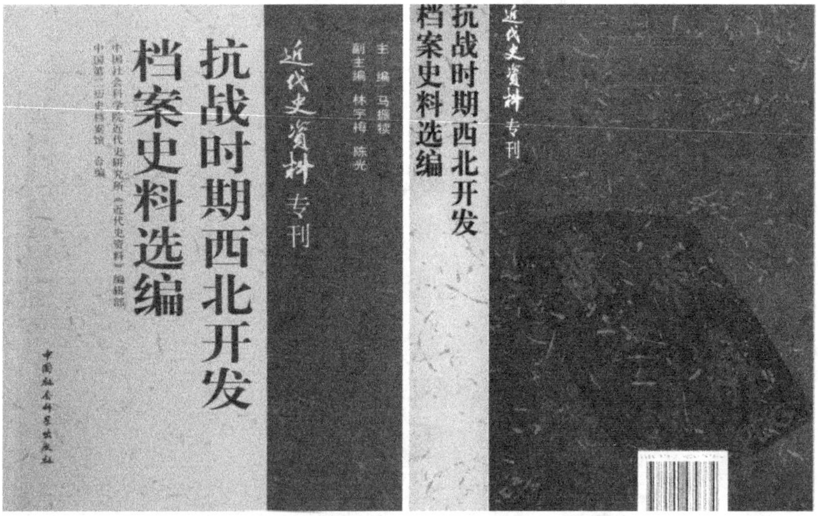

图 10—1　图书类档案文献出版物封皮示例

2. 书名页

书名页也称题名页、主书名页，是指图书正文前载有完整书名等信息的书页。书名页集中体现了图书的基本特征，特别是形式特征，是读者识别与确认图书的重要依据。

书名页通常由书名信息（正书名、并列书名、丛编题名等）、责任者信息（责任者名称、责任方式、与责任者有关的其他信息等）、版本信息（版本说明、与本版有关的责任说明、附加版本说明等）、出版信息（出版者、出版地、出版年）等组成。

图书类档案文献出版物书名页示例，如图 10—2。

图 10—2 中，“中国明朝档案总汇（一）”为正书名，其中“中国明朝档案总汇”为共同书名，“（一）”为从属书名标识，此类书名也称为复合书名，用于多卷（册）书的书名页上；“中国第一历史档案馆　辽宁省档案馆　编”为责任者信息；“广西师范大学出版社”为出版信息。示例中，出于整理和出版古代典籍的需要而使用了繁体字。

3. 版权页

版权页也称版本记录页，是指一般位于书名页的背面、提供图书的版权说明、图书在版编目数据与版本记录等信息的书页。

版权页通常由版权说明（版权声明的文字与版权所有的标记），图书在版编

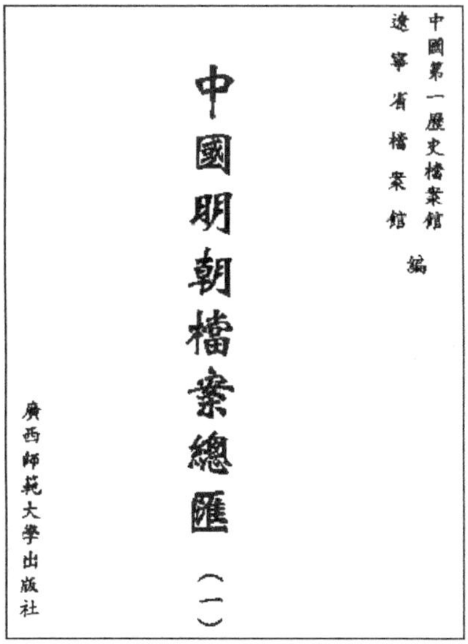
中國第一歷史檔案館
遼寧省檔案館 編
中國明朝檔案總匯（一）
廣西師範大學出版社

图 10—2 图书类档案文献出版物书名页示例

目数据，版本与出版、印刷事项（版次、出版地、出版者、出版年、印刷地、印刷者、印刷时间与次数、发行者、经销者、印刷的纸张尺寸、开本、印张、印数及全书字数等），国际标准书号（或国际标准连续出版物号），获得方式等组成。

图书类档案文献出版物版权页示例，如图 10—3。

4. 书脊

书脊是指书页装订缝合之处的外侧，与书口相对的一边。书脊上常载有形式较简略的书名、责任者与出版者名称、版次等，可以为图书排架以及读者在书架上查找图书提供方便。

5. 前言、后记

前言又称序言等，后记又称跋等，它们是位于著作正文前后的文章。一般为责任者自己所撰的精练短文，常用来说明著作的主旨、编纂背景、主要内容、特点、编排体例、读者对象等。

6. 目次

目次是指正文前列出的、记载该书所有篇章名目及其相应页码的一览表。它是全书的总纲，可以使读者快捷地了解图书的基本内容、题材与体例结构。

7. 正文

正文是指文献所载的知识或艺术内容，是图书的主体部分。

图书在版编目（CIP）数据

抗战时期西北开发档案史料选编／中国社会科学院近代史研究所《近代史资料》编辑部，中国第二历史档案馆编．－北京：中国社会科学出版社，2009.8
ISBN 978－7－5004－7973－4

Ⅰ．抗…　Ⅱ．①中…　②中…　Ⅲ．地区经济－经济史－史料－西北地区－1932－1945　Ⅳ．F129.6

中国版本图书馆 CIP 数据核字（2009）第 108857 号

责任编辑　刘　萍　李尔柔
责任校对　宋　合
封面设计　毛国宣
技术编辑　刘建光　王炳图

出版发行　中国社会科学出版社
社　　址　北京鼓楼西大街甲 158 号　　邮　编　100720
电　　话　010－84029450（邮购）
网　　址　http://www.csspw.cn
经　　销　新华书店
印　　刷　北京新魏印刷厂　　装　订　广增装订厂
版　　次　2009 年 8 月第 1 版　　印　次　2009 年 8 月第 1 次印刷
开　　本　880×1230　1/32
印　　张　14　　插　页　2
字　　数　352 千字
定　　价　35.00 元

图 10—3　图书类档案文献出版物版权页示例

8. 图表

图表是指用来说明或补充正文内容的各种图与表格，它们有助于阐明或丰富著作的内容。按其在书中所处的位置，图表可以分为冠图、插图与附图。

9. 附录

附录是指位于正文之后、与正文有关或补充正文的资料，如统计表、地名录、人名录等。它对于读者理解正文起参考作用。

10. 参考书目

参考书目是指将撰写或编纂该著作所应用的相关文献集中，并按一定规则编排而成的目录。它的作用主要表现在两个方面：一是说明引文出处，便于读者与出版部门核实；二是为读者提供查找文献的线索，以便进一步研读。参考书目一般位于全书最后，也可能在各章节正文之后。

（二）图书类档案文献出版物的形态

图书形态是指制作图书的物质材料和外观形式，它基本上与生产力发展水平同步。图书的载体因时代和地域不同而呈现出不同的形式。古巴比伦用泥板，古埃及用纸草，古印度用棕榈科树叶，欧洲中世纪用羊皮。在我国，文字载体和正规书籍的演进经历了数千年漫长的历史过程，图书形态经历了甲骨文书、竹木简书、帛书、纸写卷轴书、刻本书、机械印本书等发展阶段。

1. 竹木简书

简，狭长的竹片或木片，故有竹简、木简之称；牍，方形的木片；策，为“册”的假借字，即若干片简编连在一起谓之“策”。中国学术界普遍认为，竹木简书是我国最古老的正式图书。

竹木简书示例，如图 10—4。

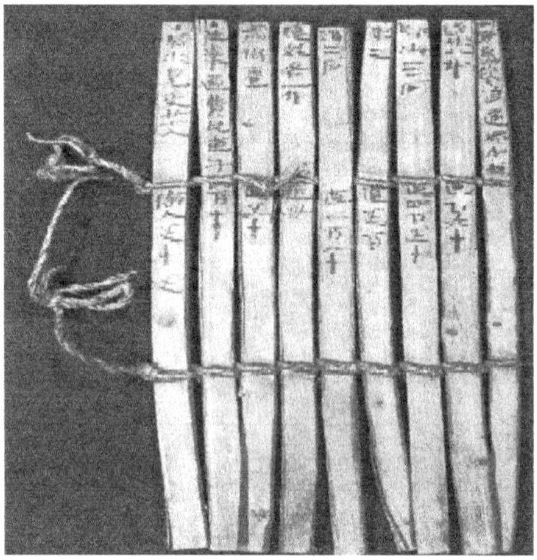

图 10—4　“清华简”《保训》

图片来源：复旦大学出土文献与古文字研究中心网站。

我国的档案文献编纂活动始于先秦时期，记载档案文献编纂成果的出版物也随之产生。我国有史可考的大规模档案文献编纂活动始于春秋时期孔子，他“删诗书，定礼乐，赞周易，修春秋”，即删定“六经”，“六经”实际上就是对档案的整理和编纂。其中《尚书》是我国第一部档案文献丛编。2008 年，在清华大学入藏的一批珍贵竹简（见图 10—5）中，首次出现了 2 000 多年来从未见到过的古文《尚书》，这是自秦始皇焚书之后首次出现的真本古文《尚书》。

据考证，竹木简书约出现于公元前 13 世纪的商代，盛行于战国、秦汉时期，直至东晋末期（公元 4 世纪）才最终被以纸张为文字载体的写书本所代替。因此，东晋末年之前的档案文献出版物以竹木简书为主。

2. 帛书

帛书是以丝织品作为文字载体而写成的书。据考证，在公元前 6 世纪，丝织

图 10—5　形制多种多样的“清华简”

图片来源：《书业资讯》，见 http：//www.cocobook.net/news/chuban/17391.htm。

品已被用作书写材料。单丝织成的称为素帛，双丝织成的称为缣帛，因此，帛书又称素帛或缣帛。

帛书的幅面较宽，质轻柔软，便于携带、保存，容易吸墨。帛书的这些特点都优于简册，但价格昂贵，因此流传范围不如简册广。帛书多用于书写重要著作或用于绘制地图以及简册的附图。

3. 写书本

写书本是以纸张为文字载体而写成的图书，最早出现于公元 2 世纪的东汉时期。现代概念的纸是公元 105 年（东汉元兴元年）蔡伦发明的。古文献上记载的“纸”字，实际是生产缣帛过程中剩下的丝屑，而不是用植物纤维制造的现代概念的纸。纸张的推广较慢，在东汉时期，图书的主要形态仍然是简册与帛书并用。魏晋以来，写书本渐多，直至公元 4 世纪的东晋末期，桓玄下令废简用纸，从此以纸张为文字载体的写本书，逐渐取代了竹帛之书。

初期阶段的写本书与帛书的形式相同，把纸张粘成长卷，卷尾加木轴，自左向右卷成一束。这种图书形态被称为“卷轴”。随着大部头工具书的增多，书卷不便于展开、检索，于是出现了经折装，即将长卷一反一正折叠成长方形的折子，卷首和卷尾的两折各加厚纸为封面、封底。

写书本档案文献出版物示例，如图 10—6。

图 10—6　我国现存最早、最完整的农业科技档案文献汇编《齐民要术》书影

图片来源：《中国古代印刷探源资源包》，见 http：//res. bigc. edu. cn/gudaiyinshuaziyuanku/html/20090321－1142. html。

公元 6 世纪至 9 世纪即隋唐时期，是写本书的鼎盛时期。它以纸张为文字载体，取材广泛，价格低廉，性能优于丝帛，便于传播。公元 9 世纪以后，写书本逐渐被雕版印刷的书所代替，但写本书仍有一定的市场，直至清代仍有写本书面市。

4. 雕版印本书

雕版印本书又称刻本书，是将文字反刻在一块木板上加墨，覆以纸张刷印而成的图书。雕版印本书最早约出现于唐代初期（公元 8 世纪初）。

公元 11 世纪中叶，北宋时期的毕昇发明活字印刷术，用胶泥反刻成一个个单字，依照文字内容将单个字拼成一个整版，然后加墨覆纸刷印成书。但这个方法没有广泛流行，在我国古代的手工印本书中，90％以上都是雕版印刷的。

雕版印本书档案文献出版物示例，如图 10—7。

雕版印本书的出现，标志着图书复制技术的一大飞跃，进一步促进了图书流通。两宋时期（公元 960—1279 年）是雕版印本书的盛行时期，直至清代末期，才逐渐被机械印刷的精装、平装书所代替。

5. 现代的精装、平装印本书

19 世纪初期，西方印刷术开始传入我国。19 世纪中叶，铅印精装、平装书开始在市场上出现。19 世纪 80 年代，石印图书迅速兴起。20 世纪初，现代的精装、平装书在图书市场上已占主要地位，而线装书的市场逐渐缩小。

现代印本书档案文献出版物示例，如图 10—8、图 10—9、图 10—10。

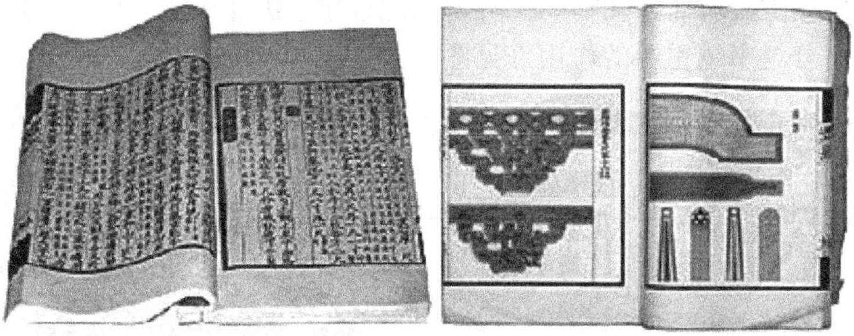

图 10—7　工程建筑科技档案文献汇编《营造法式》文字部分和图解部分

图片来源：世界纪录协会官方网站。

图 10—8　中国第一历史档案馆与中国藏学研究中心合编
《清初五世达赖喇嘛档案史料选编》

6. 影印图书

影印是指采用数码扫描或拍摄的技术，按文献底本原貌同比缩小、放大或原大制版印刷成新的古籍图书的方法，具有仿真性强、差错率和整理难度相对较低的特点，是古旧档案文献整理出版的一种重要形式。[①] 再加上影印出版对于“高

① 参见倪俊明：《古旧地方文献影印出版的实践与探索》，载《图书馆论坛》，2007 (6)。

龄档案”的保护具有非常明显的优势，因此近年来影印出版在档案文献编纂出版工作中发挥着越来越重要的作用（见图 10—11、图 10—12）。

图 10—9　《广东澳门档案史料选编》

图 10—10　《清代广州十三行纪略》

图 10—11　影印本《庚子事变清宫档案汇编》书影

图 10—12　影印本《康熙朝汉文朱批奏折汇编》书影

二、报纸类档案文献出版物的结构形态

报纸是指以刊载新闻、评论和广告为主的按照较短周期定期连续向公众发行的纸质出版物。它一般不需要装订成册，内容按版面顺序编排。主要对新近发生的在社会政治、经济、文化教育、科学技术以及体育卫生等方面人们希望了解的事件进行报道，包括评论和解释等，通常还刊载广告信息。

现代报纸是在 18 世纪欧洲各国印刷的各种小册子和传单的基础上逐步发展起来的。报纸成为“日报”并拥有千百万的读者是 19 世纪以后的事。

中国古代报纸称为“邸报”，也可以称为“邸抄”、“报”等，这些名字并非某一张报纸的名称，而是中国古代报纸的统称。从报纸的形式来看，我国古代的报纸没有报头、标题，不分栏，只是材料的简单堆砌，并且形式没有定型，与现代报纸的形式相差甚远。

印刷型报纸是指以铅印、胶印、油印等各种印刷方式出版的报纸。目前，印刷型报纸依然在市场中占主体地位。20 世纪 30 年代至 70 年代，报纸的印刷方式有石印版、胶印版、油印版、铅印版几种；80 年代至 90 年代初期，报纸为铅印版、油印版；90 年代中期以后，随着计算机的普及，报纸逐步改为计算机排版。报纸类档案文献出版物的结构一般是指其版面结构。按照不同的划分标准，其结构可以划分为多种类型。

（一）以文字排列方式来划分

根据文字排列方式，可以划分为三种类型：竖排式、横排式、横排竖排兼用式。

竖排式，应该说是中文报纸的特色，英文报纸由于文字结构不同，不可能采用这种编排形式。中文报纸初始时，由于采用书册形式，故亦沿袭中文古籍的排版样式，多采用竖排式。在 20 世纪 50 年代初，我国报纸编排方式模仿苏联《真理报》的编排方式。1956 年汉字改革方案公布，提倡横排式，《人民日报》率先响应改版，至此 8 栏横排逐渐成为我国报纸占主导地位的编排形式。

（二）以版面结构的形式特征来划分

根据版面结构的形式特征，可以划分为三种基本类型：规则对称式、非规则对称式、齐列式。

规则对称式追求的就是工整的、同形等量的对称。其优点是版面比较匀称整齐，端庄大方，对比性强，整体感较强，美感突出，有均衡稳定的效果。非规则对称式的主要特点是，整个版面讲求整体对称，它不拘泥于左右对称，而讲求版面的四周或上下对称；其对称形式亦非同形、等量、工整的，而常常是不工整、不完全、异形的。这种版面结构是我国报纸目前采用的一种主要的结构样式。齐列式版面结构的特点是，全版稿件采用排列方法编排，即上下重叠。各篇稿件的标题大小、题文关系以及图片和线条的运用均相同或相似。这种版面适于表现那种内容上具有共同性，而又不需要或者不应该强调它们在重要性上的差别的稿件。

（三）以版面构图形状来划分

根据稿件在版面上的构图形状，大体上可以划分为两种基本类型：交叉式结构和模块式结构。

交叉式版面结构是中文报纸用得最多的版面结构形式。其主要特点是题文大部分为横排，少量用竖排，取横竖相间形式。这种版面结构的优点是匀称、大方、庄严，构图形状灵活多变，整体结构紧凑。模块式版面结构，就是整个版面由一个一个模块构成。模块往往是规则的图形，如方形或长方形。

（四）以内容编排特征来划分

根据内容编排特征，大致可以划分为以下几种基本类型。

1. 集中式版面

集中式版面的特点是，用一个整版或大半版的版面集中刊载反映同一事件或同一主题的稿件，但题材、角度、体裁是多样化的，以做到集中而不单调。集中式版面的最大优点是，中心突出，气氛浓烈，声势较大，可以同时多方面、多角度表现同一内容，有助于读者对该内容做一个较全面的了解。

2. 综合式版面

综合式版面是一种常见的报纸版面类型。其主要特点是，在版面上安排的稿件，无论内容、体裁还是篇幅都不相同。这种版面类型适宜于安排稿件较多，虽有主次之分，但并不特别强调区分的版面。

3. 重点式版面

重点式版面特别强调版面的某一局部，并利用各种编排手法使这一局部成为重点的版面类型。一般全版只有一个重点，有时会有两个重点，而且版面的重点非常突出，能首先吸引读者阅读。

4. 对比式版面

对比式版面将相对立和矛盾的两篇新闻或两组报道编排在一起，使版面上表现出强烈、鲜明的对比形式。这些对立和矛盾的方面包括正确与错误、先进与落后、繁荣与衰退等。将它们对比编排的目的是使矛盾暴露得更加清楚，使褒贬更加鲜明。

《中国档案报》是我国也是世界上唯一的档案专业报，该报纸除了刊登国内档案要闻、专题报道，为档案工作人员提供业务交流外，还会刊登国内外新的档案文献整理活动。此外，中国档案报社于2011年3月推出《〈中国档案报〉16年（1995—2010年）数据检索光盘》。光盘收录了《中国档案报》创刊16年来刊登的全部稿件及图片（包含《档案大观》），为用户提供PDF格式的报纸原始版面浏览方式。光盘具有强大的检索功能，读者可通过日期、作者、版次、标题、正文等多种关键词对报纸历年内容进行检索，并将检索出的内容打印输出。①

一份报纸之中要包含大量读者所需的重要和新鲜信息，因此，受其版面所限，报纸一般以刊载单篇档案文献编纂成果为主。

报纸类档案文献出版物示例，如图10—13、图10—14、图10—15、图10—16、图10—17。

---

① 参见《〈中国档案报〉数据检索光盘征订启事》，见 http：//www.zgdazxw.com.cn/NewsView.asp?ID=12451，2011-08-15。

中国档案报

档案与社会

历史定格

1918年4月14日：毛泽东等创建新民学会

慧与力量

业新发展

1936年4月14日：陕北红军的创始人——刘志丹牺牲

1988年4月13日：全国人大决定设立海南省

图 10—13　《中国档案报》——“历史定格”栏目

图片来源：山东大学历史文化学院资料室馆藏。

珍档赏阅

光辉的历程——纪念中国共产党成立90周年(1)

《每周评论》关于五四运动的报道

（一九一九年五月）

五四时期的重要刊物

图 10—14　《中国档案报》——“珍档赏析”栏目

图片来源：山东大学历史文化学院资料室馆藏。

档案公布

档案公布

民间音乐家阿炳6首乐曲原始录音

文献形成年代：1950年9月

文献数量：2盘

文献保存者：中国艺术研究院

图 10—15　《中国档案报》——“档案公布”栏目

图片来源：山东大学历史文化学院资料室馆藏。

“新中国60年
济南档案文献选萃”
日前发行

生活日报9月28日讯（记者　殷宝龙）日前，济南市档案馆编辑的《见证——新中国60年济南档案文献选萃》一书，由中国档案出版社公开出版发行。

全书分为正文和附录两大部分。正文以图片形式收录了1949年10月至2009年8月济南市形成的部分重要档案文献及照片资料，这本书中撷取的近千份旨在反映新中国成立后济南各个时期历史事实的档案史料及图片，均为济南市档案馆馆藏精品。

图 10—16　《生活日报》刊登《见证——新中国 60 年济南档案文献选萃》编纂成果的介绍

韶关日报

百姓生活

CIVILIANS' LIFE

变味的辅导班

家长：孩子被“绑架”补课

——韶城课外辅导培训机构乱象堪忧（中）

市区壮志街
一小楼发生“地陷”

河堤在变脸

施工侵占他人土地

装电信宽带
送千元3G手机
上百款天翼3G智能手机任你挑！

图 10—17　韶关市城建档案馆在《韶关日报》开辟“韶关在变脸”专栏

三、期刊类档案文献出版物的结构形态

在我国，期刊的出现可以追溯到近 200 年前，从 1815 年外国传教士在国外

创办第一种近代中文期刊时起，在相当长的一段时间内，报纸与杂志很难区分，大多数名之为“报”，实际上已是报中有刊。至1890年，杂志的出版种数已多于报纸，具备了将期刊与报纸分开的初步条件。在此之后，期刊的发展十分迅速。目前，以铅印、胶印、影印、油印等各种印刷方式出版的期刊依然占据期刊出版的主流地位。

从版式整体结构来看，期刊都有共同的结构形态，一般包括：封面页、封二、题名页、目次页、正文、累积索引、封三、封底、版权页、刊背等。它们在期刊中分别起着不同的作用。

（一）封面页

封面是展示期刊外表形象的重要组成部分。期刊的封面有全封面和半封面两种：全封面期刊的整个封面由美术画面构成，而半封面的期刊只是在封面的上半部印有题名、卷期标识以及责任者等，其余部分往往是安排目次，不少学术性期刊采用这种格式。封面的题名和卷期标识应该是最突出的部分，它们的字体多为草书，少数是其他字体。

期刊类档案文献出版物封面示例，如图10—18、图10—19。

图10—18　中共中央文献研究室和中央档案馆共同主办的《党的文献》封面

图10—19　中国第一历史档案馆主办的《历史档案》封面

（二）封二

封二是期刊全封面的背面。内容安排上各刊不尽一致，大多数期刊的封二是广告，有些期刊还在封二后面插若干页广告。

期刊类档案文献出版物封二示例，如图 10—20。

（三）题名页

题名页往往在封面和目次页之间，上面印有题名、卷期标识（多数有第二标识系统）等。国内外的期刊多数没有题名页，往往将目次页的刊眉部分作为题名页。

（四）目次页

期刊的目次页（也称目录）将文章标题与页码显示给读者。有的目次页自成一页或数页，有的则与题名页、版权页放在一起。它是读者查找该刊各独立文章的检索工具。它的位置多数在封二或正文前，个别的也有在正文后的。

期刊类档案文献出版物目次页示例，如图 10—21。

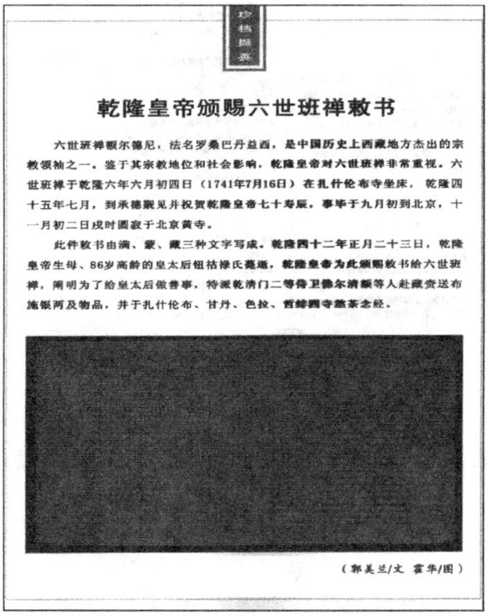

乾隆皇帝颁赐六世班禅敕书

六世班禅额尔德尼，法名罗桑巴丹益西，是中国历史上西藏地方杰出的宗教领袖之一。鉴于其宗教地位和社会影响，乾隆皇帝对六世班禅非常重视。六世班禅于乾隆六年六月初四日（1741年7月16日）在扎什伦布寺坐床，乾隆四十五年七月，到承德觐见并祝贺乾隆皇帝七十寿辰，事毕于九月初到北京，十一月初二日戌时圆寂于北京黄寺。

此件敕书由满、蒙、藏三种文字写成。乾隆四十二年正月二十三日，乾隆皇帝生母、86岁高龄的皇太后钮祜禄氏薨逝，乾隆皇帝为此颁赐敕书给六世班禅，阐明为了给皇太后做善事，特派乾清门二等侍卫德尔济额等人赴藏赍送布施银两及物品，并于扎什伦布、甘丹、色拉、哲蚌四寺熬茶念经。

（郭美兰/文 霍华/图）

图 10—20 《历史档案》封二

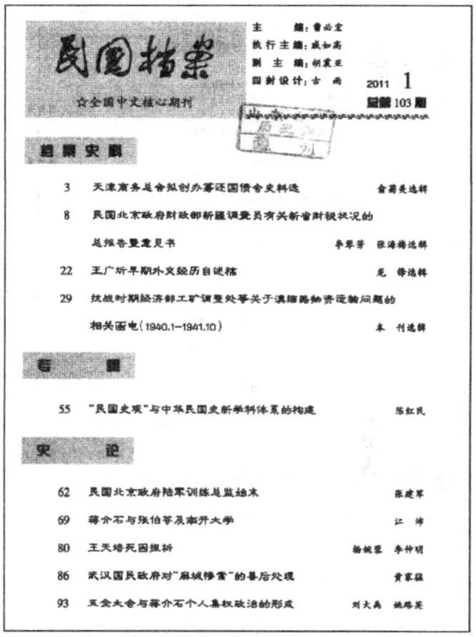

民国档案

☆全国中文核心期刊

主　　编：曹必宏
执行主编：戚如高
副 主 编：胡震亚
四封设计：古　雨

2011 1
总第 103 期

3 天津商务总会拟创办筹还国债会史料选 俞莉英选辑
8 民国北京政府财政部新疆调查员有关新省财税状况的总报告暨意见书 李翠芳 张海梅选辑
22 王广圻早期外交经历自述稿 龙　锋选辑
29 抗战时期经济部工矿调整处等关于滇缅路物资运输问题的相关函电（1940.1—1941.10） 本　刊选辑
55 “民国史观”与中华民国史新学科体系的构建 陈红民

史　论

62 民国北京政府陆军训练总监始末 张建军
69 蒋介石与张伯苓及南开大学 江　沛
80 王天培死因探析 杨婉蓉 李仲明
86 武汉国民政府对“麻城惨案”的善后处理 黄家猛
93 五全大会与蒋介石个人集权政治的形成 刘大禹 姚路英

10—21 《民国档案》2011 年第 1 期目次页

（五）正文

正文是期刊的主体，一种期刊质量的优劣，关键在于期刊正文质量如何。期刊的正文是由多作者的不同文章组成的整体，但也有较少的内部刊物一期只刊载一位作者的文章。为了提示作者、方便阅读，部分期刊在正文的开始或者设有特约文章，介绍本期热点话题，或者编有按语、作者提示。

期刊类档案文献出版物正文示例，如图 10—22。

（六）累积索引

累积索引是将某一阶段（一年或数年）的若干期的文本题名、责任者及刊期、页码等按一定顺序编排起来的阶段索引。其多数分栏编排，构成阶段性总目次。它的作用是使读者方便地查检阅读档案文献。它的位置通常是在某年最末一期或者次年最早一期的封三前。目前，国内外多数学术期刊都有年度累积索引。在利用时，应向读者重点推荐。有些动态性期刊或核心期刊，常常在一定的刊期中连载本学科的论文要目，有的甚至以散页的形式出现，应注意装订，防止散失。

期刊类档案文献出版物累积索引示例，如图10—23。

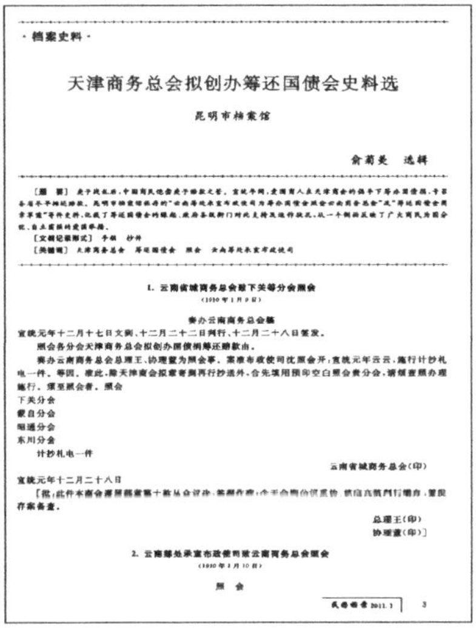
·档案史料·

天津商务总会拟创办筹还国债会史料选

昆明市档案馆

俞菊娄 选辑

[摘 要] [illegible]

[文献记录形式] 手抄 抄件

[关键词] 天津商务总会 筹还国债会 照会 云南筹边承宣布政使司

1. 云南省城商务总会致下关等分会照会

(1910年1月9日)

奏办云南商务总会稿

宣统元年十二月十七日文到、十二月二十二日拟行、十二月二十八日签发。

照会各分会天津商务总会拟创办国债捐筹还赔款由。

奏办云南商务总会总理王、协理董为照会事。案准布政使司沈照会开：宣统元年云云，施行计抄札电一件。等因。准此，除天津商会拟章寄到再行抄送外，合先填用预印空白照会贵分会，请烦查照办理施行。须至照会者。照会

下关分会

蒙自分会

昭通分会

东川分会

计抄札电一件

云南省城商务总会(印)

宣统元年十二月二十八日

[批：此件本商会 [illegible] 存案备查。

总理王(印)

协理董(印)]

2. 云南筹边承宣布政使司致云南商务总会照会

(1910年1月10日)

照 会

民国档案 2011.1 3

图10—22 《民国档案》2011年第1期正文示例

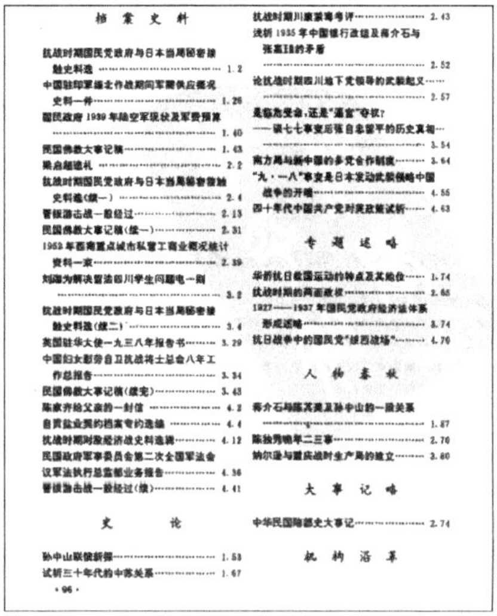
档 案 史 料

抗战时期国民党政府与日本当局秘密接触史料选 …… 1.2

中国驻印军缅北作战期间军需供应概况史料一件 …… 1.26

国民政府1939年陆空军现状及军费预算 …… 1.40

民国佛教大事记稿 …… 1.43

梁启超遗札 …… 2.2

抗战时期国民党政府与日本当局秘密接触史料选(续一) …… 2.4

晋绥游击战一般经过 …… 2.13

民国佛教大事记稿(续一) …… 2.31

1952年西南重点城市私营工商业概况统计资料一束 …… 2.39

刘湘为解决留法四川学生问题电一则 …… 3.2

抗战时期国民党政府与日本当局秘密接触史料选(续二) …… 3.4

英国驻华大使一九三八年报告书 …… 3.29

中国妇女慰劳自卫抗战将士总会八年工作总报告 …… 3.34

民国佛教大事记稿(续完) …… 3.43

陈家齐给父亲的一封信 …… 4.2

自贡盐业契约档案专约选编 …… 4.4

抗战时期对敌经济战史料选辑 …… 4.12

民国政府军事委员会第二次全国军法会议军法执行总监部业务报告 …… 4.36

晋绥游击战一般经过(续) …… 4.41

史 论

孙中山联俄新探 …… 1.53

试析三十年代的中苏关系 …… 1.67

抗战时期川康禁毒考评 …… 2.43

浅析1935年中国银行改组及蒋介石与张嘉璈的矛盾 …… 2.52

论抗战时期四川地下党领导的武装起义 …… 2.57

是临危受命，还是"逼宫"夺权？——谈七七事变后张自忠留平的历史真相 …… 3.54

南方局与新中国的多党合作制度 …… 3.64

"九·一八"事变是日本发动武装侵略中国战争的开端 …… 4.55

四十年代中国共产党对美政策试析 …… 4.63

专 题 述 略

华侨抗日救国运动的特点及其地位 …… 1.74

抗战时期的两面政权 …… 2.65

1927——1937年国民党政府经济法体系形成述略 …… 3.74

抗日战争中的国民党"绥西战场" …… 4.70

人 物 春 秋

蒋介石与陈其美及孙中山的一段关系 …… 1.87

陈独秀晚年二三事 …… 2.70

纳尔逊与重庆战时生产局的建立 …… 3.80

大 事 记 略

中华民国陆军史大事记 …… 2.74

机 构 沿 革

·96·

图10—23 《档案史料与研究》1991年总目（累积索引）

(七) 封三

封三是期刊封底的背面。多数期刊的封三刊登的是广告，少数为告读者、启事、图片、版权页等。

(八) 封底

封底是期刊的最后一页，它与封面相连折叠而成。封底除提示作用外，还与封面一起对期刊起护封作用。封底的内容有征订启事、广告、稿约、图片、版权页等。个别期刊封底是“白版”，或者直接印刷正文，即无封底。

(九) 版权页

版权页是有关该刊编辑出版情况的记录。它包括期刊题名、责任者、卷期、印刷单位、出版时间、期刊代号、发行部门及定价等，有的还印有创刊时间。它的位置多数在封底上，也有在封二、封三、目次页或题名页背面的。版权页是期

刊登记、分类、编目的重要信息依据。

期刊类档案文献出版物版权页示例，如图 10—24。

图书在版编目(CIP)数据

北京档案史料:2000.4/北京档案馆编.—北京:新华出版社,2001.1

ISBN 7-5011-5124-5

Ⅰ.北... Ⅱ.北... Ⅲ.北京市—地方史—史料

Ⅳ.K291

中国版本图书馆 CIP 数据核字(2000)第 81760 号

北京档案史料(2000.4)

北京市档案馆　编

★

新华出版社出版发行

(北京宣武门西大街 57 号　邮编:100803)

新华书店经销

新华出版社印刷厂印刷

★

850×1168 毫米　32 开本　9 印张　插页 2 张　225,700 字

2000 年 12 月第一版　2000 年 12 月北京第一次印刷

ISBN 7-5011-5124-5/K·333　定价:18.00 元

图 10—24　《北京档案史料》版权页

（十）刊背

刊背是指封面和封底的连接部分，“骑马装”的期刊没有刊背，“折叠装”的期刊才有刊背。刊背较厚的期刊，上面多数印有题名、卷期、总期号以及编辑出版单位等。当封面、题名页、版权页的说明或记录出现歧义时，刊背的参考价值就凸显出来了。

此外，有的期刊还有插页、勘误表等。

在期刊形态方面，还存在一种期刊出版两种或更多种文章版本的情况，即多版制期刊。为了加快科研成果或编纂成果的发表，可先由作者或编者写成较详细的文摘或短文在快报或通讯类型的期刊发表，所谓短文版，然后再出版长文版，即刊发全文。

第五节　印刷型档案文献出版物的社会价值

印刷型档案文献出版物是我国历史文化建设和发展的重要“记录者”，对传承源远流长的中华文明做出了不可磨灭的贡献。在社会主义市场经济条件下的今天，印刷型档案文献出版物正逐渐从隐藏于内府深宫的“死文献”变为向公众开

放传播的“活文献”，在社会文化建设中发挥着重要的作用。“为档案信息找利用者，为利用者找档案信息”已经成为当代档案文献编纂工作的主要目的，而这一目的鲜明地体现了印刷型档案文献出版物的社会价值的变化。

一、“资治”——印刷型档案文献出版物是维护阶级统治的重要工具

在我国历代种目浩繁的印刷型档案文献出版物中，我们可以发现大多数的出版物都冠上了“御制”、“钦定”的字样，因为我国的档案文献编纂活动大多都是由国家权力机关控制的政府行为，所以在档案文献编纂的选题上就可以体现出鲜明的时代特征和政治倾向。

维护本阶级的政治统治是中国古代历朝历代所要解决的最大的问题，也是档案文献编纂选题的首要选择，所以从这个意义上来看，“资治”就是印刷型档案文献出版物所承载的最重要的社会价值。在封建社会，档案文献编纂活动的根本目的是为了封建中央集权专制统治，体现的是封建地主阶级的价值利益取向，因此，辑圣训或奏议，纂法典或刑律，修实录或方略等成为贯穿封建社会档案文献编纂工作的主要形式。然而随着我国社会性质的变化，社会主义制度的发展和繁荣，我国的档案文献编纂选题的总方向向社会主义现代化方向转变，体现的是为社会进步和为人民服务的时代主题和价值取向，所以，当代的档案文献编纂题材不仅在文书档案文献编纂和科技档案文献编纂方面获得进一步的发展，在其他领域，在反映人民群众的首创精神方面也有显著提高。

二、“存史”——印刷型档案文献出版物是积累保存档案文献的重要手段，是推动史学发展的重要动力

回顾我国的档案文献编纂史，由于档案文献的原始载体难以保存，我们能够见到的档案文献原文寥寥无几。但是不少古代档案文献所包含的信息内容却流传至今，其得以传承的重要原因就是我国历史悠久的档案文献编纂工作及其档案文献出版物的传播。

我国古代人民用其聪明才智所创造的古代文明一经产生就必然面临着天灾、人祸的侵害，受到王朝更迭、社会动荡的威胁。我们如今能够窥见这些珍贵的内容，历朝历代延续不断的档案文献编纂工作功不可没，通过辗转翻刻，副本增加，从而达到“此失彼存”之效，不至绝版。所以从这种意义上来看，档案文献出版物的这种“存史”功能是一种“利在当代，功在千秋”的事业。而从人类文明的高度来看，档案文献是构成“世界记忆”工程的重要工具，人类文化遗产的重要组成部分，也是人类文明的重要历史见证。档案文献编纂工作对保护人类的文化遗产，促进知识的积累和传播起了极其重大的作用。

同时印刷型档案文献出版物的这种“存史”功能也是推动、促进史学发展的重要动力之一。上至孔壁中发现的古文经传，下迄20世纪初相继发现的四大史料，许多珍贵档案文献的出现，都把史学研究引向进一步的深入。而相关部门又将这些档案文献进行系统编纂整理，以史料汇编的形式公布于世，为史学界的研究提供了便利的条件，所以说档案文献是培育史学之花的沃土，只有档案文献出版物不断推出，才能保持这种生机勃勃的史学繁荣局面。

三、“济世”——印刷型档案文献出版物是为所需者开发、提供档案信息资源的有效手段之一

为了满足社会对档案文献的需求，档案部门采取了建立阅览室，档案外借、复印，举办档案展览，编制检索目录等许多有利于读者获取档案文献的手段和方式，但是这些措施都不可避免地受到时间、地点和经费的制约。于是，档案文献出版物以其自身的优势成为广泛开放、传播档案文献的重要手段之一。

印刷型档案文献出版物可以主动地、集中地被利用。编者对原始档案文献按照一定的选题进行编纂出版，可以方便人们通过出版物接触、了解有关专题的基本材料。同时它还能够科学地、系统地被利用。档案文献出版物是编者按照科学的编排原则和方法，对原始文献进行严格的选本、加工、考据、注释等一系列工作后出版的，基本上保证了出版物的可靠性、精确性和系统性。而且印刷型档案文献出版物最突出的优势就是能够广泛地、长久地为人们提供所需的档案文献，档案文献通过出版物的形式为人们提供了大量的档案文献副本，从而有利于档案文献的广泛传播，易于人们长久利用。

档案文献出版物通过这种“济世”的社会功能，根据社会的需要去整理错综复杂的档案内容，编纂出版源自档案却高于档案的全新的知识产品，为社会提供丰富多样的档案文献，为人民大众服务。这是档案文献出版物的社会价值的当下体现。

四、“利己”——编纂印刷型档案文献出版物是加强档案部门自身建设，推动档案文献编纂学理论形成和发展的力量源泉

从社会角度来看，档案文献编纂工作是为社会大众提供信息服务的重要方式，同时对于档案部门本身，对于档案学的发展也有重要作用，是一种“利己”的社会价值的体现。

通过编纂档案文献出版物，档案部门能够检验和促进其档案室（部）的基础工作，提高档案部门干部的素质，加强档案室（部）的业务建设，提高科学水平

和服务质量，扩大档案工作的社会影响。对档案部门自身具有重要的意义。①

实践出真知，档案文献编纂工作的实践是档案文献编纂学理论的重要来源。通过从事档案文献的整理、编纂和研究工作，历朝历代的档案文献编纂者将目录学、历史学、校勘学等与档案文献编纂学的理论和方法融合在一起，从而出现了孔子编纂“六经”原则，刘向、刘歆父子编纂整理方法，刘知幾、司马光和章学诚等学者通过编纂实践积累的编纂思想理念等等，他们都为档案文献编纂学理论的形成和发展作出了重大贡献。也正是他们编纂的档案文献出版物承载着编纂者的思想理念，体现着他们的编纂方法，从而才能流传千古，为今人所继承。印刷型档案文献出版物承载着档案文献编纂学理论，记录着档案文献编纂工作的实践，极大地推动了档案文献编纂学作为一门独立学科的形成和发展。

【思考题】

1. 简述印刷型档案文献出版物的历史变迁。
2. 印刷型档案文献出版物的基本类型有哪些?
3. 如何看待信息时代印刷型档案文献出版物的生存空间?
4. 印刷型档案文献出版物的基本特征是什么?
5. 阐述印刷型档案文献出版物的现实状况。
6. 简述图书类档案文献出版物的结构形态。
7. 简述期刊类档案文献出版物的结构形态。
8. 简述报纸类档案文献出版物的结构形态。
9. 论述图书、期刊、报纸等出版物在档案文献编纂出版体系中的地位与作用。
10. 如何解读印刷型档案文献出版物的社会价值?

① 参见徐绍敏:《档案文献编纂学》，杭州，浙江大学出版社，2001。

第十一章 音像型档案文献出版物

【本章要点】

本章梳理了音像型档案文献出版物的主要类型与基本特征，从编者构成、主题分布、出版形态等方面分析了其现实状况，并阐述了其具有的社会价值和经济价值。

【关键词】

音像型档案文献出版物○类型○特征○现实状况○社会价值○经济价值

音像出版物，也称音像制品，是指以电、光、磁介质为载体，用数字或模拟信号，将图、文、声、像记录下来经编辑加工后，通过视听设备播放使用的出版物。[1] 1877年7月18日，美国发明家爱迪生在实验室里录下并重放了自己朗诵的歌词和笑声。这就是唱片的起源，也是音像出版物（音像制品）的起源。1982年，音像业开始引入数字化技术制作存储音乐的激光唱盘（荷兰飞利浦公司发明），后又出现了激光视盘。随着录音、录像技术的发展，音像设备也日益普及，

① 参见全国出版专业职业资格考试办公室：《出版专业理论与实务（初级）》，11页，武汉，崇文书局，2004。

国家机关、社会组织、企业及个人在各项正式活动中形成的音像资料日益增多，加上音像出版物大量运用声音、图像、活动影像等媒体形式，能够多形式、多视角地展示档案文献，因此，音像出版物逐步成为当前各级各类档案部门收藏并编纂的重要档案文献。

第一节　音像型档案文献出版物的类型与特点

自从19世纪后期录音技术发明以来，音像出版技术已经取得了突飞猛进的发展，现在已经进入了激光和数码时代。音像出版技术在档案文献编纂工作中也已经得到了广泛的使用，音像型档案文献出版物的种类日益增多，并呈现出新的特点。

一、音像型档案文献出版物的主要类型

根据音像出版物所记录信号的不同，一般分为录音制品和录像制品两大类型：前者包括录音带（AT、DAT等）、唱片（LP）和激光唱盘（CD、MD、Audio—DVD、HDCD、SACD等），后者包括录像带（VT等）和激光视盘（VCD、SVCD、DVD等）。因此，音像型档案文献出版物也主要包括这两大类。

（一）录音制品

录音制品，是指对表演的声音和其他声音的任何录制品，主要用于记录声音，具有再现音乐作品、语言等功能。从载体形式上看，录音制品主要包括录音带、唱片和激光唱盘三大类。

1. 录音带

录音带是通过磁性记录的方法，将声音通过话筒转变为电信号，再通过磁头转变为磁信号记录在磁带上形成的。录音带种类繁多，性能各不相同，常见的录音带类型是盒式录音带。盒式录音带按声道标准，可以分为单声道、双声道录音带；按磁带的磁粉层标准，可以分为铁带Ⅰ型（普通带）、铬带Ⅱ型、铁铬带Ⅲ型和金属带Ⅳ型四种；按录放时间标准，可以分为C-30、C-60、C-90、C-120、C-160五种。

2. 唱片

它是采用机械刻录的方法，将声音通过话筒转变为电能，再通过刻纹针将电能转变为针尖运动的机械能，在唱片上刻下记录沟纹而形成的。唱片根据声道标准，可以分为单声道、双声道、四声道唱片；根据转速标准，可以分为粗纹唱片（78转/分）和密纹唱片（45转/分、33转/分、16转/分）；根据直径标准，可以分为17厘米、25厘米、30厘米三种。

3. 激光唱盘

简称 CD。激光唱盘上标有录音方法的代号：A 代表模拟，D 代表数字。目前，较为流行的是数字录音唱盘，常见的直径为 12 厘米。其基础结构由盘基、记录层和保护层三部分构成。

（二）录像制品

录像制品用于记录动作、画面、表情和场景等，具有类似或再现电影、电视剧（片）的功能。从载体形式上看，录像制品主要包括录像带、激光视盘两大类。

音像型档案文献出版物示例，如图 11—1、图 11—2。

图 11—1 《清宫秘档》截图一

图 11—2 《清宫秘档》截图二

1. 录像带

它采用磁性记录的方法，将声音和图像记录在磁带上。录像带有开盘和盒式两大类型，前者主要用于广播、电视等专业播放领域，市场上发行的均为盒式录像带。盒式录像带磁带的宽度一般有 3/4 英寸（1 英寸约合 25.4 毫米）、1/2 英寸和 8 毫米等。盒式录像带有不同规格，分别与不同的录像机配套使用。常见规格有 VHS 型、Beta 型、8 毫米型等。此外，根据性能指标，录像带还可分为标准录像带（普通带）、高级录像带（HG 带）、超高级录像带（SHG）和高保真录像带（Hi-Fi 带）。

2. 激光视盘

采用的录制方法、基础结构与激光唱盘完全一样，但是还包含图像信息和计算机可用的数字化数据。

二、音像型档案文献出版物的基本特征

与图书、期刊、报纸相比，音像出版物在内容、生产、传播等方面都具有非常明显的优势，深受公众喜爱。

（一）内容特征

音像出版物几乎可以承载所有的文化艺术形式。录音制品将语言和音乐集于一身，录像制品将图像、文字、语言、音乐和连贯的动作表演等集于一身，运用各种艺术和技术手段，以形象、生动、直观的方式表达思想，展现艺术和传授知识。音像出版物所具有的高保真音质和高清晰度画面的再现，使它更适合于文化的积累、传承、开发和普及。与其他类型出版物相比，音像制品更具有视觉、听觉的冲击力，更具有强烈的立体感染力，更受大众的喜爱。早在 20 世纪 90 年代，广东省档案学会与广东电台新闻台曾经联合创办了一个“历史在你身边”的广播节目，其中就播出了一些档案馆收藏的珍贵档案资料，如周恩来在黄埔军校的信函、孙中山的演讲录音等，深受听众喜爱。[①] 近年来中国第一历史档案馆拍摄的《清宫秘档》、《帝国商行》等大型档案文献专题片更是在中央和地方媒体频频播放，深受观众喜爱。

（二）生产特征

音像出版物是可以批量生产的精神文化产品，有精神生产和物质生产两个过程。然而，与图书、期刊、报纸等印刷型出版物相比，音像出版物的前期节目制作（即精神生产过程）的资金投入等要高得多，而后期复制（即物质生产过程）的成本却相对低得多。而且作为前期生产成果的音像出版物可以多次利用，能实现多级开发效益。例如，为完成《清宫秘档》的拍摄任务，中国第一历史档案

---

① 参见中国档案学会档案文献编纂学术委员会：《我国档案文献编纂实践及理论研究进展》，载《档案学研究》，1994（3）。

馆、故宫博物院、湖南广电集团湖南电视节目中心和北京金水滴文化有限公司经过8年多的筹划，特邀国内极具权威性的历史学家、社会学家和著名剧作家、导演，作为主创人员参与创作，历时一年，途经十几个省市自治区，行程十万公里，最终完成了对大量珍贵档案、文物和一百多个名胜古迹的拍摄工作。

（三）传播特征

音像出版物的内容信息含量很大，而物质载体却小、轻、薄，在流通领域里便于运输、仓储、展示，可以方便、快捷地通过分销渠道转移到消费者手中。此外，音像型档案文献出版物作为一种特殊的文化产品，具有重复率高、品种多、趋同性等特点，使得音像型档案文献出版物的传播路径多、传播范围广、传播效果好，因而日益成为档案机构编纂成果的重要出版形式。当前，各级各类档案机构与电视台、电台等大众传媒开展了诸多有效的合作。上海市档案馆拍摄电视系列专题片《档案里的故事》，运用大量丰富的馆藏档案文献资料，结合对亲历者或学者采访形成的“口述档案”，以长达1 000分钟的真实记录，全景式多角度地讲述了历史档案里100个老上海的精彩故事，全面完整地反映了近代上海的“城市与生活”，在上海电视台纪实频道黄金时段播出，收视率在该频道名列前茅。《档案里的故事》系列片后来被制作成DVD《追忆——上海历史档案里的故事》，由上海文艺音像出版社出版发行，也受到社会普遍欢迎。中国第一历史档案馆在推出大型历史纪录片的同时，还通过新闻发布会、系列报告、媒体专访、首发式等形式多角度宣传，推动了音像型档案文献出版物更顺畅地传播。

音像型档案文献出版物——DVD示例，如图11—3。

图11—3　《追忆——上海历史档案里的故事》DVD实物

第二节　音像型档案文献出版物的现实状况

随着社会、经济、文化以及教育的发展，公众对文化类产品的需求日益增长，而档案部门由于收藏了大量珍贵的历史记录，其中包括大量的影像记忆，也成为当前文化信息资源开发利用的重要领域。档案部门独立或合作编纂了大量的音像出版物，使得音像型档案文献出版物成为当前档案文献编纂工作的亮点和支撑点。

一、音像型档案文献出版物的编者构成

各级各类档案机构为了自身工作的需要，独立编纂了不少具有区域和行业特色的音像型档案文献出版物。

第一，反映本地区社会经济文化等现实问题的音像出版物。例如，1989 年，苏州市城建档案馆摄制完成的录像片《姑苏行》出版，该片以苏州吴文化和风光旅游为主要内容，片长 39 分钟。

第二，反映档案机构所处单位或所属行业人物、事件等情况的音像出版物。我国一些大型的科技档案专业机构以平时积累的大量科技音像档案为素材，开发了科技资料片、科技专题片、科普片等音像型档案文献出版物，真实地再现相关科学技术活动，具有强烈的感染力。例如，河海大学信息中心制作了《水利部直属单位获得博士学位、国外硕士学位人员音像档案》，为选拔、培养人才提供了内容翔实、形式生动的个人音像档案。①

第三，反映档案机构特定时期、特定地区的档案工作历史、现状与发展趋势的音像出版物。例如，2000 年上海市闸北区档案馆拍摄了电视专题片《走向辉煌的 10 年——闸北档案事业 10 年回顾》，记录了闸北档案事业 10 年的发展轨迹，而杨浦区档案馆自 2007 年开始每年拍一部记录当年档案事业发展主要活动的专题片。② 南京市档案局（馆）拍摄了《记录时代的脚步——南京市档案事业发展侧记》（2006 年），青岛市档案局（馆）录制的电视专题片《青岛市档案馆爱国主义教育基地》（2002 年）较为全面地反映了青岛市档案馆爱国主义教育开展的情况和取得的成绩。当然，最多的还是档案机构利用自身的馆藏档案文献（包括音像档案）拍摄的专题类音像出版物。中国第一历史档案馆先后录制了建

---

① 参见胡富斌：《人物音像档案的编辑制作》，载《档案与建设》，2004 (9)。

② 参见严永官：《从编研工作看档案馆的发展——以上海地区区县综合档案馆为例》，载《上海档案》，2010 (2)。

馆60周年活动的录像片《甲子馆庆》以及反映中国第一历史档案馆历史和珍藏概况的录像片《档案春秋》[①]。2008年10月天津市塘沽区城建档案馆制作了宣传片《天津塘沽城建档案馆》，该片反映了塘沽区城建档案馆的发展历程、现状及发展规划，介绍了城建档案馆的社会职能、责任以及对滨海新区开发的贡献。此外，大型的企业档案馆为了开展企业文化建设、服务企业发展而编纂了不少反映企业历史、企业文化等主题的专题片，如济南钢铁集团总公司摄制的电视纪录片《济钢人》。

音像型档案文献出版物——宣传片示例，如图11—4。

图11—4 《天津塘沽城建档案馆》宣传片

高等院校由于教学、科研工作的需要也会参与音像型档案文献出版物的制作工作。1982年，上海复旦大学分校出于档案学专业教学需要而制作的彩色录像片《皇史宬》问世，该片长33分钟，由于科学性、艺术性、技术性、教育学等方面的突出特色，被评为上海市1982年优秀电视教材一等奖。[②] 1987年中国档案学会与上海大学联合摄制了专题片——《中国档案馆发展掠影》，对全国31个各级各类档案馆的基本情况、特色馆藏、服务状况等情况进行了报道。此外，一些高校档案馆在进行专题编研、展览等过程中，也参与拍摄了不少具有特色的音像出版物。2003年，山东大学和山东电视台联合摄制了反映华岗辉煌人生和传

① 参见秦国经：《中国第一历史档案馆成立七十周年》，载《档案学通讯》，1995（5）。

② 参见袁吉甫：《〈皇史宬〉录像片获奖》，载《中国档案》，1983（2）。

奇经历的电视专题片《可酬热血换文章——纪念华岗诞辰100周年》。2007年中南大学档案馆制作反映中南大学本部“民主楼”、“和平楼”历史变迁的专题片《古楼记事》，颇受学校师生欢迎。清华大学电视台摄制了反映著名水利水电工程专家、教育家，中国科学院和中国工程院院士张光斗为我国水利水电事业做出杰出贡献的专题片《情系山河　辉煌人生》。

高等院校参与制作音像档案文献出版物示例，如图11—5、图11—6、图11—7。

图11—5　《可酬热血换文章——纪念华岗诞辰100周年》音像型档案文献出版物实物

图片来源：山东大学档案馆馆藏。

近年来，随着音像出版技术的日新月异，单靠档案部门力量难以独立承担大型音像出版物的拍摄任务，因而档案部门与媒体合作拍摄、推广电视专题片、文献纪录片渐成重要的趋势。2006年1月，中国第一历史档案馆、广州市社会科学界联合会、广州市档案馆、广州市荔湾区政府与中央电视台“探索·发现”栏目共同创作的4集纪录片《帝国商行》出版，该片主要描写了清代广州十三行的发展兴衰，被媒体誉为“中央第十套节目历史文化的大片”。2009年，国家档案局、中央档案馆与中央电视台联合摄制了10集电视文献纪录片《毛泽东在

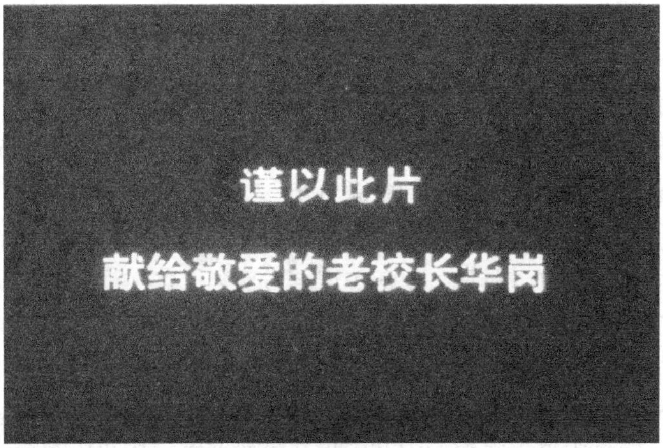

图 11—6 《可酬热血换文章——纪念华岗诞辰 100 周年》截图一

图片来源：山东大学档案馆馆藏。

图 11—7 《可酬热血换文章——纪念华岗诞辰 100 周年》截图二

图片来源：山东大学档案馆馆藏。

1949》，获得了中国电视艺术家协会、中国视协电视纪录片学术委员会颁发的2008—2009 年度中国电视纪录片系列片“十佳作品”奖。上海市档案局（馆）结合馆日活动，依托电台、电视台等媒体，制作专题宣传片，扩大了档案宣传的覆盖面。2007 年 8 月 6 日，广东省档案馆与广东电视台合作开办的“解密档案”栏目在广东电视台新闻频道正式推出，首播时间为每周一的 21 点 30 分，节目时长23分钟，该栏目从历史事件入手，在档案中寻找有关这些历史事件的记录，运用档案影像化手段揭开记载在档案中的不为人知的秘密。“解密档案”采用多种电视表现手法拉近了历史事件、秘密档案和普通观众的距离，成功地实现了历史事件和档案的影像化呈现，是音像型档案文献编纂成果出版、传播的新形式。

二、音像型档案文献出版物的主题分布

音像型档案文献出版物所涵括的主题内容非常广泛，涉及政治、历史、经济、文化、体育、教育、科技、生活等诸多方面。

(一) 政治题材的音像出版物占据着重要的地位

这种出版物主要围绕党和国家重要领导人、当代重大政治事件等方面进行选题和制作，从而成为档案部门参与爱国主义教育的新形式。20世纪90年代以来，国家档案局、中央档案馆、中共中央文献研究室、中央电视台等机构独立或联合制作了大量政治题材的录音、录像制品，主要包括《巨人之声——毛泽东讲话原始录音》(1993年)、《巨人之声——周恩来讲话原始录音》(1993年)、《巨人之声——邓小平讲话原始录音》(1994年)、《毛泽东》(1993年)、《毛泽东在浙江》(1996年)、《毛泽东与上海》(1998年)、《新中国重大决策纪实》(1999年)、《共和国脚步》(1999年)、《毛泽东与湖南》(2001年)、《怀念》(2001年)、《走进新时代》(2002年)、《百幅手迹怀伟人——毛泽东的110个故事》(2003年)、《邓小平的故事》(2004年)、《周恩来的故事》(2008年)、《中华人民共和国图像日志》(2008年)、《共和国的足迹》[①] (2009年) 等。此外，一些地方档案机构也拍摄了不少为地方政治经济服务的专题片。

政治题材音像型档案文献出版物示例，如图11—8、图11—9。

(二) 以历史和传统文化为拍摄对象的大型纪录片重新兴起

《江南》、《徽商》、《徽州》、《复活的军团》等在中央电视台播出，收视率、口碑方面都获得了成功。我国大型综合档案馆也积极参与纪录片的拍摄，从而使得历史题材在音像型档案文献出版物中占据非常重要的地位。珍贵的历史影像、生动形象的配音解说等元素构成的视听产品对社会大众具有非常大的吸引力。2002年中国第一历史档案馆推出的28集大型电视纪录片《清宫秘档》，首次系统利用中国第一历史档案馆所藏的1 000余万件清代档案，循着清王朝260余年由盛而衰的历史轨迹，真实再现了世人关注的历史人物、宫廷内幕和皇家隐私，揭开了诸多由来已久的谜团悬案，在中央电视台及一些省市电视台播放后，深受

---

① 《共和国的足迹》是2009年中央档案馆与中国唱片总公司联合制作的音像典藏精品（CD版），它将党和国家领导人以及孙中山先生珍贵的讲话、经典歌曲和历史图文资料自然贴切地熔铸在一套唱盘里。

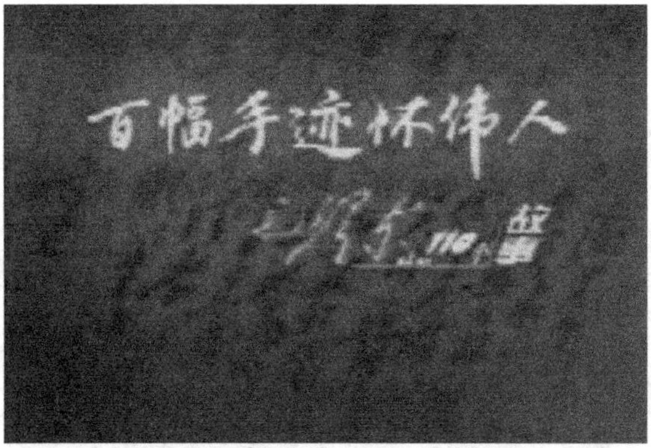

图 11—8 《百幅手迹怀伟人——毛泽东的 110 个故事》截图

图片来源：山东大学档案馆馆藏。

图 11—9 《共和国脚步》截图一

欢迎。此后，中国第一历史档案馆先后参与拍摄的《故宫》（2005 年）、《帝国商行》（2006 年）、《圆明园》（2006 年）等历史纪录片也受到公众的好评。

历史题材音像型档案文献出版物示例，如图 11—10。

（三）革命历史题材的音像出版物成为档案部门编纂工作的重点

国家档案局、中央档案馆与党史和影视部门联合，利用国家丰富的档案资源，创作了一批重大革命历史题材的历史纪录片，如《红旗飘飘——中国共产党历史上的今天》（2000 年）、《自从有了共产党》（2001 年）、《新四军》（2002 年）、《抗日中坚八路军》（2005 年）、《伟大长征》（2006 年）、《中原雄师》（2007

图 11—10 《故宫》截图

年）等，以鲜活形象的声像语言，把数以亿万计的观众带入了中国革命生动逼真的历史氛围之中。一些省市档案馆也参与制作了地方革命历史题材的音像出版物。20 世纪 80 年代末期以来，上海市档案局（馆）独立或者与中央档案馆等机构合作拍摄了大量反映革命历史斗争的纪录片，如《中共中央地下档案库》（1989 年）、《一号机密》（1997 年）。再如福建省档案局（馆）和福建省广播影视集团等单位联合摄制了《解放福建》（2009 年），山西省档案局（馆）参与了《决战太原》（2009 年）的摄制工作。2007 年，天津市大港区档案局（馆）与区党史办等合作拍摄了 19 集电视专题片《红色记忆》，热情讴歌了大港人民在党的领导下不屈不挠的奋斗历程。

革命历史题材音像型档案文献出版物示例，如图 11—11。

（四）反映社会生活的音像出版物不断涌现

档案文献编研工作不应当拘泥于反映重大事件的鸿篇巨作，将档案文献记载的完整、真实的细节以出版物的方式生活化、通俗化地展示出来，往往更易为人们所接受、记忆和传递。[①] 20 世纪 90 年代末期以来，档案馆的编纂选题逐步深入现实领域，关注百姓生活，聚焦社会变化。在实施“城市记忆工程”过程中，上海市浦东新区档案局（馆）从 2006 年起逐步开始探索拍摄浦东区域内“城市记忆”系列专题，着力捕捉与记录浦东政治、经济、文化、社会变迁中具有代表

---

① 参见卫奕：《论档案编研与社会记忆的构建》，载《档案学通讯》，2008（6）。

图 11—11　《中原雄狮》截图

性的文化符号，已经制作完成的有《浦东的路》、《浦东民宅》、《浦东别墅》、《浦东城市雕塑》、《浦东优秀历史建筑》等城市记忆主题片。① 2006 年辽宁省本溪市档案局（馆）拍摄了反映本溪市地域文化变迁的《百年沧桑》。② 2007 年天津市塘沽区城建档案馆对天津市东西沽、于家堡老城区的拆迁改造工程进行了全程跟踪拍摄，制作了专题纪录片《碧海　蓝天　热土——天津滨海新区中心商务商业区拆迁纪实》。2009 年黑龙江省电视台与哈尔滨档案局（馆）联合拍摄了大型人文纪录片《闯关东》。2009 年，中央电视台“探索·发现”栏目与威海市档案局（馆）联合拍摄了反映第一次世界大战远赴欧洲承担战勤任务的 14 万华工历史的 6 集电视专题纪录片《华工军团》。江苏省南通市档案局（馆）成功地整理、编纂了晚清状元、著名实业家张謇家中曾经的老管家黄杏桥讲述张謇家事的录音，并且整理了南通文化名人穆烜等老人讲述南通地方史的讲话录音。③ 此外，还有反映农村问题题材的专题纪录片，如反映近 70 年以来中国土地所有制的变化以及由此带来的对农民生产和生活方式的影响的《我们的土地》（2004 年），反映

① 参见杨婷：《论声像档案在“城市记忆工程”中的重要作用》，载《上海档案》，2010（9）。

② 参见赵喜红：《融入地域文化研究这张弓——本溪市档案馆地域文化研究走笔》，载《中国档案》，2008（6）。

③ 参见肖正德：《从“小编研”到“大编研”的实践与思考——以南通市档案馆为例》，载《档案管理》，2010（3）。

广东省新农村建设状况的《南粤春潮动地来——广东建设和谐、活力社会主义新农村》（2007 年）等。此外，报道档案工作者自身工作的专题纪录片也开始出现，如淮南市电视台为淮南市档案局（馆）拍摄了专题片《与档案打交道的人》，通过真实记录档案人一天平凡而又忙碌的工作，展现了档案工作者不为人知的辛苦和无私奉献的精神。

反映社会生活的音像型档案文献出版物示例，如图 11—12。

图 11—12 《碧海 蓝天 热土——天津滨海新区中心商务商业区拆迁纪实》截图

农村问题题材音像型档案文献出版物示例，如图 11—13。

(五) 反映科技、教育、体育等主题的音像出版物逐步增多

20 世纪八九十年代，中国新闻纪录电影制片厂制作了《从山沟走向世界》(1989 年)、《中国西部科学城——绵阳》(1990 年)、《中国航空工业》(1991 年) 等反映我国航天工业艰苦发展历程的电视纪录片。近年来，中国航空工业集团公司与中央电视台联合摄制了《龙腾东方》(2009 年)、《航空档案——中国航空工业大揭秘》(2009 年) 等大型系列专题片。反映中国体育事业发展的纪录片也不断涌现。例如，《筑梦 2008》(2008 年) 采取多条线索交叉并进的结构，用五个故事编织出一幅关于中国人民准备 2008 年奥运会过程的图景；《加油中国》(2008 年) 以丰富的电影史料为依据，以一代又一代中国体育健儿为彻底甩掉中

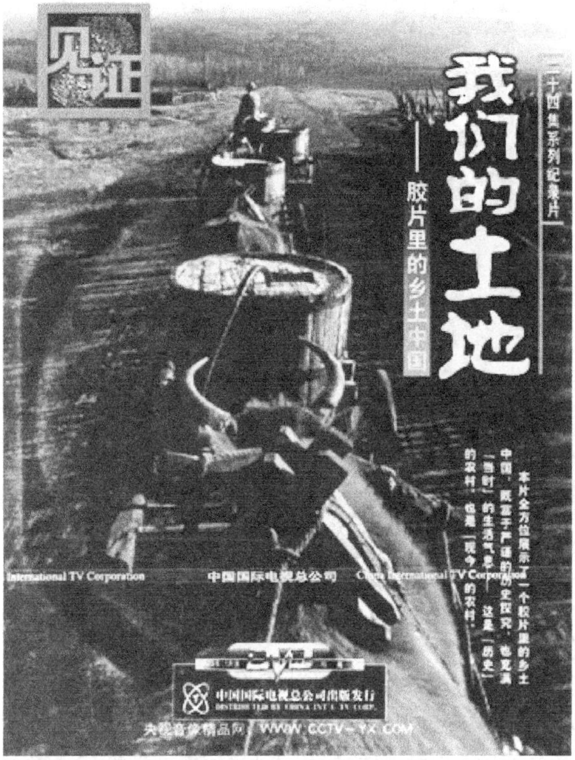

图 11—13　《我们的土地——胶片里的乡土中国》

国人“东亚病夫”的帽子，前仆后继、矢志奋斗的业绩为主线，重新梳理、展现了中国体育发展史和中国百年奥运史。2010 年，中南大学档案馆、中南大学湘雅医学院依据校史档案资料的编纂整理，联合湖南电视台制作的 5 集纪录片《故事湖南——百年湘雅》，以翔实的历史资料和深度的笔触展现了湘雅医院百年的历史和发展历程。同时，有关农业科学技术教育方面的纪录片成为音像出版物的重点，如《农业的十万个为什么》（2008 年）、《农药安全实用技术》（2008 年）、《动物的检疫防疫》等，受到农民朋友欢迎。

科技类音像型档案文献出版物示例，如图 11—14。

（六）非物质文化遗产类音像出版物开始出现

随着非物质文化遗产保护理念的兴起与推广，档案部门也积极参与非物质文化遗产保护，在非物质文化遗产的调查、建档等保护活动中制作了不少有影响的专题片。例如，中央电视台“走进科学”栏目、中央电视台教育频道“文明中华

图 11—14 《龙腾东方》封面

行”栏目在贵州省荔波县档案馆的协助下分别拍摄了《水书之谜》(2004 年)、《神秘的水书》(2006 年) 两部专题片，引起了社会对水书这一少数民族文字的关注和兴趣。而以建水哈尼族铓鼓舞为素材拍摄的非物质文化遗产专题片《远古走来脚步》，在意大利蒙特卡尼第八届旅游电影节上，获得了最高奖——苍鹭奖。2005 年以来，甘肃省文化档案馆配合本省文化重点工程项目，先后摄制了《甘肃彩陶》、《炳凌寺石窟佛教艺术》、《陇剧》、《秦腔·西秦腔》等非物质文化遗产方面的专题片。[①] 2010 年年初，上海启动了上海市国家级非物质文化遗产名录项目系列专题片的大型文化工程，该项目由上海市文化广播影视管理局推进打造，由上海市非物质文化遗产保护中心联合上海文化出版社、SMG 艺术人文频道、上海文化艺术档案馆等单位共同组织实施，计划用 3 年时间，完成本市目前 33 项国家级非物质文化遗产项目的系列专题片的拍摄工作，目前《嘉定竹刻》、《朵云轩水印木刻技艺》、《上海港码头号子》、《评弹》、《石氏伤科》、《功德林素食制作技艺》等非物质文化遗产项目专题片已经完成。

---

① 参见柴丽：《服务百花齐放　助力百家争鸣 ——文化部门加强对重点文化艺术档案的收集和保护》，载《中国档案报》，2008-12-15。

非物质文化遗产类音像型档案文献出版物示例，如图 11—15、图 11—16。

图 11—15　《水书之谜》截图一

图 11—16　《水书之谜》截图二

（七）地方旅游特色类音像制品日益增多

从早期的《话说长江》（1983 年）、《话说运河》（1986 年）、《黄河》（1987 年），到近年来拍摄的《再说长江》、《南明水长》（2006 年修订版）、《黄河》（2008 年），有关人文地理方面的电视纪录片一直广受欢迎。随着各地旅游、休闲等文化产业发展的兴起，档案机构也参与编纂了相关的音像出版物，例如反映西藏旅游文化资源的系列音像出版物《西藏旅游》就包含一张反映西藏博物馆、档案馆和西藏大学等机构情况的音像出版物——《西藏旅游：西藏博物馆、西藏自治区档案馆、西藏大学（DVD）》（2007 年）。《蜀风蜀韵蜀情》、《青岛：寻梦与畅想》、《龙江行》、《芗城旅游指南》、《云霄旅游风光》、《河西走廊畅想曲》等反映地方旅游文化特色的音像出版物日益增多。

地方旅游特色类音像型档案文献出版物示例，如图 11—17、图 11—18。

图 11—17 《话说长江》截图一

图 11—18 《话说长江》截图二

三、音像型档案文献出版物的系列化

与印刷型档案文献出版物相比，音像型档案文献出版物呈现的系列化趋势更加显著。

音像型档案文献出版物着重策划具备连续出版特质的选题，从而能够就某一专题或主题提供完整、全面的音像记录。例如 1993 年中央档案馆编辑、中共中央文献研究室审定出版的《巨人之声》，就收录了毛泽东、周恩来、邓小平等党和国家领导人的讲话原始录音。此外，中共中央文献研究室还深入挖掘老一辈革命领导人的资料，制作了系列人物音像出版物，如《毛泽东》（1993年）、《毛泽东在浙江》（1996年）、《毛泽东与上海》（1998年）、《毛泽东与湖南》（2001年）、《周恩来》（1998年）、《刘少奇》（1998年）、《百年小平》（2004年）等。从2007年起，武汉市城建档案馆开始制作《武汉建筑百年经典》系列电视纪录片集，用讲故事、回顾历史、说名人等方式，一幢名楼一个部集，已经完成《江汉钟声：江汉关大楼》、《金碧大厦：汉口英国汇丰银行》、《宋庆龄故居：华俄道胜银行大楼》等专题的制作工作，从而成为弘扬武汉地区文化、挖掘并展示老建筑的历史文化特色的重要方式。此外，一些地方档案机构还定期从地方新闻频道视频资料中剪辑出有特色的系列专题片。从2005年7月1日开始，南通市档案局（馆）工作人员每天晚上定时录制南通电视台播出的“南通新闻”（30分钟），然后整理编辑，刻录成DVD光盘存档，到目前为止，已有550多张光盘存档。在此基础上，他们还将每天播出的“南通新闻”中有关市委、市政府主要领导的活动剪辑出来，编辑成《市委、市政府领导每月活动专辑》。天津市档案局（馆）组织市、区县档案部门与天津电视台联合制作《津沽档案珍藏》电视系列专题片，定期向社会公开播放，通过透视一件件实物档案背后的真实故事，展示天津丰厚的历史文化积淀。

在音像出版物的出版形式方面，除了以录音带、CD、VCD、DVD等多种载体形式发布外，档案馆还与电台、电视台等新闻媒体合作，以专栏形式，向社会公众提供系列性的专题音像资料。1989年1月，中央电视台“地方台50分钟”栏目设立，是全国第一个播放纪录片的专门栏目。此后，地方台的相关栏目逐渐增多，形式多样。中央电视台的“探索·发现”栏目、“军事纪实”栏目、“见证·影像志”栏目是播放纪录片的重要媒体。2011年1月1日中央电视台纪录频道开通，频道名称为“CCTV-9纪录”，其主体内容包括自然探索、历史人文、社会纪录、文献档案四大类，按照国际纪录片频道的通行方式，淡化栏目概念，强化大时段编排，每个时段针对不同观众设置节目内容，以主题化、系列化和播出季的方式，力求呈现规模化效应，从而为档案馆制作、发布音像型出版物提供了更加集成的途径。例如，北京卫视的“档案”栏目、广东电视台新闻频道的“解密档案”栏目、福建电视台综合频道的“发现档案”栏目、昆明电视台的“盛世典藏”栏目、重庆卫视的“记忆”栏目等，成为当地档案机构公布音像出版物的重要途径。

系列性专题音像型档案文献出版物示例，如图11—19。

图 11—19　重庆卫视大型文献纪实栏目“记忆”

第三节　音像型档案文献出版物的主要效益

音像型档案文献出版物集图、文、声、像于一身，具有形象、直观、生动的特点，既有录音制品包括磁带、CD，又有录像制品包括 VCD、DVD 等等，媒体形式多种多样，便于各年龄段使用，因此具有较高的社会价值和经济价值。

一、社会价值

音像型档案文献出版物作为档案机构独立或合作编纂的重要编纂成果，无论是对于档案机构自身的发展，还是对于整个社会的发展来说，都具有相当重要的社会价值，主要包括政治价值、文化教育价值、学术价值等。

音像型档案文献出版物是各级各类档案机构为了开发档案信息资源、服务社会而精心制作的文化出版物，因此它在提高档案机构的知名度、宣传档案工作、提升社会公众的档案意识等方面具有非常积极有效的作用。中国第一历史档案馆拍摄的大型文献纪录片《清宫秘档》披露了大量有关清王朝历史人物、历史事件的原始记录，使观众了解清宫疑案的来龙去脉，获知历史的真实原貌，从而起到了“让档案走出宫墙，让历史贴近百姓”的宣传作用。2003 年，为纪念张謇诞辰 150 周年，南通市档案馆与南通电视台联合拍摄了电视专题片《岁月的记忆——解读张謇与大生档案》，这部以介绍张謇与大生集团档案为主要内容，融学术研究与艺术鉴赏于一体的电视专题片于张謇诞辰 150 周年之际在纪念活动有关场所播放，南通电视台一至三套节目共八次滚动播出，在社会上引起较大反响，受到上至市领导，下至普通百姓的较高评价，极大提高了南通市档案馆的知名度，促进了南通市档案工作的快速发展。

与印刷型档案文献出版物相比，音像型档案文献出版物更加形象、生动，具有观赏性和趣味性，因而更贴近社会现实，从而能够最大限度地实现档案的社会价值。

首先，音像型档案文献出版物的选题是重点围绕国家中心大事来进行的，因而政治价值是其突出的社会价值之一。《新中国重大决策纪实》（1999 年）、《共和国脚步》（1999 年）等系列专题片是国家档案局、中央档案馆为了纪念新中国成立 50 周年而专门拍摄的，《中华人民共和国图像日志》（2009 年）、《共和国的足迹》（2009 年）等则是为了纪念新中国成立 60 周年而推出的专题纪录片，《伟大长征》（2006 年）是为了纪念长征胜利 70 周年而精心制作的。地方档案机构也根据国家和地方的大事制作系列专题片。《解放福建》、《决战太原》是福建省档案局（馆）、山西省档案局（馆）为纪念新中国 60 年华诞而参与拍摄的反映福建和太原解放历程的专题纪录片，《百年宁夏》（2008 年）、《档案馆中的宁夏五十年》（2008 年）是宁夏回族自治区档案局（馆）为纪念宁夏回族自治区成立 50 周年而制作的系列专题片。

其次，作为一种颇具特色的文化产品，音像型档案文献出版物具有极高的文化价值，在传统文化教育、爱国主义教育、科普教育方面发挥着广泛作用。音像型档案文献出版物以厚重的历史文化积淀融入新的时代发展，对历史文化转折时期社会现象做影像留存，并与现代化的大众传媒相结合，通过大众媒介的穿透力和影响力，在开展文化建设、弘扬我们民族精神等方面具有重要的历史文化价值。例如，山西省平遥县档案馆制作的《东方古城，世界遗产》（2008 年）爱国主义教育专题片，较全面地介绍了平遥悠久的历史、独特的晋商文化、丰富的文物古迹和名优特产、众多的杰出人物以及中国共产党领导平遥人民在革命和建设事业中取得的巨大成就，描绘了将平遥古城建设成更具国际知名度、国内最具影响力的晋商文化旅游中心城市的宏伟蓝图，对广大群众特别是青少年进行爱祖国、爱古城教育提供了生动教材。2009 年，南京市档案馆精心制作的大型系列短片《南京 60 年纪事》在南京电视台新闻综合、教科、影视、生活等频道播出，这套系列短片以编年体的形式，着重展现在新中国改革开放的大背景下南京社会经济发展的历程，以及在新中国不断变迁的过程中南京跨越前行的脚步，从理性客观的角度引导观众以史为鉴，成为南京市民文化生活中的一道精神大餐。《千年天堂路——杭州市档案馆爱国主义教育基地暨杭州历史文化介绍》专题片的拍摄，成为杭州市档案馆开展传统文化教育和爱国主义教育的重要指南。此外，一些专业档案馆和综合性档案馆制作的科普教育纪录片，为广大中小学生学习科普知识提供了方便。

最后，不少音像型档案文献出版物是宝贵的学术资源，成为推动学科建设、开展专业教育的重要动力。20 世纪 80 年代上海大学和相关档案机构拍摄的《皇史宬》（1982 年）、《中国档案馆发展掠影》（1987 年），为改革开放初期中国档案学教育提供了重要的教学资源和学术资源。而近年来各类档案机构参与拍摄的电视系列专题片如《清宫秘档》（2002 年）、《青岛：1937—1945》（2005 年）、《故宫》（2005 年）等，凭借厚重的历史纵深、丰富的知识信息、新颖的形式创新等特征，达致不可替代的权威性、不可复制的真实性和不可抽象的艺术性，是学术界、档案界和电视创作者对博大精深、浩如烟海的中国历史文化资源的有益探索、尝试。①

总之，利用档案史料拍摄成真实的历史画面，使“死”的档案变成“活”的故事，为档案信息广泛地进入社会、家庭，从而最大限度地发挥档案编纂成果的社会价值，是音像型档案文献出版物具备的最大优势和特点。

二、经济价值

音像型档案文献出版物传播范围广、受众多，有些比较有特色的出版物发行量比较大，因此它不仅具有很大的社会价值，还能够产生一定的经济效益。

档案机构仅仅靠自身力量，要完成涉及面广、技术要求高、档案文献资源分散、投资巨大、社会影响力相对较大的大型音像出版物，往往心有余而力不足，因此，音像型档案文献出版物的合作化、社会化趋势日益明显。档案机构与相关机构合作制作拍摄音像出版物，不仅能够节省档案机构的编研经费，而且还能带来直接的经济收益。1996 年，上海市档案局（馆）与上海电视台创新制作社合作拍摄的电视纪录片《一号机密》，就是在立足上海市档案局（馆）馆藏的基础上，双方各投资 100 万元人民币制作而成的。② 上海市档案局（馆）拍摄电视系列专题片《档案里的故事》时，就与上海市教委进行合作，摸索出了一条社会效益同经济效益有机结合的档案编研新路子。③ 此外，音像型档案文献出版物也深受社会公众欢迎，一方面在广播、电视等媒体播放，具有较高的收视率，产生较好的经济效益，另一方面部分特色成果通过 CD、VCD、DVD 等载体发行，也能产生

① 参见于荣健、李江、丛文英：《掘开冰山一角——浅谈电视片对历史档案的解读》，载《中华新闻报》，2007-08-22。

② 参见胡红霞、黄琴：《档案馆编研与社会公众文化需求的结合模式探析》，载《兰台世界》，2010 (6)。

③ 参见杨天亮：《档案编研形式的新尝试——关于摄制〈档案里的故事〉之我见》，载《档案与史学》，1997 (6)。

较好的市场收益。中央电视台、中共中央文献研究室等联合摄制的专题片《毛泽东》（1993 年）在中央电视台播出后，北京地区的收视率高达 29.8%，全国的收视率也高达 15.2%。[①] 2009 年《南京 60 年纪事》在南京电视台的最高收视率达到 3.5%，这在当时同类节目中已经名列前茅了。中国第一历史档案馆推出的《清宫秘档》、《帝国商行》在中央电视台播出后收视率也非常可观。近年来，中央电视台和地方电视台积极与各级各类档案机构合作，推出一些播放电视纪录片、专题片的栏目，共同探索提升音像型档案文献出版物经济价值的新路径。

此外，科技档案部门目前利用已经积累的大量科技声像档案，开发了音像型科技档案编纂成果，如科技资料片、科技专题片、科普片等，不仅可以真实地再现相关科学技术活动，而且能够间接地促进科学技术发展，从而为国民经济的发展提供动力，这也是音像型档案文献出版物经济价值的重要体现之一。例如，农业科技档案部门以馆藏档案资料为基础，结合农业科研机构和科研院校提供的相关档案资料，拍摄反映农业生产新技术、新品种的专题片和农业科普知识录像片等，从而为提高农业生产水平、帮助农民脱贫致富提供支持。[②]

总之，音像型档案文献出版物通过对档案信息进行全新的思想整合，依据大众传媒，输出思想内容，将无限丰富的档案内容以绚丽多彩的形式不断展现于人类面前，为世人所共享，成为极具社会价值又具有一定经济价值的重要文化产品。

【思考题】

1. 简述音像型档案文献出版物的内涵与主要类型。
2. 音像型档案文献出版物的基本特征是什么？
3. 如何看待音像型档案文献出版物的现实状况？
4. 如何从文化产业价值的角度看待音像型档案文献出版物的发展前景？
5. 音像型档案文献出版物的社会价值主要体现在哪些方面？
6. 如何充分开发音像型档案文献出版物的经济价值？

① 参见丁华东：《文献纪录片的繁荣带给我们的理性思考》，载《上海档案》，2002（1）。
② 参见范俊娥：《浅谈农业科技档案服务于新农村建设》，载《档案学研究》，2008（2）。

第十二章 数字型档案文献出版物

【本章要点】

本章分析了现代信息技术环境下数字型档案文献出版物的形成背景，介绍了数字型档案文献出版物的主要类型，阐述了其与印刷型、音像型档案文献出版物的不同特征，并预测了未来的发展趋势。

【关键词】

数字型档案文献出版物○基本特征○主要类型○发展趋势

网络技术、计算机技术、现代信息通信技术等现代信息技术在人类社会的普及和应用，使得人类进入了一个全新的数字世界。信息技术革命使得数字信息资源存储变得更加容易且成本低廉，这使得传统上以纸笔抄写整理的手工操作为主的档案文献编纂工作的诸多环节开始由计算机辅助或控制，逐步实现自动化、智能化、网络化。这一技术革命给档案文献编纂工作带来的直接影响，就是推动了数字型档案文献出版物的诞生和快速发展。所谓数字型档案文献出版物，是指完全以数字形式出版和传播的档案文献出版物，它是档案文献编纂出版物大家庭中最年轻的成员，在档案文献出版物体系中占据越来越重要的地位。本章通过对当前数字型档案文献出版物的类型、特征、价值的具体分析，梳理目前数字型档案文献出版物的基本状况，并展望其未来的发展趋势。

第一节　现代信息技术对档案文献编纂工作的影响

20世纪80年代以来，现代科技发展日新月异。特别是90年代中期以后，互联网在中国的普及和应用，给中国的档案文献编纂事业带来了深远的影响。一方面，以缩微胶卷、缩微胶片、计算机磁带、光盘等为代表的新型载体形式逐步得到推广应用，档案的载体形式不断丰富，照片档案、录音档案、录像档案日益增多，势必导致档案文献编纂成果形式的多样化；另一方面，科技的进步也使档案文献编纂工作现代化成为可能。现代化技术在档案部门的应用，使得档案文献编纂方式发生了很大变化。①

一、档案信息收集

在档案信息的收集方面，突破了传统的档案范围，可以通过光盘或网络等途径获取所需的素材。如中央档案馆、中国第一历史档案馆、中国第二历史档案馆和北京超星公司合作编制了档案文献光盘库，将已刊印出版的重要档案文献按内容汇编成一个大容量的系列档案文献光盘库，分为《中国明清史档案文献光盘库》、《中华民国史档案文献光盘库》、《中国革命史档案文献光盘库》三个分库，堪称浓缩中国历史的一套最完整、最权威的电子档案文献。这类档案文献光盘库的出现，将为中国重要档案信息迈上全球信息高速公路，实现网络传播，提供现实的可能性。

二、档案编纂方式

在编纂加工程序和方法上，人们借助于网络先进的存储、检索、传输技术，借助于计算机高效率的信息处理能力，使信息采集更加方便，加工更加快捷。如编纂人员只要在网上键入要查找信息的关键词或者特定的分类号，就可以方便快捷地检索到分散在各地信息中心、各全宗、各案卷中的某一专题的档案资料或相关内容、存址以及保存状况等信息。传统编纂的转录加工主要依靠手工转录加工抄写，效率低，差错多，劳动强度大。而运用计算机进行文字编辑处理，可一次录入，随意复制，随意编排版面，大大提高了编纂工作效率，降低了劳动强度。在档案信息加工遇到困难时，还可在互联网上及时与专家沟通，寻求解决方案，互动性大为加强。

---

① 参见李明杰：《档案文献编纂学研究进展（1996—2006）》，见朱玉媛主编：《档案学研究进展》，303～305页，武汉，武汉大学出版社，2007。

三、档案文献出版物及其传播

在编纂公布形式上，档案部门除了采用传统的排印、影印等印刷发行档案文献，以及运用广播、电视、录音等视听形式编纂公布档案文献外，还开始采用磁盘、光盘等载体形式出版档案文献编纂成果，在编纂成果的形式方面有突破性的进展。国家档案局、中央档案馆编纂的电子书《共和国脚步——1949年档案》、《共和国脚步——1950年档案》，广东省档案馆编纂的电子书《岭南风云——新中国成立前后广东档案秘闻》、《“三农”工作常用文件选编》等的出版，给公众耳目一新的感觉。

最后，在传播方式上，档案文献可通过网络、手机等新兴媒介传播，极大地提高了传播效率。只需将新编纂成的档案文献上传到互联网或手机网络平台，即可跨越时空在网络上公布。

第二节　数字型档案文献出版物的主要类型

20世纪八九十年代以来的第三次档案文献编纂高潮，其主要特征在于：现代信息技术的发展，不仅使编纂加工手段更多地采用计算机等设备，而且使档案的编纂公布形式发生了变化，因此除传统的纸质档案文献外，原迹影印、图片、照片、声像的编纂物比例加大，缩微品、电子出版物、光盘数据库、网上出版等新型文献传播形式已初露端倪。[①] 这些对档案文献编纂工作实践产生了重大影响。因此，档案文献编纂模式的重大变革，在编纂成果表现形式方面的变化即是数字型档案文献出版物的形成及网络化传播。各种类型的数字型档案文献出版物，都被编码成相同的0/1比特流在计算机或网络上传输和交换，大大提高了人们获取、处理、传播和利用档案文献出版物的能力。

数字型档案文献出版物是一个新兴事物，人们对其还没有一个比较统一的认识和分类标准。[②] 参考数字信息资源的分类标准，结合档案文献出版物的自身特点，可以从以下几种角度进行分类。

---

① 参见丁华东：《20世纪我国档案文献编纂三次高潮论略》，载《档案学通讯》，2001（2）。

② 目前的相关学术概念主要有电子出版物和互联网出版物，本文将这两种归入数字型档案文献出版物的范畴。电子出版物，是指以数字代码方式，将图、文、声、像等信息编辑加工后，存储在电、光、磁介质上，通过计算机或具有类似功能的设备读取使用的出版物，主要包括软磁盘（FD）、只读光盘（CD-ROM）、交互式光盘（CD-I）、照片光盘（Photo-CD）、高密度只读光盘（DVD-ROM）、集成电路卡（IC-Card）和新闻出版总署认定的其他媒体形态。互联网出版物，是指经过选择和编辑加工，登载互联网上或者通过互联网发送到用户端，供公众浏览、阅读、使用或者下载的作品。参见全国出版专业职业资格考试办公室：《出版专业理论与实务（初级）》，12页，武汉，崇文书局，2004。

一、按照数字化对象来源的分类

数字型档案文献出版物是以数字形式加工、存储、传播的新型档案文献出版物，因此档案文献和信息的数字化是开展数字型档案文献编纂工作的基础。目前，从网络环境中国内外档案馆开展档案文献编纂实践来看，档案文献出版物根据数字化对象来源情况，可以分为两大类。

（一）档案文献出版物的数字化产品

印刷型、音像型等传统档案文献出版物是当前档案文献出版物的主体，是汇集了前人的众多知识、积累了大量珍贵历史的智力成果，具有极高的文化价值和社会利用价值。因此，在数字化环境下，将传统档案文献出版物转换成数字化产品，使其能够通过计算机和网络进行阅读、存取、传输、处理和检索，已经成为档案部门开展档案文献编纂工作中的一种非常普遍的做法。

传统档案文献出版物的数字化产品包括光盘、数字化缩微复制品等，或将这些数字化产品直接在网上公布，提供下载。由于当前不少档案文献出版物在印刷发行的同时，还以光盘的形式增加传播的范围和效果，因此光盘是这部分数字型档案文献出版物的主体。例如，中国第二历史档案馆网站上提供了一份档案文献编纂出版物的光盘目录（截至2008年年底），是传统档案文献编纂出版物的光盘版，既有史料汇编性质的，如《五四爱国运动档案资料》、《西安事变档案资料选编》、《张謇农商总长任期经济资料选编》等，也有检索工具类的，如《中国第二历史档案馆简明指南》、《馆藏〈江苏地区案卷目录选编〉》等，还有国民政府时期的重要报刊，如《临时政府公报》（3函18册）、《国民政府外交部公报》（42册）等，也包括以公布民国档案的信息内容、发布最新档案文献编纂成果为主要业务的期刊——《民国档案》（1985—1996年），这些光盘都是中国第二历史档案馆传统编纂成果的数字化产品。[①]

数字化技术与缩微复制技术的结合，为缩微复制品的利用提供了新的机遇。为了促进档案缩微复制品的保护与利用，美国国家档案馆与美国家谱网站(Ancestry.com)和福特诺特公司（Footnote.com）开展合作，由两家信息公司对经过选择的美国国家档案馆馆藏缩微复制品进行数字化处理，目前大部分数字化工作已经完成，公众可以通过美国国家档案馆及其各地区分馆、总统图书馆等地的用户终端访问这两个网站从而免费获取这些数字化编纂出版物。[②]

随着网络技术的发展，网络日益成为档案公布与利用的重要渠道，越来越多

---

① 中国第二历史档案馆：《中国第二历史档案馆编辑出版之光盘目录》，见 http：//www.shac.net.cn/xsyjlist6.jsp? bm_id=gpmu。

② See NARA，Microfilm Publications and Original Records Digitized by Our Digitization Partners，see http：//www.archives.gov/digitization/digitized-by-partners.html.

的传统档案文献编纂出版物通过网络向社会公布，使得数字型档案文献出版物的传播与利用范围日益扩大。例如，美国国家档案馆网站公布有不少图书类档案编纂成果的数字化版本，如《从密西西比到西部，1840—1912 年：有关海外领地的联邦文件指南》、《信念的力量：二战海报艺术》、《国家档案馆馆藏重要文献》、《独立战争：图画记》、《大屠杀：档案作证》、《战争与冲突：国家档案馆图画选，1765—1870》、《国家档案馆照片部馆藏指南》。[1] 此外，该网站还提供了联邦档案馆指南（Guide to Federal Records）、归档手册（Filing Manuals）、地区档案馆馆藏检索指南（Regional Archives Hddings Guides and Resources）、缩微胶片目录（Microfilm Catalog）等各类档案文献编纂出版物的网络版。[2]

档案文献出版物网络版示例，如图 12—1。

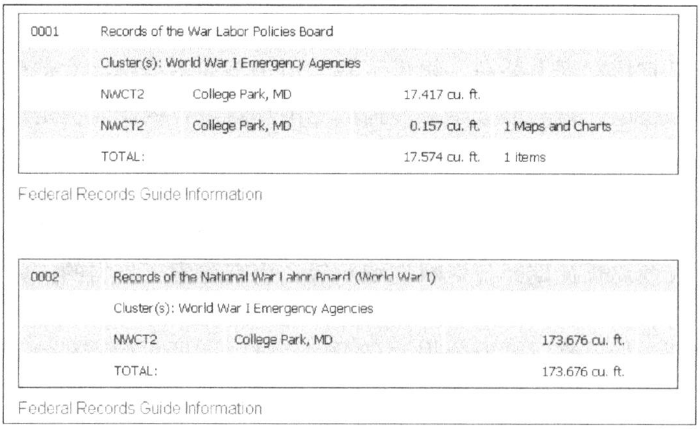

图 12—1　美国国家档案馆联邦档案馆指南网络版（部分）

图片来源：http：//www. archives. gov/research/guide-fed-records/index-numeric/001-to-100. html。

随着电子政务和政府信息公开活动的深入开展，国内不少档案馆网站也提供二次、三次档案文献编纂出版物的网络版，但内容相对简单。例如，辽宁档案信息网以主题树的方式提供辽宁省档案馆以及沈阳、大连、鞍山等 11 个市档案馆的馆藏介绍，其中点击辽宁省档案馆的馆藏介绍能够看到省档案馆的全宗目录，还提供了 11 个市级档案馆的联系地址、电话和乘车路线等。[3] 山东档案信息网

---

[1] 参见董中印：《网络传媒环境下档案文献编纂利用研究》，硕士论文，合肥，安徽大学，2005。

[2] See NARA，Online Research Tools and Aids，see http：//www. archives. gov/research/start/online-tools. html.

[3] 参见辽宁省档案馆：馆藏介绍，见 http：//www. lndangan. gov. cn/tnsdaj/gzjs/list. html。

提供了本省 17 个市县（区）档案馆的简明指南[①]，江苏档案信息网则提供了省档案馆和 14 个市档案馆的馆藏档案综述[②]。上海档案信息网则提供了上海市档案馆编研的 386 条全宗指南，18 条专题指南和《民国时期统计档案专题目录》、《民国时期学校校刊专题目录》、《上海港口发展档案专题目录》、《计划经济时期上海票证档案专题目录》4 个专题目录的网络版[③]，并直接提供了部分档案文献出版物的数字化全文，如《张嘉璈剪报资料辑录（1946—1948 年）》、《上海市档案馆馆藏有关红军长征档案二则》等[④]。此外，将特色馆藏档案文献进行数字化编纂并发布在网络上，也是数字型档案文献出版物的重要形式之一，如安徽省档案馆收藏的《明代徽州土地产权变动和管理文书》[⑤]、浙江省档案馆编纂的《杭州市军管会及各部布告法令汇编》[⑥] 就是通过数字化形式在网站上展示给公众的。

档案文献出版物数字化产品示例，如图 12—2。

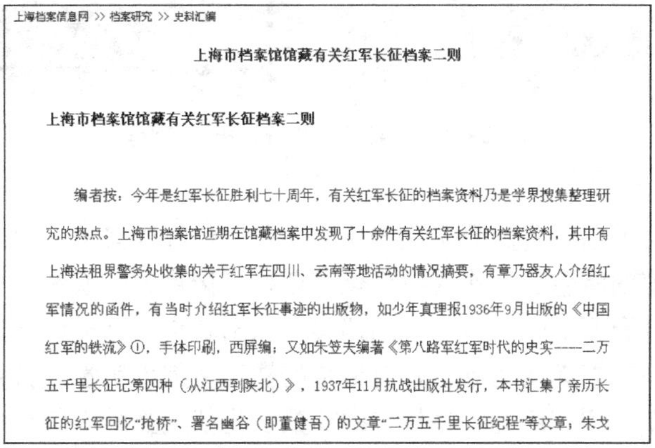
上海档案信息网 >> 档案研究 >> 史料汇编

上海市档案馆馆藏有关红军长征档案二则

上海市档案馆馆藏有关红军长征档案二则

编者按：今年是红军长征胜利七十周年，有关红军长征的档案资料乃是学界搜集整理研究的热点。上海市档案馆近期在馆藏档案中发现了十余件有关红军长征的档案资料，其中有上海法租界警务处收集的关于红军在四川、云南等地活动的情况摘要，有章乃器友人介绍红军情况的函件，有当时介绍红军长征事迹的出版物，如少年真理报1936年9月出版的《中国红军的铁流》①，手体印刷，西屏编；又如朱笠夫编著《第八路军红军时代的史实----二万五千里长征记第四种（从江西到陕北）》，1937年11月抗战出版社发行，本书汇集了亲历长征的红军回忆“抢桥”、署名幽谷（即董健吾）的文章“二万五千里长征纪程”等文章，朱戈

图 12—2　《上海市档案馆馆藏有关红军长征档案二则》（部分）

图片来源：上海档案信息网。

特色馆藏档案文献出版物数字化示例，如图 12—3。

---

① 参见山东省档案馆：市县（区）档案馆，见 http：//www. sdab. gov. cn/sdda/sqdag/default. htm。

② 参见江苏省档案馆：各市档案馆馆藏，见 http：//www. dajs. gov. cn/col/col1295/index. html。

③ 参见上海市档案馆：馆藏指南，见 http：//www. archives. sh. cn/qzzn _ 713/。

④ 参见上海市档案馆：史料汇编，见 http：//www. archives. sh. cn/slhb _ 2901/。

⑤ 参见安徽省档案馆：明代徽州土地产权变动和管理文书，见 http：//www. ahda. gov. cn/DocHtml/1/2009/4/7/605724874000. html。

⑥ 参见浙江省档案馆：杭州市军管会布告，见 http：//www. zjda. gov. cn/archive/platformData/infoplat/pub/archivesi _ 12/docs/200906/d _ 145530 _ 3. html。

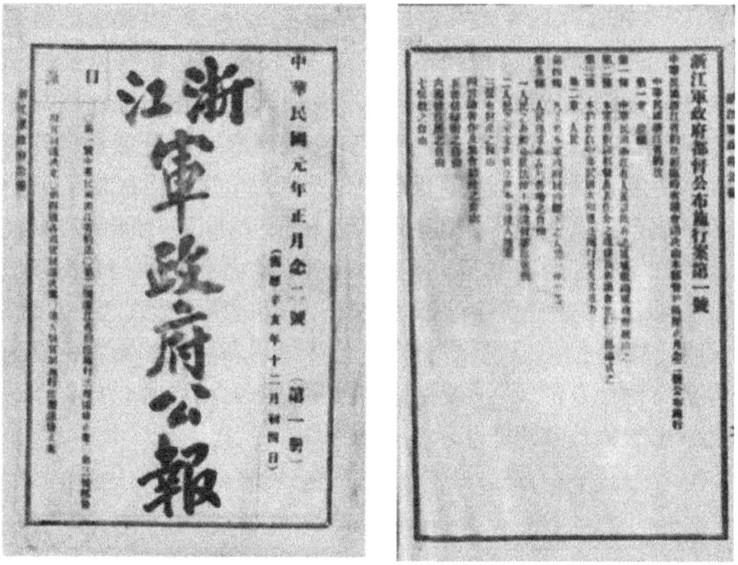
浙江軍政府公報
中華民國元年正月念二號 （第一册）

图 12—3　《浙江军政府公报》（部分）

图片来源：浙江省档案网。

传统档案文献出版物的数字化产品主要是以传统档案文献出版物中具有情报价值、历史价值的特色成果作为数字化对象，直接将其转换为光盘、磁盘、数字影像、网络信息资源等各种数字化的档案文献出版物。这类数字型档案文献出版物在充分尊重原有汇编的基础上，对传统的档案文献出版物进行数字化加工，进而通过网络公布利用。因此，将传统的非数字化档案文献出版物进行数字化加工和发布，可以使其更方便、快捷地在社会上传播、交流，实现较大范围的共享。但是，这类数字型档案文献出版物一般独立地以电子出版物的形式发布，其数据更新、补充工作难以开展，不利于档案用户对其进行全文检索，从而影响了档案信息资源在全社会范围内的整合与共享。因此，随着数字档案馆、电子文件中心等大型档案数字化建设工程的启动和推广，一种新的具有更大检索利用价值的数字型档案文献出版物逐渐产生并迅速普及。

（二）基于数字（化）档案信息资源的档案文献出版物

传统档案文献出版物的数字化产品是以非数字化的档案文献出版物作为编纂、加工的对象，对其进行数字化加工和存储而形成的一种数字型出版物。而基于数字（化）档案信息资源的档案文献出版物，则以已经数字化的档案信息资源或者原生数字档案信息资源作为编纂对象，采用数字化整理、加工、存储、传递等现代信息技术方法与手段编纂而成，能够以各种数字出版形式提供给档案用户。具体来说，它包括两大类。

1. 以“数字化（digitized）档案信息资源”为编纂对象的数字型档案文献出版物

这是当前国内外数字型档案文献出版物的最主要形式。世界各国档案馆对馆藏特色档案进行数字化，进而对数字化文献进行加工、整理，形成了一大批有特色的数字型档案文献出版物。作为世界上馆藏量最大的档案馆，英国国家档案馆从本世纪初就启动了庞大的数字化工程，对馆藏 1 000 年以来的档案全部进行数字化，并在此基础上进行大规模的编纂工作，从而为对历史感兴趣的每一位用户提供数字化的档案服务。目前，英国国家档案馆在档案数字化的基础上完成了诸多有特色的数字型档案文献出版物并能够提供网络服务，如内阁文件（1915—1979 年）、人口普查记录（1841—1911 年）、外观设计注册记录（1864—1871 年）、17 世纪晚期 18 世纪早期的衡平法诉讼记录（Equity Pleadings）等。① 此外，德国联邦档案馆以馆藏照片档案数字化为基础建立的照片档案数据库②、加拿大国家图书档案馆（Library and Archives Canada，简称 LAC）以馆藏《加拿大报》（*Canada Gazette*）缩微胶片和复制件的数字化图像为基础建立的《加拿大报》数据库（1841—1998③）④，也是这类档案文献出版物的典型代表。

国外数字型档案文献出版物示例，如图 12—4。

我国各级档案馆近年来以数字档案馆建设为契机，在馆藏档案数字化工作的基础上，在数字化档案文献方面取得了很大的成绩。2009 年，国家档案局、中央档案馆为庆祝中华人民共和国成立 60 周年而推出的系列 Flash 视频和电子书《共和国脚步——1949 年档案》是近年来数字型档案文献出版物的一种重要创新。为了编纂和公布 1949 年系列档案，编纂人员从中央档案馆和有关档案馆的档案中，选取 1949 年 1 年间发生的 52 个重大事件的档案，以每个事件作为一个

---

① See The National Archives，Records：Catalogues and online records，see http：//www. nationalarchives. gov. uk/records/catalogues-and-online-records. htm.

② 参见 Michael Hollmann 著，王红敏译：《德国联邦档案馆照片档案的管理》，见 http：//www. chinaarchives. cn/lanmu _ view. asp? id＝1346。

③ 这一工程启动于 2007 年，到 2009 年 4 月已经完成了 80％的数据输入工作。1998 年以后的《加拿大报》可以在网络上（http：//www. gazette. gc. ca/index-eng. html）获得电子版全文。See LAC，Introduction：A Nation's Chronicle：The Canada Gazette，http：//www. collectionscanada. gc. ca/databases/canada-gazette/index-e. html。

④ 丁枫编译：《国际档案工作动态》，见 http：//www. chinaarchives. cn/lanmu _ view. asp? id＝4359。

Census	Search by				Provided by
1911	Go to 1911census.co.uk				Findmypast.com
1901	Person	Address	Vessel	Institution	1901censusonline.com
1891	England	Wales	Channel Islands	Isle of Man	Ancestry.co.uk
1881	England	Wales	Channel Islands	Isle of Man	Ancestry.co.uk
1871	England	Wales	Channel Islands	Isle of Man	Ancestry.co.uk
1861	England	Wales	Channel Islands	Isle of Man	Ancestry.co.uk
1851	England	Wales	Channel Islands	Isle of Man	Ancestry.co.uk
1841	England	Wales	Channel Islands	Isle of Man	Ancestry.co.uk

图 12—4　英国国家档案馆人口普查记录检索服务页面（部分）

图片来源：http：//www.nationalarchives.gov.uk/records/census-records.htm。

专题，每个专题包括若干份文件、照片、录像、录音、报刊资料等，编纂完成后以 Flash 视频、PDF 电子书和网页文件同时公布。2009 年 1 月 1 日，这系列的 Flash 视频、电子书上传到国家档案局官方网站之后，引起了社会和档案界的极大关注，新浪、搜狐、中华、凤凰等公共网站和几十家档案网站纷纷转载，全年点击量达到 2 亿多次，取得了相当好的传播与利用效果。① 为此，国家档案局在 2010 年继续推出《共和国脚步——1950 年档案》的 Flash 视频和 PDF 电子书。2009 年，正逢中俄建交 60 周年，由中国国家档案局与俄罗斯联邦档案署主办、中国外交部档案馆协办的“中苏关系档案展”（1949—1955 年），以新中国成立初期双方交往过程中形成的重要档案史料的数字化版本为基础，分“中苏建交与毛泽东访苏”、“高层交往”、“友好往来”、“经贸合作”、“文化交流”五个专题，通过网络展厅的方式，再现了两国关系发展的重要历史性时刻和具有里程碑意义的重大事件，取得了很好的效果。②

国内数字型档案文献出版物示例，如图 12—5、图 12—6。

① 参见国家档案局：《1949 年档案系列视频电子书热播网上》，见 http：//www.saac.gov.cn/articleaction.do? method=view&id=ff8080811c51231f011ec8455e5e0058。

② 参见国家档案局：《中苏关系档案展》，见 http：//www.saac.gov.cn/zhanlan/zhongsu/。

图 12—5 《共和国脚步——1949 年档案》截图一

图 12—6 《共和国脚步——1949 年档案》截图二

中国第一历史档案馆收藏的明清档案是国家档案资源中的瑰宝。为了加强对明清档案的编纂和开发利用，中国第一历史档案馆从2001年开始启动明清档案文献的数字化建设，到2008年已经完成机读目录条目200万条、原文数字图像500多万幅，并在此基础上实现了馆藏朱批奏折、录副奏折、部分题本及专题档案200万件档案的自动检索和局域网在线调阅，而2005年启动的“全文数字化清代档案文献数据库”工程，目前已经完成了《大清历朝实录》、《大清五部会典》的数字化编纂工作，这具有高度保真效果和方便实用的检索及辅助阅读功能的数字型档案出版物，对于今后数字化档案文献数据库的建设具有极大的借鉴和推动作用。[①]

我国各级地方档案馆利用档案数字化的机遇，在馆藏数字化基础上建立了档案目录数据库和部分专题数据库，有些通过档案网站向公众提供目录检索、全文检索等公共档案信息服务。北京市档案馆提供的档案目录数据检索服务就包括六大类：(1) 清代、民国时期档案目录数据库（449 439条记录）；(2) 建国后档案目录数据库（86 382条记录）；(3) 档案资料目录数据库（14 824条记录）；(4) 北京市劳动模范档案目录数据库（71 567条记录）；(5) 诉讼档案目录数据库（97 759条记录）；(6) 工商税务档案目录数据库（93 475条记录）。此外还提供北平市政府、北平市社会局、北平市民政局、北平市教育局、北平市卫生局、冀北电力有限公司北平分公司、华北水利工程总局七个专题180余万页的数字化纸质档案及部分数字化照片档案的全文浏览服务。[②] 浙江省档案馆以数字化馆藏文献为基础建立了诸多特色档案专题数据库，并提供在线服务，主要包括：黄埔军校人名录、民国浙江阵亡将士名录、浙江省历任劳动模范、浙江历史名人、浙江革命烈士英名录、清代陆军贵胄学堂同学录、浙江大学校友录等[③]，产生了良好的社会效益。

地方档案馆数字型档案文献出版物示例，如图12—7、图12—8、图12—9。

---

① 参见邹爱莲、王光越、张福煜：《“全文数字化清代档案文献数据库”的建设》，载《中国档案》，2008 (3)。

② 参见北京市档案馆：北京市档案馆档案查询系统，见 http：//210.73.80.51/。

③ 参见浙江省档案馆：专题数据库，见 http：//www.zjda.gov.cn/zjda/module/search/SearchAction.do? method=search&strTypeCode=0008。

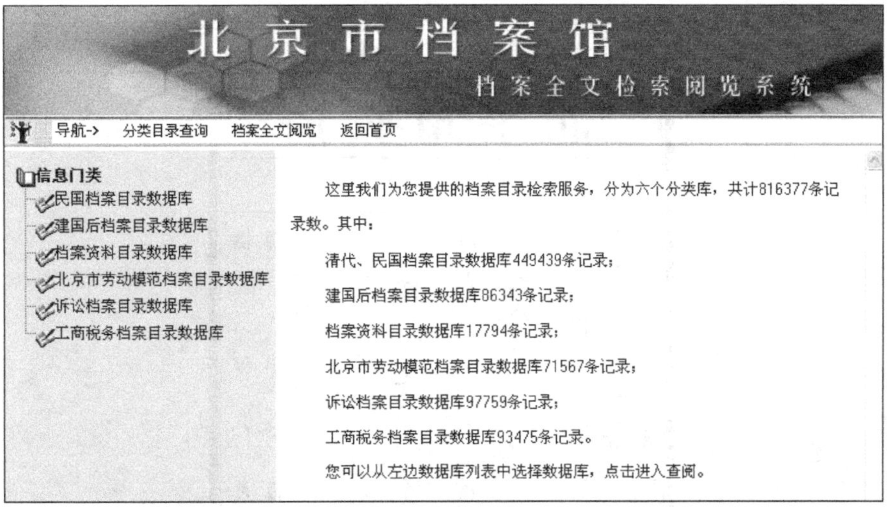

图 12—7　北京市档案信息网档案目录检索页面截图

图片来源：北京市档案信息网。

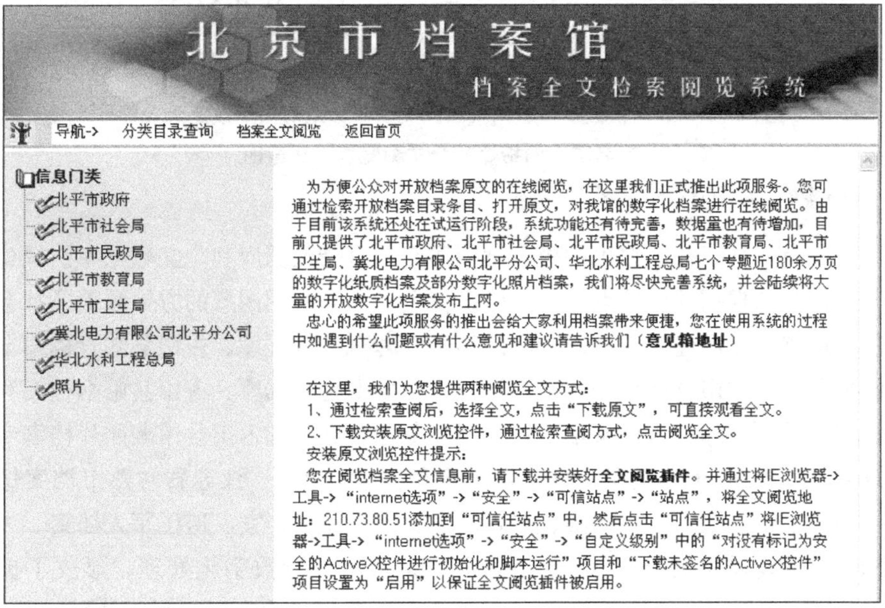

图 12—8　北京市档案信息网档案全文阅览页面截图

图片来源：北京市档案信息网。

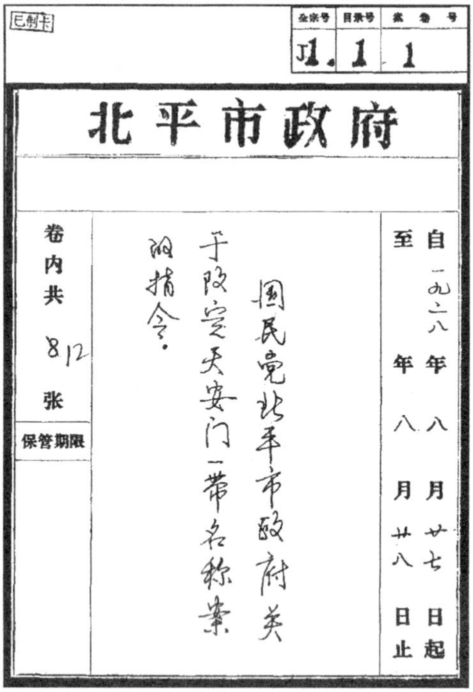
已制卡

全宗号	目录号	案卷号
J1.	1	1

北平市政府

卷内共 8 12 张

保管期限

国民党北平市政府关于改定天安门一带名称案的指令。

自一九二八年八月廿七日起

至 年八月廿八日止

图 12—9　北京市档案信息网《国民党北平市政府关于改定天安门一带名称案的指令》全文浏览第一页截图

图片来源：北京市档案信息网。

一些市、县级档案馆也积极建设档案专题目录数据库和全文数据库。福建省古田县档案馆根据地方特点、馆藏档案特色和不同时期国家的方针政策及社会需求进行选题，先后建立起古田县库区移民专题全息数据库、古田县知青档案全息专题数据库、古田县土地房产证和林权证档案专题数据库、古田县婚姻档案和计生档案专题数据库、古田县招工就业档案专题数据库和古田县馆藏照片档案专题全息数据库等 28 个涉及民生的专题档案信息数据库。① 江苏省常熟市档案馆已经对独生子女档案、婚姻档案、知青档案、农民建房档案、退伍军人档案、人事局档案、劳动局档案等 22 个专题民生档案全部进行数字化处理，形成了拥有 550 万页数字化文档的常熟市民生档案全文数据库，为市民提供了高效、快捷、

① 参见杜新坤：《建立档案专题数据库　服务民生闯新路——福建古田档案信息开发利用服务工作呈现新亮点》，载《中国档案报》，2010-05-07。

准确的档案信息服务。①

随着《中华人民共和国政府信息公开条例》的正式实施，2008 年以来我国各级国家档案馆现行利用文件中心逐步向各级政府信息查询中心转型，天津②、黑龙江③等省（市）级档案馆通过对已公开现行文件进行数字化处理建立了已公开现行文件目录数据库和全文数据库，并提供网上服务，这也是当前数字型档案文献编纂成果的重要组成部分。

现行文件类数字型档案文献出版物示例，如图 12—10、图 12—11。

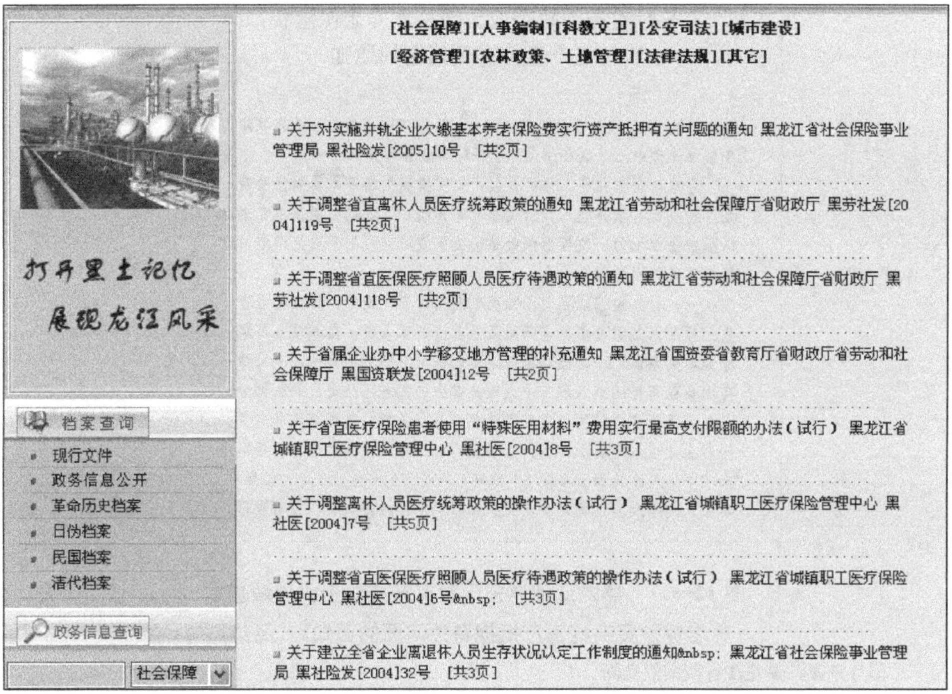

图 12—10 黑龙江省档案信息网现行文件查询页面截图（部分）

图片来源：黑龙江省档案信息网。

---

① 参见毛巧珍：《建立专题目录 推进数字化进程——江苏常熟档案服务紧贴民生》，载《中国档案报》，2009-07-27。

② 参见天津市档案馆：政务公开，见 http：//www. tjdag. gov. cn/tjdag/wwwroot/root/template/main/zwxx/zwgk. shtml？parentid＝1&navid＝257。

③ 参见黑龙江省档案馆：档案查询：政务信息公开，见 http：//www. hljdaj. gov. cn/web/xxwj. php？mid＝29&mname＝%C9%E7%BB%E1%B1%A3%D5%CF。

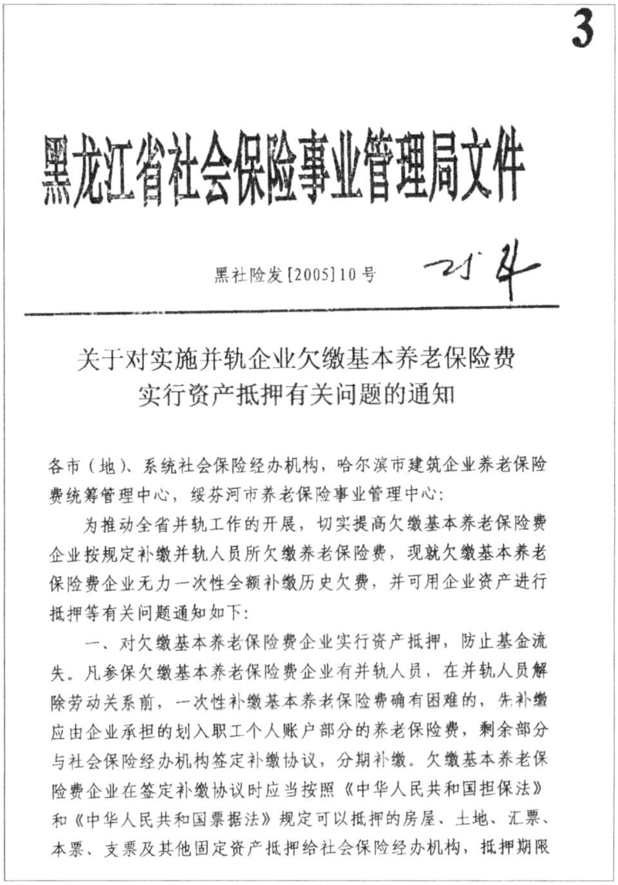

3

黑龙江省社会保险事业管理局文件

黑社险发[2005]10号

关于对实施并轨企业欠缴基本养老保险费
实行资产抵押有关问题的通知

各市（地）、系统社会保险经办机构，哈尔滨市建筑企业养老保险费统筹管理中心，绥芬河市养老保险事业管理中心：

为推动全省并轨工作的开展，切实提高欠缴基本养老保险费企业按规定补缴并轨人员所欠缴养老保险费，现就欠缴基本养老保险费企业无力一次性全额补缴历史欠费，并可用企业资产进行抵押等有关问题通知如下：

一、对欠缴基本养老保险费企业实行资产抵押，防止基金流失。凡参保欠缴基本养老保险费企业有并轨人员，在并轨人员解除劳动关系前，一次性补缴基本养老保险费确有困难的，先补缴应由企业承担的划入职工个人账户部分的养老保险费，剩余部分与社会保险经办机构签定补缴协议，分期补缴。欠缴基本养老保险费企业在签定补缴协议时应当按照《中华人民共和国担保法》和《中华人民共和国票据法》规定可以抵押的房屋、土地、汇票、本票、支票及其他固定资产抵押给社会保险经办机构，抵押期限

图 12—11　黑龙江省《关于对实施并轨企业欠缴基本养老保险费实行资产抵押有关问题的通知》（局部）

图片来源：黑龙江省档案信息网。

此外，一些图书情报文献机构以馆藏特色档案为基础，建立了不少具有特色的档案专题数据库，如中国国家图书馆的年鉴数据库、中国方志库、明清实录，上海图书馆的家谱数据库、抗战图片库等。

2. 以“原生（born-digital）数字档案信息资源”为编纂对象的数字型档案文献编纂出版物

所谓原生数字档案信息资源是指以数字化形式生成的各种档案信息资源，与由现有的模拟信息转换而来的数字化档案信息资源不同，原生数字档案信息资源除了数字形式，没有其他的存在形式。随着信息技术的不断发展，我们日常生活

和工作中所使用的信息越来越多地以数字形式存在，也即我们的文化、科学和信息遗产越来越多地以数字形式存在，而且越来越多地仅以数字形式存在，这表明今后各级各类档案馆馆藏资源体系中原生数字信息资源的比重将越来越大。原生数字档案信息资源的形式多样，包括文字、数据库、静态或移动图像、网页等，由于这些档案在非数字化介质上不能完全保证其真实、完整，因而对其进行科学、安全的保管，并进行合理的开发利用就成为世界各国数字档案馆建设过程中面临的重要问题。

欧美各国档案馆由于数字化起步较早，在这类数字型档案编纂活动方面取得了较多的成果，它们的技术手段、解决方案以及编纂成果水平都居世界前列。例如，当前英国95%的政府记录都是以数字方式生成的，英国国家档案馆开展了一项有关原生数字记录保管利用的试点项目——电子文件在线数据库(Electronic Records Online)，该数据库的数字记录主要来自英国政府部门，包括一系列备受瞩目的公共调查记录、政府部门网站，以及议会委员会、皇家委员会的记录，公众可以通过关键词进行检索和全文浏览。[①] 随着信息技术的进步以及电子政务等工程的推广应用，电子文件档案数量越来越庞大、范围越来越广泛、类型越来越繁多，为了应对美国联邦政府和相关机构电子文件管理的需要，2005年美国档案与文件管理局（NARA）提出“电子文件档案馆”（Electronic Records Archives，简称ERA）的解决方案[②]，即面向未来的档案馆，集中保存联邦政府生成的所有具有档案价值的电子文件，并维护这些电子文件的长期可获取性，同时将政府管理范围内所有记录的生命周期管理纳入电子政务框架内。ERA是美国第一个全面管理电子文件的系统，能捕获并保存联邦政府产生的各种类型、格式的电子文件[③]，且独立于生成时的任何软件环境与硬件平台，从而为具有合法权利的政府部门及公众在任何地点、任何时间提供电子文件信息的查询与利用服务。目前ERA还只是对部分试用客户提供服务，随着支持系统内文件搜索、处理信息公开申请、处理总统图书馆文件等功能的实现

---

① See The National Archives, Electronic Records Online, see http: //www. nationalarchives. gov. uk/ero/.

② See NARA, Electronic Records Archive (ERA), see http: //www. archives. gov/era/.

③ 目前ERA只接收七类电子文件：（1）平面文件（Flat File Data Bases）；（2）带附件的电子邮件（E-mail messages with attachments）；（3）文本记录的扫描图像（Scanned images of textual records）；（4）PDF记录［Portable Document Format（PDF）records］；（5）数码照片记录（Digital photographic records）；（6）数字地理空间数据记录（Digital geospatial data records）；（7）网络内容记录（Web content records）。See ERA, Frequently Asked Questions About ERA, see http: //www. archives. gov/era/about/faqs. html ＃era。

与完善，REA将在公共网络平台上为所有的客户提供高质量的数字档案信息服务，包括在线利用电子文件、在线利用硬拷贝文件的扫描件、索取文件复制件等。[①]

除了对馆藏的电子文件等原生数字档案信息资源进行编纂之外，欧美一些国家的档案机构还注意对馆藏外具有重要价值的原生数字信息资源（如政府和公共机构的网页、数字视频等）进行整理、著录和编纂，形成一批具有特色的编纂成果。由于英国政府与公众之间的信息交互有一半以上都是在网上进行的，政府网站日益成为政府与公民、企业交流的基本工具，而这些在网络公开出版的政府信息很容易消逝，因此，英国国家档案馆认为，采集和保存作为电子政务重要渠道的政府网站信息，具有非常重要的意义。于是在2003年9月，建立了专门选择性收藏英国中央政府网站的档案馆——英国政府网络档案馆（UK Government Web Archive）[②]，具体的政府网站保存工作由英国国家档案馆下设的数字保存部（Digital Preservation department）负责实施。英国政府网络档案馆采集并保存的网站信息都可以在互联网上公开、免费获取，分为11个主题，即"商业、工业、经济和金融"、"文化和休闲"、"环境"、"政府、政治与公共管理"、"卫生、保健与护理"、"国际事务与国防"、"人类、社区与住房"、"公共查询与皇家委员会"、"公共秩序、司法和权利"、"运输、通信和技术"、"工作、教育和技能"，读者可以通过英国政府网络档案馆主页（www. nationalarchives. gov. uk/webarchive/）上的搜索引擎和专题索引工具进行检索利用，英国本国用户还可以直接到英国国家档案馆公共检索大厅进行查询。加拿大图书档案馆也针对网络政府信息资源数量日益增多的情况，从2005年开始收集加拿大联邦政府网站的资源，其建立的加拿大政府网络档案馆（Government of Canada Web Archive）于2007年11月正式开通，公众可以通过关键词、政府部门名称、URL地址在加拿大图书档案馆网站上浏览、检索所需信息资源。目前，加拿大政府网络档案馆已经拥有1.7亿数字对象、超过700万兆字节的政府网站资源，成为公众获取网络政府信息资源的重要窗口。[③]

原生数字信息资源示例，如图12—12、图12—13。

---

① 参见［美］Dyung Le著，张宁编译：《美国电子文件档案馆项目——现状、挑战和教训》，载《档案学通讯》，2009（5）。

② See http：//www. nationalarchives. gov. uk/webarchive/.

③ See Library and Archives Canada，Government：Products and Services，see http：//www. collectionscanada. gc. ca/government/products-services/index-e. html.

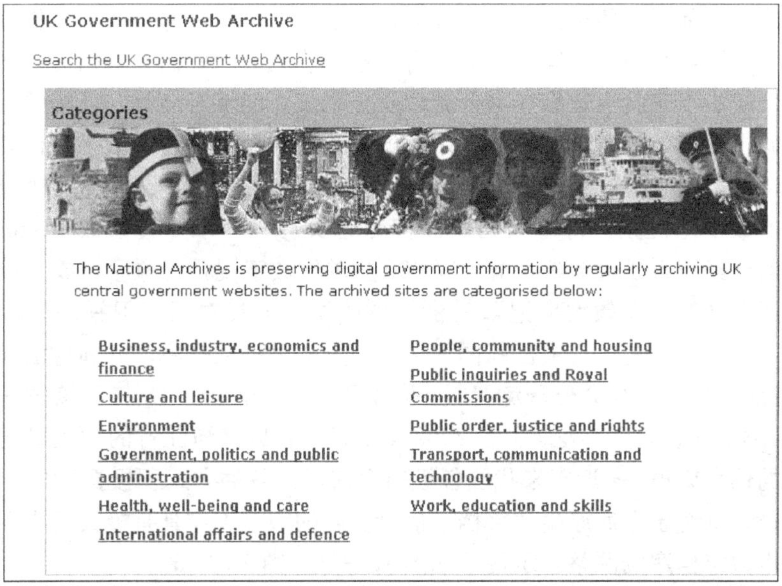

图 12—12　英国政府网络档案馆页面截图（部分）

图片来源：http：//www. nationalarchives. gov. uk/webarchive/default. htm。

图 12—13　英国政府网络档案馆数字全文截图（部分）

图片来源：http：//www. nationalarchives. gov. uk/webarchive/default. htm。

我国档案部门近年来由于大力加强档案信息化建设，部分技术、资金实力雄厚的档案馆已经在数字档案馆方面取得了不少成就，一些档案部门的档案业务管理信息系统中本来就有数字档案资源编研子系统，能够对接收、征集的原生数字档案资源进行有效的整合和开发利用，可以为公众提供及时的数字型档案文献出版物。例如，山东省日照市档案馆自2007年以来就定期接收日照电视台“日照新闻”的数字化视频，将每天的新闻按专题拆分、著录并转换成rmvb格式上传，目前已经积累了近9 000条、17 000分钟的数字视频资源库，成为反映日照城市发展变迁的“视频大事记”。[①] 浙江省档案馆通过对浙江卫视新闻视频的整理、著录，建立了有关“浙江新闻”网络视频的大型数据库，并通过浙江档案网“视频点播”栏目向社会公众免费服务，截至2010年5月12日，该数据库已经拥有35 842条记录，为公众了解2002年1月1日以来浙江省的“大事记”提供了可靠的信息渠道。[②] 近年来我国各级档案馆正以各种方式积极探索电子文件中心的建设，这对于今后原生数字档案信息资源的编纂工作具有极大的推动作用。

原生数字档案资源整合示例，如图12—14、图12—15。

2009年4月30日，我国国家图书馆创建的中国政府公开信息整合服务平台正式开通，它主要以各级政府网站上的公开信息（主要是规范性的电子公文、公报、法律法规等）为整合对象，以用户需求为导向，通过自动化采集和组织，将各级政府公开信息进行整合，利用统一的元数据标准，对政府信息资源的内容、外部特征及其关联关系进行充分组织、挖掘和揭示，建立多种专题数据库，并将互联网上的不同来源、格式和版本的政府信息资源与国图馆藏文献资源进行有序整合，构建了一个方便、快捷的政府公开信息整合服务门户[③]，是我国首个国家级政府信息公开服务平台。

基于数字（化）档案信息资源的档案文献出版物是网络环境下档案文献编纂成果的主体，主要以档案专题数据库、档案全文数据库等形式为主，不仅能够为人们提供高质量的信息指引服务，还能实现网络化的全文检索，为社会其他机构进一步从事档案信息资源开发利用工作奠定了良好的基础。

---

① 参见尹军：《著录新闻声像档案　记录城市发展历程》，见 http：//www.rzda.gov.cn/newsview.aspx?tid=7& bid=7&cid=878。

② 参见浙江省档案馆：视频点播：浙江新闻，见 http：//www.zjda.gov.cn/zjda/module/search/SearchAction.do? method=search&strTypeCode=0006。

③ 参见廖翊：《国家图书馆建立我国首个“政府信息整合服务平台”》，见 http：//www.gov.cn/jrzg/2009-04/30/content_1301142.htm。

当前位置：首页>> 视频点播>> 浙江新闻

标题	文件日期	全文	点击
浙江湖南两省举行交流会并签署合作协议	20110420		1
《辉煌“十一五”》大型图片展在杭开展	20110420		1
吕祖善会见印尼客人	20110420		1
谷雨时节农事忙	20110420		0
浙江各地纷纷行动严查食品违法行为	20110420		0
印尼浙江经贸交流会在杭举行	20110420		0
龚正会见墨西哥客人	20110420		0
60秒播报	20110420		0
嘉兴交付三个月的新住宅倾斜11厘米	20110420		0
余杭堵塞河道的施工废料被清除	20110420		0

图 12—14　“视频点播”栏目——“浙江新闻”检索页面（部分）

图片来源：浙江省档案网。

图 12—15　“浙江新闻”视频示例

图片来源：浙江省档案网。

二、按照内容特征的分类

根据数字型档案文献出版物涵盖信息量的性质和表现形式，可以将其分为以下几大类。

（一）目录索引型

目录索引型的数字型档案文献出版物是以档案目录信息为主要内容，为档案用户提供获取档案原文的线索的各种数字型档案文献产品。它在目前的数字型档案文献出版物中占有相当大的比例（见表12—1）。在国内外档案机构网站中公布的开放档案目录、档案专题目录、全宗目录、已公开现行文件目录等，以及网络化的档案目录数据库、档案目录检索系统等，都属于这类数字型档案文献出版物的范围。

（二）事实与数值型

事实与数值型的数字型档案文献出版物是能够为档案用户提供有关事实和各类数据信息的数字型档案文献出版物。事实型档案文献出版物主要有年鉴、手册、图录、名录等，如大连史志网的《大连市志·档案志》，广东省图书馆创建的系统反映从鸦片战争至2000年之间广东历史发展的广东百年图录数据库，辽宁省图书馆的东北历史图录数据库，南京图书馆的江苏省企业信息库等。数值型档案文献出版物主要是各种统计数据。例如，青岛市档案馆2003年编纂的《青岛数字全书——青岛经济社会发展备忘录》就是一部典型的数值型档案文献出版物，它辑入的统计数字上迄1898年，下接2002年年底，通过大量统计数据，实录青岛自开埠以来经济和社会发展等城市各层面的历史进程和百余年来青岛经济社会的巨大变化。目前，青岛档案信息网提供了这一编纂成果部分内容的全文浏览服务①。

事实型数字档案文献出版物示例，如图12—16。

数值型数字档案文献出版物示例，如图12—17。

（三）全文型

全文型的数字型档案文献出版物是指能够提供档案全文信息的各种数字型档案文献出版物，包括刊载档案文献的电子期刊、电子报纸、政府出版物，提供档案全文检索的档案文献数据库，以及公布档案全文的网站等。

---

① 参见青岛档案馆：数字青岛，见 http：//www.qdda.gov.cn/front/shuziqingdao/defaultpage.jsp？subjectid=122593757084385220001。

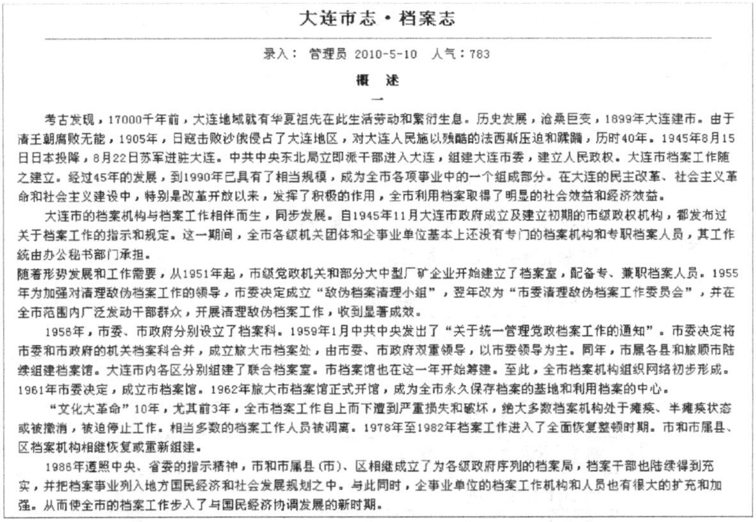

大连市志·档案志

录入： 管理员 2010-5-10 人气：783

概　述

一

考古发现，17000千年前，大连地域就有华夏祖先在此生活劳动和繁衍生息。历史发展，沧桑巨变，1899年大连建市。由于清王朝腐败无能，1905年，日寇击败沙俄侵占了大连地区，对大连人民施以残酷的法西斯压迫和蹂躏，历时40年。1945年8月15日日本投降，8月22日苏军进驻大连。中共中央东北局立即派干部进入大连，组建大连市委，建立人民政权。大连市档案工作随之建立。经过45年的发展，到1990年已具有了相当规模，成为全市各项事业中的一个组成部分。在大连的民主改革、社会主义革命和社会主义建设中，特别是改革开放以来，发挥了积极的作用，全市利用档案取得了明显的社会效益和经济效益。

大连市的档案机构与档案工作相伴而生，同步发展。自1945年11月大连市政府成立及建立初期的市级政权机构，都发布过关于档案工作的指示和规定。这一期间，全市各级机关团体和企事业单位基本上还没有专门的档案机构和专职档案人员，其工作統由办公秘书部门承担。

随着形势发展和工作需要，从1951年起，市级党政机关和部分大中型厂矿企业开始建立了档案室，配备专、兼职档案人员。1955年为加强对清理敌伪档案工作的领导，市委决定成立“敌伪档案清理小组”，翌年改为“市委清理敌伪档案工作委员会”，并在全市范围内广泛发动干部群众，开展清理敌伪档案工作，收到显著成效。

1956年，市委、市政府分别设立了档案科。1959年1月中共中央发出了“关于统一管理党政档案工作的通知”。市委决定将市委和市政府的机关档案科合并，成立旅大市档案处，由市委、市政府双重领导，以市委领导为主。同年，市属各县和旅顺市陆续组建档案馆。大连市内各区分别组建了联合档案室。市档案馆也在这一年开始筹建。至此，全市档案机构组织网络初步形成。1961年市委决定，成立市档案馆。1962年旅大市档案馆正式开馆，成为全市永久保存档案的基地和利用档案的中心。

“文化大革命”10年，尤其前3年，全市档案工作自上而下遭到严重损失和破坏，绝大多数档案机构处于瘫痪、半瘫痪状态或被撤消，被迫停止工作。相当多数的档案工作人员被调离。1978年至1982年档案工作进入了全面恢复整顿时期。市和市属县、区档案机构相继恢复或重新组建。

1986年遵照中央、省委的指示精神，市和市属县（市）、区相继成立了为各级政府序列的档案局，档案干部也陆续得到充实，并把档案事业列入地方国民经济和社会发展规划之中。与此同时，企事业单位的档案工作机构和人员也有很大的扩充和加强。从而使全市的档案工作步入了与国民经济协调发展的新时期。

图 12—16　《大连市志·档案志》（部分）

图片来源：大连史志网。

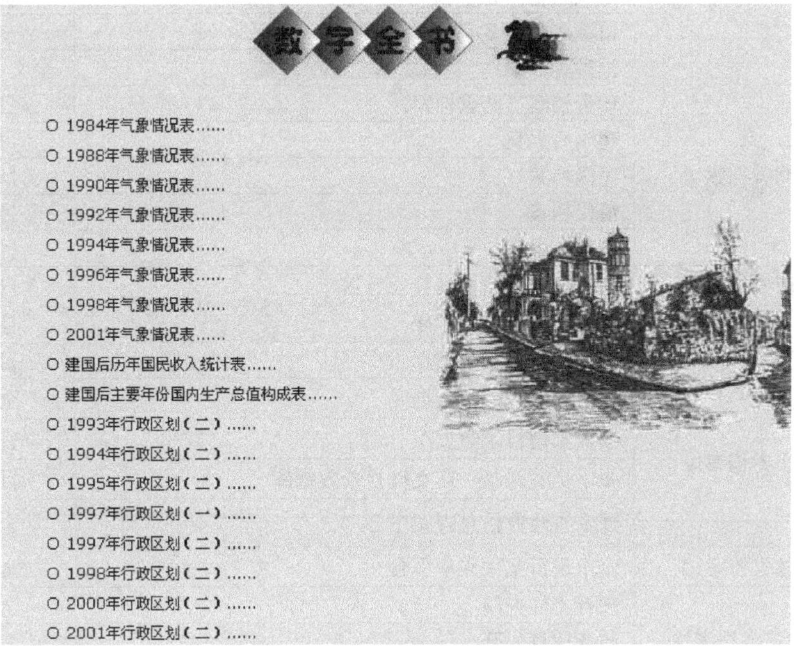

图 12—17　青岛《数字全书》（部分）

图片来源：青岛档案信息网。

表 12—1　　我国省级档案网站提供的档案专题数据库列表

档案馆名称	档案专题数据库名称	数据类型
北京市档案馆	民国档案目录数据库	目录
	工商税务档案目录数据库	目录
	诉讼档案目录数据库	目录
	北京市劳动模范档案目录数据库	目录
	档案资料目录数据库	目录
	建国后档案目录数据库	目录
	民国北平市历史档案	全文
	行政规范性文件	全文
天津市档案馆	档案全文数据库	目录、部分全文
	现行文件查阅数据库	全文
	海关档案摘选	全文
	商会档案摘选	全文
	邮政档案摘选	全文
	馆藏清代图录	图片
	馆藏名企档案	全文
	馆藏名人档案	全文
	世乒赛档案	全文、图片
河北省档案馆	珍贵档案（商震档案）	目录
	建国后档案	目录
	民国档案	目录
	清代档案	目录
	资料数据库	目录
山西省档案馆	山西省档案馆档案目录数据库	目录
内蒙古自治区档案馆	开放档案目录数据库	目录
	现行文件目录数据库	目录
辽宁省档案馆	文书、照片档案数据库	全文
	馆藏家谱目录数据库	目录
	张学良暨张赵一荻文件目录数据库	目录
	辽宁省政府信息查阅中心	全文
吉林省档案馆	全市现行文件共享平台	全文
黑龙江省档案馆	现行文件查阅	全文
	政务信息公开	全文
	革命历史档案数据库	目录

续前表

档案馆名称	档案专题数据库名称	数据类型
黑龙江省档案馆	日伪档案数据库	目录
黑龙江省档案馆	民国档案目录数据库	目录
黑龙江省档案馆	清代档案目录数据库	目录
上海市档案馆	馆藏档案及资料数据库	目录
上海市档案馆	政府公开信息数据库	全文
上海市档案馆	档案资料专题数据库	目录
上海市档案馆	照片数据库	目录
上海市档案馆	专题索引（工商登记索引）	目录
江苏省档案馆	档案目录中心	目录
江苏省档案馆	现行文件查阅中心	全文
浙江省档案馆	民国浙江阵亡将士名录数据库	目录
浙江省档案馆	浙江省历任劳动模范数据库	目录
浙江省档案馆	浙江省革命烈士英名录数据库	目录
浙江省档案馆	浙江历史名人数据库	目录
浙江省档案馆	黄埔军校校人名录数据库	全文
浙江省档案馆	清代陆军贵胄学堂同学录	全文
浙江省档案馆	浙江大学校友录	全文
浙江省档案馆	之江大学校友录	全文
浙江省档案馆	英士大学校友录	全文
浙江省档案馆	民国档案案卷级目录数据库	目录
浙江省档案馆	革命历史档案目录数据库	目录
浙江省档案馆	建国后档案文件级数据库	全文
浙江省档案馆	现行文件数据库	全文
安徽省档案馆	现行文件数据库	全文
安徽省档案馆	开放档案数据库	目录
福建省档案馆	铁路专题数据库（民国时期）	目录
福建省档案馆	体育专题数据库（民国时期）	目录
福建省档案馆	商业专题数据库（民国时期）	目录
福建省档案馆	社会团体数据库（民国时期）	目录
福建省档案馆	社会福利数据库（民国时期）	目录
福建省档案馆	交通专题数据库（民国时期）	目录
福建省档案馆	劳工管理专题数据库（民国时期）	目录
福建省档案馆	矿业专题数据库（民国时期）	目录
福建省档案馆	粮食专题数据库（民国时期）	目录
福建省档案馆	航运专题数据库（民国时期）	目录

续前表

档案馆名称	档案专题数据库名称	数据类型
福建省档案馆	公务员管理专题数据库（民国时期）	目录
	公路专题数据库（民国时期）	目录
	初等教育专题数据库（民国时期）	目录
	地政专题数据库（民国时期）	目录
	高等教育专题数据库（民国时期）	目录
	城乡建设专题数据库（民国时期）	目录
	电业专题数据库（民国时期）	目录
	工业专题数据库（民国时期）	目录
	海关专题数据库（民国时期）	目录
	科学研究专题数据库（民国时期）	目录
	文化专题数据库（民国时期）	目录
	抗战专题数据库（民国时期）	目录
	华侨专题数据库（民国时期）	目录
	台湾专题数据库（民国时期）	目录
	防疫专题数据库（民国时期）	目录
	禁毒专题数据库（民国时期）	目录
	卫生专题数据库（民国时期）	目录
	盐务专题数据库（民国时期）	目录
	河流整治专题数据库（民国时期）	目录
	林业专题数据库（民国时期）	目录
	名胜古迹专题数据库（民国时期）	目录
	农业生产专题数据库（民国时期）	目录
	气象专题数据库（民国时期）	目录
	人口专题数据库（民国时期）	目录
	水利专题数据库（民国时期）	目录
	行政区划专题数据库（民国时期）	目录
	渔业专题数据库（民国时期）	目录
	灾害防治专题数据库（民国时期）	目录
	名老中医专题数据库（民国时期）	目录
	鹰厦铁路专题数据库（建国后）	目录
	福建省历次党代会专题数据库（建国后）	目录
	劳模专题数据库（建国后）	目录
	人代会专题数据库（建国后）	目录
	五年计划专题数据库（建国后）	目录
	华侨史料专题数据库（建国后）	目录
	老福建专题数据库（建国后）	目录

续前表

档案馆名称	档案专题数据库名称	数据类型
福建省档案馆	闽台关系专题数据库（建国后）	目录
	现行文件查询数据库	全文
江西省档案馆	已公开现行文件数据库	目录
	民国开放档案案卷级目录数据库	目录
山东省档案馆	山东政报	目录
	山东省档案馆建国后档案数据库	目录
	山东省档案馆民国档案数据库	目录
	山东省档案馆革命历史档案数据库	目录
	现行文件查阅中心	全文
河南省档案馆	河南省档案馆建国后档案数据库	目录
	河南省档案馆革命历史档案数据库	目录
	河南省档案馆民国档案数据库	目录
	河南省档案馆清代档案数据库	目录
	现行文件查阅中心	全文
湖北省档案馆	开放目录数据库	目录
	专题目录数据库	目录
	全文档案数据库	全文
	建国前档案案卷级目录数据库	目录
	建国后档案案卷级目录数据库	目录
湖南省档案馆	建国后档案文件级目录数据库	目录
	湖南地方志目录数据库	目录
	湖南省谱类目录数据库	目录
	照片档案目录数据库	目录
	黄埔军校同学录数据库	目录
	民国档案目录数据库	目录
	现行文件服务中心（独立网站）	全文
广东省档案馆	开放档案检索数据库	目录
	现行文件检索数据库	部分提供全文
广西壮族自治区档案馆	建国前档案全宗目录数据库	目录
	建国后档案全宗目录数据库	目录
	政府信息公开查阅系统	全文
海南省档案馆	档案目录中心	目录
	现行文件利用中心	全文
重庆市档案馆	民国档案目录数据库	目录
	现行档案案卷开放目录数据库	目录
	现行文件查询中心	全文

续前表

档案馆名称	档案专题数据库名称	数据类型
四川省档案馆	目录中心	目录
	现行文件查询中心	全文
贵州省档案馆	民国档案案卷级目录	目录
	建国后档案案卷级目录	目录
	建国前全宗档案	目录
	建国后全宗档案	目录
	现行文件数据库	全文
云南省档案馆	清代档案上网目录	目录
	现行文件上网目录	目录
	家族谱志目录	目录
	政府信息查询	目录
西藏自治区档案馆	无	无
陕西省档案馆	现行文件查询中心	目录
	资料查询中心	目录
	民国档案数据库	目录
甘肃省档案馆	档案查询数据库	目录
	资料查询数据库	目录
	政府信息数据库	目录
青海省档案馆	现行文件公开查询中心	目录
宁夏回族自治区档案馆	已公开现行文件数据库	部分提供全文
	馆藏开放档案	目录
	资料库	目录
新疆维吾尔自治区档案馆	开放档案数据库	尚未提供内容
	现行文件数据库	尚未提供内容
	政务公开信息数据库	尚未提供内容

注：本表格数据的首次统计时间为 2010 年 4 月 16 日—25 日，2012 年 1 月 16 日、2012 年 4 月 3 日分别进行了第二、第三次统计，后面两次统计对本表部分内容进行了确认和修正。列表不包括台、港、澳。

三、按照载体形式的分类

（一）文本型

文本型的数字型档案文献出版物只包括规范化的文本信息，如文字、符号、表格等，主要包括文本型的光盘、磁盘，结构化的网络文档、文本数据库等。

（二）多媒体型

多媒体技术是一种把多样化的信息媒体集成的技术，它能够同时获取、操作、编辑、存储和展现两种以上不同类型媒体信息，因此多媒体出版物不仅能够提供静态的文字、数字或表格等文本信息，还能提供图像、图形、音频、视频、动画等数字信息，如多媒体光盘、多媒体档案数据库等，是深受社会大众欢迎的新型档案文献编纂成果。自 1993 年清华大学图书馆开发出我国第一个多媒体档案管理系统以来[①]，我国档案界开始探索利用多媒体技术进行档案文献编纂工作，并取得不错的成果。2000 年，为庆祝深圳经济特区成立 20 周年，深圳市档案局开发制作了一套被称为“全方位全景式介绍深圳经济特区”的大型电脑光盘——《深圳典藏》。它涵盖了深圳 20 年来政治、经济、文化、科技、社会、法制等各领域的信息，堪称深圳的“小百科全书”。全碟共有 2 000 多个条目，800 余万字，500 幅图片，分为“深圳概况”、“工商百业”、“投资商务”、“社会生活”、“特区法规”、“特别记载”6 个部分，详尽陈述了深圳 20 年的历史沿革、区划衍变、领导更替以及期间发生的重大事件，收集了特区成立至今有关的法规、规章，辑录了深圳在全国获得的数百个第一、深圳之最及荣誉市民、文明市民、劳动模范等重要资料。[②] 近年来，全国各地许多档案馆加快了对多媒体档案数据库的建设，各地陆续建立了一些口述历史数据库、视频政务信息专题数据库、多媒体人事档案专题数据库等多种类型的多媒体数据库。[③]

此外，还有其他的分类方法。根据编纂加工程度，数字型档案文献出版物可以分为一次数字型档案文献出版物、二次数字型档案文献出版物和三次数字型档案文献出版物。根据出版形式，可以将其分为非正式出版物、半正式出版物和正式出版物等。

第三节　数字型档案文献出版物的基本特征

数字型档案文献出版物作为数字环境下档案文献编纂活动的产物，集各种形式的档案信息资源于一身，内容丰富广泛，具有与传统印刷型、音像型档案文献出版物不同的特征。

一、数据存储量大

传统环境下，有限存储空间与文献信息无限增长的矛盾一直是困扰图书情报

① 参见张旭旭：《多媒体档案管理系统的开发及应用》，载《清华大学学报（哲学社会科学版）》，1996（1）。

② 参见李文：《资料翔实信息准确内容丰富　大型光盘〈深圳典藏〉出版发行》，载《深圳特区报》，2000-07-02。

③ 参见李文以：《基于现代信息技术条件的档案文献编纂模式探微》，载《档案学通讯》，2008（5）。

档案机构的重要问题[①]，而现代信息技术发展的特征之一，就是使得各种载体的数据存储能力极大增强，存储数字型档案文献出版物的各种新型信息载体如磁盘、磁带、光盘、磁光盘等都具有存储密度高、保存空间小的特点。

例如，为了保存形成的大量电子文件，英国国家档案馆建立了一个数字档案馆（Digital Archives），该数字档案馆利用磁带来存储这些电子文件，其总容量有100太字节（TB），这相当于15亿张A4纸的文本，如果这么多A4纸堆到一起，其高度足以到达月球。[②] 由此可见，以数字化形式存在的档案文献出版物，密度高、容量大。

数字型档案文献出版物具备的数据存储量大的特点决定了它能够保存海量的档案信息资源，有效地维护国家数字档案信息资产的完整与安全，因此它在国家档案资源保存、管理与开发工作中占有相当重要的地位。

二、表现形式多样

20世纪80年代以来，现代科技发展日新月异，以缩微胶卷、缩微胶片、计算机磁带、光盘等为代表的新型载体形式逐步得到推广应用，档案载体形式不断丰富，照片档案、录音档案、录像档案日益增多，现代计算机技术、信息通信技术在档案文献编纂工作中得到应用和普及，这些势必导致网络环境下档案文献编纂成果形式的多样化。因此，数字化文本、图像、图形、音频、视频、软件、数据库等多种表现形式共存是数字型档案文献编纂出版的重要特征。从中国第二历史档案馆制作的光盘版系列档案文献汇编到中国第一历史档案馆制作的“全文数字化清代档案文献数据库”，从简单的档案目录数据库到功能强大的档案全文数据库，从单一的脱机电子档案文献出版物到网络档案文献专题数据库，从单一的数字文本到各种各样的数字档案音频、视频，数字型档案文献出版物多种多样的表现形式不仅提高了档案信息资源的吸引力，而且还有效促进了档案信息资源的二次开发利用。

数字型档案文献出版物表现形式的多样性使其能够从不同的视角为社会公众提供内容丰富、图文并茂、音像俱全、充满个性的档案信息产品。例如，广东工业大学综合档案室通过利用网络、媒体数据库等方式，采集各大媒体刊登报道有关广东工业大学情况的文献信息，并将采集到的这些信息集中在计算机上进行分析、加工处理、插图、编辑排版，精心制作而成的一种内容丰富、图文并茂、音

---

① 参见张晓明：《现代文献信息载体的变革及展望》，载《图书情报知识》，1994（1）。

② See The National Archives，About Electronic Records Online，see http：//www.nationalarchives.gov.uk/aboutapps/ero2/about.htm.

像俱全的编研成果——《广东工业大学对外宣传文集》，就是利用网络信息资源编研的一个成果。[①]

三、传播范围广

继报纸、广播、电视之后，网络已经成为名副其实的“第四媒体”，在大众传播领域占据日益重要的位置。2010 年 1 月 15 日，中国互联网络信息中心（China Internet Network Information Center，简称 CNNIC）发布的《第 25 次中国互联网络发展状况统计报告》数据显示：截至 2009 年 12 月，我国网民规模已达 3.84 亿，互联网普及率进一步提升，达到 28.9%。[②] 数字型档案文献出版物直接上传到网络上即可被公众下载、传播，不需要进行数字化处理，同时它的数字音频、视频可以在广播、电视等媒体直接播放，它的纸质版还能够在报纸上及时公布，因此数字型档案文献出版物能够在报纸、广播、电视和网络等四种传媒上广泛传播，从而形成一种多维度的信息传播空间，具有相当广泛的影响力。

数字型档案文献编纂成果不仅可在档案馆内计算机上被利用，而且接入广域网以及互联网后，还可以在所有与网络相连的计算机上被利用，其利用空间扩展到了一个地区、一个国家乃至全世界，档案用户可以足不出户就利用到数字型档案文献编纂成品，大大加速了数字型档案文献出版物利用的有效性，扩大了其利用的地域。2009 年国家档案局精心制作开发的《共和国脚步——1949 年档案》52 集系列 Flash 视频和 PDF 电子书通过国家档案局、各级地方档案网站以及新浪等公共信息网站发布后，全年点击量达 2 亿次[③]，取得巨大的社会效益，这是传统档案文献出版物难以达到的传播效果，它充分显示了数字型档案文献编纂成果在网络时代的独特优势和巨大潜力。

此外，我国各级各类档案机构还将数字型档案文献编纂成果放到公共网络上进行展览，任何人只要通过联网的计算机就能访问这些经过精心制作的档案文献编纂成果，极大地扩大了档案展览的受众范围，取得了较好的社会效益。中国第一历史档案馆网上档案展览厅提供了从 1992 年至 2007 年在全国各地举办的 35 个档案主题展览，如“清宫佛事活动秘藏档案展”、“清宫秘档暨清代贵州历史文

---

① 参见严瑾：《浅谈信息时代网络环境中档案编研工作的特点》，载《广东工业大学学报（社会科学版）》，2005（4）。

② 参见中国互联网络信息中心（CNNIC）：《CNNIC 发布〈第 25 次中国互联网络发展状况统计报告〉》，见中国互联网络中心网。

③ 参见段立琳：《国家档案局 2010 年推出〈共和国脚步——1950 年档案〉》，载《中国档案报》，2009-12-31。

化展”、“纪念辛亥革命九十周年档案图片展”、“清宫淮安秘档展”等。[①] 北京市档案信息网通过“网上展览”和“实景展览介绍”两种方式将北京市档案馆及18个区县档案馆2003年以来的展览汇集在一起为社会提供利用服务。[②] 网上档案展览所展示的档案文献贴近社会，紧跟时代，接近民众，因而利用广泛，社会效益明显。

四、系统依赖性大

数字型档案文献出版物是以数字形成生成、传播的，它的形成、编纂、阅读、处理等工作离不开计算机操作系统、硬件和软件等基本环境。数字型档案文献出版物的系统依赖性包括两个方面的含义：第一，数字型档案文献出版物的制作、处理、利用等管理活动必须借助于计算机系统才能实现；第二，不具兼容性的计算机和应用软件生成、制作的数字型档案文献出版物在交换、利用的时候会存在很大的困难。

由于数字型档案文献出版物是在数字环境下生成和保存信息的，因而当生成一份文件的软件、运行该软件的操作系统和硬件更新换代以至于原系统不兼容时，就需要保存老的系统，或者进行一系列适应新系统的转换、迁移工作，才能确保该份数据的可读性与可管理性。数字型案文献出版物的系统依赖性使得网络环境下档案文献编纂工作必须具备一定的技术环境：(1) 建立较好的馆藏文献数字化基础，拥有电子文件中心、数字档案馆等现代化技术平台；(2) 制定数字化编纂的标准，完善数字化编纂工作流程；(3) 建立数字化档案文献编纂平台。

五、检索功能强

数字型档案文献出版物在制作、处理过程中吸收了多种技术，尤其是检索软件的发展，使其具有丰富的检索点和强大的检索功能。从目前开发的各种数字型档案文献出版物来看，一般都能通过全宗号、文件名、案卷号、机构等检索项开展多种单项检索，部分数字型档案文献出版物已经实现了全文检索。例如，中国第一历史档案馆通过“全文数字化清代档案文献数据库”第一期的实践，制作完成了全文数字化的《大清历朝实录》和《大清五部会典》。其具有的高度保真效果和方便实用的检索及辅助阅读功能，给学者研究带来了极大的便利。值得一提的是，针对国内外不同的读者群（中国、日本、韩国），不同语言的电脑系统中汉字存在同字不同形（图/図），以及各种简体字、繁体字、通假字、异体字并行等复杂情况，采用了汉字关联检索技术，在全文检索中内置汉字关联，建立简

---

① 参见中国第一历史档案馆：档案展览，见中国第一历史档案馆网站。

② 参见北京市档案馆：参观展览，见北京市档案信息网。

繁、正异、通假、正讹、避讳字、中日等各种汉字之间的关联，支持在任何电脑系统下输入的汉字均可准确检索到相关内容。[①] 由此可见，数字型档案文献出版物的检索速度快、检索途径多、检索效率高，这是传统的印刷型、音像型档案文献出版物难以比拟的。

六、出版周期快

传统的档案文献编纂工作是从浩如烟海的档案文献中通过手工查找、加工编辑、编撰编研材料等过程来实现的，这就需要消耗大量的人力、财力和物力，从而影响了档案文献出版物的及时公开和发表。从编纂技术方面看，迫切需要用现代化的技术和手段来解决传统编研工作中遇到的困难。运用现代化的手段进行编研工作，能在大量的数字信息中高效、准确地检索所需要的信息，并可以根据需要迅速地进行素材加工，编纂各种汇编，组织完整的专题分类。网络环境下，编纂技术、编纂流程、编纂形式的变革，极大缩短了数字型档案文献出版物的出版周期。

第四节　数字型档案文献出版物的发展趋势

作为现代信息技术、网络技术与档案文献编纂工作密切结合的产物，数字型档案文献出版物既具有传统的档案文献编纂特色，又具备计算机网络环境下的特色与功能，且表现形式多种多样。与传统的印刷型、音像型档案文献出版物相比，数字型档案文献出版物的载体及传播媒介是虚拟化的，工作模式是开放式的，在网络时代具有更强的适应能力，因而具有广阔的发展前景，代表了未来档案文献出版物的发展潮流。

一、编纂流程的开放性

网络环境下的档案文献编纂工作实现了从半封闭系统向开放系统的转变，更利于档案文献编纂工作的开展。一般情况下，传统档案文献编纂工作只有在选题及反馈阶段，利用者才有表达意愿的机会。因此我们说传统档案文献编纂工作是一个半封闭式系统。该系统中编纂工作是以编者的思路与取向为主的。借助于网络，档案文献编纂工作从传统的半封闭系统转变为全面的开放系统。在开放系统中原来相对独立的档案文献利用者和编者通过网络可以很好地互动。利用者将不再只是被动地接受而是获得了前所未有的主动性，编者也可避免工作的盲目性。

---

① 参见邹爱莲、王光越、张福煜：《“全文数字化清代档案文献数据库”的建设》，载《中国档案》，2008（3）。

编纂流程的开放性主要体现在两方面。其一，通过计算机网络实现对编纂选题、资料查找、加工编排、出版等流程的全程开放式管理与控制，积极吸纳社会各界对编纂流程、方式的各种建议、策略，不断促进档案文献编纂流程的规范化。其二，编者可以将自己的编纂工作计划与编纂成果发布在网上，通过论坛、留言簿、在线调查等方式由利用者提出自己的意见与具体要求，并向编者提供材料线索以及指出汇编中的错漏，如此不仅可以保证选题的精当，在选材工作中也可以避免传统编纂工作中因馆藏限制与查找疏漏造成的重要材料的遗漏，并且能够对档案文献出版物进行及时的修正和补充，从而全面提高档案文献出版物的质量。因此，档案文献编纂流程的开放性要求编者加强与利用者之间的交流，互相提供编纂工作思路，群策群力、集思广益，彻底改变"关门编纂"的工作局面。①

二、生产、出版的一体化

网络时代，数字型档案文献出版物的发展趋势之一为生产、出版一体化。网络改变了传统的档案文献出版物的出版发行模式，拓展了档案文献出版物的传播范围，更有利于档案文献编纂工作发挥服务作用。② 网络环境下的档案编纂工作简化了档案文献出版物的出版流程，省略了"出版社—印刷—发行—零售"等多个环节，通过互联网等媒体以数字形式进行传送，直接面对用户，这无疑将降低档案文献出版物的生产成本，缩短出版周期，加速信息的传递速度。由此可见，在网络中，档案文献出版物一经在网上发布就可以被所有的浏览者（当然是在获得相应阅读权限的情况下）利用，也就是说一经生产，就公开出版了，从而使得生产、出版形成了一体化。我国大部分省市档案馆都将大事记这种重要的档案文献编纂成果直接在网络平台上生产、公布。

生产、出版一体化大大简化了数字型档案文献出版物的生产流程，减少了出版成本，从而使得档案文献出版物能够更加便捷地为利用者所获取。

三、出版形式的多元化

传统的档案文献出版物主要是以书籍的形式出版发行的，由于受成本、时间等因素的影响，很多档案文献出版物没能公开出版，而以内部出版物的方式出版，从而给档案文献出版物的传播造成了很大的障碍。

在网络环境下，数字型档案文献出版物的出版形式日益呈现多元化趋势，如互联网出版模式、手机阅读模式、电子阅读器模式、数字化阅读模式（出版社推

① 参见谢忆静：《基于数据库的学校数字档案编研工作探讨》，载《浙江档案》，2007（11）。

② 参见王保忠：《略论网络环境下的档案编研工作》，载《档案学通讯》，2004（5）。

出的电子阅读器或网络阅读平台）、多媒体出版模式等。从出版者来说，不仅档案馆、图书情报机构，而且个人都可以在网络上公开出版档案文献出版物。从出版类型来看，传统的规范数据库是当前主要的出版类型，但未来，电子图书、期刊等都是重要的发展趋势，而且手机出版也日益成为重要的出版类型。博客、维客、播客、电子书、手机书、网络杂志等将并行存在。

总之，数字型档案文献出版是利用数字技术进行内容编辑加工，并通过互联网、无线通信网、卫星网络等传播数字内容产品的一种新型出版形式，其成果形态主要包括电子图书、数字报纸、数字期刊、网络原创文学、网络教育出版物、网络地图、数字音乐、网络动漫、网络游戏、数据库出版物、手机出版物（彩信、彩铃、手机报纸、手机期刊、手机游戏）等。从长远看，由于数字型档案文献出版物具备存储海量、搜索便捷、传输快速、成本低廉、互动性强、环保低碳等特点，已经成为未来档案文献出版物的最重要发展方向。

【思考题】

1. 如何看待现代信息技术对档案文献编纂工作的影响？
2. 如何对数字型档案文献出版物进行分类？
3. 当前国内外数字型档案文献出版物的现实状况有哪些？
4. 分析数字型档案文献出版物与印刷型、音像型档案文献出版物的异同。
5. 数字型档案文献出版物的基本特征包括哪些？
6. 如何看待数字型档案文献出版物的发展趋势？

参考文献

一、图书类

哈拉尔德·韦尔策．社会记忆：历史、回忆、传承．季斌，王立君，白锡堃，译．北京：北京大学出版社，2007.

许慎．说文解字．北京：中华书局，1963.

马士．中华帝国对外关系史（第1卷）．张文汇，译．上海：上海书店出版社，2000.

李鸿章．李鸿章家书．邓曙光，编注．北京：中国华侨出版社，1994.

章学诚．文史通义新编新注．仓修良，编注．杭州：浙江古籍出版社，2005.

岳珂．九经三传沿革例．刻本．武汉：崇文书局，1877.

谢列兹聂夫．苏联文献公布学．北京：中国人民大学出版社，1955.

刘知幾．史通．上海：上海古籍出版社，2008.

吴宝康，冯子直．档案学词典．上海：上海辞书出版社，1994.

四库全书总目（第55卷）．北京：中华书局，1965.

王国维．王国维遗书（第4册）．影印赵万里本．上海：上海古籍书店，1983.

现代汉语词典.5版.北京：商务印书馆，2005.

张叔复，等.湘鄂赣革命根据地文献资料（第一辑）.北京：人民出版社，1985.

中国大百科全书·图书馆学　情报学　档案学.北京：中国大百科全书出版社，1993.

The Cambridge History of China. V10，Part 1. Cambridge University Press，1978.

The Encyclopedia Americana. V14，International edition，1980.

白寿彝.中国史学史论集.北京：中华书局，1999.

曹喜琛.档案编研概论.北京：档案出版社，1994.

曹喜琛.档案文献编纂学.北京：中国人民大学出版社，1990.

曹喜琛，韩宝华.中国档案文献编纂史略.北京：高等教育出版社，1999.

曹喜琛，刘耿生.档案文献编纂学.北京：档案出版社，1987.

曾三.曾三档案工作文集.北京：档案出版社，1990.

陈旭麓，郝盛潮.孙中山集外集.上海：上海人民出版社，1990.

陈垣.《康熙与罗马使节关系文书影印本》叙录//北平故宫博物院.康熙与罗马使节关系文书影印本.北平：北平故宫博物院，1932.

陈垣.陈垣史学论著选.陈乐素，陈智超，编校.上海：上海人民出版社，1981.

陈垣.陈垣学术文化随笔.陈智超，曾庆瑛，编.北京：中国青年出版社，2000.

陈垣.史讳举例.北京：中华书局，2004.

陈垣.校勘学释例.北京：中华书局，2004.

单士元.故宫札记.北京：紫禁城出版社，1990.

东北烈士纪念馆.历史的瞬间——苏联红军在东北.北京：人民出版社，2005.

董作宾.董作宾学术论著.台北：世界书局，1979.

杜维东，等.现代校对实用手册.北京：印刷工业出版社，2007.

杜泽逊.文献学概要.修订本.北京：中华书局，2008.

杜正胜.史语所的过去、现在与未来//“中央研究院”历史语言研究所七十周年研讨会论文集编辑委员会.学术史与方法学的省思.台北：“中央研究院”历史语言研究所，2000.

杜正胜．无中生有的志业——傅斯年的史学革命与史语所的创立//杜正胜，王汎森，等．新学术之路．台北：“中央研究院”历史语言研究所，1998.

二十五史刊行委员会．二十五史人名索引．北京：中华书局，1956.

樊如霞．档案编研社会化论．长春：吉林人民出版社，2005.

冯绍霆．档案编研工作．上海：上海社会科学院出版社，2002.

故宫博物院明清档案部．李煦奏折．北京：中华书局，1976.

广东哲学社会科学研究所历史研究室．省港大罢工资料．广州：广东人民出版社，1980.

郭沫若．古代研究的自我批判//郭沫若全集·历史编（第2卷）．北京：人民出版社，1982.

郭沫若．中国古代社会研究．//郭沫若全集·历史编（第1卷）．北京：人民出版社，1982.

韩宝华．档案文献编纂学参考资料．北京：档案出版社，1987.

韩宝华．档案文献编纂学纲要（初稿）．兰州：甘肃省档案局，1981.

韩宝华．档案文献编纂学教程．北京：中国人民大学出版社，1999.

韩宝华，刘耿生．档案文献编纂学．北京：中国人民大学出版社，2000.

洪漪．档案信息组织与检索．武汉：武汉大学出版社，1998.

胡鸿杰．中国档案学的理念与模式．北京：中国人民大学出版社，2005.

劳榦．居延汉简考释·释文之部//劳榦，等．汉简研究文献四种（上册）．北京：北京图书馆出版社，2007.

雷荣广，姚乐野．清代文书纲要．成都：四川大学出版社，1990.

黎庶昌．曾国藩年谱．长沙：岳麓书社，1986.

李光涛．记内阁大库残余档案//明清档案论文集（第1册）．台北：联经出版事业公司，1986.

李济．傅孟真先生领导的历史语言研究所//感旧录．台北：传记文学出版社，1985.

李均明．秦汉简牍文书分类辑解．北京：文物出版社，2009.

李明杰．档案文献编纂学研究进展（1996—2006）//朱玉媛．档案学研究进展．武汉：武汉大学出版社，2007.

李亚光．中国古代档案文献编纂学说史．长春：吉林大学出版社，2009.

梁继红．中国档案文献编纂史．北京：国家图书馆出版社，2009.

梁启超．古书真伪及其年代．北京：中华书局，1955.

梁启超．中国近三百年学术史．上海：东方出版社，1996.

梁启超．中国历史研究法．上海：商务印书馆，1922.

刘耿生．档案开发与利用教程．北京：中国人民大学出版社，2001.

刘耿生．档案真伪论．北京：中国档案出版社，2002.

刘耿生．研档论史文集．温哥华：梵香文化教育基金出版公司，2000.

刘耿生，何庄，张美芳．档案鉴辨学．北京：中国人民大学出版社，2009.

刘耿生，梁继红．档案文献编纂学．北京：中国人民大学出版社，2007.

刘乃和．陈垣年谱（附陈垣评传）．北京：北京师范大学出版社，2002.

刘益，等．出版社经营管理．北京：中国书籍出版社，2009.

鲁迅．鲁迅全集．北京：人民文学出版社，1981.

罗尔纲．困学集．北京：中华书局，1986.

罗尔纲．李秀成自述原稿注．北京：中华书局，1982.

罗尔纲．太平天国史料考释集．北京：三联书店，1955.

罗福颐．古玺印概论．北京：文物出版社，1981.

罗振玉．罗振玉校刊群书叙录．扬州：江苏广陵古籍刻印社，1998.

倪其心．校勘学大纲．北京：北京大学出版社，1987.

潘玉民．档案编纂学．沈阳：辽宁大学出版社，1997.

裴燕生，何庄．历史文书．北京：中国人民大学出版社，2003.

溥仪．我的前半生．北京：群众出版社，1964.

齐佩瑢．训诂学概论．北京：中华书局，2004.

钱实甫．清代职官年表．北京：中华书局，1980.

全国出版专业职业资格考试办公室．出版专业理论与实务（初级）．武汉：崇文书局，2004.

荣孟源．史料和历史科学．北京：人民出版社，1987.

乔默，江溶．怎样学习和研究历史．北京：中国青年出版社，1985.

邵培仁．传播学．北京：高等教育出版社，2000.

石兴邦．夏鼐先生行传//杜正胜，王汎森，等．新学术之路．台北：“中央研究院”中国文哲研究所，1998.

睡虎地秦墓竹简整理小组．睡虎地秦墓竹简．北京：文物出版社，1978.

孙钦善．中国古文献学．北京：北京大学出版社，2006.

孙钦善．中国古文献学史．北京：中华书局，1994.

唐长孺．吐鲁番出土文书．北京：文物出版社，1992—1996.

天津历史博物馆，南开大学历史系《五四运动在天津》编写组．五四运动在天津．天津：天津人民出版社，1979.

王汎森．什么可以成为历史证据——近代中国新旧史料观点的冲突//中国近代思想与学术的系谱．石家庄：河北教育出版社，2001.

王国维．简牍检署考校注．胡平生，马月华，校注．上海：上海古籍出版社，2004.

王戎笙．郭沫若书信书法辨伪．兰州：兰州大学出版社，2005.

王树民．史部要籍解题．北京：中华书局，1981.

王宇信，杨升南．甲骨学一百年．北京：社会科学文献出版社，1999.

吴宝康．档案学概论．北京：中国人民大学出版社，1988.

吴宝康．档案学理论与历史初探．成都：四川科学技术出版社，1986.

吴枫．中国古典文献学．济南：齐鲁书社，1982.

谢保成．郭沫若评传．南昌：百花洲文艺出版社，1995.

徐立根．物证技术学．北京：中国人民大学出版社，1990.

徐绍敏．档案文献编纂学．杭州：浙江大学出版社，2001.

徐望之．公牍通论．北京：档案出版社，1988.

许静．传播学概论．北京：清华大学出版社，北京交通大学出版社，2007.

许指严．十叶野闻．上海：国华书局，1917.

杨绪敏．中国辨伪学史．天津：天津人民出版社，1999.

姚乐野，蔡娜．走向知识管理与知识服务——数字档案馆建设研究．成都：四川人民出版社，2010.

姚明达．中国目录学史．上海：商务印书馆，1957.

叶志如，唐益年．光绪朝的三海工程与北洋海军——兼论颐和园工程挪用北洋海军经费问题//中国第一历史档案馆．明清档案与历史研究（下册）．北京：中华书局，1988.

余嘉锡．余嘉锡说文献学．上海：上海古籍出版社，2001.

张继．国史馆成立经过及工作概况//中国第二历史档案馆．民国时期文书工作和档案工作资料选编．北京：档案出版社，1987.

张岂之．中国近代史学学术史．北京：中国社会科学出版社，1996.

张舜徽．史学三书平议．北京：中华书局，1983.

张舜徽．中国史学名著解题．北京：中国青年出版社，1984.

张舜徽．中国文献学．武汉：华中师范大学出版社，2004.

张舜徽．中国文献学．郑州：中州书画社，1982.

张侠，等．清末海军史料．北京：海洋出版社，1982.

张允侯，等．五四时期的社团（一）．北京：三联书店，1979.

郑良树．古籍辨伪学．台北：台湾学生书局，1986.

中共中央马克思恩格斯列宁斯大林著作编译局．列宁全集（第 23 卷）．北京：人民出版社，1958.

中共中央文献研究室．毛泽东书信选集．修订版．北京：中央文献出版社，2003.

中国档案学会档案文献编纂学术委员会．档案编纂新论．北京：档案出版社，1992.

中国第二历史档案馆．民国时期文书工作和档案工作资料选编．北京：档案出版社，1987.

中国第一历史档案馆．明清档案论文选编．北京：档案出版社，1985.

中国第一历史档案馆．明清档案与历史研究．北京：中华书局，1988.

中国第一历史档案馆．清代档案史料丛编（第十辑）．北京：中华书局，1984.

中国科学院上海历史研究所筹备委员会．上海小刀会起义史料汇编．上海：上海人民出版社，1958.

中国社会科学院现代史研究室．中国现代革命史资料丛刊·西安事变资料．北京：人民出版社，1980.

中国社会科学院近代史研究所，中国第二历史档案馆史料编辑部．五四爱国运动档案资料．北京：中国社会科学出版社，1980.

中国社会科学院近代史研究所近代史资料编辑室．太平天国文献史料集．北京：中国社会科学出版社，1982.

中国史学会．鸦片战争．上海：上海人民出版社，上海书店出版社，2000.

中央档案馆．毛泽东手书选集．北京：北京出版社，1993.

周雪恒．中国档案事业史．北京：中国人民大学出版社，1994.

朱家溍．故宫退食录．北京：北京出版社，1999 年．

朱荣基．档案史料概论．北京：档案出版社，1983.

左玉河．中国近代学术体制之创建．成都：四川人民出版社，2008.

二、论文类

曹喜琛．近年来基层档案馆（室）档案编研的选题述评——从北京、广州举办的档案编研成果展览之所见谈起．北京档案，2000（3）．

曹喜琛．中国档案文献编纂学的创建——中国档案文献编纂学学科建设的回顾与前瞻．档案学通讯，2000（4）．

曹喜琛．中国档案文献编纂学的繁荣——中国档案文献编纂学学科建设的回顾与前瞻（续）．档案学通讯，2000（6）．

曹雁行．革命历史文献编纂工作中的版本问题//中国档案学会档案文献编纂学术委员会．建国以来档案文献编纂工作得失研讨论文集．北京：档案出版社，1988.

曾庆瑛．陈垣与明清档案．历史档案，1982（2）．

陈标．关于三份中央文件的成文时间考．党史研究与教学，1995（3）．

陈丽．对档案文献编纂理论深化与创新的思考（硕士学位论文）．成都：四川大学，2006.

邓曼．传统与现代：我国当代档案文献编纂的发展趋势研究（硕士学位论文）．合肥：安徽大学，2007.

丁华东．20世纪我国档案文献编纂三次高潮论略．档案学通讯，2001（2）．

丁华东．档案文献编纂史研究的几个问题．浙江档案，1993（7）．

丁华东．社会记忆建构：档案文献编纂社会功能的新阐释．北京档案，2008（4）．

丁华东．十年来档案文献编纂学学科发展的几点蠡测．档案学研究，2000（4）．

丁华东．文献纪录片的繁荣带给我们的理性思考．上海档案，2002（1）．

东南清．刘知几在档案文献编纂学领域的卓越贡献．档案，2008（3）．

董俭．漫谈我国古代的官印．档案学通讯，1995（4）．

董军，余涛．档案题材图书的出版历史、现状及发展趋势．图书情报知识，2004（1）．

董中印．网络传媒环境下档案文献编纂利用研究（硕士学位论文）．合肥：安徽大学，2005.

段丽波．试析我国档案合作编研的现状和特点．档案学通讯，2004（5）．

樊如霞．档案编研主体性特征初探．档案学通讯，2004（5）．

樊如霞．中国档案编纂思想形成时期的历史特点．福建师范大学学报（哲学社会科学版），2010（3）．

范俊娥．浅谈农业科技档案服务于新农村建设．档案学研究，2008（2）．

范文澜．历史研究中的几个问题．北京大学学报，1957（2）．

方鸣．档案编研开发工作的改革与发展．中国档案，2004（8）．

冯惠玲．档案信息资源在国家经济社会发展中的综合贡献力．档案学研究，2006（3）．

傅振伦．释“文献”．文献，1986（1）．

关宏玉．孔子对档案文献编纂的贡献．兰台世界，2009（19）．

管先海，程训方．网络传播的影响与档案信息传播的发展趋向．档案管理，

2003（6）.

韩宝华．回顾与展望：发展中的档案文献编纂学．档案学通讯，1992（6）．

韩玉梅．忆恩师——写在档案学院建院50周年之际．档案学通讯，2002（5）．

何庄．一封私人密函形成者与形成时间的考订//中国档案学会．档案事业科学发展：新环境　新理念　新技术（上册）．北京：中国档案出版社，2008.

胡富斌．人物音像档案的编辑制作．档案与建设，2004（9）．

胡红霞，黄琴．档案馆编研与社会公众文化需求的结合模式探析．兰台世界，2010（6）．

胡鸿杰．档案文献编纂学评析．档案学通讯，2003（2）．

胡鸿杰．论档案学人．档案学通讯，2002（2）．

黄存勋．档案编研中的研究、审校与传播．机电兵船档案，2007（2）．

黄夏基．论中国传统档案学的理论所在．广西民族学院学报（哲学社会科学版），2002（5）．

黄中业．论刘知几对档案文献编纂理论的贡献．烟台师范学院学报（哲学社会科学版），1999（2）．

蒋成兰．论孔子的档案文献编纂思想．档案，2005（5）．

蒋廷黻．我的行政经验与感想．行政研究，1936（1）．

蒋卫荣．论赵汝愚《国朝诸臣奏议》及其档案文献编纂思想．档案学通讯，1999（6）．

孔繁敏．赵汝愚《国朝诸臣奏议》初探（下）．文献，1989（2）．

孔祥吉．《戊戌奏稿》的改纂及其原因//胡绳武．戊戌维新运动史论集．长沙：湖南人民出版社，1983.

李财富．也谈档案文献编纂学体系结构．档案学通讯，1994（1）．

李国荣．编纂清代档案　服务清史工程．历史档案，2004（1）．

李荣忠．试论历史档案编纂的选材标准．图书情报知识，1985（3）．

李淑芳．从档案文献编纂管窥孔子对中华文明的贡献．兰台世界，2005（1）．

李文彬．档案馆应成为先进文化的传播基地．云南档案，2003（5）．

李文以．基于现代信息技术条件的档案文献编纂模式探微．档案学通讯，2008（5）．

李晓菊．南宋赵汝愚《宋朝诸臣奏议》辅文研究．档案学通讯，2004（4）．

李新祥．出版传播内涵初探．北京印刷学院学报，2003（3）．

李毅．略谈文献公布学．档案工作，1958（4）．

李云龙，马红．六大决议案版本研究．党的文献，1988（4）．

李祚明．民国时期收集典藏党务和军事档案的几个机构．档案学研究，1992（4）．

梁继红．古文献学对于档案文献编纂学的借鉴意义．档案学通讯，2007（2）．

刘耿生．“杨家宗谱”考//亚洲第八届谱牒学术研讨会论文集．香港大学，1994（12）．

刘耿生．《御香缥缈录》考．北京档案史料，2000（1）．

刘耿生．爱新觉罗·溥寰“回忆录”考．台湾《历史》月刊，1997（11）．

刘耿生．慈禧的钓鱼岛列岛“慈谕”考辨．台湾《历史》月刊，1997（11）．

刘耿生．孔子编纂档案的历史贡献．档案学通讯，2001（6）．

刘耿生．毛泽东拜会过鲁迅否？——所谓《周作人生前回忆实录》考．北京档案，2003（7）．

刘美玲．档案资料编纂工作中的选材问题——就《日本帝国主义侵华档案资料选编》编辑工作谈几点看法．档案学研究，1990（4）．

刘晓芳．孔子对档案文献整理和编纂的贡献．兰台世界，2007（7）．

刘学照．李鸿章家书辨伪．历史研究，1996（2）．

刘鹗．当代档案文献编纂学研究的新发展．云南档案，2010（7）．

刘玉岐．如何考证档案文件形成时间．中国档案，1982（5）．

刘正．会当凌绝顶——重读郭老的《卜辞通纂》．南方文物，2010（2）．

罗建新．从发生学视角看孔子的档案整理工作．兰台世界，2010（3）．

关孝廉．《满文老档》原本与重抄本比较研究．历史档案，1990（1）．

欧阳哲生．傅斯年学术思想与史语所初期研究工作．文史哲，2005（3）．

潘玉民．创新有中国特色的档案编纂学理论．档案学通讯，2005（6）．

潘玉民．档案信息资源开发应实施品牌战略．北京档案，2005（6）．

潘玉民．论档案编纂学若干理论问题．档案学通讯，1998（1）．

秦国经．中国第一历史档案馆成立七十周年．档案学通讯，1995（5）．

荣孟源．曾国藩所存李秀成供稿本考略．中华文史论丛，1979（1）．

荣孟源．关于史料的鉴别．社会科学研究，1980（4）．

邵巾芳．浅谈孔子在档案文献编纂方面的成就．云南档案，2008（2）．

沈宁．读方玮德致常任侠书札．新文学史料，2007（2）．

沈鹏年．周作人生前回忆实录：毛泽东到八道湾会见鲁迅．书林，1982（1）．

沈正乐，殷子贤，刘建平．浅谈革命历史文件时间的考订方法．档案学研究，1990（1）．

宋艳华，任丽杰．章学诚及《章氏遗书》简介．图书馆学研究，1995（2）．

宋义明，张成林，杨艳生．关于胡绳主编的《中国共产党的七十年》一书中一处时间错误的考证．党史纵横，2004（1）．

孙钦善．古代校勘学概述．文献，1981（2、3）．

陶永祥．文献纪录片拍摄中的档案与档案工作．档案，2002（1）．

屠剑虹．档案编研要为经济建设服务．浙江档案，2003（6）．

王保忠．略论网络环境下的档案编研工作．档案学通讯，2004（5）．

王曾瑜．谈谈中国古代史料的标点与校勘及其他问题．文献研究，2010（1）．

王纯．档案文献及其数字化发展述略．档案学通讯，2001（1）．

王永煜．文献编纂文字加工中的忌、研和是非界定问题．中国档案，1998（4）．

王永煜．我对考证时间的点滴做法．档案学通讯，1988（3）．

卫奕．论档案编研与社会记忆的构建．档案学通讯，2008（6）．

吴桂敏．孔子与档案．档案，2007（1）．

吴彦勤．对《康藏纠纷档案选编》中三份文电年份的订正．民国档案，2004（1）．

肖正德．从“小编研”到“大编研”的实践与思考——以南通市档案馆为例．档案管理，2010（3）．

谢忆静．基于数据库的学校数字档案编研工作探讨．浙江档案，2007（11）．

谢莹．继往开来 走向新征程——中央档案馆编研工作回顾与展望．档案学研究，2000（1）．

邢永福．开发中琉关系档案 促进中日学术交流——纪念中国第一历史档案馆与日本冲绳县教育委员会合作交流10周年．历史档案，2001（1）．

邢永福．浅谈中国共产党历史文献编纂中的版本选择．档案学通讯，1988（6）．

徐威．浅析我国档案文献编纂学的历史演进．北京档案，2002（4）．

闫永雪．对档案史料编研选题的几点认识．档案学研究，2003（3）．

严瑾．浅谈信息时代网络环境中档案编研工作的特点．广东工业大学学报(社会科学版)，2005（4）．

严永官．从编研工作看档案馆的发展——以上海地区区县综合档案馆为例．上海档案，2010（2）．

杨树森．试论孔子在中国档案史上的地位．江汉论坛，2001（5）．

杨天亮．档案编研形式的新尝试——关于摄制《档案里的故事》之我见．档案与史学，1997（6）．

杨婷．论声像档案在“城市记忆工程”中的重要作用．上海档案，2010（9）．

杨毅．孔子对档案文献利用工作的改进创新及思考．云南师范大学学报（哲学社会科学版），2000（1）．

袁吉甫．《皇史宬》录像片获奖．档案工作，1983（2）．

张小乐．刘知几的疑古思想与辨伪实践．华南师范大学学报（社会科学版），2008（5）．

张晓明．现代文献信息载体的变革及展望．图书情报知识，1994（1）．

张旭旭．多媒体档案管理系统的开发及应用．清华大学学报（哲学社会科学版），1996（1）．

张衍田．四部文献学术源流述略（一）．中国典籍与文化，1994（1）．

张志汉．孔子古典文献编纂思想述略．黑龙江史志，2009（11）．

赵喜红．融入地域文化研究这张弓——本溪市档案馆地域文化研究走笔．中国档案，2008（6）．

中国城建档案代表团．第十五届国际档案大会及其学术动向．城建档案，2004（5）．

中国档案学会档案文献编纂学术委员会．档案信息资源开发利用的研究报告//中国档案学会．回顾与展望：中国档案事业发展研究报告．北京，2010.

中国档案学会档案文献编纂学术委员会．我国档案文献编纂实践及理论研究进展．档案学研究，1994（3）．

朱金甫．对档案史料编纂工作若干问题的探讨．档案学通讯（增刊），1982.

朱金甫．明清档案编辑实践丛谈//朱金甫，中国档案学会档案文献编纂学术委员会．档案编纂新论．北京：档案出版社，1992.

朱榕．浅议档案编研的社会化与大众传媒化．档案与史学，2000（4）．

年子敏，束世澂．关于《忠王自传原稿》真伪问题商榷．华东师大学报，1956（4）．

邹爱莲，王光越，张福煜．“全文数字化清代档案文献数据库”的建设．中国档案，2008（3）．

三、报纸与网络类

LAC. Introduction：A Nation's Chronicle：The Canada Gazette. ［2010-04-12］. http：//www. collectionscanada. gc. ca/databases/canada-gazette/index-e. html.

Michael Hollmann. 德国联邦档案馆照片档案的管理．王红敏，译．［2010-04-12］. http：//www. chinaarchives. cn/lanmu _ view. asp？ id=1346.

NARA. Electronic Records Archives（ERA）．［2010-04-13］. http：//www. archives. gov/era/.

NARA. Microfilm Publications and Original Records Digitized by Our Digitization Partners. ［2010-05-10］. http：//www. archives. gov/digitization/digitized-by-partners. html.

NARA. Research Tools and Ways to Search Online. [2010-05-10] . http://www.archives. gov/research/tools/.

The National Archives. Electronic Records Online. [2010-04-13] . http://www.nationalarchives. gov. uk/ero/.

The National Archives. Records: Catalogues and online records. [2010-04-12]. http://www. nationalarchives. gov. uk/records/catalogues-and-online-records. htm.

张旭敏．驻阿美军秘密档案遭泄露．中国文化报，2010-07-31.

安徽省档案馆．明代徽州土地产权变动和管理文书．[2010-04-10]．http://www. ahda. gov. cn/DocHtml/1/2009/4/7/605724874000. html.

北京市档案馆．档案全文检索阅览系统．[2010-04-13]．http://210. 73. 80. 51/main. asp? searchtype=1&winwidth=770&winheight=600.

北京市档案馆．参观展览．[2010-04-27]．http://www. bjma. org. cn/dafw/cgzl. ycs.

丁枫，编译．国际档案工作动态．[2010-04-12]．http://www. chinaarchives. cn/lanmu_view. asp? id=4359.

段立琳．“1949 年档案”系列视频网络点击过亿次．中国档案报，2009-10-08.

国家档案局．“1949 年档案”系列视频电子书热播网上．[2010-04-13]．http://www. saac. gov. cn/articleaction. do? method=view&id=ff8080811c51231f011ec8455e5e0058.

国家档案局．中苏关系档案展．[2010-04-13]．http://www. saac. gov. cn/zhanlan/zhongsu/.

黑龙江省档案馆．档案查询：政务信息公开．[2010-04-13]．http://www. hljdaj. gov. cn/web/xxwj. php? mid=29&mname=%C9%E7%BB%E1%B1%A3%D5%CF.

江苏省档案馆．省馆馆藏．[2012-04-10]．http:/www. dajs. gov. cn/col/col1292/index. html.

江苏省档案馆．市县馆藏．[2012-04-10]．http://www. dajs. gov. cn/col/col1295/index. html.

李文．资料翔实信息准确内容丰富　大型光盘《深圳典藏》出版发行．深圳特区报，2000-07-02.

辽宁省档案局．馆藏介绍．[2010-04-10]．http：//www. lndangan. gov. cn/lnsdaj/gzjs/list. html.

廖翊．国家图书馆建立我国首个“政府信息整合服务平台”．[2010-04-18]．http：//www. gov. cn/jrzg/2009-04/30/content _ 1301142. htm.

刘耿生．“希特勒日记”考伪始末．中国档案报，2004-04-30.

罗尔纲．太平天国资料的发掘、编纂与出版．人民日报，1961-08-20.

青岛档案馆．数字青岛．[2010-04-18]．http：//www. qdda. gov. cn/front/shuziqingdao/defaultpage. jsp? subjectid=12259375708438522001.

山东省档案馆．市县（区）档案馆．[2010-04-10]．http：//www. sdab. gov. cn/sdda/sqdag/default. htm.

上海市档案馆．馆藏指南．[2010-04-10]．http：//www. archives. sh. cn/qzzn _ 713/.

上海市档案馆．史料汇编．[2010-04-10]．http：//www. archives. sh. cn/slhb _ 2901/index. html.

天津市档案馆．政务公开．[2012-04-13]．http：//www. tjdag. gov. cn/tjdag/wwwroot/root/template/main/zwxx/zwgk. shtml? parentid=1&navid=257.

尹军．著录新闻声像档案 记录城市发展历程．[2010-04-15]．http：//www. rzda. gov. cn/webwz/newsview. aspx? tid=7&bid=7&cid=878.

浙江省档案馆．专题数据库．[2010-04-13]．http：//www. zjda. gov. cn/zjda/module/search/SearchAction. do? method=search&strTypeCode=0008.

张荫麟．甲午战前之中国海军．大公报，1934-09-21.

中国第二历史档案馆．中国第二历史档案馆编辑出版之光盘目录．[2010-04-10]．http：//www. shac. net. cn/xsyjlist6. jsp? bm _ id=gpmu.

中国第一历史档案馆．档案展览．[2010-04-25]．http：//www. lsdag. com/docc/dazl. asp.

图书在版编目（CIP）数据

档案文献编纂学/胡鸿杰主编．—北京：中国人民大学出版社，2012.3
北京市高等教育精品教材立项项目　21世纪档案学系列教材
ISBN 978-7-300-15370-4

Ⅰ.①档…　Ⅱ.①胡…　Ⅲ.①档案文献-编辑学-高等学校-教材　Ⅳ.①G270

中国版本图书馆CIP数据核字（2012）第038483号

北京市高等教育精品教材立项项目
21世纪档案学系列教材
档案文献编纂学
主　编　胡鸿杰
Dang'an Wenxian Bianzuanxue

出版发行	中国人民大学出版社		
社　　址	北京中关村大街31号	**邮政编码**	100080
电　　话	010－62511242（总编室）		010－62511770（质管部）
	010－82501766（邮购部）		010－62514148（门市部）
	010－62515195（发行公司）		010－62515275（盗版举报）
网　　址	http://www.crup.com.cn		
经　　销	新华书店		
印　　刷	天津鑫丰华印务有限公司		
开　　本	720 mm×1000 mm　1/16	**版　　次**	2012年5月第1版
印　　张	27.75	**印　　次**	2024年12月第7次印刷
字　　数	495 000	**定　　价**	68.00元

中国人民大学出版社　管理分社

教师教学服务说明

中国人民大学出版社管理分社以出版工商管理和公共管理类精品图书为宗旨。为更好地服务一线教师，我们着力建设了一批数字化、立体化的网络教学资源。教师可以通过以下方式获得免费下载教学资源的权限：

- 在中国人民大学出版社网站 www.crup.com.cn 进行注册，注册后进入“会员中心”，在左侧点击“我的教师认证”，填写相关信息，提交后等待审核。我们将在一个工作日内为您开通相关资源的下载权限。
- 如您急需教学资源或需要其他帮助，请加入教师 QQ 群或在工作时间与我们联络。

中国人民大学出版社　管理分社

教师 QQ 群：648333426(工商管理)　114970332(财会)
648117133(公共管理)
教师群仅限教师加入，入群请备注(学校+姓名)

联系电话：010-62515735，62515987，62515782，82501048，62514760

电子邮箱：glcbfs@crup.com.cn

通讯地址：北京市海淀区中关村大街甲 59 号文化大厦 1501 室(100872)

管理书社　　人大社财会　　公共管理与政治学悦读坊